思想觀念的帶動者

文化現象的觀察者

本土經驗的整理者

生命故事的關懷者

{ PsychoAlchemy }

啟程，踏上屬於自己的英雄之旅
外在風景的迷離，內在視野的印記
回眸之間，哲學與心理學迎面碰撞
一次自我與心靈的深層交鋒

The Handbook

of

JUNGIAN
Psychology

榮格心理學指南
理論、實踐與當代應用

Theory, Practice and Applications

雷諾斯‧帕巴多博洛斯———主編　　魏宏晉———譯

榮格臨床工作者的時代實踐：
關於帕巴多博洛斯這個人

王浩威／榮格分析師、精神科醫師、作家

　　1913 年，當榮格離開了佛洛伊德，開始發展他自己的心理學時，採取了與佛洛伊德完全不一樣的觀念。佛洛伊德順從著當時的時代氣氛，想要將心靈相關的研究納入科學體系，成為科學的其他領域也願意尊重並賦予一定合法性的一門學科。

　　然而在 1910 年，榮格在很多理念開始與佛洛伊德越來越扞格不入，他對外雖然繼續捍衛著精神分析，但在精神分析的社群內部，其實不斷提出希望和佛洛伊德對話。但結果是，即便是學術性的論文，也會觸怒佛洛伊德。在這樣的情況之下，原本想要透過學術討論來與佛洛伊德溝通，甚至希望將精神分析理論基礎更加擴大的榮格，知道這條路不可能行得通了，於是在 1913 年辭去了國際精神分析學會（IPA）創會會長的職務，也辭去了《國際精神分析期刊》總編輯的工作，走上自己的路。他花了相當長的時間尋找所謂的自己的路。關於這一點，可以從《黑書》、《紅書》、《1925年講座》和自傳《回憶‧夢‧省思》當中更加明白。

　　總之，榮格擺脫了當時沒有人敢質疑的科學主義。他對於人類心靈的思考和研究，重新回到完整的生活層面。然而，真正的生

活範疇卻是無比寬大的，這使得榮格的心理學體系開始向外無限發散。這一點，是剛好與佛洛伊德相反的。

佛洛伊德和他的繼承者繼續追尋著科學原則，在論證上永遠具實證基礎，在語言上維持一定的科學邏輯，因此形成了一套從內部不斷細膩調整的語言體系，隨著一代又一代佛洛伊德人的努力，果真成為一套相當傑出的思想體系。然而，榮格本身卻是將自己的思想無限對外發散，這使得他的追隨者遇到相當大的困難。一方面，榮格的追隨者十分明白，真正的心靈研究是必需要將心靈的思考重新放在真實的生活空間裡，而不是拘泥於所謂科學領域，或是是否符合科學研究的要求。然而另一方面，就像所有的知識體系一樣，榮格的追隨者也希望自己是一個開放而不是奧祕封閉的思考體系，是可以和其他思想體系繼續對話，做更多的交流的。然而，如果要做到這一點，將榮格的思想加以系統化似乎就變成必然的手段。於是，如何進行這樣的努力，卻又不與榮格原來的精神互相違背，成了一個相當艱難的挑戰。

在這樣的情況下，帕巴多博洛斯（Renos K. Papadopoulos）所主編的這本《榮格心理學指南：理論、實踐、和當代應用》，可以說是從六〇年代以來，榮格追隨者在努力將榮格思想加以系統化的努力當中，最傑出的成果之一。

擁抱時代的心理學家

我們從帕巴多博洛斯這位榮格分析師自己的追求，就可以看到當代的榮格分析師中，還是有相當一部分的人將榮格心理學視為在

這持續演化的當下世界中進行心靈探索的指引。這些榮格分析師繼續懷抱了當年榮格充滿時代精神的心靈追求。

所謂「當年榮格的時代精神」，也就是不斷將對於心靈的思考應用到人類世界新湧現的領域當中。佛洛伊德在世的時候對於新發生的時代問題，討論往往顯得保守，甚至可以說避而不談。例如他在愛因斯坦的要求下，才開始討論二次世界大戰，這是一個典型的佛洛伊德式反應——想要盡量留在自己原來的精神分析領域，而不願意因為新的時代發展而反思原來理論的侷限。佛洛伊德對於精神分析一直抱持狹隘的科學主義態度，因此認為如果精神分析是科學的，就不應該隨著時代而改變。

而榮格反而是熱切地去擁抱當時的時代，甚至包括流行文化，他都想要拉入心靈的領域中作討論。他不只因為兩次的大戰而寫了《變遷中的文明》（*Civilization in Transition*）一書，還討論當時的熱門話題包括幽浮、鬼魂等，也寫了給二戰後的民眾所閱讀的《追求靈魂的現代人》（*Modern Man in Search of a Soul*）等等。而我們當前的世界，顯然和佛洛伊德與榮格當年有極大的差異，許多佛洛伊德派的精神分析師也開始關心地球生態、日趨迫切的溫室效應，乃至於正發生的全球性疫情，還有新興的族群戰爭，甚至更早以前六〇年代就開始討論的性別、階級、種族議題等等，他們承認，其實這些都必然是讓心靈受到衝擊和改變的因素。

本書的編輯者，帕巴多博洛斯，很少在資料中揭露太多個人的生命歷史。如果積極從網路中搜尋，是不容易找到他的私人相關資料的。大部分資料所呈現的，是他現在所呼籲的工作，特別是這些年來有關國際難民的議題。然而，他當然也不是一下子就走進這樣

的領域中。

在他的專業資歷裡，他永遠都列著三項專業：臨床心理師、系統取向家族治療師和榮格分析師。從有限的資料來判斷，身為希臘裔的他，應該是 1947 年前後出生的。1970 年，他在當時尚未瓦解的南斯拉夫共和國的貝爾格勒大學完成了臨床及教育心理學學位以後，經過幾年的臨床工作，到了南非開普敦的醫院工作，並於1980 年在開普敦大學拿到心理學的哲學博士學位。當時他除了臨床工作，也持續在開普敦大學教學。1982 年起，他開始在倫敦的東倫敦大學任教，同時也在塔維斯托克診所家族治療教學體系中任職。

在這更早之前，他便開始對榮格心理分析產生興趣，並於1983 年在倫敦「分析心理學分析師獨立學派」（The Independent Group of Analytical Psychologists）成為榮格分析師。投入榮格心理分析以後，對於當時的國際榮格社群，顯然是抱著一股年輕而熱血的改革精神。

身為執業的臨床心理學家、家族治療師和榮格分析學家，他的大部分職業生涯也是在培訓和督導這三種的受訓專家。1995 年，他與安德魯‧沙繆斯（Andrew Samuels，心靈工坊出版他的《診療椅上的政治》一書）同時被任命為英國大學裡的第一個榮格心理學教席，也同時展開了在艾賽克斯（Essex）大學的榮格心理學與精神分析碩士與博士課程。從二十世紀八〇年代中期開始，大約十幾年的時間裡，他每年都在蘇黎世的榮格學院（C.G. Jung Institute, Küsnacht）講課，同時在國際分析心理學會（IAAP）擔任執行委員多年，並負責發起了隸屬於 IAAP 內部的發展小組

（Development Group）[1]，他構思並組織了 IAAP 的第一個國外榮格心理學課程（在莫斯科），後來又陸續在南非、蘇聯、愛爾蘭、南斯拉夫、塞浦路斯和希臘促成了榮格發展小組的成立。他引入（並主持）了 IAAP 的第一個學術小組委員會，組織了第一屆 IAAP 學術會議（2002 年，在艾賽克斯大學）。他曾擔任《收穫：國際榮格研究雜誌》（*Harvest: International Journal for Jungian Studies*）的編輯十四年，是《國際榮格研究雜誌》（*International Journal of Jungian Studies*）的創始編輯，也是國際榮格研究協會（International Association for Jungian Studies）的共同創始人。

在學術方面，他重新思考榮格思想的各種問題，並且加以整理。他的四卷本著作《榮格：批判性的評估》（*C.G. Jung: Critical Assessments*, 1992），迄今為止仍然是榮格心理學當中最厚重的書籍（1750 頁）。在這樣的背景下，他召集了一群榮格分析師，各自就自己的專長，編輯了這本《榮格心理學指南：理論、實踐與當代應用》。

實踐人道關懷的榮格心理學家

1995 年以後，他的論文研究也好，實際的專業社群參與也好，或是更具獨特性的社會實踐也好，都開始轉向當時因為戰爭而引起的政治難民相關議題。這時候的他，主要是分析心理學教授和「創傷、庇護和難民中心」（Centre for Trauma, Asylum and

---

1   【作者註】台灣榮格社群則是 2010 年開始申請 IAAP 發展小組，當時怕巴多博洛斯已經不負責這項工作了。

Refugees）主任，也是艾賽克斯大學「人權中心」（Human Rights Centre）、「轉型正義網絡」（Transitional Justice Network）和「武裝衝突和危機相關議題中心」（Armed Conflict and Crisis Hub）的成員；同時也是塔維斯托克診所的榮譽臨床心理學家和系統取向家族治療師。

　　作為聯合國和其他國際組織顧問的他，一直在為許多國家的難民、遭販賣人口和遭酷刑人口，以及其他政治暴力和災難的倖存者工作。他創立了第一個，也是持續時間最長的難民關懷研究生課程，在國際上講課並提供專業培訓，相關的著作以十六種語言出版。

　　因為這些工作，歐洲家族治療學會授予他「家族治療和系統實踐領域傑出貢獻獎」，艾賽克斯大學授予他「國際研究影響獎」，兩個墨西哥基金會授予他「墨西哥弱勢兒童和家庭特殊工作獎」。而國際榮格研究學會授予他「2022 年榮格獎」，來表彰他在榮格研究領域的終身貢獻。

　　帕巴多博洛斯在艾賽克斯大學所成立的「創傷、庇護和難民中心」，對於如何了解流離失所者的脆弱性多所著墨，改變了國際組織在與尋求庇護者和難民之間如何合作、組織的做法。帕巴多博洛斯的研究側重於個人的復原力（resilience，韌性）和力量（strength），而不是將他／她視為被動的「受害者」。基於這樣的理論，他透過兩種工具來獲得對於脆弱性的評估訊息：*Trauma Grid* 和 *ASPIS*，這些工具已被世界各地的許多組織採用。他同時製作了培訓手冊，並為第一線工作與管理人員提供了培訓計劃。

　　帕巴多博洛斯的基礎研究，開發了一種新的理論框架和一種新

的方法，一種從人權的心理社會視角出發，來解釋難民或尋求庇護者的獨特經歷的研究取徑。基於這樣一種洞察力，他在理解這些創傷時，不再簡單地將之視為創傷事件的產物，而是強調對整個個人不可忽視的影響力。他呼籲臨床工作人員不要過分強調創傷，而是要考慮整個人，包括他／她的優勢和潛力。

該研究提出了「懷鄉的方向迷失」（nostalgic disorientation）的概念（2002），將其作為尋求庇護者發展的一般（非精神病）狀況。將尋求庇護者的狀態定義為方向的迷失，能激發對一種特定和有形的家庭和歸屬的渴望。帕巴多博洛斯的主要研究發現是，難民的脆弱性不能被理解為絕對的，而是完全取決於給定的環境，尤其是可用的服務資源。例如，殘疾難民並不因為殘疾本身而受到傷害。

近年來，他在這方面發表的出版品和論文不計其數，而總結成為書籍的，包括近年出版的《非自願脫離：家、創傷、復原力和災難啟動的發展》（*Involuntary Dislocation: Home, Trauma, Resilience, and Adversity-Activated Development*）和《道德創傷及其超越：對人類的痛苦、哲學和精神信仰的理解》（*Moral Injury and Beyond: Understanding Human Anguish, Philosophy and Spirituality*），都是這方面的扛鼎之作，為這嶄新的社會議題，也是人類目前共同的挑戰，提供新的視野和可能的工作方向。

這樣的一個作者，一個面對整個大社會的實踐者，是榮格的學習者應該有的典範。而他所主編的這本《榮格心理學指南》，亦是洋溢如此之時代實踐精神，值得我們好好參考閱讀。

其曲固彌高，其和豈彌寡

魏宏晉／本書譯者

　　《榮格心理學指南：理論、實踐與當代應用》並非中譯首見，先前曾有高歌「榮格心理學讀這本就夠了」的譯本問世，一度令眾多愛好榮格心理學、卻經常不得其門而入的讀者趨之若鶩，然而「貼近原文」的譯法，卻讓許多人讀後反生「沒有最難，只有難上更難」的挫折感，令人扼腕。

　　「讀這本就夠」的說法，對也不對。

　　對的是，原書幾乎包羅了榮格心理學的全部。從理論的基本認識哲學、方法論、模型架構、主要概念，到實務應用、操作方法，甚至與形而上學有涉的範疇，如宗教、煉金術、藝術等，幾乎所有過去、現在已熱議、甚至未來或可觸及的主要論題皆囊括，放眼當代，可謂少見的全面性解讀榮格心理學之珍本。

　　不對的是，這絕非一碗討好大眾的心靈雞湯，主旨不供暢飲；它是部嚴謹的學術論文集，需要「燒點腦」，潛心閱讀、思考，意在灌注打通學習榮格理論的任督二脈。

　　本書戮力於以簡明的中文語法表述，可讀性是首要目標；再者則適度補充知識背景，希望有助讀者連貫論述脈絡；而部分也以改變慣用譯法或者另加說明等方式，釐清一些長期因不求甚解或者誤解而出現的不當用法；至於少數原文出錯，而編譯者可察之處，

當然不會「將錯就錯」，必定果敢「糾正」。不用懷疑，所有的文本都會出錯，深入思考、反覆辯證以及貫徹閱讀，才是唯一撥亂反正、精進知識之道。

　　儘管，譯者、校閱者與編輯通力合作，花耗大量心力與時間完成本書，但文化思想轉譯不易，疏漏自是難免；尤其譯者囿於才學，翻譯信達雅理想高懸，舉目遙望，依然有愧有虧。惟望方家不吝砥礪，以為持續長進的資糧。榮格心理學精深艱難，其曲固彌高，擇善而從，其和卻也不必就彌寡。

在榮格思想遺產上各闢蹊徑

馬瑞歐‧賈科比（Mario Jacoby）

　　榮格辭世逾半世紀，於今之際，為什麼會有部新的《榮格心理學指南》問世？過去多年來，我們不是已經看到大量相關著作出版，多元多樣，透過敘述、解釋、討論、頌揚但也批判榮格想法的新觀點，目的就在傳播他的想法？就當中一些重要的範例，我可以舉出雅科比（J. Jacobi）的《榮格心理學》（*The Psychology of C. G. Jung*, 1939）、馮‧法蘭茲（M.-L. von Franz）的《榮格：他的神話與我們時代》（*C. G. Jung: His Myth in our Time*, 1975）、亨伯特（E. Humbert）的《榮格》（*Jung*, 1983）、楊－艾森德拉斯（Polly Young-Eisendrath）與特倫斯‧道森（Terence Dawson）編輯的《劍橋榮格手冊》（*The Cambridge Companion to Jung*, 1997）、莫瑞‧史丹（Murray Stein）的《榮格心靈地圖》（*Jung's Map of the Soul*, 1998）等等。然而，到了 2006 年，「榮格」這個主題明顯方興未艾。

　　相反地，這部《指南》來得正巧，甚且廣受歡迎。本書由多位經驗豐富且知名的第二代、第三代榮格學派分析師參與執筆，他們主要來自於使用英語的國家。這些作者都是自身領域中學有專精的大家。他們對榮格的研究工作知之甚詳且十分關注，將各自的主題材料建立在榮格的基本研究發現之中，展開個別章節的撰寫。然後

他們繼續處理更加當代的觀點，最後（但並非不重要的），述及他們自己的經驗與研究成果。因此，讀者可透過後續在治療上的實務應用以及配合當前環境所需的調適，而得以深入榮格的原創概念，獲取重要的洞見。整體而言，佛洛伊德學派與榮格學派的精神分析師之間的裂痕與敵意，已經再次明顯緩和，重回和平。這兩個重要的深度心理學途徑間，愈來愈趨向匯聚，特別是在實務上——不管好或壞。

　　我自然無法涵蓋這本《指南》所引介以及議論到的所有重要主題。事實上，我只希望談一個重點，因為我覺得本書提供一個思考榮格建立理論的基礎原則的原始觀點，這反映在書中各個作者所處理的個別主題上。但這個議題也以〈榮格的認識論與方法論〉這個長篇章節的面貌出現，作者是本書的編者，帕巴多博洛斯教授。

　　這篇哲學性的論文雖然份量沉重、艱澀，論述卻周密完善，非常值得奮力咀嚼貫通，作者在其中鋪陳一個論點，認為榮格抱持著兩種本質上對立的認識論立場，而榮格本人對此未必全然知曉。帕巴多博洛斯稱這兩者為榮格的「蘇格拉底式無知」（Socratic ignorance）以及「諾斯替靈知」（Gnostic knowledge）。

　　「蘇格拉底式無知」所謂為何？每位大學生也許都對蘇格拉底「我知道我一無所知」這句名言耳熟能詳。關於這個部分，帕巴多博洛斯以一些例子，提到榮格抱著「旗幟鮮明地反對過度延伸那種『不過就是』（nothing but）的陳述，特別是涉及夢的詮釋時」的態度。他引用榮格所說的：「應該避免對夢境主題予以刻板詮釋……即使對此經驗再豐富，在每個夢境材料面前，一個人還是得謙遜再三，承認自己一無所知，放棄一切先入為主的觀念，預備好

迎接全然始料未及的東西。」（Jung 1948, *Complete Works* 8: § 543）
另一方面，榮格自己經常也滿是總括性的論述以及固著的信念，而
這就是帕巴多博洛斯說的「諾斯替靈知」或「諾斯替主義的認識
論」。因此，帕巴多博洛斯的看法是，「榮格所持的不可知論與認
識論的開放態度，與榮格堅持自己意見與一般性理論正確無誤的信
念所形成的諾斯替主義思想，兩種立場交替出現。」

　　當涉及臨床脈絡時，這種「諾斯替主義的」認識論使榮格產
生一種態度，與他的蘇格拉底式開放性全然相反。正如帕巴多博洛
斯所提及的那樣，眾所周知，榮格曾經給予他的分析個案相當明確
的建議，告訴他們在生活中該採取何種特定的行動與方向。這種態
度傾向的例子很多，主要出現在寫給向他徵詢意見的人們的信件裡
（C. G. Jung: 'Letters', edited by G. Adler and A. Jaffé）。

　　我想，察覺並區分這兩種對立的認識論，不管是對榮格學派學
者或者是每位分析師，都是非常重要的。也許，兩種認識論都提供
了某些有用的東西，而重要的是我們應該充分意識到自己在某個特
定時間裡所使用的是哪一種。一方面，蘇格拉底式詰問法的開放精
神最是有用：蘇格拉底也被認為像個產婆，透過追根究底的詰問，
他可以為被視為理所當然而毫不受質疑的想法帶來生命，也就是，
帶來意識的覺醒。另一方面，只要是人，便需要某種確信，以立足
在一個足夠安全的立場上。對絕大多數的早期分析師而言，這種確
信的支柱是由完全認同榮格的概念而形成。這種態度展現為「言必
稱榮格」（Jung always said），是可以理解的，這帶來許多所需的
安心保證。

　　這種信心於今就不顯得那麼重要了，如同本書各章節作者所看

見的那樣；他們敬重榮格的思想遺產，但並不因而鸚鵡學舌，而是各闢蹊徑，更深入地發展分析心理學的理論與實務。正是基於這個理由，這部《指南》對於系統性研讀榮格心理學的最新趨勢，帶來適時、可靠且價值非凡的貢獻。

馬瑞歐・賈科比博士
榮格學會及蘇黎世國際分析心理學學院（ISAP）
講師、訓練與督導分析師

致謝

雷諾斯‧帕巴多博洛斯（Renos K. Papadopoulos）

　　《榮格心理學指南》首開先河，是許多人長時間投入大量智慧知識、敏銳地邏輯解析以及辛勤努力的成果。協調多位傑出作者，是一項收穫良多的工作，卻未必輕而易舉。過程中困難重重，最後的成果比原先預想的更加曠日費時。對每一位供稿作者的堅持、耐心與專業精神，我由衷感謝。在本書的預備與製作的各個階段，他們每一位都全力以赴。

　　這類型書籍所具備的影響力，實質上有賴於充分表述榮格心理學所有可能的元素，無論是就理論上，或者文化和地理上的。我真的感到遺憾，囿於人力與經費，多數作者皆來自於英、美二國。可是，因為他們都在各自專業領域裡威重一方，我不認為此書因此有任何重大缺憾。

　　本書最終得以付梓問世，除了作者支持之外，還得力於多人襄助，無論直接或間接。我尤其受惠於我在艾賽克斯大學精神分析研究中心（Psychoanalytic Studies of the University of Essex）的同事們：安德魯‧沙爾斯（Andrew Samuels）、卡爾‧費格利奧（Karl Figlio）、鮑勃‧亨希爾伍德（Bob Hinshelwood）、瓊‧拉斐爾－列夫（Joan Raphael-Leff）等諸位教授，還有羅德里克‧緬因（Roderick Main）博士，以及我在塔維斯托克診療中心（Tavistock Clinic）的同儕，尤其是艾米麗雅‧道林（Emilia Dowling）、茱蒂

絲‧貝爾（Judith Bell）與瑞塔‧哈瑞斯（Rita Harris）。我要特別感謝馬瑞歐‧賈科比（Mario Jacoby）同意為本書撰寫序言；儘管他的邀約遍及全球，依然慷慨接下這份額外的任務。

勞特里奇（Routledge）出版社的朋友，包括發行人凱特‧霍伊斯（Kate Hawes）、責任編輯（production editor）尼古拉‧羅文斯克羅夫特（Nicola Ravenscroft）、資深編輯助理克萊兒‧利普斯科姆（Claire Lipscomb）以及行銷企劃凱瑟琳‧格魯梅特（Katharine Grummett），付出最大的心血與鼓勵，尤其是在艱難的時刻。克莉絲汀‧佛斯（Christine Firth）在校對編輯的工作上極為出色，而麗莎‧弗迪特（Lisa Footitt）製作的索引也展現其才幹。

我對波比‧惠特克姆（Bobbi Whitcombe）在編輯卡斯特（Kast）教授所撰章節時所展現的專業能力，也藉此一並致以謝忱。波比（於艾賽克斯大學獲得榮格與後榮格學派研究的碩士學位）是一位心理動力取向的心理治療師、作家、教師兼自由編輯。

本書（原文）封面是以米雪兒‧帕巴多博洛斯（Michelle Papadopoulos）的繪畫為底本，經由歐嘉‧帕巴多博洛斯（Olga Papadopoulos）的數位繪圖加工，所結合而成的產物，她們是我的寶貝女兒！我對她們的技能，以及對這本書投入的時間、精力與專注，至為感動。

諾依爾‧泰勒（Noel Taylor）在電腦相關事務的協助，是整體工作不可或缺的一環（無論是軟體或是硬體）。對他的知識、效率與耐心，我都要致以最高敬意。

一如往常，妮娜（Nina），我的妻子，對我的支持、鼓勵與寬宏大量始終不渝。

　　最後，還有支持我的艾賽斯克摯友們，這份感謝名單才算完整。

榮格心理學的第一本「指南」

雷諾斯‧帕巴多博洛斯（Renos K. Papadopoulos）／本書編者

　　當你越深入理解心靈，就必須更小心用語，因為那是歷史杜撰的，且懷有偏見。你越是深入看穿心理學基本困境，便更清楚自己在處理的，是哲學的、宗教的以及道德的成見。因此，於不疑處有疑，方是進矣。

——榮格（C.G. Jung 1935, Complete Works 17: § 116）

　　回想 1935 年，榮格在他「塔維斯托克診療中心」（Tavistock Clinic）著名的系列演講裡，提過這些警告。同一個地方，正好七十年後，我在寫這篇緒論時，是全然理解他的話的，歷久彌新，於今仍切中時弊、深入肯綮。

　　近年來，榮格學派的活動全面性地持續激增：各種出版——期刊、書籍、網站；文化的、藝術的與其他活動；學術課程和研究計畫、協會，研討會甚至還有商業公司。更有甚之，榮格學派的研究已經傳播地更加廣泛了，遠遠超越原來的臨床與文化範圍，涵蓋的領域激增，且更趨多元——從組織與人力資源管理，到電影評論和難民調停介入計畫。所有這一切已經創造出鉅量的相關文獻，需要加以消化、重新審視、再檢驗，最終則需要加以解構。除此之外，還要把它們置於榮格原始研究之旁對照，這樣才能用系統性的方法

進行適當的比較與再評價。

　　開始這麼做的時機與條件似乎是成熟了，因為數量龐大的榮格學派材料需要趕快進行系統的整理，免得它繼續增長廣大到難以因應的地步；而且，學術性榮格學派研究的新現象出現，提供了這種研究的最佳條件。要注意的是，大學裡出現榮格學派（當然，那包括後榮格學派）研究，令榮格學派的世界倍感振奮，直到最近之前，榮格學派的資源還一直被臨床醫師－精神分析師所主導與把持。學術取向的榮格學派研究者不但有足夠的時間、精力與設備，能夠對這些材料進行適當的學術檢視，且其立場可能較為超然，未被捲入分析心理學榮格學派多年來的分裂與派閥鬥爭的紛擾當中。

　　因此，這個領域開始一系列的這種學術性工作的時候到了，這是為了準備好面對我們當前時代新挑戰的工具，我們必須將它重拾回來。這個方案的關鍵特性之一應該就是它具系統化的本質，因為榮格學派的領域始終是在「自然地」（naturally）成長（如非偶然），幾乎如同榮格自己的工作一樣，沒有預先計畫，後續也沒有對所提出的每個概念與運作歷程進行深入闡述。

　　榮格細心地注意到，術語為「歷史所創造並賦予定見」（historically coined and prejudiced），會有偏見。自然地，我們該考量與再檢視的，不僅於榮格本人的著作，還包括所有隨後興起的榮格學派文獻，為的是要探究它們的歷史「成見」（prejudices），以及所有因之而起的其他影響。榮格敏銳地察覺到，不僅是理論（及其術語）的表述方式可能帶有「成見」，甚至把建構出來的主觀事物極度概念化後的本身也如此，也就是說，「基本問題」（basic problems）的「概念」（ideas），它們本身可能在「哲學上、宗教

上以及道德上就已經具有偏見」。事實上，榮格的警告暗示著，臨床工作者或者研究學者甚至在開始討論任何概念或者運作歷程之前，就得接受一個探索本質性的研究必然會有先入為主之問題的事實。榮格過去常警告我們，假如這種基本概念沒建立好，我們就可能在不知不覺中接受了許多帶有「成見」的假設，不但在邏輯表述的層次上如此，還有出自「宗教上的」與「道德上的」各種偏見。這意味著，這些危險不只是來自於理論缺乏正確性，或者臨床不具效果，而且還跟我們毫不懷疑地奉行一種其實對其源起與邏輯蘊涵都一無所知的思考架構有關。假使沒有充分知曉每個概念的發展脈絡，就很容易盲目地誤入歧途，不知何去何從，後果難料。

因此，對榮格研究逐漸成長的主要體系定期進行再檢視，是有其必要性的，而這部《榮格心理學指南》就是基於堅定地明瞭這項任務的重要性而生的。本書誠惶誠恐，就榮格心理學的一些核心議題提供一個具權威性的研究，亟盼對深耕此一想法略盡綿薄。雖然這類作品不論就範圍或者內容，無一敢於誇言面面俱到，我們盡力選出與當前最相關的議題，以全面性與批判性的態度加以處理。

本書安排的獨特之處在於，針對特定的榮格理論核心原則，提供一個可全面理解的、系統化的以及充分的論述。如此龐大的工作絕非任何個別作者可獨立完成。需要的是一群在榮格心理學領域學有專精的學者各司所長，而這正是這部《指南》所努力完成的目標；也就是為什麼作者都是當代榮格學者中的一時俊彥，盡可能地，能夠有不同思想學派的代表，當然，也來自不同的地理環境區域。然而，遺憾地且無可避免地，囿於可靠的翻譯以及轉譯所費不貲等問題，他們大多還是出身英語世界。

本書最初的構想是每章結構一致，如此一來，可保證每個議題能在相同的系統方法之下處理。而且，我們鼓勵作者們以適應大眾讀者的風格寫作，與此同時卻不能過度簡化。

每一章一開始設定的共同結構如下：

• 作者在榮格研究成果的脈絡中簡介主題，並檢視其重要性以及全面的關聯性。

• 系統地探討榮格對該議題的真實立場，包括其發展時序、榮格在自己著作裡所做的重大修訂。

• 將主題的意義與定義的範圍標示清楚。

• 系統性地列出其他作者所提出的重大的革新、批判以及發展（榮格生前與身後的期間都包括）。

• 當前狀況與未來發展趨勢的描述。

• 該主題的最新相關文獻。

大多數的章節都依照這個大綱寫作，但當然不可能每個主題都如法泡製，因此，有些地方會自成一格，以更合於主題狀況的結構加以處理。與此同時，忠於榮格主張哲學真實性精神的作者，會將屬於他們自己的個性帶入所負責的章節，自然也無法保持總體的一致性。甚至，原先要將所有的章節的篇幅控制在相同長度的想法也必須放棄，因地制宜的變動自然是可容許的。

「指南」是針對一個特定主題的簡要參考書，而本書就是榮格心理學的第一本「指南」。它由三個部分組成：理論、心理治療與應用。毋需贅言，以這三個大項將這些篇幅所涵蓋的所有主題歸

類，並非全然合宜。然而，建立這幾個類項的做法，有助於將豐富的榮格學派研究成果系統化，且提供一個對此分類是否恰當的批判性討論的機會。克里斯蒂安‧蓋拉德（Christian Gaillard）在他自己「藝術」那章的一開始，便對此有段精彩的論述。

第一章討論認識論與方法論，在某種意義上，就是在對榮格的研究特有的概念化與結構進行評論，而因此，也可以把它當成本書的導言閱讀。其他各章則結合理論與臨床實務的洞見深入主題。所有章節的原創性不僅於處理材料的方式，遠遠超越單單回顧文獻，且在開創新的論點以及提出創造性的概念上皆有貢獻。

一本這類性質的書籍難免議題重疊，甚至論述反覆。沒有一個主題可以獨立存在。它們每一個相互間都彼此關聯，而作者們所呈現出來的成果十分令人激賞，他們已將這類重複降到最低程度了。實際上，當相似的問題在不同的章節被討論時，那些地方就出現了讀者觀其差異而取其知識的機會。作者群想言簡意賅地對付自己負責的部分已經舉步維艱了，且尚不論得瞻前顧後，避免越界踩線。

希望這部《指南》不僅可以善盡其用，作為一本可靠的參考書，且拋磚引玉，吸引投入這類更深入的研究，就此，定期系統性地再檢視榮格學派與後榮格學派研究成果的工作計畫才可能實現。

第一部

理論

榮格的認識論
與方法論

雷諾斯·帕巴多博洛斯
（**Renos K. Papadopoulos**）

艾賽克斯大學心理學系教授

近期著作有《非自願脫離》
（*Involuntary Dislocation*, 2021）
《道德創傷及其超越》
（*Moral Injury and Beyond*, 2020）

於此，本書有必要用一個章節開宗明義。大眾對榮格在認識論與方法論上的貢獻少有知悉，因而必須有此釐清之舉。榮格因思想諸多創新而廣為週知，但其認識論見解獨到，卻迭遭忽視；他的貢獻大多與他的理論內容（也就是他提出了新的理論性概念，像是集體無意識、原型等等）、特有的心理治療方法（例如，主張不貶斥症狀，而代以努力找出症狀裡的意義與價值），以及其理念對於存在與文化內在意涵之拓展等等，息息相關。提及認識論與方法論，少有人會將之與榮格在行的領域聯想在一起。然而，本章將論證，倘若讀者持某種特定方式來閱讀榮格，就會在當中發現到認識論與方法論方面的深刻見解；更有甚之，我想要進一步說明，這些洞見至今仍發人深省，對當前這些領域中的種種爭論持續發揮著深化的影響力。

困難重重

　　想審視榮格對認識論的思考，就要面對諸多困難。首先，要處理的基本事實是榮格本人從未明確寫下任何關於認識論與方法論專論；每每論及於此，他總一筆帶過，僅在談到其他問題時順帶提及。這意味著，他對認識論與方法論相關議題的知見，緊密交織進他的理論以及他的心理學整體結構裡，因此需要透過一種特殊的抽絲剝繭程序予以揭露，以便就其本質進行檢視。這個難題的出現，還得考量另一個與他知見的形成有關的問題，也就是，榮格慣用獨特的表達用語（這些又和他的理論內涵密切關聯），因此他認識論中的邏輯蘊涵，不僅不易受專研認識論的學者青睞，也沒被大多數

榮格學派心理學家重視；前者甚至對榮格著作中的這類資料不屑一顧，而後者長期以來的焦點則主要是集中於他在心理治療理論與實踐上的創見。

另一個要發展榮格認識論與方法論見解的困難，在於這麼做似乎與榮格本身對自己研究成果根本性質的固有看法產生抵觸。論者皆知，榮格一直非常反對任何將其理論表述結構與他整體心理學主張分別以待的做法。更具體來說，他厭惡有人認為可以把他的工作視為是從臨床與治療脈絡中萃取、分離與獨立出來，進而建構出什麼「自成一格的」哲學論述：「我既沒有建立一個體系，也沒有建立過一個普遍性的理論，只僅僅創作出一些輔助性的概念作為工具，如同科學領域中每個專科所慣行的那樣。」（Jung 1952a: § 1507）

顯然，榮格意識到人們對他的研究成果可能出現兩種截然不同的理解方式：第一，視他的工作為「經驗的」（empirical），是基於堅實的臨床觀察而來的；至於第二種，則將他的工作看成是集哲學臆想與抽象思維於一體，與臨床事實無涉。榮格終其一生，乃至於在所有著作裡，致力於為自己的工作爭取認同，並強烈拒斥後一種屬於哲學的態度，竭盡所能地說服眾人支持屬於臨床的前一種立場。可是，這樣的涇渭分明帶來兩個問題：首先，根據後者的觀點，榮格作品中任何可能與哲學相關的東西，都會被貶抑為「哲學臆想」；也就是說，這種非黑即白的區分法，對任何正面肯定與哲學相關論述的觀點，即便只是藕斷絲連，也一概持反對立場。結果便是，任何可能涉及認識論與方法論的洞察，都被指為沾染了哲學之見，而為榮格拒斥。再者，無疑地，不論用什麼角度去

理解，這個涇渭分明的區分並非無可動搖。換句話說，不管怎麼樣理解，甚或就算（再怎麼）提出「經驗的」（empirical）「事實」（facts），不免還是會涉及所需的理論與哲學假設。

這表示，榮格很堅持自己的工作洞見（就這個黑白分明的區分而言），這使他（及其追隨者）無法正面對待他自己任何可能帶有「哲學」（philosophical）意味的創作之意涵。更明確地說，榮格終其一生都特別謹慎，避免涉險觸及他認為可能降低他心理學工作效度的麻煩，如此一來，他事實上是把自己研究成果中帶有認識論蘊涵的重要性都加以淡化了。甚且，即便榮格知道自己的構想具有認識論上的衝擊，他也只是將它們視為他整體理論方法中必要的一部分而已（確實也是如此），而這樣的結果便是，他不去張揚它們實質上代表的重要性。

因此，這一章的主要目標如下：首先，主張榮格確實具有不凡的認識論敏感度與覺察力；其次，提取出他研究中能夠體現具認識論觀點的相關部分，將它們發展成更具一致性的理論詮釋；第三，追蹤他在事業不同階段中的認識論發展，以及這種發展與其更廣泛的理論構思乃至於與他一生經歷互動影響的方式；最後，根據這個領域裡更廣泛的發展與當前的爭論，來檢視他對認識論的貢獻與現今的相關性。無庸置疑，這些目標過於理想，想來很難以一個有限的章節完整達成。

認識論與方法論

在進一步探討以前，當然得對認識論與方法論的意涵有足夠認

　榮格心理學指南：理論、實踐與當代應用

識。由於其個別領域都相當廣泛，亦皆具多樣的專業定義，因此，有必要把我們對兩者的理解限縮到操作定義上，以符合本章的目的。

認識論是指「認識的邏各斯」（*logos of episteme*）。希臘字 *logos*（邏各斯）通常被翻譯為研究、科學、學科、系統性的探討與論述。在希臘文中，*episteme*（認識）意味著知識，但可想而知的是，這個字歷史綿長且意義廣泛；其拉丁同義字 *scientia*，哲學底蘊反而沒有如此豐厚。

從詞源學上來說，*episteme*（認識）與意為「放在上面」的 *ephistemi* 和「知道如何做」的 *epistamai* 這兩個動詞，都有關係。兩者皆與居高或者臨下（*epi*）有關，暗示某種極其重要的「監督」行動。在英文裡，理解（understand）的意義是「處於下風」（standing under），但在希臘文卻變成監督、居上之意。*epistema* 這名詞是「被設置的各種東西，譬如墳上之碑」（Liddell and Scott 1869: 575）。因此，*episteme* 可被理解成將一塊領域標示出來，以便於加以觀察與理解的行動。

古希臘哲學對 *episteme* 的意義有過一段漫長的爭辯（基本上是在柏拉圖與亞里斯多德的哲學中）。這主要是和與其相對立的 techne（往往被翻譯為藝術、手藝或實踐）有關。簡言之，一般的看法是傾向將 *episteme* 看作純粹理論的知識，而 *techne* 則是跟實踐與應用相關的實作技能。換言之，一直以來的主流傳統觀點是將 *episteme* 等同於理論性的知識，而 *techne* 則是應用性技術。這樣的觀點也不知怎地，自古就反映在區別大學（university）與技術學院（polytechnic）上（以希臘文而言，則是 *Pan-epistemeion* 與 *Poly-*

techneion）。可是，這種區分未必總是涇渭分明的。譬如，柏拉圖依循蘇格拉底的解釋，認為：有關健康的知識（*episteme*）便是醫生的醫學技藝（*techne*）（《查密迪斯篇》〔*Charmides*〕，165c）。換句話說，根據蘇格拉底的意見，應用性與理論性的知識之間並非彼此排斥與對立。

這個爭論，與榮格自己對心理學與心理治療中的知識與技能的理解亦相關。譬如麥克‧懷恩（Michael Whan 1987）認為，榮格的研究方法超越了知識與技能的對立，因此提議使用 *phronesis*[1]這個字，最適以表現榮格學派研究方法的特色。因此，對懷恩而言，榮格學派的臨床治療，既不出自「理論的知識」，也非基於「技能的知識」，而是基於一種他稱之為「倫理意識」（ethical consciousness）的體認。事實上，在心理衛生照護領域中，倫理考量已經被當作一個主導認識論的驅力，普遍地（不只限於與榮格學派方法相關）取代一般所謂技能與知識的二分法（Crowden 2003）。無庸置疑地，榮格必然十分同意，思考知識與技藝時，不能脫離倫理立場；他的確無數次地，一再強調這個重點（例如：Jung 1949: § 1412, 1934a: § 315; McFarland Solomon and Twyman 2003; von Franz 1975）。

榮格學派思想脈絡中思考知識相對於技藝的對立問題，正可看出不同學科間分際難清的複雜性；當然，這些爭議不僅限於治療領域而已。的確，在倫理框架之外去接受存疑的知識是很普遍的，而這也影響了人類大部分的活動領域。具代表性的像是列維納斯

1　【譯註】意指「操作的智慧」，為古希臘文「思考」和「心智」兩字結合的用法。指引思考的是靈魂，而心智是意識運作的結果。

（Levinas）就主張倫理的優先性，且堅持若不考量倫理，就不可能產生知識（例如：Bernasconi and Critchley 1989; Cohen 1986; Levinas 1984）。知識與倫理關係緊密且強烈，所以很有必要審慎區辨，才能更理解兩者間的相互關係。確實，假如沒有這種確切的理解，便會產生許多災難式的困惑以及認識論上的錯誤。舉例來說，這會特別明顯，當我們企圖：

純然只從心理學與精神病學的觀點去理解與處理政治暴力的影響，（卻未考量）個人內在心理的、人際間的與外在世界的方方面面……（且沒有評估）更廣泛的政治、歷史、社會、經濟、倫理、靈性與道德的諸多觀點。（Papadopoulos 2005: 46）

因此，我們經常變得「容易陷入迷惘而犯下方法論與認識論的錯誤，將政治議題心理學化，把人類的苦痛病理化」（Papadopoulos 2005: 46）。

再把討論焦點拉回到認識論操作意義的發展上，在非專業性的字典中，多數將認識論定義為「知識的理論，特別指的是其方法與有效性」（《牛津英文字典》）。其他比較技術性的描述，將認識論定義為「對人類知識的本質、條件與範疇所進行的哲學性探索」（Sosa and Kim 2000b: ix）。基本上，認識論是在研究我們如何知道我們所知道的東西，研究是什麼組成一個有效的理解／解釋／知識。有個更廣泛的定義也許可拿來當作本章探索的可行架構，那就是：認識論是一種系統化的研究，用以了解是什麼讓我們接受（思考／感覺）我們知道了某件東西，是什麼讓我們界定出一個觀

察到了與理解了的特定領域。這意味著，認識論處理的不僅是知者（the knower）在什麼條件下知道，也包括知者和所知道的東西間的互動，同時更包括了在怎樣的環境裡產生互動。

繼續就詞源學來探討定義，方法論就是「方法」（methodos）的邏各斯。希臘字詞 *methodos* 由 *meta* 與 *odos* 組合而成。*Meta* 意為「之後」（有發展的意思），*odos* 則是道路，到達目的地的途徑。因此，*methodos* 的字義是「隨後而來的」（Liddell and Scott 1869），隨著一條道路，遵從一個既定的途徑。根據《牛津英文字典》的定義，「方法」是「完成或到達某個目標的特有程序」，還有「思想或行為的條理」；因此，方法論（依照《牛津英文字典》的定義）是「用在某特定領域中的系統性方法」。意即，方法論是指一個人於特定時期，應用所抱持的預設認識論條件進行研究。

本章討論的方法論，是指榮格用以實踐他認識論的特有方式，也就是，在他特有的認識論引導下（有意或無意地）所依循的方法（也參考 Dieckmann 1991; Penna 2004）。換句話說，認識論關係到榮格對於知識與證據之來源的假設；方法論則關係到榮格在發展自己的理論與實踐上應用這些洞察的方式。

榮格對認識論的敏感度

在探討榮格特有的認識論立場與發展之前，應該先肯定且強調的是：他特別具有一種強烈的認識論敏感度。

有個可用以說明他這種敏感度與隨之發展出來方法論的絕佳事例，就在榮格探討《尤利西斯》（*Ulysses*）的論文裡（Jung

1932a）。這篇論文完整的標題是〈「尤利西斯」：一場獨白〉（"Ulysses": a monologue），而這確實也是榮格自己的獨白，記錄著他自己閱讀詹姆斯・喬伊斯（James Joyce）小說的反應。榮格先是寫出他對這部小說的觀點，然後逐漸被小說激怒。接著，他突然將注意力轉向自己的盛怒，而寫道：「喬伊斯引起我的惡感（ill will）。沒人可以挖苦讀者愚蠢，但《尤利西斯》卻就這麼做了。」（Jung 1932a: § 167）。榮格於此停筆，不繼續書寫自己的主觀感受，而代以開始觀察自身，以及自己如此強烈的反應[2]；他接著這麼寫：「治療師如我，總是不斷在施行治療——甚至治療他自己。盛怒意味著：你還沒看到背後的東西。因此，我們應該看著自己的憤怒，並進一步去檢視我們在自己的壞脾氣中可以發現到的所有東西。」（Jung 1932a: § 168）

雖然讀過榮格論文的分析師都知道，這就是榮格察覺到自己對喬伊斯小說反向移情（countertransference）的尋常事例，然而，就榮格試圖回溯自己的假設、知識與感覺的來源來看，這卻也是清楚說明榮格覺察到認識論的好例子。事實上，在心理治療中，反移情的運作不過就是形成認識論的過程啟動時的一個範例。當分析師嘗試去捕捉觀察他或她自己，觀察內在的某些感覺、想法，甚至那些對被分析者所說的話語時，事實上，分析師就是在進行認識論追尋（除此之外，當然，整體的其他大量因素也要顧及）。試圖回溯他自己設想的起源與背景脈絡，就是認識論過程的本質，也是反移情在做的事。

2　【原註】克里斯蒂安・蓋拉德（Christian Gaillard）教授在本書第十四章也從不同的角度談到這個罕見的轉折。

在這樣的脈絡下，值得注意的是，儘管首先「發現」反移情現象的是佛洛伊德（Freud 1910），但卻是榮格強調出它對治療過程的正面貢獻（譬如 Jung 1916/1948）。佛洛伊德大半輩子中都認為，在面對被分析者時，分析師應當是一個純粹觀察者，反移情是種不良的干擾。相反地，榮格則認為反移情是個有價值的必要工具，分析師可藉以追溯自己心中與被分析者互動時出現的相關思想、感覺、甚至是行動（口頭上或其他方式）等等的來源，也是因此，他才建議：「接受精神分析是分析師的必要條件，這叫做訓練性的精神分析」（Jung: *Memories, Dreams, Reflections*, MDR, p. 154）。榮格建議該為培訓中的精神分析師建立個人分析的制度（訓練性的精神分析），不是要他們因此變得完美與純粹，而是要學習在這樣的課程中如何從自己的反應裡學習；換句話說，榮格想要未來的分析師明白，要如何去知道是什麼讓他們知道的。

這個例子證實榮格對認識論方面的覺察。尤有甚之，其中亦顯示了榮格如何實踐這種覺察，也就是說，說明了他所因此而形成的方法論。

在評論《尤利西斯》的這篇論文裡，榮格對他「知識」的來源做了有系統的探索，以接續他在認識論上的覺察。他不僅只是發現自己被激怒，還進一步嘗試去尋找此怒氣的意義為何。「憤怒意味著：你還沒看到背後的東西。因此，我們應該追蹤自己的怒火，並檢視究竟有什麼存在我們的壞脾氣裡」（Jung 1932a: § 168）。他一旦意識到某種反應方式出現（也就是憤怒），他就「有如對自己的心理治療」似地，開始觀察自己。以這種方式，不斷就認識論上的意義追尋自己的知識來源，幾乎與心理治療等義了。

榮格另一個對認識論有所警覺的例子，出現在他關於運用與誤用個案史的看法中。他敏銳地警告道：

　　經驗性的智識把精力花在個案史的枝微末節上，不只不由自主地以其哲學前提組織材料管理文本，還干預了材料的價值判斷，甚至連明確的客觀資料也不放過。（Jung 1935a: § 548）

　　這段話非常重要，因為這顯示了榮格察覺到求知者如何知曉事物所涉及的複雜程度。這裡所說的哲學，指的並非創造抽象觀念或有意地選擇某一學派思想加以運用。就「哲學前提」（philosophical premises）而言，榮格在這裡歸結於，不可避免地會指揮並建構我們感知的認知過程，它遵循各種方式「不由自主地」創造出特定的前提、假設，汙染我們的理解，並讓我們相信自己具有了關於某個事物的特定知識——在這個例子裡，某事物就是病人。榮格強調，這種建構的發生過程，至少出現在三個層次上——對（個案）材料的「陳述」、「組織」和「判斷」。雖然，我們都很清楚判斷顯然會受到自己所持的特定「前提」影響，但對於接受自己就算在「顯然是客觀呈現的資料」中都還是會受到某些「哲學前提」在一定程度上「不由自主的」干涉，卻沒那麼容易接受。人們通常都相信，「事實」就是「事實」，所以當治療師提出個案的「種種事實」時，人們通常相信這不會因（相當程度的）認識論上的扭曲，而影響了全面的呈現。個案史這觀念的整個傳統，就是基於這種「客觀性」。榮格在他身處的那個時代，就關注到這類看似持平表述的「客觀性」（objectivity）問題，實在很了不起。這樣

的察覺使榮格歸納出如此的認識論過程：「如果我們的工作因隱而不顯的前提假設而存有偏見，就算研究無比精確且一絲不苟，又有何用？任何不想徒具虛名的科學，都必須批判自己的假設」（Jung 1935a: § 548）。這個陳述顯示，榮格不僅將其認識論的覺察應用在精神分析情境，也延伸到普遍的科學方法上，從而預示了當前的認識論研究途徑（參見 Bateson 1979; de Shaser 1982; Keeney 1983; Neil and Kniskern 1982; Selvini-Palazzoli et al. 1978; Watzlawick et al. 1974）。

從這兩個例子可以看出，榮格十分敏銳於認識論考量的重要性，而且不只是在心理治療上而已，也觀照到廣大的科學研究。榮格沒有使用「認識論」這個字眼，卻顯現出他在認識論上的洞察力。我們可以從他在 1947 年的論述認識到這點，那就是：「所有的知識，都是心靈系統的反應在流入意識之際被強加了某種指令的結果。」（Jung 1947: § 362）。終其一生及工作，榮格都展現了對這些認識論過程的高度覺察。

榮格：其認識論發展梗概

早期著作與研究

在與佛洛伊德開始專業往來的初期（1906 年 12 月 29 日），榮格在給他的一封信中，覺得有必要講出他們之間的差異，而提出五點「我們見解不同之處」（McGuire 1974: 14）。第一點，是關於榮格研究臨床「材料」的不同（「我正在治療的……是那些未受過教育的瘋狂病人……罹患早發性失智症（Dementia praecox）」，

這不同於佛洛伊德在維也納所治療的病人，是受過教育的菁英，關於這點，榮格信裡並未直接提及，僅止於暗示）。第三點是關於他們在經驗上的差異（榮格比佛洛伊德年輕十九歲）。而第四點是有關「精神分析的天分」，榮格覺得佛洛伊德「兼具質與量」的優勢。至於第五點，榮格舉出自己並未親炙佛洛伊德接受訓練，而與這位年長大師缺乏接觸的「缺點」。然而，最值得我們注意的是第二點。榮格輕描淡寫，卻是簡潔而有力地說道：「我的教養、我的出身背景以及我的科學預設前提，無論如何，都徹底不同於你所擁有的。」（McGuire 1974: 14）

榮格沒有就他講的第二點做過任何進一步的說明（不管是同一封信或隨後的其他信裡都一樣），至於佛洛伊德，在事隔三日後的元旦（1907 年 1 月 1 日）回了信，他並未完全回答榮格提出的差異之處，卻代以懇求，「我誠心拜託你，……在你與我如此親近之際，不要脫離我的路線過遠。」（McGuire 1974: 18）換句話說，佛洛伊德無意深思他們之間的差異，特別時值無論是專業或者私交上，他都還非常渴望繼續拉近兩人的關係之際。尤其重要的是，那是個關鍵時刻，需要兩人合作才能建立精神分析，並令其取得正當地位。因此，榮格清楚指出的這些差異，不管是他自己或者佛洛伊德，都不曾再重提。

榮格談這些差異用意為何？為什麼他如此斬釘截鐵，寫說自己「徹底不同」（utterly different），而非僅是「不同」（different）而已？最後，他在此提到的「科學預設前提」，是什麼意思？

為了處理這些問題，回溯榮格直至當時的生平與研究，就顯得很重要了。在職涯方面，他當時依然任職於蘇黎世的伯格霍茲里

（Burghölzli）醫院，在寫作方面，這時完成的主要著作是他的博士論文與早期的佐分吉亞（Zofingia）演講稿；那時，他也已經寫完自己大部分傳統精神醫學議題的論文，且出版了他最早的精神分析論文（支持佛洛伊德的歇斯底里症理論）。當時他在伯格霍茲里醫院，除了精神醫學工作外，主要還大量運用字詞聯想測驗（Word Association Test）帶領精神分裂症的前沿研究。

從他強調自己與佛洛伊德的差異（甚至是從他們正式見面前就如此），可以看出榮格自己立場之堅定，不僅是就專業而論，也包括他立足科學研究所持的立場。這個立場是什麼？跟他的認識論上的敏感度有什麼關係？

佐分吉亞演講系列

榮格還是大學生時，曾在自己所屬的佐分吉亞學生社團發表五場演講（1896-1899 年）。[3] 在這些演講中，他探討諸如科學、心理學、宗教的本質以及科學研究的本質等議題，皆從思想與哲學的角度出發。從這些演講可以看出他對認識論與方法論的議題有深度的理解，因此給研究者一個追溯榮格早期的哲學與科學前提的絕佳

3　【譯註】五場演講的主題：1.〈精確科學的邊緣地帶〉（The Border Zones of Exact Science; Nov. 1896；2.〈心理學雜想〉（Some Thoughts on Psychology; May 1897）；3.〈佐分吉亞主席就任演說〉（An Inaugural Address on Becoming Chairman of the Zofingia Club）；4.〈對猜想的本質與價值進行思考〉（Thoughts on the Nature and Value of Speculative Inquiry; 1898 fall；5.〈對阿爾布雷赫特・立敕爾基督教思想的一些想法〉（Thoughts on the Interpretation of Christianity with Reference to the Theory of Albrecht Ritschl; Jan. 1899）。阿爾布雷赫特・立敕爾（1822-1889）是十九世紀德國神學家，主張基督教信仰脫離經院哲學，從歷史的角度理解基督教，採用康德對純粹理性的批判，肯定道德性知識，強調宗教情感之重要性，肯定宗教經驗之真實等。榮格明顯贊同他的思想與立場。

機會。他於其中所發展出來的立場，與之後作為一個成熟思想家所抱持者極度類似，以致有些作者甚至宣稱，榮格對這些演講所抱持的「哲學態度」至死不渝（Nagy 1991: 12）。然而這種說法非常牽強，因為這忽略了榮格在思想發展過程中做出的某些重大改變；可是，就其整體哲學立場而言，可以確認這些演講確實奠立了他日後大部分研究的基礎。以下是他在這些演講中發展出來的某些基本前提（與本章有關）。

首先，榮格在探索「精確科學的邊緣地帶」（Border Zones of Exact Science）時，拒絕「當代懷疑主義的唯物論想法」（1896-1899: § 63），也拒絕了形而上學的立場，而主張第三條中間道路。在當時，他採用生命論（vitalism）做為那個第三可能性。根據生命論的觀點，生命是依循一種活力原則，雖然和物理與化學的物質領域有所關聯，卻又截然不同。榮格既拒絕科學的機械論方法，也不接受盲目的宗教途徑，他自始至終堅持這個立場，一直致力發展第三條道路。他早期所信奉的生命論，最終完全由其他論述取代，但與最初的生命論絕不衝突；可是，在他那些演講裡首度引介的所有觀點都堅決強調，心理學作為一個獨立的領域，有其優先性，它既非機械式的唯物論，也不是抽象形而上學的產物。

物理現象已被多方研究，且追究至根本細節了。惟人們對超越物質的形而上學現象實際上根本還一無所知。當然，假如我們能夠深究這世界不同於我們已然嫻熟的其他特質，自然價值非凡。（Jung 1896-1899: § 65）

其次，與上述相關的是，相對於「歸納式科學方法」，榮格強調個人經驗（§175）：

哲學唯一的真實基礎，是我們所經驗到的自我本身，以及透過我們的自我本身所體驗到的周遭世界之林林總總。每個會將我們的體驗轉變成抽象概念的先驗（a priori）結構，也必然將我們導入錯誤的結論。（再強調一次）我們的哲學存在於推論未知事物當中⋯⋯那是根據**真實經驗**而來的，根據外在世界是無法推論內在的，同理，僅憑武斷直言的內在世界也不足以否定外在現實。（§175）

以上引文描繪出榮格明確的認識論主張，既拒絕將世界心理學化，也不贊成完全以外在的尺度強加意義。這樣明確的說明，是他日後認識論的另外一個特性。

第三，延續在第二個論點的脈絡之餘，榮格堅持強調他「經驗的」方法，這是他後來方法論的另一個特徵。「所有的哲學都必須具備經驗的基礎」（§175）。他聲稱自己研究的本質是經驗主義的，同時又主張心理學優先，這種立場令人相當困惑。可是，對榮格而言，這些並不衝突。「經驗主義的心理學首要關心的，是拿出真憑實據，讓理性的心理學理論有所依據。」（§114）

這種設計完美的新的經驗心理學，提供給我們拓展有機生命知識的資料，且深化我們看待這個世界的觀點⋯⋯我們的身體是物質，靈魂則仰望高處，互相結合為一個有機生命體⋯⋯人生活於這

兩個世界交界之處。（§142）

其後數年，這種強調了看似矛盾的方法的雙重態度，讓他自視為既是「經驗主義者」，也是「現象學者」（參考 Brooke 1991）。

第四，在佐分吉亞演講中，榮格還首度介紹了另一種認識論概念，即目的論（teleology）。這是榮格方法論的重中之重之一，而在這些演講中，他（十分弔詭地）將它跟因果律連接在一起。榮格對此的解釋如下：他相信人類被驅使去探究事物的起因，這力量是如此強烈，他甚至說那是種「追根究柢的本能」（causal instinct）。這個本能無可避免地，將「先驗地，引導我們遠離所有的外在性，朝向超驗因果的靈性本質前進。」（§224）；之所以如此，是因為「因果鏈無限」（§197），一個人一旦持續探究事情的原因，終將會開始尋求超越現有的與外在的模式。但是這類探究法，事實上，關注的不僅於事情本源，也及於它們的規律、它們的目的，最後就是它們的意義（von Franz 1983: xx）。「真理能滿足思索因果的需要。」（§171）因果律背後有個客觀的目的：

激進的主觀主義者，也就是那些視此世界為幻象、森羅萬象則是場虛無明滅大秀者，否認這世界具任何客觀性的目的。這也就是說，他們並不承認有任何外在於人的目的論，而宣稱是人自己本身，從自己腦袋思想出來，而將所謂自然是具目的性的想法，投射到這個世界上。（§175）

這意味著，早在榮格科學生涯伊始之際，他所持目的論的要義，總

體而言，不僅與人類動機與探究有關，且是自然界的普遍原則。

佐分吉亞演說系列最後需要提到的一點，是榮格特別強調道德的重要。承襲康德（Kant）的道德優先論，榮格批評科學與唯物主義「毒害道德」（§ 137），且宣稱「藉由非倫理手段所得的事實，不具有存在的道德正當性」（§ 138）。榮格用強烈情緒加重語氣以強調自己的觀點；他甚至主張「將道德強加到科學之上的『上層革命』（revolution from above）……因為所有科學家終究會毫不猶豫地將其懷疑主義與道德無理的思維施行於世界」（§ 138）。榮格在這些講座中建立的認識論，具備強烈的道德基礎，至死不渝。他自始至終都強烈主張，沒有任何知識產物的地位可以高於倫理的考量。這與他早期討論認識論的倫理面向，一脈相承。

博士論文

眾所周知，榮格這篇博士論文描述和分析了他對一位十五歲女孩的觀察（他虛擬了一個縮寫的假名 S. W.），她是個主持降靈會的靈媒。事實上，這女孩叫海倫・布里斯維克（Helene〔'Helly'〕Preiswerk），是榮格母親的親戚。榮格花了很長的時間，透過參與式觀察，不但探究這些降靈會的內容，也看到海倫如何從一位欠缺安全感的小女孩，成長到一個自信成熟女人的全面過程。從認識論的角度看，他的博士論文的特色可歸納成如下四點。

第一，這是榮格多項創舉之一，試圖在專業脈絡下，尋找口語表達之外在形式背後的意義——他（於論文中）的研究焦點不僅在於這位靈媒說出來的言語，且及於這些用語在她自己特定的情境與脈絡裡對她有何意義。他對於她宣稱通靈的說法並非照單全收，而

是嘗試尋求此舉在海倫自己成長脈絡下的意義。譬如，他注意到，與她溝通的某些靈魂態度輕浮且膚淺，榮格對此做出的解釋是，海倫需要與自己童年沒機會實現的孩子氣部分聯繫起來。後來，他注意到，海倫主要的「指導靈」（guide spirit）變成另一個嚴肅、成熟並且虔誠的人；榮格解釋道，這是海倫需要跟她自己內在形成中的理想人格進行連結。所有這一切顯示，榮格多麼希望自己不要誤蹈表面現象的語言表述陷阱，而要尋求語言對那個人的意義。

其次，跟上述密切相關的是，榮格主張心理學方面的優先性。簡言之，榮格感興趣的不是鬼神是否存在，而是海倫相信自己可以通靈這件事的心理意義與蘊涵為何。這個方法將成為榮格認識論的獨特之處。自始至終，他強調自己檢視那些現象的心理學意義是正當的，不關注現象的性質，相信自己並沒有侵犯到這些現象本身。藉由清楚描繪這些現象的心理角度與意義，榮格放手讓自己自由地前進任何領域，去檢視它們的心理蘊涵；在稍後的職涯中，他循著同樣的認識論途徑，研究可冠以各種其他標題的現象，例如「瘋狂」、「宗教」、「政治」、「藝術」等等。在此，就其博士論文而言，榮格尊重他所研究的那些現象（也就是通靈術）的本質，真正感興趣的只有它們對海倫的心理影響。

第三點，或可說是榮格最重要的理論創新，同時也具有重大的認識論價值，即他認為海倫與「鬼神」（spirits）的交流具有目的論作用（Haule 1984; Papadopoulos 1980）。在她的靈媒生涯中，海倫跟不同「鬼神」打交道，當中最重要的一位是她稱為「艾文尼斯」（Ivenes）的人。榮格說這位艾文尼斯女士是位「嚴肅」且「成熟的人」。榮格觀察到，透過跟艾文尼斯產生關連，海倫

「預想了自己的未來，以艾文尼斯為榜樣，希望未來二十年內，自己可成為那樣的人——自信、聰明、高雅且虔誠的女士」（Jung 1902: § 116）。這意味著，艾文尼斯對海倫而言，就是帕巴多博洛斯（1980, 1984）所謂的「預期中的完整他者」（Anticipated Whole Other），換句話說，是一個在她內在預示自己完整性的他者人格。這裡特別要注意的是，榮格並沒有單就病理學的意義去看待與理解這些心理現象，他也領會到其中的心理運作（甚至包括病態的症狀）具有特定的目的論作用，它們指向一個人發展的決心與目標。目的論始終是榮格的認識論方法中最具特色的要素之一。

最後，榮格在博士論文引入了具體參與觀察的方法，這成為他方法論的特別之處。榮格用這種方法身在海倫的通靈會上，既是參與者，也是觀察者，他之後於其心理治療實務，以及其他科學研究當中，都繼續使用相同的方法。這意味著，他一貫重視透過經驗以及與他人互動的脈絡中來產生知識——也就是現代的系統認識論學者所稱的知識的「共構」（coconstruction）（例如：Coulter 1995; Fulford et al. 2003; Gergen and Davis 1985; Gergen and Gergen 2003; Glaser and Strauss 1967; Hermans and Hermans-Jansen 1995; Sarbin 1986; Young 1997）。

伯格霍茲里

榮格於伯格霍茲里精神醫院工作期間（約在 1900 到 1909 年），這所著名的機構是當時開創性研究的中心。在創造出「schizophrenia」（精神分裂）這個術語的尤金·布魯勒（Eugen Bleuler）教授帶領下，一個由來自世界各地、才華洋溢的臨床醫生

　　　　　榮格心理學指南：理論、實踐與當代應用 ├─

與研究人員組成的團隊，從學術研究以及臨床實務雙管齊下，進行精神疾病的研究。首先，我們將檢視榮格在這個時期精神醫療工作中的主要認識論特徵，然後及於其研究工作。

自博士論文，榮格主要關切所在之一便成為研究他的病人口語表達的意義。同樣地，他不認為因為病人瘋了，所以說的話就沒有意義；他不願以他們語出瘋狂為由而迴避他們的話語。相反地，榮格積極地去尋找他們話語意義特別之處。甚至對「根本失去理智，所言全然不合邏輯的蠢話」（*MDR*, p.147）的慢性病人，榮格還是在他們的話語裡找到意義，而他們說的話「從古至今一直都被當做沒有意義」（*MDR*, p.147）。譬如，有位病人經常哭喊道「我是蘇格拉底的代理人」，而榮格（透過仔細研究她的人格與所處環境）發現，她「一直想說的是：『我像蘇格拉底一樣遭遇到不公正的控訴』」（*MDR*, p.147）。有時，經由積極對他們的話語產生理解，榮格可以做到不可思議的正向改變，甚至是「治癒」（curing）他們，如對一位自稱可以聽到「上帝之聲」的精神分裂老婦人那樣，榮格告訴她：「我們必須仰賴那個聲音」（*MDR*, p.148）。在理解她之時，藉由對她那些毫無意義的「瘋狂」聲音不僅予以確認，還賦予某種意義，榮格在對她的治療上獲得「意外的成功」（MDR, p.148）。

重要的是要知道，強調意義並非榮格獨創，而是由布魯勒所發展出來且在當時形成全面風潮的方法的一部分。具代表性的，像是布瑞爾（A. A. Brill，美國精神分析師，也是伯格霍茲里醫院的研究團隊成員）便寫道，當時該機構的精神科醫生「感興趣的不是病人說什麼，而是他們想說的是什麼」（Brill 1946: 12）。這並不是否

定榮格的貢獻，而是講出整個背景脈絡；榮格能夠將這種哲學態度與他自己的方法相連結，且最重要的是，更加深入地發展它，並延伸成他獨特的認識論立場。

字詞聯想實驗

在伯格霍茲里精神醫院透過研究與運用字詞聯想實驗（word association experiment），榮格提出許多重大的創新；雖然「情結」（complex）這概念被認為是其中最重要的一個，然而，還有某些重要的認識論要素從這研究中突現，並促成榮格形成「求知者」（a knowing person）的定義。

起初，「字詞聯想測驗」（Word Association Test, WAT）實際上是根據「聯想主義」（Associationism）心理學派的主張而來的，聯想主義可說是知識的理論，換言之，就是一種認識論。更明確地說，聯想主義的根本主張認為，我們的精神活動是基於聯想而來的；也就是說，我們對事物的知識與知覺，是由各種聯想的組合出來的，而聯想的元素來自我們的感官經驗。哲學家長期以來發展並更新有關聯想的不同理論與法則——從柏拉圖與亞里斯多德，到更現代的思想家與心理學家。心理學領域中，是由哈維（Harvey, 1705-1757）、加爾頓（Galton, 1822-1911）與馮特（Wundt, 1832-1920）等人引進聯想主義的。雖然加爾頓與馮特視字詞聯想為認知功能研究的一部分來檢視，但發展出實際的字詞聯想測驗的，事實上是克雷普林（Kraepelin, 1856-1926）這位伯格霍茲里早期的主管，最後，由布魯勒任命榮格負責使用這項工具的研究計畫。伯格霍茲里醫院採用字詞聯想測驗，關注的並非理論性質，而是應

用於變態心理學上；他們感興趣的是理解「精神分裂」心智相關的機制。布魯勒的主要貢獻是重新命名「早發性失智」，以「精神分裂症」這個新的術語取而代之，意指這種病並沒有產生「過早的退化」，而是牽涉到病人的人格與心靈功能實際上出現的破裂。字詞聯想測驗事實上是被用來研究精神分裂病人如何發展他們的感知與知識，以便進一步探究「分裂的人格」（split personality）運作的方式。研究把病人對於刺激字詞的回應做分類（依語意、語音、句法與文法等類項），加以分析，而根據實驗，是可以發現那種內在分裂的。這是因為如果把他們回應的主要內容歸類成特定的數個主題，還是有脈絡一貫的整體性。更加明確地說，榮格發現，這些回應中的某些概念與想法一起出現形成群集（cluster），蘊藏一定程度情緒能量，因此會形成截然不同的單元（entity），他稱之為「情結」（complexes）。這個術語並非榮格所創，但他賦予具體的研究定義：「一個蘊藏多種想法而充滿情緒的情結，在一個人身上變得十分顯著且影響深遠，形成數量龐大的情意叢（constellations）[4]……全都與這個包含許多想法的情結有關。」（Jung and Riklin 1904: 82）但這樣的一個核心，一個自己可以獨立產生對事物的感知與知識的中心，實際上代表著一個人內在有另一個「心智」（mind）存在。如同榮格後來說的，

因此，我們可以合理地將情結視為一種小型的次級心靈，它

4　【譯註】Constellation 在天文學上原指星體聚集，心理學借用來指稱圍繞一個核心意念的思想感情的組合，就如同一群原本不相干的特定星星聚集在一起，通過想像，就變成有特定意象與意義的星座。

刻意地（雖然不為意識所知）驅使某些與個人意向相反的意圖。
（Jung 1911, § 1352）

因此，從認識論的觀點來看，榮格的情結理論讓他得以領會到，求知的主體不是一個完整統合的實體，而是被控制著這個人的各種情結分割成多個部分。就這樣，情結根據它們形成的各種主題，創造出一個分裂的求知主體。這意味著，因為掌握了心靈可解離的基本特性（Papadopoulos 1980），榮格就可以在實質上擴大他從認識論角度理解人類本質時的複雜蘊含。

「我的科學前提⋯⋯」

現在，我們終於可以回到前面提過，榮格指出他與佛洛伊德間存在差異的問題。前情提要一下，榮格在 1906 年末寫給他這位前輩同事的信裡，指出三個差異：他們的「教養」、「環境」與「科學前提」。所謂「科學前提」，就其個別的研究背景而言，榮格指的一定是他們對自己各自研究主題及研究進行方面的特定方式的定義，也就是指他們的認識論與方法論。更明確地說，所謂「科學前提」，榮格當時必然是在說他們如何回答諸如：「研究所採用的證據由什麼構成？」「他們怎麼知道自己已經確實知道了某事？」「他們如何解釋他們所要認識的主題？」等問題。

榮格甚至早在跟佛洛伊德展開深入往來與合作之前（在 1906 年底），便以一種傳達出他儼然確信自己已經形成了這種「科學前提」的方式，來述及他的「科學前提」，還進一步聲稱，他的「科學前提」與佛洛伊德所持的有所不同，讀者開始接觸到這種說法

時，可能滿頭霧水。然而，讀者若對於榮格在 1906 年前就完成的工作及其認識論與方法論上的立場有了概要的了解後，便能恍然大悟。雖然兩人在那年（1906 年）才開始通信，而且在幾個月後（1907 年 2 月）才親見彼此，榮格的信（1906 年 12 月的）卻清楚傳達了他堅信他們的「科學前提」有所不同。總之，榮格主張他們的差異之處意味著：

一、榮格明瞭，在分析理論與實踐中，認識論與方法論的原則（也就是「科學前提」）是攸關重大的。

二、跟佛洛伊德見面前，他已對此充分覺醒，所以，這個想法與佛洛伊德學派精神分析沒有直接的關聯。

三、他們在專業上的關係，是由榮格與佛洛伊德共同開啟及維繫，而對這關係常見的描述版本，即榮格一開始僅僅是佛洛伊德的一個門徒，說來並不正確，因為本章所提供的觀察並不支持這種說法。這意味著，他們之間事件所流傳的版本，可能出於其他因素，也許是心理方面的因素，與他們私人關係的動力有關。（Papadopoulos 1980, 1984）

因此，就分析以上觀察所得而言，榮格在他自傳裡對於與佛洛伊德決裂所提出的戲劇性評價，其真實性就很難被接受：

　　與佛洛伊德分道揚鑣之際，我就知道自此墮入不可知的世界。畢竟，除了佛洛伊德之外，我一無所知；而我已然踏入黑暗。（*MDR*, p. 225）

並沒有證據支持「不可知」、「一無所知」、「黑暗」這些強烈字眼所描述的狀態存在於當時，畢竟早在跟佛洛伊德會面以前，榮格已經有了清楚的認識論立場，甚且早在 1906 年 12 月的信中也簡要說過他們不一致的看法了。因此，這些話實在令人不解，特別是如果我們進一步檢視他隨後的研究（1906 年之後的），會發現並未實質上偏離這些認識論的立場；隨後幾年，榮格確實提出許多重要的理論發展，但是就基本的認識論與方法論而言，他並未過分偏離這些在 1906 年之前就已經奠定的基礎。那麼，為何榮格停留在事件的錯誤版本，在將近半個世紀之後還依然以一種斬釘截鐵的語氣寫下這些事？他為什麼持續這個沒根據的說法？除了心理上的理由之外（這點有時是極端強烈且影響深遠的），榮格之所以一直這麼想，可能是因為其中有部分是事實，或至少某些地方是似是而非的。

有個理解這個謎團的角度是，榮格與佛洛伊德決裂後（聲稱）自己全然處於無知狀態的強烈用語，可能與榮格採取另一種觀點看待自己的工作有關：關於這點，在其他文章裡有討論過（Papadopoulos 1980, 1984），他與佛洛伊德來往（即榮格的「精神分析階段」）到決裂（1913 年）後的這段時期，榮格的認識論和他自己實際的理論間出現無法接合的狀況；一直要到後來，榮格才得以發展出與自己既有的認識論結合得更完整的理論。這意味著，榮格的認識論發展先於理論。更加明確地說，在與佛洛伊德來往的期間，榮格大體上過度接受並吸收佛洛伊德學派的精神分析觀點，將之當成自己的觀點，儘管事實上他對此並不感到滿足；他的認識論與佛洛伊德學派精神分析並不協調。榮格對此覺得不自在，

最終與佛洛伊德各走各路，才逐漸發展出他自己的語言，更合乎他已經設立的「看法」（inclinations）和認識論立場。

因此，這個對於榮格 1906 年 12 月的信函以及他（自傳裡所寫）一口咬定自己離開佛洛伊德後步入「黑暗」，這兩種說法間的出入之處，是因為榮格的認識論（即他總體的「科學假設」，這形成了他的方法基礎，而在事實就是他同時運用在理論上與實踐上的「正常」〔natural〕「看法」〔inclination〕）與「正式的」理論間（他在專業上支持與認同有關的理論），兩者立場有所不同。一旦把這個問題弄清楚，我們就可以理解他 1906 年的信（主張自己立場清楚，且與佛洛伊德的不同）為何與他在自傳裡的描寫（所謂離開佛洛伊德後茫然不知所從）有出入。換句話說，榮格在自傳裡沒有說出一件事實——他在其中所指是可以代表他專業立場的明確理論構想，而 1906 年信中指的是他的認識論。

有其他文章也針對榮格「正式的理論說」和他個人的「看法」做過清楚的比較（Papadopoulos 1980, 1984, 2002），其中對榮格的「看法」說得更詳細。更精準地說，這些研究將榮格的正式說法理解為自己專業上的「人格面具」（persona）所造成的，他覺得維持這個人格面具對自己是重要的；除此以外（也作為對比），榮格對自己的研究有另外一種觀點，那就是他自己的認識論傾向，也是因另一種促成他在理論和專業發展上的問題意識所形成的。那個觀點（他的認識論）可以看作是他「關於另一個實存的難題」（problematic of the other），這與他對心靈的可解離性感到興致盎然有關，換言之，各種形式的「他者的性質」（othernesses）以這種方式在一個人的人格裡活躍，而令這些「他者」彼此間互相牽扯

的方法，也關聯到此個體人格的主體，關聯到外在的世界，甚至更寬廣的集體結構（Papadopoulos 1980, 1984, 2002）。實際上，前兩個研究認為（Papadopoulos 1980, 1984）：

如果把他解釋這個他者（the Other）的理論看作是經一再重新建構、不斷地在進步的過程，以這種新的假設角度來閱讀榮格，榮格學派的出色成果就可能得到更廣泛認同。（Papadopoulos 2002: 170）

有人主張，榮格的理論發展是基於對他者的持續性重構：

從萬物有靈的外來他者客體（出自他童年時期的，譬如，他「自己」的火、他「自己」」的石頭、他「自己」的小石子與木刻小人），發展到一個相當純粹、普遍性的內在他者（二號人格），然後從心靈內部的個人功能（情結），發展到更具集體形式的架構原則（象徵）。因為它提出一個架構原則，這種作為原型的他者（Other-as-archetype）代表著榮格在理論建構方面的巔峰，他希望可以與更廣泛的文化、社會觀點相連結。這種重新建構呈現出一種內在與外在、特有／個別與一般／集體、個人／心靈內部與社會／象徵之間的辯證。（Papadopoulos 2002: 170）

那種解讀方式不僅是一種「閱讀」榮格的新方式，幾乎可以把他個人人生，與在當時更廣泛的學術辯論的氛圍下，他在學術好奇與職業上所專注的議題完整結合在一起，同時，也基於他對認識論精熟

的原則，奠立理解榮格的基礎。換言之，要理解他「關於另一個實存的難題」之本質的最佳可能方法，是形成一個基礎去理解求知主體所具有的動力，亦即認識論。透過努力層層分析各種讓一個人具備認識能力的結構與論述，榮格事實上就是在發展他的認識論立場。這表示，當榮格提及他的「科學前提」時，說的就是他在認識論上的「傾向」和他「關於另一個實存的難題」，兩者都早在與佛洛伊德相遇前就已發展到相當程度了，也早於他接觸到佛洛伊德的精神分析。更有甚者，有人說榮格最初會受到佛洛伊德吸引，是因為他以為他們想解決的問題是一樣的，也就是所抱持的認識論前提相似。從認識論角度來說，那就是榮格會加入精神分析運動的原因，希望為自己的認識論傾向找到更適切的理論語言。然而，當他發覺事與願違時，他離開了佛洛伊德，開始努力去發展自己的心理學，跟他已建構完備的認識論更加協調一致。

將其認識論（比較基礎的）及理論的建構（後來所發展的）區分開來的這種解讀，是理解「榮格先於佛洛伊德」這個之後會提到的說法的方式（參考 Taylor 1998; Shamdasani 2003）。

雖然這種區別（在他的認識論與其理論主體之間）有助於解釋榮格 1906 年信件與其自傳所述間有所出入之謎，但仍有疑團未解。為何榮格自己沒有完全清楚當中有異？一方面，他十分明白自己認識論的重要性，而另一方面，他似乎對此又心懷矛盾。這或許是由於他擔心自己如果過於強調其理論的認識論本質，可能會被視為哲學家，因此不被當成嚴謹的「科學家」，而遭排斥——他想要被看作心理學家，如此其研究才得以獲得應有的敬意。另一個可能性是，榮格也許對自己的認識論視為理所當然，幾已當成自己的

「看法」，因此也就不同於（同時也較不重要）他理論研究的主體；如此說來，榮格自己並不認為他的認識論本身有多重要，不視為是自成一格的貢獻。的確，當時並沒有明確的心理治療認識論領域可支持他去領會自己所持觀點的重要性。

最後，再回到 1906 年 12 月這封信，同樣值得注意的是，即使在那麼早以前，榮格藉由將「教養」、「環境」與「科學前提」這三方面的差異相提並論，便展現出他已經知道「科學前提」和個人的生平（教養），甚至更廣泛的集體背景（環境），不會是沒有關係的。這是另外一個他始終保有的重要洞察：一個人所持的認識論，並非一個抽象的理論結構，而是深埋在個人的個體與集體的現實當中。

晚期的著作與研究

榮格基本的認識論立場雖然在 1906 年就已經確立，然而有些額外的洞見對他最終的心理學認識論模式的發展，有所影響。這些包括如下：

- 知識的集體面向。
- 目的論：醞釀中的知識。
- 原型目的論的認識論。

知識的集體面向

1909 年 9 月，榮格和佛洛伊德到美國演講參訪期間，在麻

薩諸塞州窩色特（Worcester）克拉克大學（Clark University）的一場演講中，榮格回顧他帶領學生艾瑪‧福斯特博士（Dr. Emma Fürst）所進行的一項研究。早在兩年前，他已經出版探討這主題的一篇論文（Jung 1907）；接著，在超過四分之一個世紀之後，他又從同一個研究取材，於塔維斯托克演講中（Jung 1935b）再度發表演講。這個研究提供了一個線索，讓人們得以一窺榮格對自己的認識論最重大洞見之一的理解如何發展。

這個研究被收入《榮格全集》（*Collected Works*）裡，題為〈家族情意叢〉（The Family Constellation, 1909），講述字詞聯想測驗的應用。榮格與福斯特用字詞聯想測驗，對二十四個家庭的所有成員施測。他們兩人根據榮格從先前版本（Jung and Riklin 1904）修正而來的「邏輯語言標準」（logical-linguistic criteria），對施測的反應數據進行分析（Jung 1909: § 1000）。研究發現顯示，家庭個別成員的反應模式間的差異並非隨機出現，而是有可預測的規律可循；就統計結果來看，家庭內的特定子群間反應模式極為相似。更為特別的是，小孩的反應與母親的聯想更加相近，而非父親的，而且，比起兒子，母親的聯想與女兒們的更近似。

如果我們理解到，（這非僅是得自）一個家庭不同成員單純重複類似字詞，因為每個家庭有其習慣或者家庭文化，這個研究結果的意義其實是更大的。（Papadopoulos 1996: 131）

如同榮格所說的，「女兒承襲母親的思維方式，不但觀念相同，連表達形式也一樣」（1909; § 1005）；事實上，更重要的並

不是「表達形式」一致，因為這是可學習而來的，而是同一家庭的某些成員有相同的「思維方式」這個事實。這意味著，這些研究的發現需要被更進一步檢視。

反應依「邏輯語言標準」的項目來歸類，包括「動詞跟主詞的關係」、「定義」、「對比」、「簡單述詞」、「表達個人判斷的述詞」等等。換句話說，這些標準不是在處理表面的相似性；研究得出的數據在於顯示，每個受測者對刺激字詞的反應，出現頻率較多的是該字詞的定義，還是該字詞的對照詞。也就是說，測驗結果指出了每個人對外來刺激感知與結構的傾向模式，以及他們如何透過邏輯和語言對這些感覺加以分析。這些從別人身上是學不來的；這些是顯露一個人獨特的認知架構方式的深層固有機制。事實上，這個研究指出，家庭中必然存在某些特殊的結構物「擔負著組織工作，為集體所共有」（Papadopoulos 1996: 130）。這些「共有的無意識結構」對家庭成員結構自己的感知、知識、人際關係以及整體心理現實的方式，具有影響力。這些結構物「可以被稱為意義的集體結構（Collective Structures of Meaning, CSM）。當然，這個意義並不是外加的，而是天生和潛藏的」（Papadopoulos 1996: 136）。

榮格相當費心地去解釋他們的研究所得。在 1909 年的論文中，他對這些發現顯然感到不解，他，

　　無法對這些現象提出任何合理解釋。他只好另闢蹊徑，努力以精神分析語言的脈絡詮釋，將它們說成是「積聚於嬰孩時期的情感環境」所造成的「決定性影響」（Jung 1909: § 1009）。（Papadopoulos 1996: 131）

基於那個研究，榮格認為「家庭背景對（孩童的）一生具決定性影響」的理解是合理的（Jung 1909: § 1009），但在當時，受限於他的精神分析理論框架，他只能用「積聚於嬰孩時期的情感環境」這樣的語言來理解那個「背景」（Jung 1909: § 1009）。換句話說，榮格在研究結果中能夠辨認出的元素，僅僅是那些符合既有精神分析理論的部分，但他對這個精神分析詮釋裡潛存的「因果還原」（causal-reductive）認識論，必然感到有扞格不通之處。因為如同先前所說，榮格帶有目的論的認識論已經發展成熟。

這意味著，這個家庭字詞聯想測驗研究點出當中的玄機，榮格所主張的認識論，其實與他「正式的」（official）理論立場有所不同；後者侷限於佛洛伊德學派精神分析模式，因此無法全然解讀這些發現。更明確地說，根據佛洛伊德學派的精神分析，人際間的無意識互動，只能透過將自己的無意識內容投射到另一個人身上來進行；並沒有任何如這個研究說的「共有的」無意識結構存在的空間。儘管如此，榮格顯然沒有接受對這些發現的因果還原詮釋，於是在論文的結尾承認自己理論（即精神分析理論）的侷限性，並寫道：「我們離普遍性的技術規律與理論法則還很遙遠」，而且極其不尋常地，他如天真且狂熱的新進信徒般盛讚精神分析之美：「只有如佛洛伊德教授在我們 1909 年《年鑑雜誌》（*Jahrbuch*）發表的精神分析那樣的傑作，才能幫助我們脫離這個困境。」（Jung 1909: § 1014）。

這些發現是極其重要的，因為「藉由發現……家庭內邏輯與語言成對結構的模式，榮格事實上已經發現，家庭內部及其中的各種子群或者子系統間，存在著心靈內部的相互連結」（Papadopoulos

1996: 131）。從認識論的觀點來看，榮格在家庭字詞聯想測驗中無意間的發現，事實上是指出，從事認識活動的主體不僅僅是就自己個別特有經驗而獲得知識的獨立個體而已。除此之外，至少還有兩個潛在知識的來源：第一，是經驗的互動模式與相關模式；其中包括家庭的互動與交換活動，還有在同一家庭不同成員間以及與更廣泛的社會文化環境（包括榮格所謂的「情感的環境」）相互投射無意識材料的網絡。第二，為「共有的無意識結構」；這些結構並非由一人投射到另一人身上，但卻會影響家庭內的某些子群。這些必然帶有「集體」性質的結構，可以讓個人創造感知與形成知識。

這篇 1909 年的論文顯示出，榮格發現「共有的無意識結構」現象，幾乎可說是全然意外，他隨後將之命名為「集體無意識」（collective unconscious）。當時，這些現象暴露出他在理論上的侷限，而且他的認識論與理論間存在著斷裂。可是，如同大家注意到的，雖然：

> 榮格沒有繼續這個研究，也沒有再研究家庭（無論是在臨床上，或是就研究而言），我們可以說，他在生命那個階段遭遇的那些現象，從未離他而去，它們反而（必然）交付他一個任務，要尋找更適當的理解方式。他隨後的發展就是遵循著那個方向，並使他得以構思出一個觀點，讓心靈內部與集體的範疇在其中有意義地相互聯繫、彼此影響。（Papadopoulos 1996: 131-132）

這些發現所牽涉的不僅限於榮格的認識論；藉著發現家庭內的無意識共有結構，榮格也能夠被視為是現代家庭治療的先驅（Garnett

1993; Papadopoulos 1996; Papadopoulos and Saayman 1989）。

目的論：醞釀中的知識

如同他認識論立場裡的大部分元素，目的論絕非榮格所創，它在跨文化與時代的哲學歷史長河中其來有自。榮格的貢獻在於，將目的論連同他在認識論及心理學諸多理論方面的其他要素，一起放入一條特殊的脈絡當中。

目的論指的是，思索現象之「終極面貌」（*telos*）的方法；*telos* 是指目標、盡頭、目的以及圓滿。如前所述，早在佐分吉亞系列演講裡，榮格就支持目的論的方法。當時，他察覺到目的論不僅是個探究方法，也是種「外於人身」（external to man）的過程（Jung 1896-1899: § 175），成為一種更寬廣的生命原則。後來，在他的博士論文裡，榮格再次使用目的論的方法去理解他觀察到的靈異現象。他感覺到，海倫的通靈經驗具有目的論的作用，因為那些經驗幫助她在心理上有所發展與成熟。

榮格將理解心理現象的兩個基本方法區分為：一個是「建構」（constructive）或「合成」（synthetic）的方法，另外一個是「還原」（reductive，也就是「因果還原」）的方法。他認同前者，認為後者是佛洛伊德學派方法的特徵。榮格採用馬德爾（Maeder）對「無意識預期（prospective）功能」的理解（Maeder 1913），以及阿德勒（Adler）的「無意識預感（anticipatory）功能」（Adler 1912）的說法，強調無意識具「目的性意涵」：「我們將無意識的產物設想為……一種導向一個目標或者目的的表達」；因此，他理解到「建構性方法的目標……是從無意識的產物看出一個和個體

未來態度有關的意義」（Jung 1921: § 701）。相較起來，他認為，「還原的方法在於回溯⋯⋯無論是追蹤情結的純粹歷史面向或者象徵意義，分析出來的元素都會回歸成更具普遍性、更基本的東西」（Jung 1921: § 788）。而且，他理解到：

> 還原作用會瓦解無意識產物的真實意義，因為所謂的還原不是追溯歷史緣起，且因此就將之滅除；也不是與源起的同一個基本過程再度整合。（Jung 1921: § 788）

　　這就是說，在追蹤心理現象時，要不就是依其歷史回溯「本源」（還原法），要不便是就個人目標與未來傾向為依歸，努力去找出與它們相關的目的和意義（建構法）。建構法是立基於目的論之上，或是根據亞里斯多德學派所謂的「目的因」（final causality）[5]。我們之所以能夠理解現象，不只因為它們被前因影響（這就亞里斯多德學派所謂的「動力因」〔efficient causality〕），也和它們的意圖和「目的因」——即它們的目標有關。榮格眾所周知的名言：精神官能症「終必被理解為靈魂因找不到自身意義而受的苦」（Jung 1932b: § 497），以及「精神官能症的走向是具目的性的」（Jung 1943: § 54），都證明了他堅定的目的論取向。但榮

5　【譯註】亞里斯多德認為萬物由四種原因決定它們「為什麼」會成為如其所是的根據。1.「物質因」（Material Cause）：物質構成的要素和成分；2.「形式因」（Formal Cause）：構成事物的基本原則或法則；3.「動力因」（Efficient Cause）：改變事物的動力及起因；4.「目的因」（Final Cause）：事物之所以存在的原因，或者說它之所以改變的原因。以此來了解所謂的心理動機，包括意志、需求、動機、理性、非理性、倫理等等，則都是創造行為的來源，這可說就是所謂的目的論。

格沒有將他的目的論理解方式侷限於臨床工作。他堅持認為，科學整體而言在攻克其研究的主題時，是採用目的論法則的。譬如，他主張「現代科學在關於『功能』的構想上，絕非獨厚因果概念；而是特指一種終極的或『目的論的』概念」（Jung 1917: § 688）。而且，他大膽地宣稱，「生命就是最好的目的論例子；它是個由受到引導的目標系統，尋求自身的實現。每一個過程的終點就是它的目的地。」（Jung 1934b: § 798）

因此，榮格運用目的論的方式可分為以下四種：

- **治療方面的目的論**：與他在分析治療工作中探索心理學現象與心理病理學現象時所運用的方法有關。
- **方法論方面的目的論**：與在科學研究中普遍地於方法論方面運用目的論有關。
- **人類方面的目的論**：與人類朝向心理發展的明確目標方向有關。
- **本質方面的目的論**：與他認為目的論是生命法則的理解有關。

這四種目的論理解方式，強烈影響著榮格的認識論研究途徑，就它們的意涵而言，以一種絕對的研究方法是不可能獲得完整知識的，因為知識與未來的目的以及目標有關。這意味著，事實上，榮格的認識論的目的論是將知識定位在它自身產生出的當下過程。因此，可以說，對榮格而言，知識的產出，特別是在心理治療的脈絡中，涉及到一個人在治療路上的自我定位，目的論隨之開展成為一

種生活經歷。與注重最後結果和最終的產出或者狀態有所不同，榮格基於目的論的認識論所偏好的方法，所接受的是或可稱之為「**知識醞釀**」的說法。因為如此，難怪榮格再三強調的是個體化（individuation）的**過程**，而非個體化狀態本身的最後結果。藉著與帶有目的論意義的路徑相連結並置身其中，一個人會從中獲得某種真正且實質的意義和感覺，在邏輯和理性的解釋和意義形式上，那本身不必然是明確的、終極的自身表達。察覺到這種更細緻的區別，榮格便在這種脈絡下使用「決定性」（finality）這個詞：

> 我刻意使用決定性這個詞，是為了避免與目的論的觀念混淆。所謂決定性，我僅僅意指達成目標的內在固有心理奮鬥。除了「奮力達成目標」，我們也可以說那是「使命感」。所有的心理現象天生都帶點這種使命感。（Jung 1916/1948: § 456）

榮格顯然擔心，目的論可能隱含一種對確定目標的執著，且伴隨著理性的規劃，因此，他選用了「決定性」這個詞，以說明**知識**醞釀這個細緻的概念。

因此，榮格進一步發展他最初對目的論的理解，並在他的心理學認識論的脈絡中加以琢磨，也持續受到一定的關注（e.g., Hone 2002; Jones 2002; Nagy 1991; Rychlak 1968, 1973, 1984）。

原型目的論之認識論

既已把自己的研究方法穩固建立在目的論含義之上，榮格需要引進更多的元素來提供支持，以利於更加普遍地應用，至少可以

用在他對心理治療方面的目的論。他對知識具有集體結構性的最初領悟是個好的開始，但還是需要進一步闡釋。要等到引進原型（archetype）概念，榮格才得以提出這項闡釋。

　　從認識論角度的觀點來看，榮格的原型理論引進複雜性理論（complexity）[6]，藉由在個人範疇與更寬泛的集體結構間搭起溝通橋樑，而豐富了他早期對目的論的構思。更明確地說，榮格認為「原型……只會透過它們使意象與概念**成為有機組織**的能力而顯現自身」（Jung 1954: § 440），而且「如我們所知，意識……是以原型為基礎的」（Jung 1958: § 656）。因此，從認識論的角度來說，除非一個人認知到原型對認識的過程——個人的意識——所施加的有機化影響力，否則個人無法敏銳理解自身知識的各種來源。

　　意即，除了指出認識過程中具影響力的各種元素這種還原過程，也就是，和個人的過去、人際交流以及社會的影響（如前所述）有關，榮格學派方法還包含建構過程，將原型的有機化影響考慮進去。以圖形來呈現這點的話（圖 1-1），虛線箭頭影響所及不僅止於個人（代表個人的 A 與 B），也及於他們之間的交流與無意識的互相投射（IE〔人際間的交流〕與 UP〔無意識的互相

6　【譯註】複雜性理論興起於上世紀 80 年代，研究對象是複雜性系統，摒棄科學界慣行的還原論的方法論，對複雜系統運行規律進行揭示和解釋。其研究方法特徵為：1. 非線性，將思維模式由線性（原子論、還原論）轉向非線性（系統論）；2. 不確定性，脫離以牛頓力學為代表的世界面貌或確定的古典自然科學典範，突破傳統科學中將「確定性」與「不確定性」視作涇渭分明的想法，經大量客觀事實和實驗證明，現實世界中確定性和不確定性是互通的，且能相互轉化；3. 自組織性，組織是指系統內的有序結構或這種有序結構的形成過程。自組織是指無需外界特定指令就能自行組織、創生、演化，從無序走向有序，形成有結構的系統；4. 突現性，是指為系統整體所有，但不體現於個體的屬性、特徵、行為、功能等的那個部分。複雜性理論的意旨在於：1. 批判和超越還原論；2. 追求和超越整體論。

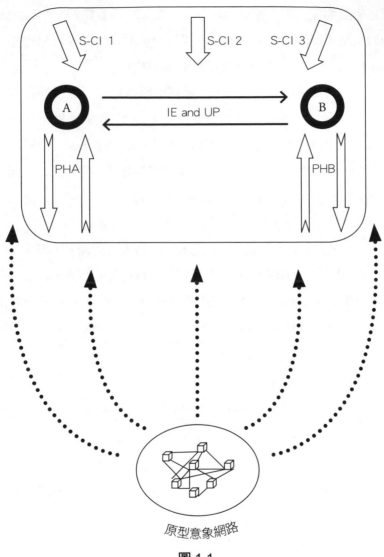

原型意象網路

圖 1.1

投射〕），還包括每個人與自己個人歷史的互動（PHA〔A 個人歷史〕與 PHB〔B 個人歷史〕），當然還有社會文化的影響（S-CI）。

　　圖 1.1 需要進一步釐清。使互動網絡有機化的，並非單一原型所為，而是一群原型（「原型意象的網絡」〔Network of Archetypal Images〕），因為會聚集在一起的各個原型間關係密切，因此在與其他個體互動的關係網絡中，很少只有一個單一的原型被激發，但其他也在當中的原型卻沒有一起活動起來的狀況（Papadopoulos 1996）。此外，就算是在個人的脈絡下，原型也不會單獨活動，它會觸發相關的原型（以一種補償性或補充性的方式）。這意味著，在大部分的情況下，原型不會獨力影響個人與群體，而是以叢集體（clusters）／網絡（networks）／聚集體（情意叢）（constellations）的型態進行活動。[7]

　　圖 1.1 所描繪的這個過程，還有些其他面向：首先，原型（或原型的聚集體／網絡）影響範圍不僅是個人，還波及個人所有的關係與互動；這些包括：與自身個人歷史的互動、與其他個體和團體的交流，以及與加諸於他們身上的社會文化影響的互動。其次，雖然榮格並未特別如此強調，但我們可以主張，從他的理論可以導出：個人自身的歷史對個人不僅只有單向的因果影響（如同因果還原法所認為的）；相反地，個體與自己過往的關係，會隨他們面對

7　【譯註】這是借用由電腦網路科技發展出來的概念。根據國家教育研究院的《資訊與通信術語辭典》指出，叢集體是 1. 一種聚合，如圖上的一群資料點；2. 指一連線電腦及與之相連的終端機所成的集合；3. 在資料儲存方面，指固定數目的磁碟扇區所成的單元（通常由 2 至 8 個扇區所組成），作業系統視其為讀寫的單位；4. 指由兩個以上的系統結合在一起工作者。這種系統完全互相連接，使用者可視其為單一運算資源。

自己過去的立場與觀點有所改變而受影響。這些改變可以是各種因素的結果，其中自然包括原型聚合體有機化組織能力的影響，而根據原型形聚合體的本質，這些影響並非與過去有關，而是與未來有關，也就是說，原型的效應在目的論的決定性（finality）上，意不在於回溯過去，而是展望未來（因此，圖形上的虛線箭頭與其他所有箭頭都不同，代表原型的影響在本質上和其他種類的互動有所不同──這種影響持續朝向決定性而去）。實際上，這意味著榮格學派的方法意味著（儘管乍聽起來有點弔詭），「不單過去形塑現在，現在也形塑過去」（Papadopoulos 1996: 158），彼此互相對應補償。

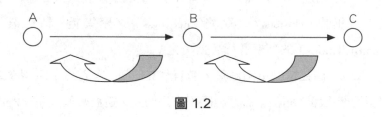

圖 1.2

　　圖 1.2 描繪出因果還原認識論的線性模式。依照這個模式，A走向 B，然後再通往 C，這意味著，現象 B 是現象 A 引起的，而 C則由 B 所引起。比如說，榮格認為佛洛伊德對精神官能症的理解便具有線性的特徵：一個人自己的童年（A）造成他人格（B）的形成，然後這種人格引發精神官能症的病症（C）。這個模式所指出的治療方向，將會是循著這條線性路徑倒推回去：治療師將需要回頭去找出病症（C）的原因，方法便是釐清人格（B），而要完成這個任務，則得探究童年的衝突（A）。榮格接受因果還原

　　　　　　　　　　榮格心理學指南：理論、實踐與當代應用 ├─

認識論的價值，但他認為，這並非唯一可取之道，且就現象運作具決定性的脈絡而言，特別是還要把原型涉入的因素考慮進來時，這也絕非理解其複雜性的最佳模式；由於這些狀況，榮格覺得採用可以突顯「決定性」之功能的建構法較為適宜：「在不得不解釋一個心理事實時，我們必須記住，心理資料必然擁有雙重觀點，也就是因果性與決定性」（Jung 1916/1948: § 456），「單就因果解讀心靈，僅為一知半解」（Jung 1914: § 398）。

這個意思是說，榮格對複雜心理現象的理解，根本上是基於所謂「決定性的認識論」（epistemology of finality），這也可以涵蓋線性的認識論。決定性的認識論可與現代系統論家族心理治療師所謂的「循環的」（circular）或「系統的」（systemic）認識論相提並論（參考 Becvar and Becvar 2002; Keeney 1983; Papadopoulos 1996, 1998）。依照這個認識論的看法，圖 1.2 上的 A、B 與 C 三個位置不僅以線性、因果還原的方式相關而已，而且還在持續互動、形成循環，一個影響另一個（如圖 1.3）。總之，我們千萬別忘記，互相影響的形式是榮格煉金術模型的本質，當中的圓圈（曼荼羅）是完整性的最佳象徵。更具體地說，這三個位置（A、B 與 C）彼此間不斷地互動，直到症狀有了更進一步的「目的」（final），也就是影響到人格的目標性功能，這接著再影響我們探究自己過去的方式。

這種新的認識論另一個重要的意涵是，這三個位置（A、B 與 C）全都不是獨立存在的，而是還受到活躍起來的原型聚集體影響（再次強調，牽涉到原型，用的都是目的論的，而非因果還原的方式）。這意味著，這三個位置之間的互動，會被更廣泛的原型網絡

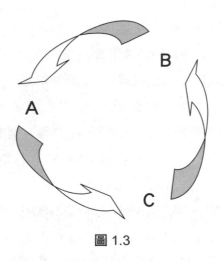

圖 1.3

制約成固定模式，原型因而對此模式產生影響。循環認識論的心理
治療方法並非企圖要追溯「確切原因」或者「各種因素」，而是要
與那些因素所處的脈絡模式做有意義的連結。榮格在處理這些關係
時，注重的是「使命感」（sense of purpose），而非清楚地詮釋，
他也明白地說，人們無法分析、轉譯或者詮釋原型或它對人的影響
（以還原的方式），但還是必須描述它、跟它有所連結（以建構
的、具目標性的以及帶有目的論的方式）：

　　因此，「詮釋」必定不得損及原型的功能性意涵，這樣有意
識的心智與原型之間才可確保有著合適與具意義的連結。（Jung
1940: § 271）

這句話或許就是榮格對於進行認識的主體／個人與原型之間的關
係，所提出的最佳描述。首先，他將「詮釋」一詞加上引號，確保

讀者不會將這種形式的結合（主體與原型間），與提供邏輯解釋的理性過程產生混淆。論及這種不尋常的結合時，許多作者都會採用社會科學區分「理解」（Verstehen）與「解釋」（Erklären）的傳統說法（參考 Jaspers 1923/1963; von Wright 1971），也就是區分理解／明白以及邏輯的／理性的，並且傾向於前者（例如：Brooke 1991; Giiannoni 2004; Hillman 1974; Rauhala 1984; Shelburne 1988）。然後，在同一個句子中，榮格提到希望「不得損及」原型的「功能性意涵」。要記得，榮格堅持超越慣用的因果涵義，將「功能」的意義延伸到涵括目的論的面向（見上文）；而且，他使用的是「意涵」（significance）這個詞，而非「意義」（meaning），顯而易見地，是要避免與邏輯的詮釋和闡述有任何的混淆。意涵暗示著內在固有，而非一種客觀的知識。因此，榮格在此使用「功能性意涵」，必然是與原型結合，還有和互動（各個）主體的網絡產生連結後，可能突現的意義內容有關，如圖 1.4 所描繪的那樣。

雖然榮格在這個句子當中，只處理「意識心智與原型」的關係，但如你我所見，此二者皆未被孤立，且同為面目分明的實體。就兩者皆涉及到的關係網絡而言，「功能性意涵」於此必然是指從與所有這些相互關係結合之中突現的意義。顯然易見地，這個意義不會是藉由外在的邏輯定義或解釋來賦予的那種意義（參考 Mathers 2001）。

最後，榮格明白指出，原型與「意識心智」間的關係，他偏向認為那應該是一種「有意義的連結」。榮格賦予認識主體與原型結合的最主要特質，是一種「連結」，一種關係，一種互動，一種

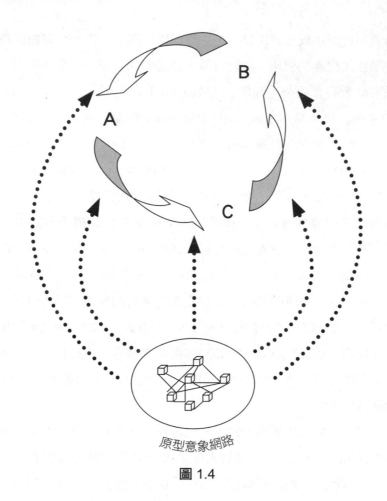

原型意象網路

圖 1.4

「有意義的」的聯繫，不會是短暫的，而是歷久長存，以深化這樣
的共伴關係；一旦建立了這個「有意義的連結」，就會出現某種
路徑，新的脈絡就被建構起來，並開始一段積極的過程、一段活躍
的經驗，漸漸帶來一種新覺醒、新使命感突現，新的知識也就此而
來。但是這種知識不會是主體對一個客體所持有的那類尋常知識，

而是帶有一種新奇感，一種自我位置有所轉變的感覺，而這轉變是由一個人受到原型聚合體在其目標性方向中活化起來所影響時，開始明白自己在互動關係網絡中所在定位而造成的。

　　透過仔細檢視榮格討論原型的這個句子，現在終於可以領會到，他想清楚傳達的是，這種特殊的結合（認識主體與原型間）並非一套定義清楚的邏輯陳述，而是一種有目標、具決定性的活生生經驗，超越了因果還原與線性的認識論。原型聚集體對個體的掌握，創造了一個新脈絡，一種看法的轉向，一種新的獨特**模式**，從而塑造，也真切地模塑一個人對自我、對關係，以及對真正認同感的理解。這種突現的模式也以展望未來的方式，成為連結個人與更廣泛的社會文化生態（這包含「意義的集體結構」〔Collective Structures of Meaning〕——Papadopoulos 1996），以及自然生態間的橋樑。

　　榮格在論及原型與「行為模式」有關時，頻繁使用模式（pattern）這個詞來與原型相提並論。榮格將心理學領域與生物學相比擬，使用模式的概念，來指稱在某特定本能被活化時所觸發的固定行為組合。循著類似的方式，他認為原型運作的方法類似，當它觸動思想、觀念、意象、感覺等等，人類功能運行的一系列心理元素（如同生物的）就會被觸發（例如 Jung 1954: § 398）。模式這個詞（無論是就生物的或是心理的領域而言），意味著一個不同於線性因果的交互關係網絡。《牛津英文字典》將模式（pattern）定義為「一種規律的或清楚可見的形式或者秩序，一連串事件發生於其中發生」，書中這些圖形所描繪的就是這種互動的聚合體。

　　這種原型模式的形成，創造出一種新的脈絡，個人在當中

得到的新觀點、想法與感受不同於以往。就此來看，我們可以說，隨著原型的引進，榮格學派認識論可被視為「認識脈絡論」（epistemological contextualism）。認識脈絡論主張，我們所知道的任何東西，都是附隨著其脈絡的，因此，不同的脈絡會有不同的認識標準與條件（例：Annis 1978; Cohen 1998; Sosa and Kim 2000a; Williams 2001）。

所以，榮格認識論引入原型理論後形成的更深入詮釋，囊括了先前提及的所有新考量與想法，如圖 1.1 到 1.4 所描繪。這種原型的模式形成，將榮格先前無法完整聯繫各環節的目的論，推進到他舊基本假設的新結構方法，將它們結合成為原型決定性的新認識論，這種新概念認為，系統性的種種模式取代孤立的各個實體，互動而創造出一個新的脈絡，從中浮現出新的認識條件。

更廣泛的考量

普蕾若麻與克瑞圖拉，原型與系統

格雷戈里・貝特森（Gregory Bateson, 1904-1980）是位英國人類學家與社會科學家（也是系統認識論與家庭心理治療的創始人之一），他極力借重部分的榮格認識論來發展他自己的研究，因此檢視這種與榮格認識論交互影響的意涵，具重大意義。諷刺的是，這個部分不單是榮格學派，連榮格本人，大多都未加重視。

首先，需要提醒一件事，即貝特森的許多具創造性與革命性的研究主題裡，有一個與榮格的研究相當類似；他對此的簡潔說明如下：

佛洛伊德的心理學向內擴大了心智的概念，將身體內部的整個溝通系統都囊括進來——即自發的、慣性的以及範圍廣大的無意識過程。而我現在說的東西則是讓心靈外延。這兩種改變都將減少意識層面本身的範圍。這需要一定程度的謙遜，由成為某種更廣大的東西的一部分所帶來的尊嚴和喜悅，予以調和。（Bateson 1972: 461-462）

儘管只有這短短的說明，我們立刻可以看出貝特森與榮格多所相似——兩人都在找尋影響個體如何構成自己的知識的集體結構；更有甚之，比起對個體，兩者都更加敬畏「某種更崇高的東西」（參照 Relph 1987）。貝特森發現笛卡爾認識論有個重大問題，於是使用榮格的方法加以修補：

我認為笛卡爾認識論一開始——將「心」從「物」分離，因此出現一個「在思考的我」（cogito）——前提就錯了，就認識論而言，也許是根本錯誤的假設，而我相信，榮格將普蕾若麻（Pleroma）與克瑞圖拉（Creatura）連結起來的說法，是更健全的起步。榮格的認識論始於對照差異——而非從物質開始。

所以，我將認識論定義為研究認識之過程的科學——一方面是回應差異的能力，另一方面是關注以某種方式產生那些差異的物質世界，研究二者互動。所以我們在意的是普蕾若麻與克瑞圖拉的**交界之處**。（Bateson and Bateson 1987: 18）

「普蕾若麻」與「克瑞圖拉」並非榮格學派認識論的慣用語。榮

格在《對亡者的七次佈道》（*Septem Sermones ad Mortuos*）那首長詩裡，首度引用這兩個詞，而這首詩他是在 1913 年到 1916 年間寫就（在他與佛洛伊德分道揚鑣之後），1925 年才私下流傳；其公開出版問世則遲至 1967 年。此書之後，榮格幾乎未再使用這兩個詞，儘管就一般理解而言，它們是他進一步發展關於原型和集體無意識概念的基石（參照 Brenner 1990; Brewer 1996; Fodor 1964; Heisig 1972; Hoeller 1982; Hubback 1966; Jaffe 1972; Papadopoulos 1980; Segal 1992, 1995, 1998）。

在那篇《佈道》中榮格寫到，普蕾若麻是：

空〔亦即〕是色（fullness）……永恆永在無自性，無有自性生諸法……永恆永在無自性，妄想諸有皆止息，自由自在圓滿地……色空不二地圓滿。（首次佈道）

意即普蕾若麻如如不動。

然者，可動者克瑞圖拉也……意即普蕾若麻如如不動，意動者克瑞圖拉……普蕾若麻諸有具在，無分無別。克瑞圖拉具分別心。分別萬物為其本性，而生分別心。故爾，眾生心執分別，分別心即其天性。（首次佈道）

貝特森評論道：

普蕾若麻為現世，萬物由他力或者互力，因緣和合而生，

萬物究竟無「別」（distinctions）。或者，如我常說，無「異」（differences）。至於克瑞圖拉，是因為分別而生其心。事實上，心物二元論自古有之……我認為，「普蕾若麻」與「克瑞圖拉」是可用之詞，因此值得研究這兩個「世界」（worlds）之間的溝通管道。說「自然科學」（hard sciences）只針對普蕾若麻，心智（mind）科學僅處理克瑞圖拉，這樣太過簡化。事實並非如此單純。（Bateson 1972: 456）

當中玄機何在？

　　貝特森的興趣在於理解超越一般人類意識過程以及人體限制之外的各種心智面向，並觀察到我們對心智也可以這麼理解：

　　那些具複雜性現象的所謂「系統」（systems）可以應用的範圍更廣，包括由多重有機結構或者系統組合而成的系統，當中某些部分具有活力，而有些則不，甚至有些系統根本不見生機。（Bateson and Bateson 1987: 19）

他所提到的「更崇高的某物」，與榮格學派既超越個體卻也內在於人的原型世界，不謀而合。

　　倘若如此，那麼「心智」是什麼，貝特森此問後，立即深入：

　　那這麼說說看，我們就創造一個可用的多元說法，稱之為「多心智」（minds），或許它們可以在有序的心靈互動中結合？這個定義將心智的概念變成肉體有序的各部分中，牢不可分的一部分。

（Bateson and Bateson 1987: 18）

他提出的這些定義準則，包括：「心智是出現互動的各部分或要件的集合體。心智各部分間的互動是受到差異所觸發……。心靈的運作過程需要循環的（或更複雜的）連鎖決定（determination）。」
（Bateson and Bateson 1987: 18-19）

　　貝特森透過模控學（cybernetic）的回饋原理 [8]，將系統理解為由資訊在系統內部以及外部的許多部分間進行交換所創造的，且定義資訊為「製造差異的差異」。他一再追問：「所謂『我的』心（想法），是什麼意思？」他回答道：

　　我認為，要界定個人心智，必然都得依靠我們希望理解或解釋的現象為何而決定。很顯然地，在人體之外還有很多的訊息通道，而這些通道與它們所攜帶的訊息，只要有所關連，就必須要被含括進來納為心靈系統的一部分。（Bateson 1972: 458）

貝特森舉了「樹和人和斧頭」的例子，說明此三者形成一個當中會出現差異的完整循環系統：「如果你想解釋或理解人的所有行為，還是得處理整體循環」（Bateson 1972: 459），其中當然也包括屬於普蕾若麻的無生命物體（譬如斧頭）。「這個初級模控系統連同它處於循環中的訊息，事實上便是最簡單的心智單位」（p.

8　【譯註】根據維基百科的說法，模控學是探索調節系統的跨學科研究，它用於研究控制系統的結構、侷限和發展。學者將之定義為：「對動物和機器中的控制與通信的科學研究。」換句話說，這是關於人、動物和機器如何相互控制和通信的科學研究。

459）。循著這個論點，貝特森繼續寫道：

> 我所提的模控學認識論，將開闢出一條新途徑。個體心智是內在固有的，但不僅位於體內。它也內建於身體之外的通道和訊息之中；而且，有一個更廣大的「心智」（Mind），個人的心智在其中不過是個子系統。（Bateson 1972: 461）

這個「更廣大的心智」（larger Mind）（以大寫 M 開頭！）無疑相當於榮格學派的集體無意識，而其認識論的隱含意味為，知識的主體如一個廣闊知識湖海裡的小水滴，個體倘佯其中與之互動。說了這麼多後，貝特森甚至定義一個人（他以加上引號的「自體」〔self〕來稱呼）「是在這個更大範圍連鎖反應過程中，被不當界定出來的一個錯誤的具體化形象」（1972: 331）。這種說法與榮格所宣稱者不謀而合：「個體化是自己的救贖，同時也在救贖人性，因為一個人的自身正是人類的一部分。」（Jung 1945: § 227）

最後，貝特森將他的認識論前提，應用到理解精神病理的狀態上，當他這樣做時，他對榮格書寫這首不凡詩作《對亡者的七次佈道》時的精神狀態作出評斷。成書多年之後，榮格寫道，就當為詩之際，他的「房裡觀者如織，有若車馬駢闐，鬼魂滿座」（MDR: p. 216）；貝特森認為這是榮格出現認識論混亂的結果。

倘若你認識論出現混亂，就是精神病態，而榮格當時就正經歷一場認識論的危機。所以，他憑桌拾筆開始寫作。方才動筆，群鬼消亡，於是這部小書（《對亡者的七次佈道》〔*Septem Sermones ad*

Mortuos〕）出世。（Bateson 1972: 455）

就在此詩／書卷首，榮格寫到普蕾若麻與克瑞圖拉之別，因此，似乎就是在進行那個區辨之際，讓他清醒，解決了他混亂的「認識論危機」。貝特森寫道，依照「精神病學的通俗用詞」，榮格的「認識論危機」會被稱為「精神病態」（Bateson 1972：455）。這意味著，認識論不僅是個抽象概念，而是建構起一個人組織自己知識的那個方式，這當然也會影響一個人的心理與心靈狀態。我們不該忘記，貝特森早期對精神分裂症的雙束理論（double-bind theory）[9]也是基於認識論的觀點而發展的（Bateson 1956）。

貝特森在評論榮格認為原型是「豐盛完滿的」（pleromatic）的概念（Jung 1952b）時說寫道：「這當然沒錯，但是，各種概念聚合成體後，於它們各自特質未得辨明之際，可能在主觀上似乎便與『他力』相類似」（1972：455n）。這意味著，無法分清跟個人發生互動的原型內容（克瑞圖拉），與純粹原型（普蕾若麻）不是同一回事，會導致認識論的危機。假如一個人將普蕾若麻的內容物據為一己之用，他或她將陷入喪失分辨力（以及明辨差異）的危

9　【譯註】根據曾端真《教育大辭書》的定義，「雙束」（double-bind）是指溝通訊息中，同時含有兩個相互對立的訊息，令接收訊息者無所適從，聽從任一訊息都是犯錯的。如果個體長期處於雙重束縛的訊息之中，將出現精神分裂的症狀。此概念是源自 1984 年時，人類學者貝特森發起的「波羅奧圖」（Palo Alto）研究計畫，貝特森深受一般系統理論（general systems theory）、溝通理論（communication theory）及人工機學（cybernetics）的影響。研究小組的成員包括海利（Jay Haley）、魏克蘭（John Weakland）、傅萊（William Fry）、傑克森（Don Jackson）；後來這些研究者都是著名的家庭治療大師，其研究主題便是「溝通」。雙重束縛是他們從對精神分裂症患者的研究中，所提出的概念（Bateson, Jackson, Haley, & Weakland, 1956）。此研究小組並進一步鑽研如何以家庭為媒介，進行精神分裂症患者的治療，這也促使了家族治療的興起。

險，也就不再能覺察出自己僅僅是更寬廣的系統中互動的一部分而已；這樣誤用原型不僅是錯覺，可能也出現妄想，的確，因為一個人會自以為就是更大的整體，是整個的系統的化身。榮格把這種狀態稱為心理膨脹，這時原型接掌了一個人的人格。假如沒有分辨與區別差異的能力，就沒有資訊，當然也沒有系統；取而代之的是錯覺／妄想，認為只有「他力」自行在運作。這種狀況甚至會導致認識論危機發展成認識論崩解。

　　如貝特森所強調的，普蕾若麻與克瑞圖拉交界之處的介面非常重要，就是這個接觸面，這個接觸的互動，創造出可以利用差異的系統，系統才能被差異創造出來的資訊所啟動。偏向任何一方，在認識論上或者心理上都有傷害。個人不能跟集體混淆，原型無法替代個人。這裡有個關於榮格之所以使用原型的線索，一方面，原型能促進成長與產生治療作用，因為它們透過拓寬視野，以及向寬廣的領域開放，讓個人意識到自己「屬於某更崇高之物的一部分」，而豐富個人的人格（Bateson 1972: 462）；或者，於另一方面，原型可以吞噬人格，使它們與人格之間的差異變得模糊，從而接掌了人格；後者的情況下，原型對人格有害，將出現所謂的病態。

　　貝特森應和榮格，大聲疾呼道：「這需要一定程度的謙遜，由成為某種更廣大的東西的一部分所帶來的尊嚴和喜悅，予以調和」（Bateson 1972: 461-462）。

榮格的蘇格拉底式無知與諾斯替靈知 [10]

行文至此，本章對於榮格認識論最後要檢視的面向，是有關榮格探索認識論開放性的兩種途徑。

有人已經說過，我們可以將：

榮格實際上所信奉的認識論，不管有意或無意地，區分成兩種對立的認識論。第一種比較接近所謂「蘇格拉底式無知」，而第二種本質上是「諾斯替主義的認識論」。（Papadopoulos 1997: 298）

基於前者，

榮格的立場很清楚地是反對任何「不過就是」（nothing but）的過度拐彎抹角的陳述方式，他以蘇格拉底式無知的真正精神指出，「應該避免對夢境主題刻板詮釋……即使對此經驗再豐富，在每個夢境材料面前，一個人還是得謙遜再三，承認自己一無所知，放棄一切先入為主的觀念，預備好迎接全然始料未及的事物到來」（Jung 1948: § 543），或者「……顯而易見地，夢的詮釋一開始就僅是一種只對兩個人產生立即有效性的當下體驗」（§ 539）。（Papadopoulos 1997: 298）

10　【譯註】諾斯替（Gnostic）是興起於西元二世紀左右的基督教派，因為經過理性的推論，否定了包括三位一體、甚至造物者的地位，認為這位造物神並非至高無上的上帝，最後被判為異端。諾斯替靈知意為來自至高無上上帝之處的奧祕，人不一定得透過這個世界的信仰才可得到靈知奧祕。

這些是榮格堅持莫將任何事視為當然的典型陳述,在檢視現象本身以前,不帶任何假設性的先備知識,莫要強加預先備齊的整套理論公式於一個情境之上,而是對每一個遇到的環境都保持開放態度,去檢視其中的獨特之處。就臨床而言,榮格是要讓自己去體驗接受分析的人的特殊之處,而且努力去領會他與對方在那個特定時段內的互動有何意義,不帶任何預設立場。這也就是為什麼他主張,夢的意義僅存在於精神分析互動當中,也就是,在分析師與被分析者間的脈絡裡頭。

蘇格拉底式無知可以用兩種方式理解。第一種是指蘇格拉底的看法,他除了有自己無知的自覺之外,其他一無智慧。柏拉圖的《申辯篇》(*Apology*)裡有個例子,蘇格拉底說,

話說,雖然我不認為我們當中有人了解真正的美與善,我比他好的是,他一無所知,卻自以為是。我既真的無知,也不認為自己有知。就後面這種自覺的狀況來說,我看來是比他好些。

第二個理解蘇格拉底式無知的方式,是關於他與人對話的方式。這與他實際運用他的「無知」的方法有關。典型的例子像,蘇格拉底告訴希亞忒塔斯(Theaetetus):「你忘了,我的朋友,對這些事,我既無知,亦不佯作有知;你是那個分娩中的人,我沒有懷孕,我只是幫你接生的產婆。」(柏拉圖《希亞忒塔斯篇》〔*Theaetetus*〕)憑藉坦承自己對問題無知,蘇格拉底讓自己與對話者自由自在地去研討與探索他們正在討論的現象所潛在的各種假設和面向。換句話說,他的工作在本質上大致是屬於認識論的,他

將它比喻為產婆的工作,也就是讓一個人誕生出來,促進一個特定議題的知識誕生,因此他的方法被取名為「產婆法」(maieutic;maia,希臘文,意為擔任接生產婆)。

榮格並不避諱,蘇格拉底產婆法與榮格學派研究法多有驚人相似之處(譬如,Jung 1913: § 519, 1943: § 26, 1912: § 437)。除了在臨床分析工作上採用一種「蘇格拉底式無知」的方法之外,榮格堅持,在他更廣泛的研究中,他最重要的立場是一個「經驗主義者」及「現象學者」,而這指向同樣的知識論開放度態。他非常驕傲地引述《英國醫學期刊》(*British Medical Journal*)一段對他的經驗主義研究法的評論(刊於 1952 年 2 月 9 日),「其出處似乎無可置疑。『榮格研究的基調在於事實先於理論。他是個徹頭徹尾的經驗主義者。』我認同這個觀點」(Jung 1952a: § 1502)。而且,為了區別盲目套用現成理論的方法,以及他運用理論上的反思而將透過經驗的發現統合起來的研究方法,榮格對他的認識論信念表達如下:

雖然人們慣稱我為哲學家,但我是個經驗主義者,且堅持現象學的觀點。我相信,間或做些超越僅僅是經驗的累積與分類的特定反思,沒有違反科學的經驗主義原則。事實上,我相信,經驗離不開省思,因為「經驗」是一種同化的過程,不經同化就不會產生理解。如同這句話所說的,我是從科學,而非哲學的觀點,研究心理學的種種。宗教同樣也具有許多重大的心理學的面向,我純粹從經驗的觀點來處理它,換句話說,我限制自己只觀察現象,刻意避開任何形而上的或哲學的考量。我不是否認其他考量的有效性,但我

　　　　　榮格心理學指南:理論、實踐與當代應用 ├──┤

不認為自己能夠勝任予以正確應用。（Jung 1938/1940: §2）

　　不管是榮格自己，還是幾乎所有榮格學派作家歸納出來的榮格研究法的特徵，都不難發現有榮格具有的「蘇格拉底式的無知」在裡頭。而榮格與此對立的另一個認識論態度，卻不常被檢視，他雖然遵循這個立場，但顯然並未察覺到其中的相反之處；這就是「諾斯替主義的認識論」（Papadopoulos 1997）。根據這個認識論的立場，榮格一點也不開放，而且他的研究也是依循他對現象既定的概念而來，同時，儘管他總是揮舞著經驗主義者「蘇格拉底式無知」的大旗，但事實上，他的方法也包含封閉且預先決定的認識論。

　　榮格在回答約翰・弗立門（John Freeman）所提「你現在信仰上帝嗎？」的問題時（1959 年於英國 BBC 廣播電視公司著名的「新聞面對面」〔Face to Face〕節目訪談中），出現最令人震驚的談話，洩露出他的諾斯替主義認識論，榮格的回答是：「很難回答。我**知道**。我不是相信。我是知道。」（McGuire and Hull 1977: 414）

　　榮格「知道」，且無須更進一步解釋。這種探究知識的方法，榮格並不陌生，在他的著作裡俯拾皆是。然而，由於他從未加以承認，也就沒有他明白說過信奉這種認識論的談話證據。反倒是，我們可以從他諸多論點中，追溯其「諾斯替主義的認識論」。譬如，他在為維克多・懷特神父（Father Victor White）的書所作序言中宣稱：

　　　心理學，就像所有的經驗科學，不能缺少輔助性的概念、假設

以及模型。但是神學家與哲學家很容易犯下將它們當作是形而上學基本假設的錯誤。物理學家所談論的原子,並非一種**本質概念上的實體**(hypostasis),它是一種**模型**(model)。同樣地,我對原型或者心靈能量所持的概念,僅是個輔助性的概念,隨時可被更好的方案取代。(Jung 1952c: § 460)

這聽來是支持認識論開放性的好說法。可是,如我們知道的,不管榮格或者是榮格學派的學者,都不曾將原型理論換成一個「更好的方案」,且原型也不被視為模型,而更像是個真正的實存體。

就在同一段,榮格明確地說,「就實際而言⋯⋯個體化表達的是生物過程⋯⋯每個生命體都要經過這個過程,變成它一開始就註定要成為的樣子」(Jung 1952c: § 460)。這裡就沒有開放性的假設了;榮格武斷地指出,「就實際而言」,它就是這樣。更有甚之,秉持同樣的自信,他宣稱「這個過程自然會在人的肉體上自我表現,如同在精神上表現那樣」,同時又說這種主張「絕非玄思奇想,而是臨床觀察的結果,並透過與其他領域的類似現象相比較而提出來的解釋」。有如自我陶醉般,在下一段他甚至表白道,「我從每個人都可以自由去查證的事實著手」(Jung 1952c: § 461)。在自豪於這種客觀性與外在的可驗證性之際,榮格無意中放棄了他對心靈實在與心理經驗性互動的獨特認識論,被吸引去採用精確科學的實證方法論,而那卻是他在別處曾批評過的,認為不適用於理解具獨特性的心理現象。

同時,這些絕對的說法不但沒有達成目的,還透漏出榮格所持有的信念為一個封閉系統。在這兩個段落裡,他主張認識論的開放

性，把他的理論當作可用的假設，然後，他從中以同義反復的方式鞏固他的理論，改而宣揚他解釋現象的絕對「知識」。就是這種認識論，被稱為「諾斯替主義的認識論」（Papadopoulos 1997）；這種認識論提供現成的答案，提出宣言，並在封閉信仰系統裡觀察現象。

德興（Dehing）指出「榮格的方法有個內在矛盾」，他認為，「不可知論的經驗主義者往往變成預言家。大部分的時候，榮格的看法被表述為假說，但有時候，卻變成根本原理」（Dehing 1990: 393）。因此，榮格所持不可知論與認識論的開放態度，與榮格堅持自己意見與一般性理論正確無誤的信念所形成的諾斯替主義思想，兩種立場交替出現，就此，共同形成他自己的蘇格拉底式無知。當榮格採用這種認識論，他暗示著「那種特定的洞察僅有新手可得」（Papadopoulos 1997: 298）。這種菁英主義是諾斯替主義運動的另一種特徵（Lee 1987）。

有人主張：

榮格的諾斯替主義思想的負面影響以及蘊涵，還沒有充分獲得理解；除了菁英主義的態度外，還包括一種同義反復循環的封閉系統：人們相信了某事為真，就會根據這些信念來判斷周遭所見的一切，同時，他們還一直相信自己的態度是開放的，而且自己的信仰有真實的證據基礎。這種方法無法加入新元素予以豐富，因此，它無法更進一步發展；新手確信他們的信仰絕對為真，並符合**唯一**實在。這種封閉的方法不但是自我應驗，也助長迷信。（Papadopoulos 1997: 299）

也就難怪，即使是漢斯‧喬那思（Hans Jonas）也承認，「在諾斯替主義的脈絡裡……『知識』具有強烈的宗教與超自然的意義，並且所指涉的對象，我們於今應稱之為信仰，而非理性」（Jonas 1963/1992: 34）；他又更進一步闡述說，對某些諾斯替主義的作者而言，「『知識』不但是救贖的工具，本身就是帶有救贖目標——也就是，終極完美——的那種形式」（p.35）。這證實了，榮格所追求的不僅僅是在認識論上開放的假設，而是一種變種的知識，遠遠超過演繹推理的功能與特性。

反體制的諾斯替叛徒所抱持的浪漫主義思想，僅為諾斯替傳統的一面，但這正是榮格本人與榮格學派所偏愛者。然而，諾斯替主義還有其他較沒用處的面向，迄今還未被榮格學派學者慎重以對。對諾斯替主義的批判，比如說，艾瑞克‧博吉林（Eric Voegelin 1968/2005）、曼佛瑞德‧漢寧森（Manfred Henningsen 1999）以及菲利浦‧李（Philip J. Lee 1987）等人的想法，完全被榮格學派學者忽略，他們似乎對榮格所提出的諾斯替真理宣言全然接受。也許該冷靜想想，：像政治哲學家博吉林（Voegelin 1968）就曾指出，馬克思與希特勒二人都具有現代諾斯替信徒的特徵！

在臨床的脈絡裡，相對於榮格的蘇格拉底式無知，也就是他的諾斯替認識論，所產生出來的榮格，會由於他和心靈有所接觸，因而覺得自己有正當理由，知道什麼對他的個案有幫助，並開出明確的行動藥方給他們，這種做法卻與他蘇格拉底式的開放態度全然背道而馳。例如，榮格為人所知的是曾經相當明確地開處方給他的被分析者，告訴他們在生活裡要採取什麼樣的行動與方向。（例如 Jung, *MDR*, pp. 156f）

代結語

認識論研究的是我們闡述我們知道什麼以及如何知道的方法，從這方面來看，它對於正確研究心理治療途徑而言，應該是不可或缺的。榮格對待哲學的態度曖昧，似乎使他無法完全接受自己在認識論上的敏感所隱含的意味。本章盡力（在有限的篇幅當中）提出並討論榮格的某些認識論立場，不僅有助於更深入理解分析心理學的理論和實務，對其他心理治療方法也有同樣助益。

榮格對治療性互動方面的心理學認識論，貢獻燦然可觀，重要的是，我們該就整體去正確評價他的貢獻（也就是，關注各部分的互動聯繫），而非僅僅著眼於個別要素。本章最後提出有關榮格兩個相對立認識論立場的論點，意不在否定他的卓越成就。如同所有的偉大先鋒，榮格因自己的發現而醺然得意，他的個性中也有一部分想要執著於自己的理論，並帶著狂熱者的熱情去進一步予以擴展，而這不過是人性罷了。換句話說，重要的是去接受榮格有兩位（可以這麼說吧）——當中一位對認識論持開放態度並具有蘇格拉底式無知，他是建構主義者而且注重關係，另外一位榮格則秉持諾斯替認識論，事實上，他是個本質論者與普世主義者[11]。

為了在其他心理治療認識論研究的脈絡中（譬如，Barratt 1984; Christou 1963; Clark and Wright 1986; Goldberg 1988; Grünbaum 1984; Haynal 1993; Hogenson 2004; Knorr Cetina 1981, 1999; Mackay

---

11　【譯註】本質論者（essentialist）主張，凡存在必然有個最根本的特質，如柏拉圖的「理型」。普世主義者（universalist）認為，某些思想具有普遍適用性或適用性的哲學和神學概念，相信普遍適用的原理就是所謂的真理。

1989; Mills 2004; Orange 1995; Phillips 1996; Ricoeur 1970, 1981; Rorty 1991; Spence 1982; Strenger 1991）為榮格的貢獻定位，這個領域迫切需要更進一步的研究。

如同榮格自己強調的，觀點多樣很重要，不要只追求片面的看法：「沒有那種聲稱主題……一個『不過就是』的研究路線會產出任何知識的。」（Jung 1944: § 120）

無意識：
個人的與集體的

克里斯多福・豪克（**Christopher Hauke**）

電影製片人
倫敦大學金匠學院精神分析教授

近年著作有《可見的心靈：
電影、現代性與無意識》
（*Visible Mind: Movies, modernity and
the unconscious*, 2013）

無以名之以前的無意識

　　無意識之說——無論是「集體的」或者「個人的」——當然，並非始於榮格或者佛洛伊德。所謂外於、而超越人類日常「意識」（conscious）心理狀態之心智（mind），亦或心靈（spirit）或者「意志」（will）等概念，似乎——就我們能斷定的——很早就跨文化地存在著，且遍及人類歷史。在過往更漫長的時代中，「心」（mind）以強大他者力量的樣貌出現，譬如諸神、動物、風與水等自然要素，或者獨一真神，這種觀點比起現代人將之視為人類自身心智一個面向的想法，更居強勢。而嚴肅看待夢境，似乎是人類重視心智的非意識層面並對之饒富興趣的明證。但我們從人類學的研究得知，把心智在概念上區分為意識與無意識（如我們現在所做的那樣），未必是其他遠離我們這種當代工業化都市生活的人們所接受的理解形式。譬如，班傑明·保羅（Benjamin Paul）寫過一個發生在瓜地馬拉鄉村，一位婦女離魂（fugue）與精神崩潰的故事，她所處的地方，並不以意識與無意識運作的方式理解病症，而是根據道行高深的薩滿巫師提出的解釋，他說她之所以如此，是因為祖靈發怒，對她與公婆，以及所有祖父母都不滿；結果，她必須進行的不是心理治療，而是某種懺悔的儀式（Paul 1953/1967: 150-165）。傳統上像是以研究夢境或服用精神藥物等做法，努力達到與神性連結——有時連結經驗到的是動物——這會讓操練者獲得特殊的知識，帶回到一般意識的世界，這些做法可和榮格所想像的「無意識」想告訴我們些什麼的方法，進行詳細的比較。進一步來說，這些儀式的施行——無論是出自個別巫師（薩滿）、宗

教祭典的團體，或是通過儀式（rites of passage）的一部分——都是在合於社會脈絡的情境下進行的。從心靈世界或是「無意識」而來的啟示，因此帶有一個整體性的共同意義，從而開始建立一個世代經久反覆教導、操練與敘說的方式。以此觀之，我們可以看到，人類能有效地取用的宗教與實用的知識，通常不在「意識的」（conscious）心智中，而是同時出現於屬個人的和集體的經驗裡。當代學者現今強調人類在天性上是一般無二的，其重要性，絲毫不亞於做為生物體，他們並提出堅實的方法，對這些往常僅以生物學或者進化論來解釋的現象加以檢驗（參照 Malik, 2000）。在進入考察榮格於二十世紀初期，以現代觀點重新表述集體無意識之前，我們應當先回頭看看這些關於無意識的思考。

於佛洛伊德與榮格之前對無意識的想法

　　稍早於佛洛伊德與榮格，當代關於個人與集體無意識的概念就已有跡可循——部分根植於啟蒙運動思潮中（雖然很諷刺地，啟蒙運動排拒無意識心智這個概念），德國浪漫主義哲學之中的卡魯斯（Carus）、叔本華（Schopenhauer）、馮·哈特曼（von Hartmann）與馮·謝林（von Schelling）等尤受矚目。懷特（Whyte）寫過其演變：「無意識精神運作的大致概念被**接受**……是在 1700 年左右，1800 年前後成為**議題**，1870 到 1880 年間則**盛行一時**」（Whyte, 1960: 168-169；以粗體字強調之處為原文所標）。依我的看法，更早的文學作品，諸如莎士比亞（逝於 1616 年）的戲劇，便刻劃出我們心理運作歷程中已知和未知面向間的內

在固有衝突；從例如哈姆雷特與李爾王等角色的描寫，便可看出來。更有甚之，一個角色對另一個角色的描述，像是「此地無銀三百兩」（she doth protest too much）這句台詞[1]，把觀眾的注意力引向心理防衛策略，意味著莎士比亞與他的觀眾對人類抱有、對人類精神有著他或她自己也難以捉摸之處的想法，但是這種隱藏的「無意識」運行，他人仍可透過態度、語言與行為等知曉。

莎士比亞之後一個世紀左右，一方面，啟蒙運動熱衷於研究人類靈魂，因此產生早期的心理學。可是，事事強調理性與推論，容易將我們的心理運作層級化，令情感與「非理性」的思考方式（被稱為「迷信」之類的）被貶為心智的低級活動。這意味著，無意識的概念就算不被棄之如敝屣，也是遭貶抑的。笛卡爾的「我思故我在」將我們人類的「存在」，總結為僅由我們有意識的理性知覺組成。於此，我們或許注意到，當代的無意識在啟蒙時代的思想先聲，是出於對人類知識與智慧源起的好奇與追尋。有時，這會牽涉到古老的、高智慧的早期人類存在的想法——位於亞特蘭提斯，或者埃及，或是被諾亞時代大洪水消滅的地方——些許智性一息尚存，傳遞原始智慧至今日。這種對人類知識深度的推測與探究——超越且不侷限於當時有意識的理性思考——看來也預說了無意識的觀念。這好像在說，這個始於科學啟蒙運動的超理性主義發生一種補償力量，轉向理性心智拒絕接受的一切。這些觀點一直被啟蒙思想邊緣化，卻蓄勢待發，等著啟蒙思想的種種「必然

---

1   【譯註】此句出自《哈姆雷特》第三幕第二景的戲中戲，當戲裡的皇后信誓旦旦說道將來國
     王死後決不再嫁時，哈姆雷特王子問一起看戲的母親怎想？她答以：「The lady doth protest
     too much, methinks」，表示她知道台上的角色言不由衷。

性」（certainties）受到質疑的空間出現時，再次浮出。它們在十九世紀末，藉由相信超自然、通靈、靈性接觸，以及對無意識心智（Unconscious Mind）的心理學新概念，重新出現。

　　然而，在佛洛伊德（1857-1939）、榮格（1875-1962），當然，還有尼采（Friedrich Nietzsche, 1844-1900）等人出生的五十年前，德國浪漫主義者才是最明確探討無意識的作者。由佛里德里希・馮・謝林（Friedrich von Schelling, 1775-1854）所奠基的「自然哲學」（philosophy of nature），清楚地暗示無意識是「人類的根底，源於宇宙無形生命，因此這個無形生命便是真正聯繫人與自然的連結」（Ellenberger, 1970/1994: 204）。對於十八世紀的浪漫主義者而言，關注無意識讓我們得以通過夢、神祕經驗與詩意想像，對宇宙有直接的理解——因此也理解了我們「原有的」（original）內在自我。這並非巧合，這些目標與方法都是人類古來便有的——大約七十年後，榮格的心理學很清楚地也出現這個論據。

　　1819 年，叔本華（Arthur Schopenhauer, 1788-1860）出版《意志與表象（或共相）的世界》（*The World as Will and Representation*〔or *Idea*〕），他在這本書裡，將人類視為受到盲目、自己幾乎無所知悉的內在力量驅使：這些力量是自衛的本能，以及繁衍或性的本能。對叔本華而言，意志——類似無意識——不僅驅使許多往往與我們智識（自我意識〔ego-consciousness〕）衝突的思想，亦可讓我們把不想要的知識逐出意識。許多人發現其中與後來的無意識概念有類似之處，例如作家湯瑪斯・曼（Thomas Mann），他「覺得佛洛伊德對本我（id）與自我（ego）的描述，『全然』等同於叔本華對意志與智識的說法，是從形而上學轉譯成心理學

的」（Ellenberger, 1944: 209）。之後便要等到愛德華・馮・哈特曼（Eduard von Hartmann），他在《無意識的哲學》（*Philosophy of the Unconscious*, 1869）一書中，將這些早期的觀念匯集在一起，把叔本華的「意志」重新稱作「無意識」，並且特別將它跟各種心理現象，諸如人格、感知、概念的聯想以及情感聯繫在一起，並研究無意識在語言、宗教、歷史和社會生活中的角色。他還把無意識區分出三個層次。第一層是一種絕對性，一種浩瀚的無意識，是其他兩種形式的源頭；再來是一種生理上的無意識，「在生物的起源、發展與演化中發揮作用，人類亦不能免於此」（Ellenberger, 1944: 210）；第三層無意識則比較是心理上的，為意識的精神生活提供基礎。

剛剛提到的第二個層次，與卡魯斯（C. G. Carus, 1789-1869）的想法最接近，他或許是對榮格所抱持的個人與集體無意識方面的構思有最密切影響的人。卡魯斯在他 1846 年出版的《心靈》（*Psyche*）一書中開頭的這些文字，看來就像榮格自己寫的一樣：

關於靈魂意識生命本質的知識，關鍵就在於無意識的領域。這說明了，想真正理解靈魂的祕密，就算不是不可能，也是困難的……但若僅只是表面上看來不可能，那麼靈魂科學的首要工作便是去說明，人的精神如何降落到這些深處。（Carus 1846，引自 Ellenberger 1994: 207）

卡魯斯也將無意識區分為三個層次：第一個是絕對且不可知的，第二個，是一種前意識的形式，它透過身體的重要器官影響

我們的情感生活。意識可能影響無意識的這個層次，這也就是為什麼卡魯斯相信，一個人的臉和身體可以反映他們的人格。無意識的第三層次相當於被壓抑的素材——曾經是可被意識的，但之後成為無意識的感覺（feeling）、表現（representations）與感知（perceptions）。這些層次顯然是榮格心靈結構的先驅，分別對應於榮格的類心靈（psychoid）無意識、集體無意識與個人無意識（第三個層次）。卡魯斯也提到榮格後來重述一再重複的無意識特性：無意識，不似意識心智那般堅苦卓絕，它動用能量很少，因此不會像意識那樣「需要休養生息」。它是身心治療的源頭，且透過無意識，我們才得以與世界的其他部分以及其他個體有所連結。

不同的病人如何讓佛洛伊德與榮格產生不同的「無意識」

　　佛洛伊德對於無意識概念的構思，出自於他跟布魯爾（Breuer）對深受歇斯底里症之苦的年輕婦女的研究——在數個都市裡，像是維也納、柏林，特別是在由夏可（Charcot）與讓內（Janet）這兩位專科醫師帶領下的巴黎，新興的精神醫療中心盛行著這類診斷。對待這些病人與其病症所採的革新態度，就是精神病學上所認為的，造成精神問題的原因為心因的，這取代了出自器質性成因的觀點。透過工作，佛洛伊德發展出他的重要病人安娜‧歐（Anna O.）所謂的「談話治療」（talking cure）。佛洛伊德曾經嘗試純粹的暗示與催眠，但發現鼓勵病人透過「自由聯想」（free association）說出浮上心頭的任何東西，讓他能夠回溯連結到

他們病徵的根源或原因。這種因果關係的連結一旦確立且獲得理解，換句話說，就是被意識到了，症狀就會消失——因此明確證實症狀並非器質性原因所致，而是源於心理創傷的某些機制。根據這個方法，因為有意識的心智所無法承受的創傷經驗已經被「潛抑」（repressed）進無意識，因此佛洛伊德學派精神分析師的工作，就是回溯、發現以及重新建構這個原因，就像一種考古學家採用的探查方法。

然而，佛洛伊德也希望建立精神分析的科學，以進入他所處時代的精確科學之林，為了這個目標，他將心理學與比較唯物的生物學在理論層面上結合。因此，在 1896 年左右，他提出第一條理論，聲稱潛抑創傷經驗跟潛抑的本能有關——特別是性的本能。他從這個假設發展出一個概念，認為人類心理——以及，乃至整個文明生活——底下都壓抑著我們本能生命，特別是性與攻擊的本能。性的本能供給心靈的心靈能量或者「力比多」（libido，拉丁文「欲望」之意），透過昇華的形態，產生人類的成就，範圍從藝術創作到知性好奇與科學發明等。雖然佛洛伊德把他的理論擴充為以**意識自我**（ego；部分是潛意識的，但具有測試現實、鑑別性思考以及保護的意識功能）、潛意識的**本我**（id；本能或者「激情」）以及**超我**（super-ego）結構的模式，但性本能仍是優勢的心靈驅動力。甚至在他晚期提出有關**桑納托斯**（Thanatos；心靈驅力朝遲鈍或者死亡方向發展）與**愛洛斯**（Eros；生命在關係中展現的生命保衛本能）之間持續處於緊張關係的概念，也從未**撼動**性驅力的核心地位。

正值佛洛伊德經由治療「歇斯底里的」維也納布爾喬亞

榮格心理學指南：理論、實踐與當代應用

（bourgeoisie）[2] 年輕婦女，如火如荼地鑽研其理論與方法之際，比他年輕十九歲的卡爾・榮格，放棄了想成為真正考古學家的欲望，接受訓練成為醫生，並開始在附屬於蘇黎世大學、著名的伯格霍茲里（Burghölzli）精神病院工作。他在尤金・布魯勒（Eugene Bleuler，後來成為他的導師）擔任主任時到任，布魯勒是位精神科醫師，他受到啟發而指出，精神疾患不必然起於器質性問題，還認為儘管病人的話語乍聽之下令人不解，但其表達與病癥都有意義。榮格與佛洛伊德的早期精神病學經驗還有另一個重大差異，在於伯格霍茲里治療的許多病人有嚴重的精神錯亂。當時的精神病學，與現在常見的狀況類似，是由在教育及社會地位高於病人的人士掌管。瑞士由於多邦且方言複雜，出身都市的上流階級醫生對病人除了病狀之外，其他所知有限，但榮格與布魯勒成長於鄉間，對瑞士鄉下方言耳熟能詳，因此讓他們甚至在同理到病人所說的話前，就可以讓病人產生親切感。此外，布魯勒是第一位把躁症（那時大家稱之為躁鬱症，或叫「雙極性疾患」〔bipolar disorder〕）與「早發性失智」──精神分裂症早先的名稱──做出區分的人，而精神分裂症這個詞就是他引進的。榮格正是在佛洛伊德的歇斯底里病患類似的病人之外，還研究這些精神錯亂的病人，才使得他對心靈有不同的洞見，最終產生不同的無意識概念。

根據榮格在自傳《回憶・夢・省思》[3]（1963/1983）裡的說法，他會對無意識產生興趣並且形成他自己的概念，最早起於三件

2　【譯註】bourgeoisie 為法文，指稱馬克思主義概念下的資產階級。

3　【編註】台灣現行中譯本為《榮格自傳：回憶・夢・省思》，劉國彬、楊德友譯，張老師文化出版。

事：他對自己人格的覺察，以及對心靈現象和尼采作品的興趣。

自童年起，榮格就覺察到自己內在分裂成兩個部分，他開始稱之為「一號人格」與「二號人格」。前者出現在諸如朋友、學校、家庭與社交活動的日常世界裡，而二號人格則似乎較為黑暗、幽微與神祕。二號人格似乎另有來頭，而非出自一個出身瑞士鄉間的聰慧小孩、牧師之子的世界。這是他人格中與夢還有恐懼和幻想有關的那一面，而就是這種內省洞見，讓他首度覺知到無意識。他的母親是一位具高度直覺的女性，很可能有通靈能力與敏感體質，伴隨這種氣質而來的是超自然的氛圍和陰晴不定的個性。影響了二號人格的似乎是他母親，而且在還是個年輕學生時，榮格就對心靈現象具高度興趣，甚至在博士論文研究這個主題。他以表妹海倫・布里斯維克（Helene Preiswerk）為對象，研究她看似如靈媒的能力——這在當時歐洲是非常風行的潮流。經過研究後，他開始不那麼相信她具有什麼心靈「力量」（powers），而比較相信她是處在一種恍惚狀態中——但她的意識心智並未察覺到——因而出現相關的現象與知識，那源自於她的無意識心靈。甚且，這是個體自身並不知曉的素材內容，所以暗指著某種文化上的集體無意識。榮格推論，從主體浮現而出的無意識材料，通常是以一種夢的意象出現（不僅於布里斯維克那樣的恍惚言語），無法用主體個人學習到或者經歷過的經驗來解釋；因此，他假定，這可能是源自無意識心靈中集體、普遍與共通的部分，經由人類千世萬代重複出現的文化意象與經驗而形成的一種集體無意識，雖有些許差異，但始終是人類的典型，可以看出共同的特質與意義。榮格一生都在發展這個概念，但在早期階段，這與源自早期人類學的概念多有雷同之處，像是詹姆斯・弗雷

澤（James Frazer）的《金枝》（*The Golden Bough*, 1890-1915），這本書想要證明人類的文化和行為間具相似性，而先前歐洲殖民者對初次遇見的那些文化與行為，卻視之為怪異，很難稱之為人。

尼采對榮格一直影響深遠，正如對佛洛伊德也有影響一般——雖然佛洛伊德不樂意這麼想。榮格認為意識自我是「意識的中心」，但他也吸收了尼采認為無意識是心靈整體之核心源頭的概念，因此與以意識自我為意識為中心的想法徹底相對立。尼采強調，「我」（I）並不思考念頭，而是「念頭思考我」（thoughts think me），並認為「夢是大腦的一種再創造，在白天，腦必須適應由上層文化所施加的各種嚴厲思想要求」（Nietzsche 1878: 24-27），這兩個想法，在榮格的心理學及其個人與集體無意識的概念裡頭，都可以看到。但當榮格到伯格霍茲里精神病院開始他精神科醫生的專業生涯起，便尋求更加科學的方法來建立無意識的概念及其運作過程的理論。為此，他使用法蘭西斯·加爾頓爵士（Sir Francis Galton）首先發明的字詞聯想測驗，將此應用到各種精神病患身上，透過廣泛的研究，拓展了這個測驗。最初，榮格把它作為一種診斷工具，到後來，這個使用經驗幫助他對人類心智運作過程本質提出更進一步的假設（Jung 1906a, 1906b; see also Jung 1909）。

與榮格經常被抨擊為臆測的、「神祕的」途徑恰恰相反的，他的字詞聯想實驗跟今日心理測驗採用的量化方法極為一致。字詞聯想測驗涉及一套程序，榮格和一位同事將之修改，彙編成一系列刺激性的字詞讀給病人聽，要求病人聽到後盡快回答出心裡想到的第一個字。他們回應的字以及回應的速度都被記錄下來。出現的結果

會被加以分析，企圖從中將干擾意識的情緒性障礙標定出來。榮格提出假說認為，那些障礙就是情結的證據——情結是他用來形容無意識的情感糾結的詞，會扭曲理性意識運作功能。這就是佛洛伊德先前進行過的無意識潛抑概念的實驗性證據，他已在維也納用自己的方法進行臨床實作，要求病人針對出現在他們心中的第一件事物進行自由聯想。與字詞聯想測驗所產生的連結關係相類似地，佛洛伊德發現，病人的聯想能夠帶領他們到達一個核心經驗，而這個經驗的記憶受到壓抑，不讓意識觸及。可是，他欠缺更加有力的（意即量化的）證據去證明想法之間的關聯和阻礙，而字詞聯想測驗看來便提供了這方面的證據。榮格將他的發現寄給佛洛伊德，兩人於是從 1906 年起開始合作，一直到 1912 年。他們想法一致的重點是個人無意識對榮格而言，情結是個人無意識的主要內容。

榮格的立場差異越來越明顯

　　榮格當初支持佛洛伊德的精神分析概念，在研討會以及出版品中為文辯護，但他也是位獨立的思想家，所以嘗試繼續發展佛洛伊德所開啟的概念，並且依照他自己的經驗、新數據與洞察，去處理一些異常情況，普遍性地擴展精神分析理論。因此，在 1913 年，他出版了〈精神分析理論〉（The theory of psychoanalysis, Jung 1913），文中詮釋佛洛伊德的原創性理論及發展（依照榮格自己的見解），且進一步貢獻他自己對理論的拓展。就在這裡，我們發現到一些他從佛洛伊德的觀點對無意識所做的最精簡論述。雖然榮格已經持續深入思考自己的集體無意識概念一段時間了，但文

中所涉及的無意識概念，是在他形成個人與集體無意識兩個層面之前的想法。因此，當榮格在精神分析的脈絡中提及「潛意識」（unconscious）時，他所指的是後來所謂的個人的無意識。[4]

榮格寫道，佛洛伊德早期研究歇斯底里與創傷的方法，導致：

> 一種遠超過創傷理論限制的概念。他稱這個概念為「潛抑」。如你們所知，我們指的是：透過「潛抑」這個機制，意識內容被置換進意識之外的領域。我們稱這個領域為潛意識，而將之定義為我們所不知的心靈的因素。（Jung 1913: § 210）

榮格的創新概念之一，就出現在這篇論文出版後不久。榮格對佛洛伊德教條式地強調性的本能以及幼年期性慾是心靈能量或者力比多唯一源頭，一直都不滿意。榮格指出，「力比多」這個拉丁字被用以意指「饑餓」（類似營養汲取的本能），還有「熱切的渴望」的意思，而——依照物理學的脈絡，先前被看作是個別存在的力（forces），現在則被視為是同一種「能量」（energy），但被導入不同的形式——榮格提出，性不是心靈能量的唯一來源，「力比多」是一種普遍的心靈能量，它可能在通道裡流動，為性、繁殖、營養或者任何其他本能所用。這是他關於心靈能量廣為周知的一般性或者基於基因的理論，也成為他和佛洛伊德學派的潛意識精神分

4　【譯註】潛意識與無意識在精神分析與分析心理學中的英文都使用 unconscious 一詞，但是兩者的內涵和脈絡有所不同，因此如果原文是處於佛洛伊德精神分析的脈絡下的用法，以「潛意識」翻譯，反之若是分析心理學的用法則用「無意識」。而如果是榮格個人涉及到對精神分析的分析討論時，也用「無意識」表達。

析觀點徹底決裂的指標。榮格提到精神官能症患者的功能如何因力比多過度挹注而被擴大：

　　力比多就在那裡，但看不見，且病人自己無法使用⋯⋯找出力比多藏身之處，是精神分析的工作，那是力比多的所在，也是病人自己無法觸及的地方。這個隱藏的地方是「非意識的」（non-conscious），我們亦可稱之為「無意識的」，它沒有任何神祕之處。（Jung 1913: § 255）

　　尤有甚之，榮格對佛洛伊德將性的術語擴展延伸到涵蓋嬰兒期活動，像是吸吮，更是無法接受：「吸吮這個動作，也可以從營養汲取功能的觀點進行思考，而且，站在生物學的立場，比起佛洛伊德所持的看法，這理由更具正當性。」(Jung 1913: § 262)

　　在這本早期的書裡，可以找到榮格對無意識更進一步的想法，儘管有以上兩個例子，但該書的目標很清楚，就是在為精神分析的觀點辯護──且是企圖藉由提出「改進方案」來這麼做。榮格將嬰兒期幻想描述為隸屬於潛意識領域──在精神官能症的狀況下被強化。

　　（精神官能症患者）從沒有想到，他還沒放棄特定的嬰兒期需求⋯⋯他耽溺於各式各樣自己鍾愛的幻想，而他就算曾經意識到自己持有那些幻想，這種情形也很少發生。那些幻想經常只做為情感性的期待、希望、偏見等等而存在。在這種情況下，我們稱之為潛意識幻想。（Jung 1913: § 313）

然而，即使當榮格持續抵禦毀謗者，為精神分析尋求辯護之際，他也流露出他自己的觀點，終於令佛洛伊德無法容忍。這觀點可從他如何反駁著名的精神科醫生古斯塔夫·阿斯查芬伯格（Gustav Aschaffenburg），認為「所謂的潛意識幻想只是說給病人聽的，而且僅存在於分析師的心裡頭」的異議看出來（Jung 1913: §316）：

　　只有那些沒有心理學經驗，以及不具心理學歷史知識的人，才會做出如此的非難。對神話稍具概念的人，都可看出精神分析學派揭露的潛意識幻想與神話的想法間令人驚奇的相似之處。反對我們把神話學的知識傳遞給病人是沒道理的，因為精神分析學派是發現這些幻想在先，而且只有在與他們的神話聯繫在一起的時候才能真正去理解，此時才開始熟悉那些幻想的神話。如你我所知，神話是醫療人員不放在眼裡的東西。（Jung 1913: §316）

　　在提出支持佛洛伊德精神分析的文章之際，榮格現在看來是主張潛意識幻想具實在性，所依循的並非佛洛伊德性幻想或者創傷的路線，而是——更重要地！——神話的範疇。這是發生在榮格已經用普遍性的心靈能量代替了佛洛伊德的性驅力，且大膽質疑佛洛伊德強調嬰兒期性慾的核心重要性之後。在引用神話時，榮格可能在暗示伊底帕斯幻想，但是，他貶低性張力元素在伊底帕斯說法中的重要性，而比較偏向主張神話本質所具有的地位，他便在一片騷亂中與精神分析漸行漸遠。雖然神話這種非科學、非生物的世界讓榮格感到興奮，佛洛伊德卻甚為排斥，甚至看輕，反而偏好由生物進

化觀點持續理論化的工作。現在，他的「傳人」，卡爾・榮格，堅持把神話帶回精神分析理論體系裡。他這樣不堅守學派路線的做法讓自己被精神分析師們排斥，但另一方面，也創建了自己的觀點，也就是隨後為人所知的分析心理學（Analytical psychology），且開始發展集體無意識的基本概念。

醞釀集體無意識

榮格對佛洛伊德學派的潛意識觀點不滿已久，但直到他能夠理論化其集體無意識的想法之前，無法提出一個不僅把集體無意識納入脈絡，且對嚴謹的榮格學派路線下的個人無意識概念予以釐清的心靈結構模式。這個模式不但讓集體無意識大為流傳，而且依照榮格的脈絡，澄清了個人無意識的觀念。榮格說，1909 年與佛洛伊德同遊美國的旅程中，他做了一個夢，開始回應某些他已形成看法的迫切問題：

這些問題是：佛洛伊德學派心理學假設的根據為何？它隸屬於人類思想的哪個範疇？其幾近於排他的個人至上主義，與普遍的歷史性基本公理之間的關係是什麼？（Jung 1963/1983: 185）

在《回憶・夢・省思》（Jung 1963/1983: 182-183）中，榮格詳述這個夢境，他告訴我們說這個夢，「成為一個引導我的意象，在未來的日子裡，越來越鮮明，直到我一點都無法懷疑的程度。」（Jung 1963/1983: 185）這個夢是關於榮格在一棟房子裡一層層往

下走，他發現自己進入的每一個房間在建築風格上都比前一個房間古老。最上層有個「裝潢像沙龍的客廳，擺放著十八世紀洛可可風格的精緻家具」（Jung 1963/1983: 182），往下的一個房間大約是十五或十六世紀的：「家具是中世紀的；有著紅磚地板」（Jung 1963/1983: 182）。除此之外，榮格說他往下進入：

　　一間看來非常古老美麗的大房間。檢視牆面時，我發現普通石塊間有幾道的磚砌，碎磚混入灰泥牆面。我一見此，就知道這些牆屬於古羅馬時期。（Jung 1963/1983: 182）

　　房子的底層是個洞穴——「地板積著厚厚一層灰，灰塵中有骨骸散落與破碎的陶器，如同一個原始文化遺址」（Jung 1963/1983: 183）。榮格述說這個夢境時的背景，是在他發現自己內在世界具有不同層次，而且覺得很難和佛洛伊德溝通他的心靈理論之時。他當時正苦於對佛洛伊德精神分析的質疑，他告訴我們佛洛伊德如何對那個夢提出個人的解釋，但是，對榮格而言，夢所建構的意味完全不同：它在說的東西，與佛洛伊德的心靈模型以及精神分析投射的原始概念有些不同。在深思個人與非個人的歷史之間關係的問題時，榮格發現：

　　我的夢一直在給我答案。它明顯地指向文化的歷史底蘊——一個屬於意識中接連相續堆疊的歷史。我的夢因此建構的是一種人類心靈結構性的圖像；它假定在那個心靈之下，有某種全然為非個人的東西。（Jung 1963/1983: 185）

那個夢啟發了榮格回頭去研究考古學、神話與諾斯替教派，結合他研究病人米勒小姐的幻想，最後出版了《無意識的心理學》（ *The Psychology of the Unconscious*, Jung 1912/1916/1952 ）──這可說是榮格首部與精神分析分道揚鑣的分析心理學之作。書中，他提到與佛洛伊德相處的時光時寫道：

　　我的主要目的之一，是要把已成為醫學心理學特徵的主觀與個人偏見排除，讓大眾能理解無意識是客觀與集體的心靈。（Jung 1956: xxiv）

定義個人的與集體的無意識

　　一旦榮格開始掌握到這個他者的、客觀的、文化的和集體的無意識，去定義他所謂的個人無意識就顯得更迫切，但卻比較容易了。集體無意識的想法自然與佛洛伊德的概念不同，但榮格的個人無意識概念跟佛洛伊德的一樣嗎？它們有些相同之處──時常是具嬰兒期特徵且從個人經歷演變而來，卻被潛抑的內容與材料。榮格重新審視歇斯底里症的創傷理論時說，那個童年經驗可能會以一種限制心靈能量的過往記憶形式重演，然後在成年期為歇斯底里症狀提供一種展現形式。但這很難就此說成是童年的經驗引發（cause）病症；榮格反而是發現，症狀有個**目標**或**目的**（一個「未來因」〔future cause〕），而童年的經驗僅是為病人應付**當下**危機的企圖提供一個**形式**。他引用一位歇斯底里地在路上失控馬匹前狂奔的女士為案例，那樣子讓人聯想到她童年時與車夫和馬匹有關的創傷，

但事實上，她是因為面臨想與已婚情人交往的困境，而無意識地被驅使進這種歇斯底里的反應。榮格的結論是：「**引發衝突病徵的原因主要存在於當前的狀況**」（Jung 1913: § 373；粗體字是原文所標）。

關於榮格對個人潛意識多多少少保守的立場，在他 1927 年的論文〈心靈的結構〉（The Structure of the Psyche）中，有比較清楚的說明（Jung 1927）：

個人無意識首先是由所有變得無意識的內容所組成，不管那些內容是因為喪失強度而被遺忘，還是因為意識撤離了那些內容所致（潛抑），其次的內容則是某些感官印象，它們的強度從不足以到達意識，但是不知怎的已經進入心靈之中了。（Jung 1927: § 321）

後來，在〈論心靈的特質〉（On the Nature of the Psyche）一文中，榮格（1946）詳述無意識概念發展的歷史（包括那些我先前提及的歷史先驅），一方面是為了區隔本能的角色，另一方面則區隔意志或神靈所扮演的角色。心靈耽溺於肉體的有機功能之處——也就是本能的範疇——是如此無意識地，以致從來未被意識觸及，他把這個地方叫做**類心靈**（psychoid）。在未知的本能與可能漸漸將被意識所知的意象間有種連續狀態；在本書第三章（論原型）會有更詳細的說明。但這裡要說的是，榮格在後來對基於精神分析理論所構想出的無意識發展出更深入的定義：

如此加以定義，無意識刻畫出一種極度不確定性的狀態：所

有事我都知道，但當下又無法思索；所有事我都曾意識到，但現在忘記了；所有事我都感受到了，但不為我有意識的心智所注意；所有不經意且未經心的事，我會感受、思考、記憶、想望及行動；所有未來在我之中成形的東西，有時將會浮出意識：這些都是無意識的內容。這樣說來，這些內容多少都會成為意識，或者一度被意識到，而在下一刻就可能再度被意識到……。我們注意到，這些邊際狀態的現象……，也包含在我們已經提到的佛洛伊德學派的發現之中。（Jung 1946: § 382）

榮格視意識自我為意識的核心，但是他也明白無意識的創造力可以影響我們的意識思想，而且它往往「更真實且更睿智」。個人無意識的內容包括情結，而榮格將此概念擴展至包括了在夢裡看得更清楚的具體人格象徵，以及支離破碎的人格。了解個人無意識更重要的方法——並與此破碎狀態有關的——就是榮格對陰影的概念，陰影可能出現在夢中，或者在病人將它投射到另外一個人身上時出現。「陰影將主體拒絕承認與自己有關的所有東西都予以人格化，卻又總是直接或間接地迫使主體面對它——譬如，性格中低劣的特性，以及其他不相容的性格傾向」（Jung 1939: § 513）。陰影是所有「不是我」的東西，而其中可能包括具創造力的特質，對整體人格有利，但卻因為主體所受的教養或者社會要求的緣故，所以而已經喪失或者被壓抑。在我們追溯個人無意識的定義時，發現到榮格很有意思地強調「陰影……最重要的是代表著個人無意識，因此要意識到其內涵並不太困難」（Jung 1950: § 19）——這是補充他先前的主張，「陰影與『個人的』無意識（這和佛洛伊德對潛意

識的概念一致）相符」（Jung 1939: § 513）。

集體無意識的本身

榮格主張，意識出自於比它古老的無意識心靈——而不是說無意識僅是古舊的遺緒。當榮格這樣說時，他所說的無意識是指一個相對於個人無意識所定義出的一個其對立面的範疇。集體無意識是心靈中**非屬**個人所有，且**未曾**透過個人經驗獲得的那個部分。它的內容**從未**出現在意識當中——它們並非被潛抑或者忘記——也不是**取得的**，其存在的形式是繼承遺傳而來的。榮格做出如此的結論：

> 於是，我的論點如下：除了我們當下的意識，也就是一個完全歸屬於個人特質，且我們相信唯一以經驗為依據的心靈（雖然我們把個人無意識當作附帶部分）之外，還有一個第二種在每個人身上都有，本質上屬於集體的、普遍的且非個人的心靈系統。這種集體無意識並不是個別發展，而是遺傳而來的。它由先天的（pre-existent）的形式——原型——組成，只能成為次要性的意識，而以明確形式表現特定心靈內容。（榮格，Jung 1936: § 90）

榮格強調，諸如佛洛伊德與阿德勒等人的早期精神分析理論，也認為本能之中有一個先驗的普遍基礎，同樣是非個人、遺傳而來且共通的。他說，事實上，原型與本能類似。

在確定使用「原型」這個術語之前，榮格於 1927 年發表集體無意識的概念理論的「心靈的結構」演講時，依循的證據明顯與

我們讀到他在 1913 年重新審視佛洛伊德精神分析文本時一樣——也就是，神話材料出現在他病人的意象與夢境中。集體無意識由「原初意象」（primordial images）與「神話母題」（mythological motifs）組成，而榮格做出結論認為，我們的神話、傳奇以及童話故事都承載著無意識心靈的投射。榮格將這個過程類比作人類把具意義的意象投射到天空星辰，以它們的形式「匯聚成星座」（constellated），然後加以命名。他不同意功能主義者所提的古人以擬人化來解釋自然現象的論點。取而代之地，榮格認為，亙古以來，心靈，如同身體，已經適應環境裡的物理運作，而從主客體分際不清的「神祕參與」（participation mystique）中產生神話的材料。這並不是物理現象——諸如雷鳴、密雲或地動——而是心靈的殘留，是因它們的情感所激起的幻想（Jung 1927: § 331；粗體字為本文作者所標）。身體的功能，如饑餓與性，如同危險、疾病及死亡，產生根深柢固的幻覺意象。但當中最重要的是最普通的日常生活，「當下的現實，諸如丈夫、妻子、父親、母親，小孩……永遠都在重複出現，（且）創造最強大的原型，無止無盡地活動，即使在我們這種理性時代都無處不在。」（Jung 1927: § 336）

所以，集體無意識是一種回溯到最久遠之前當人類心靈開始出現起，便烙印在心靈中且關於心靈本身的紀錄，正如我們身體的形態依然擁有祖先的痕跡以及我們的「爬蟲類腦」（reptilian brain）[5]

5　【譯註】：1952 年保羅・麥克林（Paul D. MacLean）博士發表「三腦一體」的腦結構理論指出，人腦是由三個互相聯繫的腦組織按進化階段組成，分別為爬蟲腦、邊緣系統及新腦皮質。爬蟲腦（腦幹）是第一層腦，其結構與功能類似於爬蟲動物的腦，控制反射與原始本能行為，負責維持生命基本功能及防衛反應，如覓食、體溫控制、生殖、心跳、呼吸、戰或逃的驚恐反應等等。這是三個大腦裡最原始的一個，是先天的預設程式，故難從行為經驗中學

那樣依舊留著先祖遺緒。但它絕非：

> 一種死的檔案資料、好像被毀棄的垃圾堆似的，而是個活生生的感應與天生稟賦的系統，以隱而不見的方式決定個體的生命……原型僅僅是本能呈現的形式。從本能這個活水泉源而出的所有東西都具創造力；因此，無意識不僅為歷史所決定，也正是創造性衝動的來源。（Jung 1927: § 339）

正如個人無意識對個體來說關係重大，此時榮格在思考的是「文明化」社會——現代化——的心理層面，一般來說會因此把集體無意識看得更加重要。佛洛伊德在設想伊底帕斯情結時，已經將本能與「普遍性的」心理現象連結，遠在如此命名以前，伊底帕斯情結就具有神話的意含了。但是他所強調的是化約還原，使用神話母題僅僅是用來表達意識自我的發展，以及一個特定類型個體的特殊家庭動力。在《禁忌與圖騰》（*Totem and Taboo*, Freud 1912-1913）中，佛洛伊德甚至深入到將伊底帕斯神話根植進他自己對原始部落裡兒子殺死父親的現象重新建構時的想像當中，但是大體上，他特別專注的是個人心靈的病癥，而當我們希望掌握現代心靈普遍的重大特徵時，就得轉向榮格。

榮格指出，遠古以來，集體無意識就已經透過哲學與宗教的多

習，運作過程按程序自動化運行。第二層腦叫哺乳類腦，位於腦幹邊緣，包括內層大腦的周邊組織，包括海馬迴、杏仁核、視丘、下視丘等，統稱邊緣系統（Limbic System），是掌管情緒和動機的中心。第三層腦是新腦皮質，人類心智所在之處，是演化的最高產物，負責心智及認知運作下之高階情緒表達，讓人類與其他哺乳類動物有所分別。

種形式，找到它與意識的連結關係和表達方式。但當那些形式在理性主義與科學認識論限制的壓力下式微——特別是自從中世紀結束以來——心靈藉以表達的象徵與儀式越來越少，因此會集體地投射到它想去的地方。純粹的個人心理學傾向於否認與扭曲這種影響：「既然大部分的精神官能症不僅是個人的顧慮，還有社會的現象，則我們必須假定，原型在這些個案中也匯聚成形」（Jung 1936: § 98）。到了 1936 年為了向倫敦醫生發表演講，他正寫一篇論文，歷史——以納粹在德國興起的樣貌呈現——給予榮格機會明白看清全貌。

比起二十年前，如今，你們更能判斷相關勢力的本質。我們難道看不出來，一整個國家在重演一種古老的象徵，是的，甚至是古老的宗教形式，而且這種群眾情緒正以災難的方式影響並顛覆個人生活？往者仍透過我們生人借屍還魂活在今日，到（第一次世界）大戰之前連做夢都想不到的程度，而歸根究柢，所謂偉大國家的命運，不過是個別心靈變化的總和？（Jung 1936: § 97）

更近的事，像威爾斯王妃戴安娜的形象，以及她的死亡引起的大眾反應，都被榮格學派視為是集體無意識尋求一個客體以便把自己投射到其上的典型例證（Haynes and Shearer 1998）。我在《榮格與後現代：現實的詮釋》（*Jung and the Postmodern: The Interpretation of Realities*, Hauke 2000）中所表達的觀點，認為戴安娜似乎具有某些為我們當代主流意識愛恨交加的特質；在某些特定時代被邊緣化的人性特質，依然存在於集體無意識當中，且終究會尋求一種可以

榮格心理學指南：理論、實踐與當代應用

自我表達的形式。達到這個目的的方式，便是經由無意識的投射，於是，如同戴安娜的例子，透過連結此一意象而「憶起」（taking back）這種投射——典型的例子是，列隊參加她的葬禮的那些人所說的話：「我好像跟她認識。」我們通過聖母瑪麗亞的意象而「認識」她，以同樣的方式運作已逾千年。榮格以此論點宣稱，比起我們現今，這樣的象徵在較不理性的時代遠遠更為普遍。它們曾是人類及心靈的功能，但現在已經無力發揮連結意識與它們在心靈本能基礎當中的根基的作用，而因此殘留在人類身上的，是一種與自然以及其餘（非人的）世界的連結。

還有一種方式，集體無意識的內容並沒有被向外投射到這個世界，而是在以其強大的情感和意象吞沒自我意識時，對自我與人格產生傷害。這是榮格看待精神病妄想的方式，而且事實上，他那些嚴重病人的話語與意象裡含有普遍性神話的元素，讓他相信集體無意識存在的事實。早在 1912 年，榮格便是依循這些脈絡出版其資料（Jung 1912/1916/1952）。夢，以及榮格自己運用積極想像——一種清明夢，無意識材料在其中會自動浮現，但意識自我仍然夠「清醒」，足以進行觀察——的經驗（Jung 1963/1983: 194-225），讓他有了更進一步的證據。

還有其他證明集體無意識的證據嗎？

榮格學派分析師安東尼‧史提芬斯（Anthony Stevens 1995）指出，與生俱來的結構——由於行為主義佔主導地位，這個說法在二十世紀大多時候並不流行——而今看來在生物學、心理學與

神經科學等許多科學的觀點中，卻已佔有一席之地。尼克‧廷波吉（Niko Tinbergen）在動物身上發現他所謂的「天生放鬆機制」（innate releasing mechanisms），尤其是在論及親代與子代的關係時。約翰‧鮑比（John Bowlby）在他的依附理論中採用了這個觀點。諾姆‧杭士基（Noam Chomsky）提出腦具備「深度結構」（deep structures）的概念，因此表面上人類各種語言差異雖然極大，但不排除擁有共同語言文法結構的可能性，這個想法看來有越來越多的證據支持。社會生物學與演化心理學都主張，心靈結構經過數千年演化而具適應性，這聽來與榮格所謂的集體無意識的原型非常類似：「特殊化的學習機制將經驗組織進具適應性意義的基模或框架。」（Cosmides 1985，Walters 1994 引用）

在更進一步支持榮格觀點的論述中，史提芬斯也注意到，保羅‧馬可林（Paul Maclean 1976）證明，人腦中的哺乳類部分與爬蟲類部分在現代人身上仍繼續運作著。他引述米歇爾‧朱維特（Michel Jouvet）的睡眠實驗室試驗，其中顯示夢是源自腦中在生物學上自古以來即有的區域，而且看來有清楚的演化適應功能（Jouvet 1975）。

然而，對無意識運作過程的最新研究，是出自於認知科學的領域，它運用電腦模擬以及大腦造影來研究腦功能的神經基礎。如同索倫‧葉克斯托姆（Soren Ekstrom）說的，「佛洛伊德與榮格兩人的推測，都讓人得以推論無意識運作有特殊的突觸的與神經的表現形式。」（Ekstrom 2004: 662）現在，拉可夫（Lakoff）與詹森（Johnson）在他們《肉身哲學》（*Philosophy in the Flesh*, 1999）一書中，運用神經科學、認知語言學以及神經模擬的研究，得出結論

認為「我們的思想大部分是無意識的，不是佛洛伊德所說被壓抑的那種，而是指它是在認知察覺層面之下運作，意識無法觸及，且因運作過於迅速而無法聚焦。」（Lakoff &Johnson 1999: 10）榮格的無意識概念結合了宗教與科學，但他 1935 年在英國演講時明白地預示，當神經學研究時代來臨時，會為他的推想加入進一步的科學證據：

　　意識如同漂浮於廣袤未知的無意識深海中的一層膚淺表面⋯⋯我們需要一個備有複雜儀器設備的實驗室，目的在於建立與我們感官和與心靈不相干的那個世界的圖像⋯⋯面對我們的無意識時也差不多一樣──我們應該有個實驗室，可以在那裡可以藉由客觀方法確定處在無意識當中的諸事真相。（Jung 1935/1977: § 11）

　　今日的認知科學似乎已具備榮格所尋求的研究設備，他當時就知道那將可補充在此之前百年來哲學與心理學對無意識心靈的猜想。

結語雜思

　　我時常問我自己跟學生，「假如沒有佛洛伊德，榮格會變成怎麼樣？」他會一直處於邊緣，並且或許像在他們兩人之前便極力構思無意識的卡魯斯（C. G. Carus）那樣被遺忘？榮格與佛洛伊德變得世界知名（而卡魯斯卻沒有）的理由，似乎是因為精神分析與分析心理都是「治療的方法」。以這種由佛洛伊德開啟的治療精神

痛苦的新方法，深度心理學從哲學的理論搖身變為實用的心理學理論，透過它的方法，可以啟發與改變個人，朝更好的方向發展。對榮格而言，這個方法甚至走得更加深入，使分析心理學處理的不僅是個人議題，其途徑看來還涉及對隱含批判了啟蒙運動以來，西方工業化社會變遷對人類心靈造成的普遍影響。與在他之前的尼采很像，一方面，榮格強調現代意識以一種特殊的方式進展，因此讓人類前所未見地擁有操控世界的最大能力。可是，在另一方面，對無意識的忽略已經造成人性極大的損失，因為忽視心靈創造力，認為單憑意識的理性運作就可以獲得進步，而這還是比較好的下場。最糟糕的情況是，忽略人與世界的關係，以及不承認我們對世界的投射，產生了極大的傷害。因此，榮格對無意識的觀點提供一種治療方法，不僅是針對個別靈魂，也針對二十一世紀社會整體的「靈魂」。

　　這遠遠不是個純然的社會學議題，因為榮格總是強調個體的重要性，以及個體完整的潛力在他所謂的個體化過程中的發展。然而，在一個認為每個人、每個個體都擁有共通的集體無意識心靈的心理學理論中，每一個致力整合意識與無意識而進行個體化的主體，都會對群眾的集體改變有所貢獻。我已經使用這個方法將後現代的哲學與社會學批判跟榮格的心理學連結起來，讓兩者對主觀經驗的確認，能夠真正在多元的角度上與單獨仰賴「客觀性」的主流認識論並駕齊驅（Hauke 2000）。在其他方面，後榮格學派學者安德魯‧沙繆斯（Andrew Samuels）（Samuels 1995, 20001），也運用榮格學派的觀點來討論我們的政治行為（包含性別、種族與階級的政治），藉由關注無意識的心理學，也許可以對這方面有更好的了

解——且或許可以讓這些行為脫離憤世嫉俗而重現生機。在這兩個例子中，心理學觀點的運用——在現代被錯誤地視為專門針對個人困擾——現在被當做批判社會理論的新工具來運用，就像法蘭克福學派（Frankfurt School）的理論家也一度使用佛洛伊德學派概念那樣。當中的差異是，我自己跟沙繆斯並不是將深度心理學跟社會理論結合在一起，而是恢復並強化榮格的心理學觀點中已經存在的連結，其中包括了集體現象，也包括驅使他迫切想要理解他所處時代集體人類行為的需求。

作一種思考或者行動，榮格心理學於今興盛更勝以往，不僅如精神分析關注個人精神痛苦問題，還有更廣泛地影響了在這世界所有存有的心靈。藉由發展兼具個人與集體層面的無意識心理學，榮格已經提出理論工具，讓心理師——以及其他領域的學者，略舉如電影、文學、國際關係、藝術與社會政策等——得以於此二十一世紀伊始之際，提討論我們是誰以及我們將往何處去的新穎觀點。

原型

安東尼·史蒂芬斯（**Anthony Stevens**）

精神科醫師、榮格分析師

著述繁多，近年精選為《活生生的原型：
安東尼·史帝芬斯選輯》
（*Living Archetypes: The selected works
of Anthony Stevens*, 2016）

導論：原型理論在榮格著作中的地位、重要性以及整體上的實用性

　　榮格以原型（archetype）作為集體無意識運作要件的理論，試圖定義人類心理現有的基礎。放眼二十世紀的深度心理學家，唯獨榮格不接受人類心理發展「白板說」[1]，他全心擁抱人類心靈的基本結構與功能為進化壓力所決定的說法。榮格寫到：

　　將新生兒的心靈看成**白板**，認為裡頭空無一物的主張是錯誤的。小孩生而有個由遺傳預先決定的已分化的大腦，所以才會產生個體的差異，他不是以**隨便哪個**天生的性格傾向來承受，因此對外來的刺激不是隨便反應的，而是有特定應對態度的。（Jung 1936/1954: § 136）

　　原型形成一個供這些天生態度傾向運作的基底：

　　沒有主觀的天生態度傾向介入，人類就不會產生經驗，任何經驗都不可能出現。這個主觀的天生性格態度是什麼呢？它終究是由一個先天心靈結構所組成，而讓人們得以擁有這類經驗。因此，男人的整體本質裡預存了女人，不管是就生理而言，或是在精神層面

1　【譯註】「白板說」（*tabula rasa* theory）是十七世紀英國哲學家洛克（John Locke）所提出的概念，他認為，人出生時的心靈一片空白，而後所具有的觀念全然是後天經驗的結果。他主張，經驗一方面是外在的感官（Sensation）與外界接觸，之後在心靈上留下印記；另一方面是內在的感知（Reflection）觀照心靈運作的內容而形成。古典精神分析理論接受白板說。

上。他的身心系統自始便能了解女人，如同它預備好適應這個有著水、陽光、空氣、鹽、碳水化合物等等的堅實世界一樣。他所誕生的世界的形式，早已作為一個虛擬意象，於其內在出生。同樣地，父母、妻子、小孩、出生與死亡，也都是他與生俱有的虛擬意象，成為心靈的天生稟賦。這些**先驗**形式的本質具有集體的特性；父母、妻子、小孩的意象是普遍存在的，而不是個體天生註定的。因此，我們必須將這些意象想作是欠缺堅實內容，因而為無意識的。它們只有在遭遇到觸及無意識先天傾向模式且促使這模式加速復甦的經驗性事實時，才會變得堅實、具影響力，最終浮上意識。從某個意義上來說，它們是我們古老先祖留存的經驗的沉積，但並非經驗本身。（Jung 1928: § 300）

「因此，所有這些在過去對我們遠近祖先都很重要的因素，對我們也將會一樣重要，因為它們根植於遺傳而來的有機系統當中」（Jung 1928/1931: § 717）

除了榮格之外，幾乎所有其他二十世紀的心理學家與精神分析師，還有社會學者和人類學家，研究重點都放在個體之間的千萬種差異，企圖用成長過程中受到的文化與社會影響去詮釋這些差異。相對於這個觀點，榮格認為，真正科學的心理學研究必須始於人類共通之處，再去研究個體差異如此才有希望獲得有意義或者有效的結論。

這般主張無可避免地令他與佛洛伊德產生衝突。佛洛伊德堅持無意識心靈全然是個人性的，專屬個體所特有，而且由被潛抑的願望與創傷記憶所組成；榮格的主張則認為，還存在著一個額外的

演化階層（「集體無意識」），囊括了人類所有的心靈潛質。由榮格與同事在蘇黎世伯格霍茲里醫院所主持的精神分裂病患錯覺與妄想研究，其結果支持了這個想法。他們能夠證明，這些幻想所包含的母題與意象，也出現在世界各地的神話、宗教以及童話故事當中（Jung 1956）。榮格立下結論道，必然存在一個所有人類共通的動態基礎，每個人在這個基礎上建構自己的生活經驗，發展出一系列獨特的心理特質。換句話說，集體無意識的原型提供人類生活的基調，每個人據以創作出屬於自己的一套變奏曲。

原型因此成為榮格的基本概念，它對分析心理學的意義重大，可比萬有引力之於牛頓物理學、相對論之於愛因斯坦，或者物競天擇說之於達爾文生物學。這是二十世紀所突現的最重要概念之一，不管社會或者自然科學，都從中獲得重大啟示。

榮格思索原型概念的歷程：榮格本身著作中的主要發展與修改

榮格在童年便開始有這個世界在個人經驗之外可能還有著更多與心靈有關的存在的直覺，當他夢中出現自身以外的經歷時，他便觸及了這個直覺，例如，他記憶所及的第一個夢，發生在他三歲時，夢到了一個出現在地底的陽具上帝（Jung 1963: 25-26）。

榮格在尤金·布魯勒這位精神分裂症權威專家的領導下，於伯格霍茲里醫院所做的研究，為他童年早期的這項直覺提供了證據。他逐漸相信，必然存在著某種所有男女的心智與大腦都同樣擁有的普遍共通結構，而且它們必然是所有人類經驗與行為的基礎。

起初，榮格在 1912 年將這些共通的結構稱為「原初意象」（primordial images）── 借自雅克伯・布克哈特（Jakob Burckhardt）的用語──稍後，1917 年時，則改稱之為「支配集體無意識的要素」。他在 1919 年初版的〈本能與無意識〉（Instinct and the Unconscious）這篇論文當中，首度使用「原型」這個名詞（Jung 1929: § 270）。

　　不同時間出現不同說法，是由於榮格隨著時間進展而發現，普遍共通的支配要素不只限於以意象的形式出現，也發生在想法、感覺以及經驗，甚至是特定的行為模式當中。因此，「原型」在他的著作中漸漸取代了「原初意象」，雖然有段時間，他會交替使用這兩個詞彙。

　　這樣欠缺精確性，使他可能被指責為拉馬克主義──換句話說，如佛洛伊德一般，榮格認可了讓－巴蒂斯特・拉馬克（Jean-Baptiste Lamarck, 1744-1829）所稱，某世代獲得的經驗可以經由基因傳遞到下一代這種不足為信的理論[2]。榮格著作的某些部分會讓人同意這種批評，譬如，他說到原型經驗是藉由重複了千秋萬代的人類經驗而被「鐫刻」於心靈之上。「無窮反覆已經讓這些經驗鐫刻進我們的心靈構成當中，其形式並非帶有具體內容的意象，而是起初只是沒有內容的形式，僅僅代表特定的感覺與行動類型的可能

2　【譯註】拉馬克主義（Lamarckism）是法國生物學家拉馬克於 1809 年的著作《動物哲學》（*Philosophie zoologique*）中提出的理論，他主張「獲得性遺傳」（Inheritance of acquired traits），如長頸鹿因為要吃樹上葉子而頸子變長的性狀可遺傳到下一代，以及「用進廢退說」（use and disuse）。雖然現代生物學主流是達爾文天擇說，但有研究發現一些後天獲得的生物訊息確實是可以遺傳到下一代，顯示拉馬克主義有一定程度的可信。因此，本文作者此處所稱的「不足為信」，只代表部分主流立場。

性」（Jung 1936: § 99；粗體字部分為榮格本人所標示）。

榮格認為原型僅代表特定感覺與行動類型之**可能性**的說法，並不難理解，但對於無窮反覆讓這些經驗**鐫刻**進我們心靈結構當中的主張，卻沒有任何當代生物學家會同意。要為榮格辯護的話，我們可以說，他是象徵性地使用這樣的用語，而非合乎科學的用法，而且他後來也一直努力扭轉人們認為他相信傳承的是實際經驗而不是擁有經驗的能力的印象。

然而，一直到他寫出〈心理學的精神〉（The Spirit of Psychology）（1947；修訂版修〈心靈的特質〉〔On the Nature of the Psyche〕收入全集第八卷，1954）這篇論文後，才終於讓自己擺脫拉馬克主義的惡名，清楚地區別出深層無意識當中不可知與無可取代的「**原型自身**」（archetype-as-such；類似於康德〔Kant〕所說的**物自體**〔das Ding-an-sich〕）[3]，以及原型自身引發的原型意象、思想與行為。被遺傳下來的是這個原型自身（會有特定經驗的傾向〔predisposition〕），而非經驗本身。

這個論點全然符合現代生物學的說法，而且不會比主張孩子天生便具有學會說話或用兩腿奔跑的傾向更像拉馬克主義。如同榮格為艾斯・哈丁（Esther Harding）的《謎女》（*Woman's Mysteries,*

3　【譯註】意即哲學中所說的本體（Noumenon），不必運用到感官的功能即可感受與知覺的物體或事件，與現象相對。康德稱本體為物自體（英語為 thing-in-itself）。物自體可感受，但不可知，顛覆了傳統哲學研究進路。傳統上，以理性科學為典範的心理學，作為主體的研究者將心靈當成研究客體，進行中立客觀的觀察與研究。而就康德的想法，理性是有限制的，被先天範疇如因果論、時空感受……等規範，因此不可能理解物自體，不是自以為是主體的研究者在研究物自體，反而可能是相對被視為他者的物自體才是在看著「研究者」的「主體」。

1955）⁴ 所寫的序文中堅持表示，原型這個用語：

不直接代表遺傳，而是繼承了一種心靈運作的模式，就像雞破殼而出，鳥築巢，有種黃蜂會叮刺毛蟲運動神經，還有鰻魚找到回百慕達的路⁵一樣的與生具來。換句話說，這是種「行為模式」（pattern of behaviour）。就此而言，原型是純粹生物的運作，合於科學的心理學典範。（Jung 1949: § 1228）

這種說法明白地將原型與本能牽連在一起，且榮格完全同意這個關聯，將原型描述為本能的源頭，「因為原型就是本能所承載的形式」（1927/1931a: § 339）。或者換個方式說：「原型是本能本身的無意識意象……它們是**本能行為的模式**」（1936: § 91；粗體字部分為榮格所標示）。或者，「原初意象可以說成是**本能對自身的感知**，是本能的自我描繪」（1919/1929: § 277；粗體字部分為榮格所標示）。說到底，本能與原型可能共享一個無法被表徵的、超驗的共同源頭，而非另一種源頭或者是另一種東西的變種。

將原型與本能連結在一起，多少有助於解釋從經驗獲得的發現：我們對原型有種「努祕的」（numinous）⁶感受──借用魯道

4　【譯註】《謎女》是有關神話、夢境與宗教象徵主義中女性原則的經典研究。比如，作者以月亮女神的古老宗教信仰如何象徵著情感的發展，說明女性心理學的原型基礎。

5　【譯註】鰻魚從魚苗到成魚的過程長期以來都是一個謎。百慕達的藻海（Sargasso Sea）有成群的鰻魚苗，可是成年的鰻魚卻只會在 2400 公里之外的北大西洋出現，例如加拿大的聖勞倫斯海灣（Gulf of St. Lawrence）。一直到 2015 年 10 月出版的《自然通訊雜誌》（*Nature Communications*）一篇論文才提出證據指出，科學家們首次成功追蹤到一條戴著衛星追蹤儀的雌鰻魚花了 45 天，一直游回藻海，可能就是為了產卵。

6　【譯註】numinous 是英語，出自拉丁文 numen，意即「神祕而令人敬畏」，與神性有關。康

夫・奧圖（Rudolf Otto 1917）的用詞——有著令人敬畏的力量與能量，如同上帝原型被激發起來時一般。因此，原型是一種「**動力機制**（dynamism）」，以原型意象的努祕神性和令人著迷的力量，讓人感受到它的存在。」（1947/1954: § 414；粗體字部分為榮格本人所標示）。

　　除了從生物學與宗教尋求類比之外，榮格還喜歡利用水晶面體樣式的例子來解釋，將原型的形式比喻為晶體的晶軸系統（axial system）：

　　如同晶軸系統在母液中預先形成了晶體結構，儘管它本身並非物質性的存在。它最初是根據特定的離子與分子聚合方式而出現。原型本身是空無一物的純粹形式，僅僅是一個**先驗形式**（*facultas praeformandi*），**早於經驗之前**（*a priori*）便潛在著有可能出現的樣貌。這些表現意象本身非經遺傳而來，遺傳下來的是形式，從這角度上看，它們在方方面面都與本能一樣，本能也只是在形式上受到限定。當兩者都不具體顯現自身時，本能的存在並不比原型的存在更能夠被證明。這裡要說清楚所謂的形式，我們以水晶體為類比是為了協助了解，因為晶軸系統只決定了體積的結構，而非個別水晶的具體形式。具體形式可能或大或小，而且可能因為各個晶面大小不一，或者兩個水晶體共生等因素，令其樣式千變萬化。唯一不變的是晶軸系統，更準確地說，是它內在的幾何比例維持不變。原型的道理也是一樣的。從理論原則的角度上說，它可以被指認出來

德所稱的哲學本體 noumenon 則是希臘文，指不可知的他者。而魯道夫・奧圖的用法是說不具「道德」和「理性」卻令人敬畏的神聖性，與榮格表達的原型特質一致。

的，且具有恆常的核心意義——但就僅於理論原則而已，絕非具體具相。同樣地，任何時候出現的特定母親意象，都不能只從母親原型去演繹推論，要一併考慮的其他因素還很多。（Jung 1938/1954: § 155）

榮格也毅然地將原型與腦的結構聯繫在一起：

每個人的腦生而高度分化，使他能夠運作複雜的心智功能，這些功能既非在先天本體的基礎上發展而來，亦非經後天學習所得……這個特定的條件解釋了諸如相隔最為遙遠的種族和民族在無意識方面呈現驚人類似的情況。（Jung 1916: § 452-453）

因此，世界各地產出的各種文物出乎意料具有高度一致性。「人類大腦共通的相似之處，讓我們承認有個特定的心靈功能存在，這種功能在所有的個體身上都相同；我們稱之為集體心靈。」（Jung 1916: § 454）

事後看來，榮格採取這種立場看來合理，後世很難理解他的方案為何會遭致那麼多的反對。除了結合標準社會科學模式（Standard Social Science Model, SSSM，此模式強烈反對生物學或天生結構在人類心理占有一席之地的想法）這種立場鮮明的對立學術立場，榮格也遭受來自佛洛伊德學派的尖銳攻擊，他們佔據科學制高點，將榮格貶斥為怪異與神祕主義者。諷刺的是，時至今日，新世紀的伊始，榮格在近百年前，首先以「原初意象」的樣貌所提出的原型理論，如今被演化心理學以及演化精神病學等新興學

門再度青睞，而與此同時，佛洛伊德的科學地位卻遭到嚴重質疑（Macmillan 1997; Webster 1995）。

總之，原型形成人的生命實存上普遍的現象基礎，是我們經由世代傳承而留存作為基因秉賦的一部分。它們是系統發育（phylogenetic，進化〔evolutionary〕）的基礎，個體在這個基礎上發育成長（ontogenesis，個人發展〔individual development〕）。個體的全部原型遺傳組成集體無意識，其影響力與心靈能量是由一個重要的核心來協調（co-ordinated），榮格稱之為「自性」（the Self），或「原型中的原型」（the archetype of archetypes）。

定義、源起與意義

如同所有的真知灼見，原型的假設並非全然新創。它的起源至少可以回溯到柏拉圖，甚至更久遠。榮格自己對此也不否認，他說原型「個性積極活躍，以**柏拉圖式觀點就是理型**，其形式為先天預存，一直在影響著我們的思想、感覺以及行為」（1938/1954: § 154；粗體字為來後所標）。對柏拉圖而言，「理型」（ideas）是純然的精神形式，源於人類出現前的眾神心智，因此，它們超越（supraordinate）客觀現象世界。它們本質上是**集體性的**（*collective*），它們具象表現的是某事的**普遍**（*general*）特徵，而非**特有**的（*specific*）性質。這原則適用於動植物，當然也及於物體與概念。例如，根據輪廓與渦紋的典型分布結構，便立即可以指認出那是人類指紋。然而每一個指紋都有它自己獨特的分布結構──這也就為什麼那些想逃過法網的雞鳴狗盜之輩，在下手犯案前都記得

榮格心理學指南：理論、實踐與當代應用

要戴上手套。

　　與此相似地，原型結合了共通性與個別性，結合了普遍性與獨特性。原型一方面在所有人類身上都是相同的，一方面卻在每一個人身上以專屬此人的方式顯現。

　　榮格從《祕文集》（*Corpus hermeticum*）[7]那裡借用了「原型」這個詞，該書將上帝稱做「原型之光」（τό 'αρχέτυπον φως）。亞略巴古的丟尼修斯（Dionysius the Areopagite）[8]在《論聖名》（*De divinis nominibus*）[9]中，將原型比喻為正式印鑑，提出了共通性與特殊性之間具有根本的矛盾：

　　　印章不會每次蓋出來的印記都一模一樣……這不是印章本身的問題……而是受印的物質有所不同，致使出自於同一、完整、一致的原型所印出的印記有所不同。（引自雅科比〔Jacobi〕，1959；34）

　　榮格也在二世紀神學家愛任紐（Irenaeus）的《駁異端》

7　【譯註】《祕文集》咸信是出自公元二世紀希臘化時代埃及的文學作品，為一部對話錄，探討了神性、宇宙、心靈和自然。內容有些地方還涉及了煉金術和占星術及其相關概念。

8　【譯註】《聖經‧使徒行傳》中記載，保羅到雅典傳道講基督復活時，有些嘲笑他的人便離開，只有丟尼修斯和一位婦人大馬哩，及其他還有少數人留下，而且信了主（《使徒行傳》十七章：32-34）。但本文引用的文獻，實際上是出自西元五世紀末敘利亞地區一位借托丟尼修斯之名寫作傳揚神祕主義的修士之手。聖經裡的丟尼修斯是在亞略巴古當官，早期基督徒把他們當作同一個人，後人則把這位宣揚神祕主義的修士叫偽丟尼修斯（Pseudo-Dionysius），以資區別。

9　【譯註】《論聖名》的主旨在於強調，上帝是不可見、不可理解、也不可觸及的。上帝無法正面敘述，只能用否定的方式逼近，因此被稱為「否定神學」，與教會正統的「肯定神學」有異。但是偽丟尼修斯強調在極其虔敬純淨的禱告中，有機會與神合一，而感受到神。

（*Adversus haereses*）中找到這個詞彙：「造物者不是從自身直接造出萬物的形貌，而是複製了自身之外的各種原型來創造它們。」雖然聖奧古斯丁（St. Augustine）[10] 不用「原型」這個詞，他還是談到「理型原則（ideae principals），自有自在，非經形塑……認識神就可以認識它們」（Jung 1934/1954: § 5）

　　另外兩個對榮格原型概念發展有重大影響的學者，是康德與叔本華。康德認為，我們無從得知，對真實世界進行感知之際，我們對它增減了什麼。我們自己感官的本質和先天時空範疇等條件，制約了所有的感知，因而我們以特定的方式經驗這個世界。這些生而有之以及避無可避的因素，如同有色鏡片，我們既然無法去除，因此，就是會扭曲了我們的觀察眼光。

　　綜觀榮格著作，皆反覆援引康德的《純粹理性批判》（*Critique of Pure Reason*），借用其主張：「不經先天認知結構的理解和限制，就不會產生經驗知識」。榮格認為這個「先驗」結構等同於原型。比康德影響更大的是叔本華，叔本華將自己稱為「典型」（prototypes）的東西形容為「萬物的原始形式」。他主張，只有它們可以稱得上真實存在，「因為它們永遠如其所是，既不變遷也不消逝」（Jarret 1981）。

　　在全然接受這些早期思想家影響的同時，榮格所構想的原型，卻不僅僅是心智的抽象概念，而是個動態的實體、活生生的有機

10　【譯註】聖奧古斯丁結合柏拉圖主義與基督教傳統，其神學知識論接受柏拉圖主義的宇宙論式二元論（cosmological dualism）。真正的知識存在不朽的理型世界，而受造的現實世界裡各種感官經驗是不確定的。因此，只有共相（universal）才是知識，個別事物經驗則是幻象。基於柏拉圖主義知識論「唯有相似者能知相似者」的前提，因此「唯有已經被潔淨並與上帝『相似』的靈魂才能真正認識祂，並與祂同在」。

體，天生具備生產力，如同中樞神經系統的「中樞」（centre），且不論在心靈中或者是現實世界裡都積極尋求自身的表達。榮格一再強調，原型並非貧乏的、智識上的概念，而是個活生生的、可經驗的實體，不僅富饒意義，且**情感**豐沛。「輕忽疏漏是極為愚蠢不可饒恕的，」他寫道，「假若我們忽略了原型的**情感價值**。不論就理論或治療實務而言，這點都至關重要。」（1947/1954:§411；粗體字部分為榮格本人所標示）榮格堅持，心理學是最需要重視「情感價值」的科學，因為情感「一方面讓心靈各式樣態形成意義，另一方面也和生活聯繫在一起」（Jung 1961:§596）。換句話說，原型是「生命的一部分」，「充滿生機的感應與天賦的系統」（1927/1931a:§339），且「以情感為橋，與活生生的個體產生連結」（1961:§589）。

這個術語的詞源出處有些分歧。原型是個希臘字，意為起始或者典型，隨後反覆加以複製。

這個字前半部 arche 意指「開端、肇始、原因、最初源頭與原理」，但它也指「領袖地位、最高法則與統領」（換句話說，就是一種「宰制力」）；第二部分的 type 意指「敲擊，經由敲擊產生的東西，錢幣上的鑄記……形式、意象、拷貝、典型、模型、條理、以及基準」……用象徵性的、現代的意涵來說，可謂「模式、基礎形式、原初形式」（比如說，「潛藏於」眾多類似的人類、動物或者植物品種之下的形式）。（雅科比引自舒密特〔Schmitt〕，1959：48-49）

然而，馮·德·哈門（van der Hammen 1981）認為，τύπος 這個希臘名詞指的是一個模子，而稱它是某種「敲擊而成」之物的想法有誤。歌德（Goethe）就是以「模子」或者「母體」（matrix）的意義，形成他「原型」（*Urbild*）或是「原初計畫」的概念，他相信所有動物與所有植物都是奠立在這種基礎上的。甚至查爾斯·達爾文（Charles Darwin）都感到有必要在《物種源起》（*The Origin of Species*, 1859）裡使用原型這個字眼做意義約略相似的指涉，該書中，他論證天擇是透過針對持續或穩定的模式進行一連串微小改變而發生的：

　　倘若我們假定所有哺乳動物、鳥類以及爬蟲類的共同先祖——或可稱之為原型——在牠既有的普遍模式上建構出肢幹……我們馬上就能清楚理解所有同一綱生物肢幹的同源結構意義。

類似的概念與發展

　　「原型」的概念雖非起於榮格，但現時通行的意涵，確實受他的用法影響極大。只要去看看，當今各領域的學者仍持續在研究原型這個假設，並且不斷以他們各自的論述方式重申其內涵，就可以知道，原型這個概念多麼具有實用價值。閱讀當代人類學、生物學或者心理語言學 [11] 的權威著作時，不時會看見援引榮格

11　　【譯註】根據維基百科的解釋，心理語言學（psycholinguistics）是通過心理學來研究語言學的學科，從心理過程和語言結構的對應關係來研究人類語言機制的構造和功能。從心理學的角

的內容出現。因此，法國分子生物學家暨諾貝爾獎得主的賈克・莫諾（Jacques Monod），就在他的《偶然與必然》（*Chance and Necessity*, 1971）一書中寫道：「凡事皆出於經驗，然此並非來自每一世代中每位個體反覆經受的實際經驗，而是來自該種族於演化時期中的全體先祖所積累的經驗。」榮格在形容原型是「我們所有祖先經驗的沉積，但並非經驗的本身」時，所表達正是同樣的觀點（1928: § 300）。

無可諱言地，有些原型假說更早於榮格提出的「原初意象」說法，而他自己對此也了然於心；還有些是於他在世之時出現；但有許多是他辭世後始萌生。

因此，十九世紀的神話學已經於有關人類的神話中，找到大量重複的「母題」，人類學家呂西安・列維－布留爾（Lucien Levy-Bruhl, 1857-1939）主張，某些的**集體表徵**（representations collectives）[12] 可以表現出原始民族的心理。民族誌學者阿道夫・巴斯蒂安（Adolf Bastian, 1826-1905）周遊全球，記錄了多種不同文化的民間傳說，他發現，他所研究的族群恰巧都有他所謂的「原始思維」（primordial thoughts）或「原初觀念」（elementary ideas）的共通主題存在，只不過這些思維或觀念是以他正好在研究的那支民族獨有的當地形式（「族群意識」〔ethnic ideas〕）顯現出來；而在比較宗教學的領域裡，胡伯特與莫斯（Hubert and Mauss 1909）描述過共通的信仰與信條一再重複出現，他們稱之為「想像力的範

度，它屬於認知心理學；從語言學的角度，它屬於實驗語言學。

12　【譯註】「集體表徵」可說是由某種集體性（collectivity）才能夠完整表達的各種思想、信仰和價值等，它們無法被化約到由個別要素（individual constituents）加以表現。

疇」（categories of the imagination）。

　　克勞德・李維－史陀（Claude Levy-Strauss）的研究特別有意思，他倡導結構主義人類學，研究的是人類社會、經濟、政治與文化生活的典型模式裡的無意識基礎結構。李維－史陀認為，社會生活的所有形式都出自規範心靈無意識活動的諸般共通法則之投射。其他相關概念，還有查爾斯・達爾文（1809-1882）的「社會本能」（social instincts）、亨利・柏格森（Henri Bergson, 1859-1941）的「官能」（faculties），以及完形學派心理學家沃夫岡・科勒（Wolfgang Köhler, 1887-1967）提出的「同型論」（isomorphs）[13]。

　　在生物學界，恩斯特・邁爾（Ernst Mayr 1974）的「開放的程式」（open programmes）是明顯與榮格學派原型類似的理論說法，它讓動植物有所準備，得以適切回應環境的改變——如多毛動物於夏天來臨之際會脫毛，或者不幸因鄰高而遮陽的植物也通常會奮力向上，朝陽光處生長。

　　魯賓・福克斯（Robin Fox）與李奧納・泰格（Lionel Tiger）這兩位同樣任教於美國羅格斯大學（Rutgers University）的人類學家，將動物行為學的概念應用在人類社會行為的研究上，主張負責社會行為的基本功能是以「生物語法」（biogrammar）內建編碼（Tiger and Fox 1972），人人生而有之，且在人類生命週期內以適當方式發展。

　　不管身處何種文化，小孩學習其文化的語言，或者父母慣用的方言，都非常迅速，心理語言學家諾姆・杭士基（1965）認為，

13　【譯註】同一個物體、意象、理論、概念……等，凡可以有兩種或兩種以上同型的表述或表徵方式，就屬同型。

這是因為位於中樞神經系統裡天生的「學習語言機制」（language acquisition device）被啟動，將系統中原有的、令所有語言可以運作的「深層結構」體現出來。

對原型理論的經驗基礎及未來應用而言，最為重要的是明顯存在於諸如動物行為學（研究動物的天生習性）、演化心理學以及演化精神病學等新興科學之中的類似特徵（Stevens 1982, 2002; Stevens and Price 2000a/2000b）。

1940 年代晚期，動物行為學家尼古拉斯・廷貝亨（Niko Tinbergen）與康拉德・洛倫茲（Konrad Lorenz）提出主張認為，每個動物物種都具備的全部行為功能，是基於其中樞神經系統中的**先天釋放機制**（innate releasing mechanisms），這種機制已準備好在環境中遇到相應的刺激——稱為「信號刺激」（sign stimuli）——時便會啟動，因為它早就預備好，隨時在等待了。當這些刺激出現，這個先天的機制便被釋出，動物就會用透過演化而適應這種狀況的「行為模式」來回應。將動物行為學研究的發現與榮格心理學的發現相比較，事情就很清楚了，兩者所研究的同樣都是原型現象，只是目標不同：榮格心理學專注於原型現象的內在心靈顯現，而動物行為學檢視的則是原型現象的外在行為表現。這兩種方法在某些基礎領域中可以充分互補，像是親子間的連結、性慾與性別差異、求愛與交配、個體與群體間的折衝樽俎，以及個體一生的發展等（Stevens 1982, 2002）。其他更進一步支持原型假設的證據，出自全球人類社群跨文化研究（Brown 1991; Eibl-Eibesfeldt 1971; Ekman 1973; Fox 1975; Murdock 1945）、夢的跨文化研究（Hall and Domhoff 1963; Hall and Nordby 1972; Stevens 1995），以及布克

（Booker 2004）對傳說與神話情節的大量研究。

　　1980 年代早期以來，大西洋兩岸的演化心理學家與精神病學家已經發現並宣稱人類神經精神現象（neuropsychic propensities）的存在，事實上與原型幾無差別。吉爾伯特（Gilbert 1997）稱之為「心理狀態」（mentalities），加德納（Gardner 1988）的說法是「主問題」（master programmes）或是「習性狀態」（propensity states），而溫尼格拉特（Wenegrat 1984）則借用社會生物學的術語稱之為「基因傳遞的回應策略」（genetically transmitted response strategies）。布斯（Buss 1995）將它叫做「演化而來的心理機制」（evolved psychological mechanisms），內瑟（Nesse 1987）稱為「預備好的傾向」（prepared tendencies），而科斯米德斯與托比（Cosmides and Tooby 1989）則稱「多重心理模組」（multiple mental modules）。這些演化而來的習性或者模組，在所有無論健康與否的同種生物身上都一樣，負責決定心理社會的目標與策略。「終究來說，」榮格寫道，「所有個別生命同時也是種族的永恆生命」（Jung 1938/1949: § 146）。

　　有眾多學門學者獨立發現了原型假設——或者極為類似的東西——為這個理論的經驗效度提供有力證據。雖然榮格對人類心靈具有天生結構的原始洞見，是出自於他對自己夢境及經驗的省思以及對精神病患的研究，但仔細檢視不同人類社會以及異種動物所顯現的行為模式後，獲得了大量足以佐證的確切證據。現今演化精神病學正在探討的兩個主要原型系統的含意，是來自錢斯（Chance 1988）提出的**快樂**（hedonic）模式與**無偏差**（agonic）模式，一個涉及的是依附、關係連結、給予關懷、接受關懷以及利他行為；另

一個則關心身分、地位、教養、法律與秩序、領域與財產（Stevens and Price 2000a）。大體上，這兩種社會原型系統可對應榮格的愛洛斯與邏各斯原理。這可能對榮格學派心理學有重大貢獻，榮格學派一直忽視人類原型傾向對社會衍生的影響，這主要是因為榮格本人的心理屬內傾型——他的許多追隨者亦是。

總之，本能行為與社會行為看來確實存在共通的形式，象徵與母題也是普遍出現（Jung 1956; Jung and von Franz 1964; Stevens 1998a）。這些形式受到本質上為生物性的演化過程的影響，並不亞於受身體結構的影響，而達爾文便是將他的理論建立在身體解剖結構的同源本質之上。

種種事例

讀者在《榮格全集》中搜尋原型的實際事例時，會發現榮格交互地使用「原型」與「原初意象」這兩個詞彙，明顯地帶來語意上的混淆。譬如，他所描述的原型**事件**（如：誕生、死亡、跟父母分離、入社會、結婚、對立面整合等等）、原型**角色**（如：母親、孩子、父親、上帝、搗蛋鬼、英雄、智慧老人等等）、原型**象徵**（如：太陽、月亮、水、曼陀羅、十字架、魚、馬、蛇等等）以及原型**母題**（如：末日劫難、大洪水、創世、沉降黑帝斯[14]等等）。

無可否認地，所有這類的事件、角色、象徵與母題，皆屬我

14　【譯註】原文為 night sea journey，這是常見的神話原型母題，透過在黑暗的大海中冒險航行的情節意象，象徵探求真理，比如說荷馬史詩的英雄奧德修斯帶領水手朝地獄（黑帝斯）航行，以尋找歸鄉的途徑，就是個典型的故事。

們人類種族千世萬代以來的古老經驗，但榮格使用諸如「蛇的原型」、「馬的原型」或「魚的原型」等詞語時，卻會帶來爭議。這些物種的「意象」，確實個個舉世共通，但我們到底有多少正當理由去斷定，這種共通性是因為有種固有「就是那樣的原型」（archetype-as-such）的存在，而讓如此意象得以出現？有多少程度是因為這種生物在外在世界中無所不在的緣故？榮格也許會說，**如其所是的原型**（*archetype-as-such*）就是一種形塑那樣意象的天生固有質性，並早就為我們預備好在現實環境裡遭遇到**本質上便是那樣的生物**（*creature per se*），其並適切回應。但是他從來沒有詳細研究生物與意象之間是如何產生這種一致性，遑論還會在每個個體身上複製。史提芬斯（Stevens 1998a）曾經提出一個蛇的原型與意象間如何產生一致性的能可解釋。涉及天生固有因素的可能性似乎很高，也的確有證據支持這個說法。比如說，與其他動物隔離飼養的靈長類動物初次遭遇蛇類時，比較會表現出恐懼，但初次碰到哺乳動物時卻不會如此。精神病學家發現，居住在蛇與蜘蛛不再構成威脅的都市環境裡的人們，卻對這些生物普遍懷有恐懼（Stevens and Price 2000a）。然而，榮格對這些問題的忽視，加上他對原型概念的使用不夠嚴謹，導致較敏銳的讀者產生一定程度的認知不協調。

原型功能對個體經驗所產生的最深刻影響，在於原型控制了人類生命週期。榮格假設，我們都會走過一個他稱之為**生命週期**（the stages of life）的過程，循序漸進而達到成熟。每個階段都受到一組尋求在人格與行為上予以實現的新的原型要求所左右──接受撫育、探索環境、參與同儕團體、迎接少年期與青春期的挑戰、進入成年社群、尋偶與成婚、養育子女、採集、狩獵與戰鬥、參與

宗教儀式及慶典、承擔成年的責任、年老且準備面臨死亡。除了自性這個負責組織協調一生階段序列的心靈核心之外，榮格假設在每個人的心靈發展以及社會適應過程裡，還有其他承擔重大任務的結構。這些包括人格面具（persona）、陰影（shadow）、阿妮瑪（anima）與阿尼姆斯（animus）。

原型的實現與心理發展

構成集體無意識的各個原型單元，具備在現實生活中尋求自我實現的動力——換言之，原型以出現在個體身上之行為與性格的方式，於現實生活環境的背景脈絡裡頭展開生命循環。榮格在他〈心靈與大地〉（Mind and earth, 1927）一文中寫道：「原型是隨時準備好行動的系統，意象與情緒同時湧現，它們留存在大腦結構中，被遺傳了下來——更確切地說，它們是大腦的心靈層面。」（1927/1931b: § 53）原型是行為事件及心靈事件兩者的共同來源，這種概念對理論貢獻意義重大，因為它讓心理學得以擺脫生命論與副現象主義（epiphenomenalism）[15] 的泥淖，而這兩者迄今仍阻礙著所有想探求身、心之間神祕關係的進展。

個體化（individuation）這個重大目標能夠到達什麼程度，

15　【譯註】根據維基百科的解釋，副現象主義是一種身心哲學，認為基本的物理事件（包括感覺器官、神經衝動和肌肉收縮）與精神事件（思想、意識和認知）間存在著單方面的因果關係。心理事件完全取決於物理機能，自身沒有獨立的存在或因果效力——僅僅是個表相（appearance）。恐懼似乎會讓心跳加快，但副現象主義的認為，導致心跳加快的是神經系統的狀態。心理事件是一系列不能引發任何物理事件的溢流（overflow），具有非物理的屬性，因此副現象主義也被看作是一種屬性二元論（Property dualism）。

由原型的實現來決定。原型得以實現（榮格亦稱之為「喚醒」
〔evocation〕與「叢聚」〔constellation〕）的方式，看來與十九世
紀末心理學家所構思的種種聯想法原理運作之道一樣。其中有兩
個原理特別有用，它們是：**相似律**（law of similarity）以及**接近律**
（law of of contiguity）[16]。就此而言，比如說，一個女性照顧者若
擁有與孩子心靈中固有的母性原型足夠**相似**的特質，當她**接近**時，
孩子就可以感受到她，然後經驗到她為「母親」（mother），母親
原型於是在孩子個人的心靈上具體實現。集體無意識中的母親原型
便以這種方式，被激發或者「被喚醒」，而且隨著依附關係的發
展，母親原型便以母親**情結**的形式被嵌入孩子的個人心靈當中。情
結是組成個人無意識的運作單元，如同集體無意識為原型所組成一
樣。

　　所有原型都以這種方式實現：「會以叢聚形式出現的原型總是
當下所需的原初意象，」榮格如此寫道：

　　雖然生命詭譎多變，其變化多端必然超越我們的想像，但變化
的數量從不會多過特定的自然限制；它們可以區分成多少有點典型
的模式，不斷重複再重複。無意識的原型結構與一般事件的運作有
對應關係。降臨在一個人身上的變化，不會有很大的異動；它們是
數量有限的特定典型事件的變化而已。因此當壞事出現時，與之對
應的原型也將在無意識中聚集。由於這個原型有著努祕性，也就是

16　【譯註】相似律是指為了滿足規範模型與原型要達到相似，而必須遵守的準則；接近律則出
　　自行為論，認為刺激與反應出現時間相接近的學習會更有效。接近律是一個心理學通則，各
　　心理現象之間要產生聯結，其必要的條件是要在相接近的時間內出現。

說帶有特殊的能量，它會將意識的內容──讓它得以被感知到，且因此有能力讓意識理解的有意識想法──吸引到自己身上。（Jung 1911-1912: § 450）

因為其動力機制使然，已經實現的原型可能會給意識上的人格帶來強大衝擊。此舉強加了一個道德責任到意識自我上，在不利的環境中，或者是發生於多愁善感的人身上時，是會造成精神疾病的。

當對應一個特定原型的情況出現時，便啟動了那個原型，且出現了衝動，那就像是個本能的驅力，獲得它自己對抗全然理智與意志的方法，不然就是製造出一種病態的矛盾衝突，換句話說，就是精神官能症。（Jung 1936: § 99）

原型實現故爾成為榮格解釋發展心理學的重點，不論是健康心理或異常心理。重要發展階段時的環境若有所匱乏，造成原型回應的策略不當，這時就會出現病態心理。（Stevens and Price 2000a）。

有些人曾企圖修正榮格主張原型具遺傳性質的立場，佩特里·皮耶帝凱寧（Petteri Pietikäinen 1998）偏向將它們理解為「文化決定的功能性形式」，而喬治·哈格森（George Hogenson 1999）則認為那是「大腦、環境和敘事方式的動態發展系統突現的特性」。這些說法看來造成了如其所是的原型與它所產生的原型概念、母題、意象及行為之間產生語義混淆。接受他們的定義，便有悖於奧

卡姆剃刀原則（Occam's Razor）[17]。那無疑是再度將大腦貶抑至過時的「一般意向的運作機制」地位，且將破壞榮格的假設裡簡潔聰慧的詮釋（Stevens 1998b, 2002）。

類心靈原型與世界一體

根本上，原型具有重要的雙重性：既為心靈又是非心靈，既是「精神」又同時是「肉身」，因為原型是一切心理生理事件（psychophysical events）本質上的先決條件：

原型可說是暗藏於意識心智之下的基本原則，或者，用另一個比喻來說，是心靈根系，狹義上不僅已然深入大地，更在廣義上深入這個世界。（Jung 1927/1931b: § 53）

榮格以「類心靈」（psychoid）原型的說法稱呼這個非心靈的面向，它是榮格解決身－心（二元）問題最大膽的貢獻。

為了解釋他所謂的原型的非心靈或者「類心靈」面向，榮格援引電磁光譜為比喻。光譜可見的部分（例如，紫外線那端），代表那些我們可意識到的心靈歷程。光譜上不可見的紅外線那端，相當於原型的無意識生物面向，等於是「有機體的生理機能，因此和它的化學與物理條件是融為一體的」（1947/1954: § 420）。

17　【譯註】意思是簡約之法則，十四世紀邏輯學家、聖方濟各會修士奧卡姆的威廉（William of Occam）提出，同一個問題如有多種理論，同樣有效，那麼應該挑選其中最簡潔、假設越少、越好的使用。

榮格繼續說道，原型結構不但是一切活生生有機體存在及存活的基礎，而且它們與控制無機物作用反應的各種結構是連成一體的。原型不僅是心靈實體，也是「連結一般物質的橋樑」（1947/1954: § 420）。就是原型的這個類心靈面向，激發物理學家及諾貝爾獎得主沃夫岡・包立（Wolfgang Pauli 1955）的想像力，他相信這對我們理解宇宙生成原理有莫大助益。

　　榮格為了描述他所抱持所有既存現象背後皆存在一元實存基礎的信念，他把「世界一體」（*unus mundus*）這個意指所有經驗性存在的永恆根基的古老語詞，再拿出來使用。他構想中的原型是擔任「一體世界」的中介者，負責組織內在心靈的概念與意象，以及統整物理世界的物質與能量的基本原理。包立信奉榮格的理念，並且主張說，原型可以作為合乎科學規範的物理研究與從事這些研究的科學家的心智之間「失落的連結」。因此，指揮我們感覺與思想的原型，它們本身就是一個既超越人類心智，也凌駕外在世界客觀規律之上的產物。

　　包立在這個觀點的基礎上，提醒人們再去注意德國天文學家約翰尼斯・克卜勒（Johannes Kepler, 1572-1630）所持的立場，克卜勒將他科學發現的喜悅歸因於一種「配對」（matching）的歷程，通過這個歷程，他得以將上帝早預先置放到他心中的「內在理型」（inner ideas），與自己透過感官而覺知到的外在事件連結到一起。克卜勒實際上是把這些「內在理型」當作「原型」，且視它們為一切知識的必要基礎。「因為，獲取知識，就是把感知到的外在世界與內在理型進行對照，然後判斷兩者相不相符。」我們的感官經驗「喚起已預先存於內在的知識概念；因此那個先前潛藏於

靈魂裡的東西，猶如處於**可能性難以捉摸**（veil of potentiality）之中，如今在原地顯出它的真實存在」（Kepler 1619, quoted by Pauli 1955）。克卜勒所謂「處於可能性難以捉摸之中」的「內在理型」，與榮格的「原初意象」之間的相似之處，顯而易見。

包立與榮格聯手斬獲的另一個重大類比，出現在分析心理學與量子力學之間。如同榮格對心靈結構與運作方式的探求使他提出動態的「不可表徵之物」（irrepresentables）（原型）存在的假設，量子力學的研究也導出類似的「不可表徵之物」（基本粒子）構成物質的假設，顛覆了所有的時－空論述。這兩個研究領域所處理的是否是同樣的實存面向？「當我們認定有兩個或者更多的不可表徵之物存在時，」榮格寫道，「總是有可能——但我們有意無意地忽略了——其實要想的不是有兩個或者更多的元素的問題，而是事實上僅有一個。」（1947/1954: § 417）

另一位傑出的物理學家，華納·海森堡（Werner Heisenberg），於其晚年漸漸看出自然的本質不在粒子本身，而在於粒子所形成的「對稱性」（symmetries）。得知海森堡的「對稱性」與榮格的「原型」間有著相似性時，物理學家大衛·皮特（David Peat）認為：「這些根本上所具有的對稱性，可以被想成是一切物質的原型，以及物質得以存在的基礎。基本粒子本身可能就是這些潛藏對稱性在物質上的顯現。」（Peat 1987: 94）。

正如基本粒子是由超越物質世界限制的舞動來維持，那麼同樣地，心靈也是由心智與物質之外的動力所支撐的。因此，在心物二元之上的是模式與對稱性，它們具有生發與賦予活力的能力。

（Peat 1987: 111-112）

顯而易見地，這兩組對稱性之間，一定是由生物學發揮橋接功能，可以想像的是，這種對稱性可能是由去氧核醣核酸（DNA）裡的結構提供，或者是由大腦和中樞神經系統裡負責神經細胞與突觸作用的分子對稱性所提供，這些都是分子生物學家正在積極研究的領域。

以榮格的觀點來看，那個超越心物二元對立世界的舞動，是「有意義的巧合」（meaningful coincidence）現象的作用原因，他稱之為**共時性**（synchronicity）：「無因果關聯但意義相等或者相近的兩項或更多事件，在時間上即時相遇」（1952: §849）──比如有個人夢到一位遠房親戚過世，而那親戚正巧就在那個夜晚死亡。這兩個事件間可以是沒有因果聯繫的，但透過兩者共有的意義，便建立了對個人而言有深刻印象的非因果關聯。

榮格相信，共時性是在表達一種因為原型運作而出現的「非因果有序狀態」（acausal orderedness）。這樣的非因果性原型秩序，在質數的屬性以及物理學的不連續性之中，是顯而易見的，且它最終必然是相互關聯的精神和生理事件巧合發生時之所以隱含深長意味的原因。榮格寫道：「我清楚感覺到，數字是打開那道神祕大門之鑰，因為它被發現的與被創造的一樣多。它既是數量，也是意義。」（von Franz 1974）他了解數字是「人類心智之中最原始的秩序元素」，且心理學上對數字的定義為「已然浮上意識的秩序原型」（von Franz 1974: 45）。

八十多歲時，榮格開始研究前五個整數，但就在辭世不久

前，他把筆記交代給朋友兼同事瑪麗－路薏絲・馮・法蘭茲，然後說：「我現在已然年邁，無力繼續，所以交給妳了。」（von Franz 1974: iv）因此，馮・法蘭茲（Marie-Louise von Franz）接手，徹底研究這個在心靈與物質兩者中皆扮演動態組織原則的數字原型。她把成果發表在《數字與時間》（*Number and Time*, 1974）上，而她的研究代表著將榮格與包立的原型假設予以重大的延伸。

馮・法蘭茲在數字裡尋找固有的最初原型，杭士基則尋找語言的共通性，而物理學家查爾斯・卡德（Charles Card）將兩者相提並論予以檢視（1991a, 1991b, 2000），並重新表述一個普遍性的原型假設如下：

所有的身、心現象都是同一個一元的、超驗的實存中互補的兩面。在所有的生理與心理基礎之中都有著行為的特定基本動力形式或者模式，或可稱之為數字原型。任何明確特定的歷程，無論是生理或者心理的，都是這些原型中某幾個的特有表徵。尤其是，數字原型為所有可能的象徵性表達提供了基礎。因此，由數字原型的抽象象徵性表徵所建構的中立語言，有可能可以對所有身心現象給予雖非獨一無二但卻高度一致的描述。（Card 2000）

卡德明顯感覺到，這種普遍性的原型假設可能證明是物理學以及我們科學世界觀認識論基礎的最高意義的。卡德在他最近出版的著作（2000）裡提到，原型理論可以形成當代自然哲學的基礎。

由於原型為所有的存在預設了適當條件，它們在藝術、科學與宗教的精神成就中明顯可見，也在有機與無機的系統中明顯可見。

原型因此是一個普遍性理解全體科學與所有人類活動所獲得的資料的基礎——尤其是它具有認識論（對知識本身的研究）的含意。

庫恩（Cohen 1975）、哈格森（Hogenson 1999）、邁道爾（McDowell 1999）、馬隆尼（Maloney 1999）、勞斯（Routh 1981）、薩賓尼（Sabini 2000）、謝爾伯恩（Shelborne 1988）以及華德士（Walters 1994）等人都審視過原型理論在科學方面的潛力，格雷（Gray 1996）進一步發展了原型理論與社會學整合的研究，納吉（Nagy 1991）探究過其哲學上的重大意義，麥雷恩（MacLennan 2005）、史提芬斯（Stevens 19861998a）以及史提芬斯與普萊斯（Stevens and Price 2000b）概述過原型對宗教研究的意義，史提芬斯（Stevens 2004）則描述了它對於戰爭與恐怖主義的心理學含意，與此同時，羅伯森（Robertson 1995）則超越了生物與生理的科學範疇，討論原型假設裡的數學根基。這個概念是如此的重大與根本，以致於脫離了榮格學派的領域，其他學門中的理論家與實務工作者都在致力解決其意涵的問題。這樣的發展也可說在意料之中，因為榮格從未說他的心理學是或者已是定論或者是不可更改的。完整的原型理論意涵還有待進一步的建構。

陰影

安‧凱思門（**Ann Casement**）

英國榮格分析學會資深會員

近期著作有《導讀榮格》
（*Jung: A Introduction*, 2021）

人不因向光以明心，是由知暗而見性。

——榮格，1967 年：265 頁

導論

　　陰影（shadow）是榮格偉大的心理學貢獻之一，他修正了源於二十世紀早期佛洛伊德將人類心靈區分為光明面與黑暗面的看法，因而出現了這個屬於自己的概念。根據榮格的看法，當陰影被激發，通常是透過投射，它會被注入**情感**，之後便自行其是，脫離意識自我的控制。榮格可說是位**結構主義**（structuralist）[1] 思想家，他對於創造一個高度系統化的後設心理學（metapsychology）[2] 並沒太大興趣，相反地，他更關注的是，個別心靈現象間的互動關係。這造成他沒有清楚闡述後者的定義，包括他怎麼思考陰影。與陰影概念息息相關者為**補償**（compensation）概念，因此，陰影——無論個體的或者集體的——是在補償意識所抱持的態度。

　　就古典榮格精神分析學派而言，與陰影相關的問題得優先考量。這些問題絕大部分出自**個人陰影**（personal shadow），個人陰影可以被想做是一個人不接受或者厭惡的各種東西的倉庫。作為一個臨床工作者，會遭遇到的**陰影**現象形形色色，包括既羨且妒、侵

1　【譯註】結構主義認為科學研究應超越事物現象本身，探求隱藏於現象背後的系統與規則，基本上是繼承實驗心理學與認知心理學發展而來的。

2　【編註】後設心理學是佛洛伊德仿效形上學（metaphysics）而發明的詞彙，又稱深層心理學，是一種純理論的心理學，著重在針對通常無法客觀展示的心智結構和運作歷程提出假設。

略性、貪婪、懶惰以及嫉妒（後者特別會出現羞愧形式的防衛）。這些現象不勝枚舉。可是，要注意的是，**陰影**未必盡為不善，比如被潛抑的是個人較正向的部分，結果容身於**陰影**之處。就這類例子來說，意識自我本質上扮演的是負面角色，與此同時，**正向陰影**（positve shadow）投射也許會被一個受景仰或者喜愛的外在對象所激發，例如，在分析的情境下，**受傷治療師**（wounded healer）[3] 原型經常因為治療師必須承受被分析者投射為「治療者」而叢聚出現，直到被分析者能夠取回而成為自己獨有的特質。

　　個人陰影的許多面向可回溯到與父母或者主要照顧者以及手足的關係。有強烈妒嫉**陰影**問題的人，也許曾經在與父母的關係中遭受過排拒。同樣地，可能有個眾所矚目的高成就兄姐，而令個人感到難以企及，或者是家中有個受盡寵愛、被視若掌珠的弟妹。

　　因這類家庭動力所造成的**陰影**問題，對個人一生影響重大，且經常會持續存在於將來的異性關係裡，當中所出現的過度妒嫉，可能成為毀滅關係的力量。這個力量將滲透到這個人的其他人際互動當中，且可能會令其適應社會的功用失調。在分析中，這類**個人陰影**問題會以移情的方式顯現，致使病人／被分析者可能會把分析師當作一個排拒孩子的父母，或者不是競爭者，就是得臣服於其下的人的經驗。後一類移情可能引發分析師的強烈反向移情，出現優越感或者成為全知全能者的姿態。

　　榮格以他分析的一位學哲學的學生為例，說明這類的**移情／反向移情**。他診斷病人有父情固著（father fixation），驅使她去找到

3　【譯註】「受傷治療師」之說，可參閱王浩威（2014）於《受傷的醫者：心理治療開拓者的生命故事》之推薦序〈醫者的包容〉，台北：心靈工坊出版社。

一位像父親般的男性分析師，讓她得以在知性上更加貼近，且於此同時，迫使他進入一個成為被崇仰客體的優勢地位。榮格寫道，她的真實自我隱藏在她「極端聰明、非常成熟、通情達理而被愛的亦母亦女」人格面具背後（Jung 1953b: 159）。

病人幼年時就嚐過伊底帕斯情結勝利成果，從母親手中贏得父親，因此父親成為理想化的父親，母親則成為病人的**陰影**競爭者。榮格對這病人反向移情明顯的過激反應，便是後者的一種表達。**個人陰影**的移情／反向移情在分析初期就需要被好好處理，但是在這背後可能存在著由**集體無意識**散發出來的伊底帕斯原型衝突。後者是心靈中天生固有、非屬個人的部分，屬原型意象領域的心靈，一貫以象徵性的方式自我表達。

榮格指出，分析心理學所倡導的這種分析，就如同以科學方法去重新發現一個古老事實，即宣洩或者淨化具有治療力量。在分析過程中，當病人開始覺察到自己的黑暗面，而且可以加以承認，這種治療力量便發生了。如同榮格所形容的：「所有靈魂的分析治療之始，都起於一個原始形式（prototype），告解。」（Jung 1954: 55）透過觀察自不可見的無意識分離出來的意象與感覺，受壓抑與被遺忘的**陰影**內容物會自我現形。根據榮格的說法，個體化歷程必然始於病人的**陰影**漸漸浮出意識，而起初經驗到的陰影，為事事不如意識之意的劣勢人格。這是件好事，雖然代價痛苦，但也對人吐實。為了要成為一個完整的人，黑暗面必得浮上意識，這讓他們得以記住自己也有人性，如同其他所有人一樣。

除了**個人陰影**之外，歷史上還有許多**集體陰影**（collective shadow）的例子。二十世紀最駭人聽聞的例子，就是納粹投射到猶

太人身上的**集體陰影**，猶太人當時被說成是應該被消滅的劣等或者邪惡的民族。如同榮格所說的：「在希特勒身上，每個德國人應都看到他自己的陰影，自己最糟糕危險的一面。」（Jung 1964: 223）

　　陰影現象也隨文化而有所差異，美國可行的，在日本卻可能出問題。即便身處同一文化，也可能隨時代變遷而產生不同陰影，像英國社會過去有一度曾視態度優雅與地位崇高為重大價值。現在那些已然過時，取而代之的是其他更優先的考量，譬如成為一個更平等的社會。

　　以上所觸及的一個更深入的面向，便是所謂的原型陰影（archetypal shadow），它可能是從**集體無意識**裡原型的或者具神話色彩的領域裡產生的。依照榮格的想法，這也許就等同於邪惡。在稍後的章節裡，對此將有進一步探討。

榮格探討陰影的著作

　　榮格所認知的佛洛伊德，是一個勇於在十八與十九世紀之交的環境裡表明立場，主張主宰人類心靈的並非理性，人類本性其實陷於深淵迷津當中的醫療從業人員。自那之後，心理治療就開始以各種方式探究這種黑暗。

　　在《回憶・夢・省思》裡頭，榮格寫到 1913 年 12 月時自己與**陰影**遭逢的故事，當時他正經歷「創造性疾患」（creative illness）。如同艾倫伯格（Ellenberger）所描述的：「創造性疾患發生在 1913 到 1919 年之間……這是個全副心神強烈貫注在人類靈魂

之神祕的時期」（Ellenberger 1970: 672）。於其時，他做了個夢，夢裡他聽令於一位皮膚深棕的野蠻人，殺了齊格菲（Siegfried）這位英雄。他醒來後悲傷不已，但卻開始了解到深棕皮膚的野蠻人是「原始」**陰影**的一個面向，於其催逼下，他當下就得放棄自己所抱持的英雄式、理想化的意識態度。這個夢也可以有另一個觀點，將齊格菲看作莎賓娜·史碧爾埃（Sabina Spielrein）渴望和榮格生的小孩。她是榮格的第一個精神分析病人，兩人後來捲入強烈的移情／反向移情的愛慾情仇當中。

　　榮格的著作裡，認為出自於個人無意識的陰影會被投射到同性別的人身上，而投射到異性身上的則被認為是出自於**阿妮瑪／阿尼姆斯**（anima/animus），意在對抗異性特質以及**集體無意識**。這點在以下會從榮格自己經常更新修訂的早期著作《轉化的象徵》（*Symbols of Transformation*, 1956）中擷取案例，進行初步探討。榮格修訂著作時，通常就是剪剪貼貼而已，不過也出現整段完全改寫的狀況。這本書的最早版本題為《無意識心理學》（*The Psychology of the Unconscious*），出版於 1912 年，當中未曾提及**陰影**，這個字出現在他的理論裡的時間稍遲，那時用的替代字是**情結**。榮格在之後的《轉化的象徵》裡寫道：「我在分析美國人時經常看到，人格的劣勢面，所謂的『陰影』，是以黑人或者印地安人的樣貌出現。」（Jung 1956: 183）這是根據他書中所援引的病患研究資料而來的，該案例是位年輕的美國女性，正接受榮格同事希奧多·福魯諾（Théodore Flournoy）的治療。榮格認為，出現在她夢中的阿茲特克人（Aztec）角色可能不是她自己的**陰影**面向，因為那是個男性，因此該想作那必然是她人格中的陽性部分。

　　　　　　　　　　　　　　榮格心理學指南：理論、實踐與當代應用

針對上述觀點，要注意的是，榮格是生長在他那個時代氛圍裡的人，他所提出的那種關於陰影表徵的觀點在當時是被接受的，甚至還被視為理所當然。後榮格學派對此採取的論述方式就很不同，不會想當然爾地認定白人夢中出現的黑人就代表**陰影**角色，反之亦然。他們的想法也已經改變，不再視**陰影**角色僅與同性別的人物有關。換言之，一位男士同時也可能成為一位女士的陰影人物，如同一個女人也會是一個男人的陰影一樣。

　　於此之後，榮格寫了《心理類型》[4]（*Psychological Types*；1921年出版）。雖然這本書的索引中關於**陰影**的參考文獻僅有三篇，但全書都以那個概念為核心，圍繞著它開展論述。就部分而言，這是受到威廉・詹姆斯（William James）所謂「**鐵漢**」（tough-minded）與「**柔情**」（tender-minded）兩種氣質的說法的所啟發，兩者互為**陰影**。在《心理類型》中，榮格提出他自己的兩種態度理論：**外傾**（extravert）與**內傾**（introvert），也都是彼此的陰影。外傾型傾向於關注外在客觀世界的資訊。另一方面，**內傾型**則是與內在主觀世界供應的資訊較親近。榮格把**內傾型**與**外傾型**的概念，與**思考**（*thinking*）、**情感**（*feeling*）、**感官**（*sensation*）與**直覺**（*intuition*）這四類感官運行方式結合起來，並指出為何達爾文這位外傾型的思考者，可能也就會成為康德這位內傾型思考者的**陰影**。

　　在同一本書裡，榮格探討了尼采以太陽神（Apollonian）與酒神（Dionysian）美學來看待古希臘人的觀點，認為尼采被困在太陽

4　【編註】此書現行中譯本為《榮格論心理類型》，莊仲黎譯，商周出版。

神與酒神的衝突之中。根據尼采的說法，兩者間的對立——進退合宜的太陽神精神，與本性狂野的酒神精神——只能以藝術為連結的橋樑。露西‧赫斯金森（Lucy Huskinson 2004）在其重要新作《尼采與榮格：在對立統合中的完整自性》（*Nietzsche and Jung: The Whole Self in the Union of Opposites*）中，論證尼采對榮格核心概念的重大貢獻。譬如，她將尼采的**超人說**（Übermensch）與榮格的**自性**理論相提並論，兩者皆涉及對抗**陰影**。將尼采所說的：「因為陰影來襲——萬物中至為寂寥、微渺者即刻到來！超人之美成為陰影，籠罩著我」，與榮格的話：「陰影涵括自性。在陰影背後，自性陰陰顯現」（Huskinson 2004: 103）相提並論。

榮格在他的《伊雍》（*Aion*）[5] 這本書裡，絞盡腦汁企圖把**陰影**這個概念定義清楚。於此概述他在該書中所寫的相關內容，對引領讀者領略這個榮格學派的核心思想，想來應有助益。

榮格首先簡要地觸及**個人無意識**與**集體無意識**之差別。前者內容為個人於一生經驗所獲取的；後者則出自於原型領域。最常在經驗上感受到的那些內容，通常是透過投射，則屬於**陰影**以及**阿妮瑪／阿尼姆斯**。

一如前述，以古典的榮格學派的分析方式，個人**陰影**很難處理，因為「它首要代表的是個人無意識」（Jung 1959a: 10），在人生之初就開始運作，因此榮格說，人們不先處理**陰影**，便無法深入自我、獲取洞見，或者得知自己的一切。他間接將此喻為道德問題，且說這對自我人格（ego-personality）是個巨大挑戰，需要長期

5　【編註】或譯「艾翁」。本書於 2022 年出版繁體中譯本《伊雍：自性的現象學研究》，周俊豪譯，楓書坊出版。

堅忍心性。

　　陰影的某些面向是較為拒斥被意識同化的，因為它們當下存在的理由，是為了把強烈的情感投射到另一個人身上。在那樣的狀態下，根本無法從這種現象裡獲取洞見，外在世界愈形荒蕪且虛幻，而就更極端的狀況而言，這個人便陷入了自閉，與世隔絕。這是因為陰影一直透過投射而存在，而外在世界變成是個人未知那一面的複製物。這樣，我們可以說某人在害怕的，是他們的陰影。

　　「一旦它以原型的形式出現」（Jung 1959a: 10），問題便是出在**集體無意識**的範疇，代表遭逢邪魔，事態便更嚴重了。這個人得直面全然的邪惡，其結果之恐怖，可想而知。然而，榮格確實指出了會出現這樣的事實，那就是：**個人無意識**或**陰影**的內容物將與**集體無意識**的原型內容結合，一旦**陰影**被激發，原型內容便會隨之進入意識。接著，向內投射的負面父母意象與**自性**黑暗面的融合便可能就此產生了邪惡，導致這類向內投射的負面父母意象漸漸被注入原型的力量。這種狀況在分析時也許會碰到，透過一種原型的負向父親移情叢聚，然後投射到分析師身上，最後這位分析師會被經驗成一位盛氣凌人的暴君。

　　活在投射中的人相信，秉性邪惡的都是別人，舉世之惡皆由其造。因此，錯的是**他們**，必須與**他們**決一死戰。在另一方面，那些視肩負淑世重責為己任的人，也看出來這世界不管出了什麼錯，都不能說與己無關，這成了他或她自己的一個嚴重困擾。如同榮格所說的，只有學會如何處理自己**陰影**的人，才可能真正為這世界做點事，因為連自己都看不到的人，哪裡能夠看清楚世界呢。

　　一樣是在這本《伊雍》裡，他繼續暢談為了個人福祉，就得讓

陰影在意識層面上具體現形的必要性。這麼一來，如果低劣的感覺浮上意識，便有機會加以修正。而就另一個角度來說，倘若它是被意識所壓抑，且遭孤立，便因無從修正而容易在無意間突然爆發。這也解釋了為什麼再周詳的計畫還是可能出錯，或者好心卻成驢肺肝，因為答案並不僅僅是壓抑住**陰影**就行了。

當陰影導致精神官能症出現，它就變得越來越頑固，這時候這個人就必須找出個方法，讓有意識的人格與**陰影**共存。壓抑收效有限，且兩者結合後，對個人和社會整體都會是個重大問題，但真正的難題在於，假使這個人開始出現不只兩面的多重人格，這就夠讓人頭大的了。

榮格將劣勢功能等同於**陰影**，因為它四周環繞許多自由意志以及情感，並具有本能的特性。榮格對類型的想法中，斷定人格類型有四種運作方式：思想型、情感型、直覺型以及感官型。就他的模型構想而言，前兩者的運作功能是屬理性的，位於垂直 Y 軸的兩端；後二者的運作則屬非理性，佔據水平 X 軸雙邊。「榮格繼續論述道，優勢功能有其相對立的劣勢功能，位於垂直 Y 軸相對的另一邊」（Casement 2001: 151）。然而，已然習於理性的人，承受著劣勢功能未能整合入意識的代價，根據榮格的理論，就像嬰兒般對自己一無所知，因為「不會出現第四類功能」（Jung 1958a: 166）。這裡所指的「第四」功能是分化程度最低的一個，因此也是最不具意識的一個，且當它被激發時，無意識的原型內容會伴隨而來。榮格甚至說，劣勢功能等同於人格的黑暗面，是通往無意識的大門。

人生處處有險境，人人皆可能誤入，其一即是**陰影**認同。這

種人總是引人不快，並為自己憑添阻礙。然而，選擇相反的生存之道也不異於踏進另一種陷阱——也就是，認同**人格面具**，那是一個人面對外在世界所呈現的樣貌。假若過度認同人格面具，那麼這個人就如同被迫過著一個虛假人生，編造著不真實的生活故事。認同自己在他人眼中的印象，是很大的誘惑，如同榮格所說的，是因為「人格面具通常可以兌換現金」（Jung 1959b: 123）。

他花了不小的篇幅論述劣勢功能等同於**陰影**，並說個體化歷程總是起於個體開始意識到**陰影**的存在。獨立自主地向意識趨近的是劣勢功能，而且這種情況無法被駕馭與控制。只有親身體認到陰影，才可能出現個體化，但這不意味著屈從邪惡的那一面（Mr. Hyde side）[6]，而是與之奮戰，因此是真的想要讓它在意識裡出現，而非出現那方面的精神解離症狀。榮格對《化身博士》的故事深有所感，在著作中常加以引用作為文獻。

根據榮格的想法，精神官能症是一種內在分裂——一種與自己交戰的狀態。個人之所以如此，是因為懷疑自己變成兩個彼此對立的人——**陰影**與**意識自我**。為了說明這點，榮格援引浮士德（Faust）的名言，說有兩個靈魂幽藏其心。

假使一個人無法調和這兩個面向，就可能出現人格分裂的精神官能症，而榮格說，這種分裂的治療是個宗教難題。如同基督教導信徒原諒外來的仇敵一般，一個人能做到這樣，心思必須朝內，學

6　【譯註】「邪惡的」於原文中使用的是 Mr. Hyde 這個人名，典出英國小說家羅勃·路易斯·史蒂文森（Robert Louis Stevenson, 1850-1894）的知名作品《化身博士》（*Strange Case of Dr Jekyll and Mr Hyde*），當故事裡的傑奇（Jekyll）博士喝了自己配製的魔藥，體內邪惡化身的海德（Hyde）先生就變身出現，他自此可在兩種身分間轉換，而海德先生作惡，傑奇博士會感到羞愧，在身不由己的痛苦裡，終以自殺收場。

會與內在敵人共處，接納豺狼為弟兄。然而，榮格警告道，莫要掉以輕心，以為接受人性根本的陰暗面並非難事，事實上，此舉幾近徒勞，因為這意味著，得跟不合理、無意義甚至是邪惡共存。

可是，如同榮格指出的，不接受這個超越人性（superhuman）的試煉，可能出現危險，假使陰影沒有被充分實現，一個軟弱的自我或許就此便認同超驗的**自性**。接下來便導致自我因隨之而來的全知全能錯覺而膨脹——最後就是瘋狂了。正如**自性**可被視為內在的上帝意象，榮格（1953b）也在《分析心理學二論》（*Two Essays on Analytical Psychology*）中說，惡魔是陰影原型的變體。

榮格在煉金術表徵方式中看到與**個體化**歷程的類似之處，亦即，以這種方法，個人可以成為有別於他人與整體，但卻是完整不可分的自己。榮格將煉金術第一階段的**黑化**（*nigredo*），等同於心理學所說的遭逢陰影。這個階段，心若槁木，意如死灰，萬籟寂寥。**陰影**則以與有意識的人格全然相反之姿出現，因為仁人君子之貌往往是戰勝相對之惡行的結果。的確，對榮格而言，被**陰影**召喚出來的對立性難題，在煉金術中扮演著關鍵性角色，因為它導致對立面最終在原型的聖婚（*hierosgamos*）[7]或者更高層次的形式中結合。當這種衝突浮出意識，將令人認識到自身中有個外來他者存在。煉金師名之為「墨丘利」（Mercurius）[8]，他們將其概念化為

7 　【譯註】聖婚（*hierosgamos*）在古希臘原指的是一種由人類表演的男神和女神婚姻儀式，重點在於表現兩性的結合。榮格心理學的用法則側重於對立物統合的意象。

8 　【譯註】墨丘利是赫密士（Hermes）的拉丁名稱，為古希臘奧林帕斯十二主神之一。在希臘化的埃及，希臘人認為他們的赫密士與埃及的智慧之神托特（Thoth）完全相同，隨後，兩位神就被合二為一。公元一世紀時，埃及統治之下的亞歷山大城，赫密士‧特利斯（Hermes Trismegistus）被尊為希臘和埃及的巫術和煉金術之神，發揚亞歷山大二元論者主張萬物普遍

神、惡魔、人形、動物，既為靈也是肉。換句話說，是所有對立之根源。

榮格指出，基督以及煉獄或者自性的黑暗面，皆為具有自主能力的意象，且說道，我們的心靈狀態是從**集體無意識**中的這些原型角色衍生出來的。就此觀點而言，榮格認為基督是出現在意識上的原型，而墨丘利則是無意識裡的原型。

《化學婚禮》（*Chymical Wedding*）這部十七世紀煉金師克里斯提安‧羅森克魯茲（Christian Rosencreutz）的煉金術之作，內容描述皇室婚配的轉化與結合，也涉及個體在煉金過程中的精神發展。裡頭根據的其實就是與**陰影**結合，而對立性的問題漸漸叢聚在一起，接著會觸發集體無意識中的對立原型內容。這過程會產生努祕的或充滿怖畏的種種經驗。

根據榮格的說法，墨丘利代表無意識本身的根本特質，也可說是積極、消極二者兼具的天性化身。在煉金術中，他的主動的或者說是「上升」（ascending）的部分，被稱為太陽（Sol）或是國王（King），而被動的或者「下沉」（descending）的部分，叫月亮（Luna）或皇后（Queen）。對榮格而言，煉金術裡光亮與幽暗的雙重性，亦等同於精神生活之二元性。煉金術可以被看待成一個顛覆性的力量，補償中世紀基督教被純淨化的意象。以同樣的邏輯，我們也可以說，動力心理學讓十九世紀的性壓抑得以被釋放。榮格

聯繫的赫密士神智學。該學派崇仰自由來往神界與陰間、亦正亦邪、傳遞神聖訊息、聯繫聖凡的墨丘利，認為物質和精神有別，物質天生邪惡，即使不是魔鬼創造的，也非真神之作。而精神則來自於至高的上帝。人類應努力超越物質，達到精神境界，排除惡而與善合為一體。

繼續說道：「煉金術的奧祕是那些填補基督教世界觀不足之處——亦即，眾多對立分歧難以接壤的巨大鴻溝，是善惡的對立——的眾多原型概念之一。」（Jung 1963: 473）

　　無論是煉金術或者分析心理學，因為對抗**陰影**而產生的衝突，最終必然會出現一種整合，或是以榮格借用自煉金術的說法，就叫作**結合**（*coniunctio*）。那是一種必得經歷與體驗的掙扎，無法用理性的方式去逃避或者予以潛抑，因為潛抑等同讓它繼續於無意識中增長，而這樣一來，對可意識到的人格更具破壞性。陰影與心靈的原始面向同義，它們全然視理性為無物。

　　透過精神分析總會促成**結合**，那麼隱藏在慣有面具背後的——也就是**陰影**——便被提升到意識層面，且與意識自我整合在一起。就榮格的認知，這代表朝著完整性的方向更前進一步，因為同化了**陰影**，讓人身體裡如動物般的本能於意識中顯露出來。

　　這是人類於其當下唯一得以發展之處，畢竟企圖脫離陰影（shadow）掌控而以潛抑應對，必然導致解離。有別於那種片面的生活之道，個體必須學習與陰影共處，卻又不致因它而承受災禍連連之苦。承認**陰影**，得以讓謙遜，且對深藏人心深處的種種發出由衷的敬畏。人類之最大危險，正是對此的無知。

陰影的意義與定義

個人陰影

　　上述所及的三種陰影——**個人的**、**集體的**以及**原型的**——接著將進一步詳細說明。讀者得先放在心上的是，此三者並非全然無關

的實體，它們之間有相當程度的重疊，因為在榮格的心理系統中，它們無所不在。

在榮格與佛洛伊德之間的複雜關係，也許就可以看到**個人的、集體的**以及**原型的陰影**彼此運作。當然，這並不意味，他們的複雜關係能夠被簡化成陰影投射的交互作用；可是，用之進行描述性的說明，還算合適。在**個人陰影**的部分，他們的關係始於互相投射**正向陰影**的內容物，彼此因而得以填補對方研究裡的重大缺漏之處。佛洛伊德需要榮格字詞聯想測驗的成果，以為其心靈含有無意識內容的理論背書，而榮格則需要佛洛伊德關於無意識的概念，用來支持他在之後的情結理論研究。

1906 年，榮格寫道，就算只是驚鴻一瞥，也能看出他是多麼地受惠於佛洛伊德出類拔萃的研究發現。至於佛洛伊德，亦毫不保留地承認蘇黎世學派對於精神分析能夠擴展居功匪淺，特別是榮格與布魯勒（榮格工作的精神病院當時的長官）。

隨後兩人開始長達七年的通信，從他們越來越多的相互恭維、友誼，以及彼此信賴與分享觀念的樣子，可以看出他們間的正向陰影投射逐漸增長。這種關係逐漸變質，直到落入彼此間生出的負向陰影，終於摧毀了兩人的友誼以及合作的關係。

陰影這種會分裂成「正向」與「負向」的狀況，也許對臨床實務可以有所啟發，因為它能夠讓人明白，理想化的移情以及惡魔化的移情從何而來以及如何產生。這在與邊緣性人格病人一起工作時可能特別有用，他們在心理分析過程中往往會出現強烈的移情分裂。

1907 年，榮格評論佛洛伊德的《格拉迪瓦》（*Gradiva*）[9] 時下筆顯得過譽，稱其若玉液瓊漿，他迫不及待地一飲而盡。佛洛伊德禮尚往來地回道，閣下杅杅富人，謬讚愚見，敝人誠惶誠恐。

　　1907 年稍晚，榮格對佛洛伊德坦承，自己對他的崇拜幾近宗教狂熱。然而，到了 1912 年，兩人關係日益緊張，佛洛伊德終於寫信給榮格，否認自己試圖在學術上欺凌他。

　　榮格回應道，佛洛伊德待學生如病患或子女的態度是不對的，而且這是起因於佛洛伊德那時可能還自以為如父親般高高在上。1913 年，佛洛伊德最終提議絕交，而榮格同意，稱自己從不強求友誼。他以「言盡於此」[10] 為此信作結（McGuire 1974: 540）。

　　這兩位思想家的關係本質為一種**陰影**，很大的程度上是基於被對立面所吸引。對立面的吸引力總帶著轉為排斥的可能性，所以**正向陰影**投射可能終以成為負向的**陰影**投射而結束。就佛洛伊德與榮格的例子而言，他們的互動當中有許多**陰影**成分：他們出身不同的文化與世代；他們心理運作類型方式迥異，佛洛伊德主要是外傾感覺型，而榮格則為內傾直覺型。除此之外，他們之間還有一種伴隨著懸而未決的父子移情感覺的強烈同性情欲因素。佛洛伊德稱榮格為其傳人，而榮格則把對自己父親的失落渴望投射到佛洛伊德身上。

9　【譯註】《格拉迪瓦》為德國小說家威爾海姆·簡森（Wilhelm Jensen）的小說，佛洛伊德就文本做了精神分析的闡釋。

10　【譯註】原文為 The rest is silence，引自《哈姆雷特》劇中哈姆雷特臨終前最後一句話，全劇至此落幕。該語意境深長，言語既因有限而不得不止於某處，但卻又有著因此而不得完整的遺憾，徒留靜默。

集體陰影

　　榮格在他的著作裡提到，「集體陰影角色……部分是由努祕的集體陰影角色所遺留下來的」（Jung 1959 b: 262）。近代歷史出現過一個無以計數之人為**集體陰影**掌控的可怕例子，那就是納粹運動。容此再加提醒，這麼說不意味著，整個納粹運動能夠被簡化到心理學的層面，單就陰影（*shadow*）便可以加以解釋；然而，就榮格的陰影理論觀點來檢視那個令人不安的現象，是具啟發性的。過去許多人著迷於納粹運動，而榮格有段時期與之關係曖昧，看來似乎也曾隱隱受到影響。他在 1933 年到 1940 年間與納粹的往來，長期倍受爭議。此議題的一些重要原始文獻，收錄在安・凱斯門《卡爾・古斯塔夫・榮格》（*Carl Gustav Jung,* 2001）一書中，許多作者也就此表達了不同的觀點，比如傑佛瑞・卡克斯（Geoffrey Cocks）、詹姆斯與湯瑪士・克許（James and Thomas Kirsch）、米察・諾伊曼（Micha Neumann）以及安德魯・沙繆斯（Andrew Samuels）等。可是，既然本章重點在於陰影，此處只引述必要的相關評論。

　　榮格所挑起的最大爭議，是他在擔任《文摘》（*Zentralblatt*）這本於德國出版的精神分析期刊編者時所引發的。他於該刊寫過一篇討論猶太科學與德國科學之別的文稿，在德國以外，飽受眾人撻伐，因為那篇文章呼應了納粹黨人為了替納粹政權背書而提出的主張。重點摘要該文，會有助於釐清這個問題。榮格說，敏銳的人應該很早就體認到，只有承認德國心理學與猶太心理學的不同，對科學才有益處。這個說法因為同期雜誌還有另一篇全然支持納粹論調

的稿子，出自馬提雅斯・戈林（Matthias Göring）[11] 手筆，因此衝擊變得更巨大。就這樣，榮格的評論可以被納粹政權用以為其種族主義背書。

　　榮格與納粹運動有涉的歷史，詳細記載在卡克斯（Cocks 1997）的著作《第三帝國的心理治療：戈林研究所》（*Psychotherapy in the Third Reich: The Göring Institute*, 1997），卡克斯立場中立，一方面直言譴責榮格，同時也指出，榮格發表如上的那些說法時思慮有欠周詳。卡克斯強調，他看見榮格思想中有種令人困擾的曖昧，且「斷言那些不加批判的榮格支持者一直試圖緩頰，認為他在政治敏感時期發表那種主張是無害的」（Casement 2001: 107）。

　　有人說，榮格是刻意涉入歧視的陰影，目的在於毀滅它，卡克斯對此類開脫之詞不予苟同。他堅持，這種斷言不僅天真地忽略潛藏於任何人類行動背後的多重複雜動機，且無視於榮格早期並未批判希特勒，以及此舉帶來的負面影響。

　　榮格的態度也造成他與往來緊密的同儕艾瑞旭・諾伊曼（Erich Neumann）之間的關係出現問題。諾伊曼最終選擇超越兩人間猶太教徒與基督徒的差異，跟榮格維持精神上的連結。不過，他的兒子，精神分析師米察・諾伊曼，觀點就不同了，宣稱榮格對猶太人態度的盲點除了起因於他跟佛洛伊德情同父子的複雜關係，還因為納粹意識形態裡的強烈宗教內涵因素。諾伊曼認為，榮格無意識地認同了納粹的符號象徵、意識形態以及反猶太主義，且「相信正向的集體『日耳曼精神』（Germanic soul），而他對此是懷有

11　【譯註】馬提雅斯・戈林，德國精神病學家，是名活躍的納粹分子，專攻精神病學和神經學。

歸屬感的」（Maidenbaum and Martin 1991: 276）。

另一位對以上研究具貢獻的學者安德魯・沙繆斯，在他《政治心理學》（*The Political Psyche*, 1993）一書中說，圍繞著榮格的陰影徘徊不去，因為它們想要引起心理學方面的關注。除了批判榮格參與納粹組織的心理治療以及《文摘》雜誌之外，沙繆斯對榮格取向研究法的其他兩個方面也有異議，譬如，他試圖建立一門近似於納粹思想的文化心理學。這與他耽溺於探究統御之道有關，有其日爾曼浪漫主義哲學的根柢，一旦被激發，可能釋放心靈中的強烈能量。「1946 年，在蘇黎世，榮格對猶太拉比里歐・貝克（Leo Baeck）坦承自己曾一度『失足』（slipped up）。」Casement 2001: 114）這裡稍微偏離陰影主題，是為了讓人可以對榮格與納粹主義的複雜關係有些許感受。被神話般的魔力迷惑，再加上納粹所煽動的世界主宰地位，使榮格顯得似乎已為陰影權力情結所擄獲。

另一個描寫集體陰影毀滅性潛力的例子，出現在約瑟夫・康拉德（Joseph Conrad）的《黑暗之心》（*Heart of Darkness*）裡。

白人殖民者克茲（Kurtz）……面臨到對剛果（Congo）的殘暴統治與剝削的殖民者自我意識，漸漸地全然加以認同。這是一種心靈膨脹，任何人在那環境裡一旦沾染上那種強烈力量的，無一不被征服，然後可能激發個人無意識**陰影**的最幽暗死角。透過陰影上身，而非加以整合，克茲釋出了同時埋藏於他內在以及他所建造的貿易站裡頭的那些深層的毀滅性的力量。剛果因為殖民者的剝削，以及將自身的集體**陰影**投射到這個地區而釋放內在的邪惡，而淪為蠻荒之地。（Casement 2003: 44；粗體字為原文所標）

原型的陰影

如同榮格（1958b）在他《答約伯》（*Answer to Job*）一書中所說的那樣，神的意象或者「神聖原型」（archetype of Deity），是「一種**二律悖反**[12]——一種內在對立構成的整體——而這是他的無窮活力與全知全能不可或缺的條件」（Jung 1958b: 7）。榮格在這本晚期著作當中，開始論及的正是神性陰暗面（shadow），且論證舊約裡的耶和華和撒旦是同一個上帝的一體兩面。這本書是榮格與這個困擾已久的難題纏鬥多年後的心血結晶。如同他在《回憶・夢・省思》中所講到的，榮格（1963/1983）夢到自己身處位於巴賽爾（Basel）那所美麗的中古時代建築樣式的中學裡的幽暗中庭。他從那裡穿越雄偉的大門，看見巴塞爾大教堂矗立於前，彩繪屋瓦覆頂，閃耀陽光金灑。而更令人驚奇的景象卻是上帝端坐寶座，凌駕於教堂之上。此情此景，令榮格倍感驚豔，且對世界的完美與和諧發出讚嘆。出乎意料地，上帝於此之際驀地擲出大量穢遺，正中教堂，將其粉碎。上帝此舉實在過於駭人，榮格於是驚醒。

對榮格而言，這揭露了基督教上帝的**陰影**。在《答約伯》中，榮格立論總結道，耶和華對約伯殘酷不仁，是因為神之子撒旦的提議，讓耶和華得以實現他所賦予約伯的優良品德。「這麼說，受造物已超越了造物者。」（Jung 1958b: 43）這種狀況確實有需要進行真切的反思，根據榮格的想法，這就是索菲亞（Sophia），或陰

12　【譯註】二律悖反為康德的哲學概念，意指對同一個對象或問題所形成的兩種理論或學說，雖然各自成立，但卻相互矛盾的現象。原文於此使用 antimony 一字，是指化學元素「銻」，明顯為錯字。

性的智慧，可以介入之處。經過「她」強化了反省的需求，耶和華決意成為人，因為他知道自己已然犯錯。因為在陰影襲來之際，總是伴隨出現獲得陰性達到完整性目標的潛在力量，對立於一種帶有陽性氣質的完美性力量。

榮格繼續說道，即使上帝在化身為基督的時候，仍然缺乏自我反省。只有在被釘上十字架時的絕望哭喊之中——「我的神！我的神！為什麼離棄我？」——他的人類本質才獲至神性，因為此時他了解了他讓自己的僕人約伯經受了怎樣的苦痛。

從人類的觀點來看，榮格說，耶和華的陰影不僅帶著易怒與多疑，還有指出知識之樹後，立刻又禁止亞當和夏娃摘食的兩面態度著實令人苦惱。榮格宣稱，以這種無意識的方式，耶和華加速了人類的沉淪（the Fall）。

對陰影概念的重要創新、評論與發展

榮格《答約伯》的宗旨在於，批判基督教義視惡為一種**善的缺乏**（*privatio boni*；亦即，良善不見了、喪失了）[13] 的觀點。這種看法完全否認惡的存在，想想，一個人怎能在沒有惡的條件下談論善呢？倘若惡非實存，那麼善也必然是虛幻的，惡才可能僅為善的缺乏。榮格視生命為需要存在對立面的能量運作過程，善與惡只是道

13　【譯註】基督教經院哲學的初始階段為「教父哲學」（Patristic Philosophy）時期，來自北非的大主教聖奧古斯丁（St. Augustinus）為其重要奠基者。基督教回答惡的由來的問題，基本上至今仍以西元四至五世紀的聖奧古斯丁的「善的缺乏」論述為標準答案。他指出，上帝是完善的，所造的一切都是好的。除上帝外，萬物並不完美，所以「惡」其實就是人自身不完善，因此得出惡只是善的缺乏的結論。

德層面裡天生的兩個極端而已。

　　安‧康瑞德‧拉莫斯（Ann Conrad Lammers 1994）在她《在上帝的陰影中：維克多‧懷特和卡爾‧榮格的共同研究》（*In God's Shadow: The Collaboration of Victor White and C. G. Jung*）一書中所寫的，榮格與英國多明我會（Dominican，或譯道明會）神父維克多‧懷特之間冗長爭論的焦點，就在於榮格的這個核心論點。榮格感嘆道，其他的神學家視他為持無神論的形而上哲學家，而非一個懷著不可知論的心理學家。相反地，他在懷特神父身上感到，終於遇見一位能夠理解他（榮格）要說的是什麼的神職人員。

　　這兩個人交鋒多年，就為了他們對善的缺乏這個問題的觀點分歧尋找一個解決方案。懷特在寫給榮格的一封信中（收錄在傑哈德‧阿德勒〔Gerhard Adler 1976〕編的《榮格書信集》〔*C. G. Jung Letters*〕裡），說**善的缺乏**是教義，或者也可說是基督真理的正式聲明，是判定所有價值的標準。另一方面，榮格主張，這個教義是由於基督信仰將上帝的地位提升到至善之根源的高度而產生的，但這種上帝非善非惡的神學判準，其實並未經過經驗的驗證。他反而是超越的（transcendental），意即不受人類的邏輯理念限制。懷特回應道，上帝可能沒有想過在經驗上給予任何惡的警示，因此善是不證自明的。榮格予以反駁道，基督信仰是藉由否認惡的存在，迴避了先天固有的二元性問題。

　　榮格繼續說道，**善的缺乏**是一種原型的象徵性真理，而且挑戰懷特，要他說出有多少人在放棄這個基督信仰象徵的狀況下，還得以不必再處理惡的問題。在基督信仰裡，基督對抗撒旦代表著與陰影有關的象徵性衝突，指明了在神當中與自性合而為一的道路。對

榮格而言，撒旦是基督的陰影，但根據天主教的教理，基督無所不知，所以不可能有**陰影**。

懷特（1982 年）在他《上帝與無意識》（*God and the Unconscious*）這本書當中綜述了他的觀點表明，他了解榮格學派將**陰影**予以吸收的概念，意味著在意識形式上供給某些缺乏的善。

這兩人之間的差異無從調和，終於分道揚鑣，但還不至於全然決裂。懷特對《答約伯》的回應幾經改變。他最後終究還是責備榮格出版了這本書，因為這令他在他的教團，甚至於天主教會中難以立足。安・拉莫斯提出過更詳盡的解釋——但脈絡過於錯綜複雜，於此難以道盡——盡在其《在上帝的陰影中》一書當中。這本書包括以上引述過的懷特與榮格的通信內容。懷特最後的著作中強烈表達不贊同榮格在《答約伯》裡所持的觀點。但是，他寫信給榮格表示，即使他覺得他們必須各走各的路，他絕不會忘懷也不會拋棄他對榮格的研究與友誼的感激。他們之間仍偶有魚雁往返，直到 1960 年懷特因癌症棄世為止。

1950 年代，保羅・拉丁（Paul Radin 1956）研究美洲印第安族神話裡的**搗蛋鬼**（Trickster），可以作為支持榮格**集體陰影**觀點之作。對榮格而言，搗蛋鬼就是集體陰影，等同於煉金術裡墨丘利這個狡猾、作惡多端，還能夠移形換影的角色。榮格在拉丁的書中寫了一篇〈論搗蛋鬼心理〉（On the psychology of the trickster-figure）的評論，他在裡頭說道，搗蛋鬼的蹤跡遍及歷代的神話、節慶以及浪子傳奇當中，因為它是一種原型的構造。

基督教將這種異教的放縱象徵排除於自身之外，隨後被潛抑到無意識裡頭，成為**集體陰影**，活在現代文明人類的心靈當中。

它時不時地以各種不同的形式再現，比如出現在義大利即興喜劇（commedia dell'arte）、煉金術，還有拉丁的搗蛋鬼系列研究裡頭，在他的研究中，可看到美洲印地安人在意識狀態提升之前，陰影還保留著原始的形式。這種神話故事只有在後面那個更高意識狀態的階段達成之時，才會被敘述出來，因此：「可想而知，往事如煙，典故不再，僅餘大量的嘲諷和輕蔑。」（Jung 1959b: 263）

於英國艾塞克斯大學（Essex University）修習榮格與後榮格學派研究的碩士喬瑟琳・詹姆斯（Jocelyne James）所撰寫的一篇論文，可以找到針對榮格學派學者們如何探討陰影概念的評論。例如，她援引了馮・法蘭茲認為「簡單地說，陰影就是無意識整體」（James 2000：頁碼未標）的說法。如詹姆斯所言，若實情如此，那麼陰影就包含了整個的人類歷史、演化以及文化。雖然她表現出自己知道在定義**陰影**時該維持的模糊性，詹姆斯還是以隱喻的方式，提出了波普式（Popperian）的觀點 [14]，亦即如果某能夠解釋一切，那麼它就無法被證偽，且自外於經驗可證驗的領域之外。然而綜觀其著作，榮格自始至終都宣稱自己是個經驗主義者，因此馮・法蘭茲的說法看來與榮格背道而馳。

詹姆斯也曾撰寫過這個議題，對提出研究成果的榮格學派學者（包括我自己）提出挑戰，她的質疑會對陰影（*shadow*）理論的臨床應用帶來重大反思。她質問不這樣做的理由，並且試探性地提出一些可能性：分析心理學派分析師可能仍一直在苦思這個概念，因

14　【譯註】英國哲學家卡爾・波普（Sir Karl Raimund Popper）反對邏輯實證主義關於科學理論來自對經驗歸納的觀點，主張科學理論是假設性的，但要符合普遍命題。經驗內容愈豐富、愈精確和普遍，就愈容易被反駁而失效，其科學的真理性也越高。

為它所帶來的是令人陷入認識論難題的困境。她也指出一本與這主題有關的暢銷書，茨威格和沃爾夫（Zweig and Wolf 1997）所著的《向陰影求愛》（*Romancing the Shadow*），其中所突出的是性與影響力的議題。詹姆斯的論文開啟了進入本章最後一節的大門，接下來就是要看看未來發展的趨勢了。

現狀與未來的發展趨勢

分析心理學派分析師們持續使用陰影一詞，但就如同詹姆斯（2000）在她論文裡說的，有必要提出比馮‧法蘭茲的主張更加詳細的區分，因為馮‧法蘭茲認為陰影僅僅是個指涉個人內在無以名之的一切事物的虛構詞彙。有位學者試圖從「助人專業」的方面來對此加以闡明，那就是阿道夫‧古根博-克雷格（Adolf Guggenbühl-Craig）。他說，遇到要對病人說些難以啟齒的事情時，分析師這時可能就會**江湖騙子陰影**（charlatan shadow）叢聚上身。於此之際，分析師對病人可能不是殘忍以對，就是阿諛諂媚。阿諛的詮釋方式可能如下：稱讚一位渴望權力的女性的正向皇后原型，或者將缺乏勇氣詮釋為沉穩內斂。這兩種詮釋都在滿足病人的自戀，如同鼓勵病人無需順從年邁的母親，以脫離母親內在的負向阿尼姆斯。分析師踩在喚醒病人珍視他或她自我內在的心靈需求，卻又不能增長其自戀的那道分界時，有若臨淵履薄，需要時時警覺。而助長自戀可能正中病人下懷，致使分析這件重要事務墮落到本身的**陰影**之中。這樣一來，「就違背了心靈發展的深層價值了」（Guggenbühl-Craig 1971: 74）。

這門專業的另一個**陰影**面向，就是濫用意義尋求的要旨。對伴侶不忠、對朋友不義或對親族不公，也可能被冠以自我實現的美名以及無意識運作的緣故。將自己抬舉為偉大的醫者之時，分析師可能吹噓具有超越的知識。「如同一位個小神，分析師看透萬象……悲劇不再有；無由的恐懼已然遠逝。」（Guggenbühl-Craig 1971: 77）

　　古根博－克雷格（1971）同時也指出，任何治療師／病人的關係中都可能發展出明顯的極端狀態，前者變得全能，而後者則帶著退行的、恐懼的小孩陰影。隨著社會要求「助人專業」的臨床工作者須承擔更多責任，濫用權力的情形逐漸被攤在陽光下檢驗。如此一來，不是分析反映了社會的**陰影**，反而是社會有時候反映了分析工作的**陰影**。

　　即便處理貫通**陰影**是榮格學派分析的一大特色，特別是在古典取向中，陰影在分析心理學的王國當中仍處處可見，更別提舉世的榮格專業組織裡明顯出現的破壞性分裂。1995 年，我應邀為《分析心理學期刊》（*Journal of Analytical Psychology*）撰文，探討這種在英國分析心理學界進展的一種特徵的種種分裂現象。1970 年代，分析心理學學會（Society of Analytical Psychology）內部產生矛盾，導致形成所謂的「阿德勒學群」（Adler Group），最終還成為一場分裂的運動。過去七年來，一個中立團體形成，當中數位成員戮力阻止分裂，可惜功敗垂成。凱瑟琳・牛頓（Kathleen Newton）這位隸屬此中間派的分析師，早已預見並指出，「分裂必然造成災難性的衝擊，不管當下或者未來，防衛態度會愈形強化，且惡意的相互投射也越來越多。」（Casement 1995: 335）

湯瑪士‧克許（Thomas Kirsch 2000）敘述全球榮格學派運動發展概況之作，《榮格學派的歷史》（*The Jungians: A Comparative and Historical Perspective*），也指出許多分析心理學團體產生過的分裂。這些分裂，部分也許可被視為是一種**陰影**的破壞性作用，雖然當中明顯還涉及其他許多因素——不盡然都是破壞性的。不管怎麼說，分析心理學運動內部當前首要任務，可能就在於反省自身內在的**陰影**，尤其是與陰影在方方面面持續奮戰，如此能夠對當今世界有所啟示也說不定。

阿妮瑪與阿尼姆斯

維蕾娜·卡斯特 (**Verena Kast**)

前蘇黎世大學心理學教授

著述繁多,最新著作是
《父女、母子:鬆綁困住我們的情結》
(*Father-Daughter, Mother-Son:*
Freeing Ourselves from the Complexes
That Bind Us, 2022)

榮格學派與此主題相關的著作

　　人生必然得經歷個體化歷練的理論，是榮格學派治療的核心關鍵。個體化的目的在於讓我們越來越趨近自身的本來面貌，既有別於他人，卻不離群索居。這種歷程是一連串我們與這世界、與那些我們關係緊密且難以離棄的人類，以及與內在世界的情結與原型之間，所進行的一場激烈面質。根據榮格的說法，這個歷程的核心環節在於男人開始意識到他的阿妮瑪（anima），而女人則是意識到阿尼姆斯（animus），其目的在與之分離，不為其支配。與阿妮瑪的關係——綜觀榮格畢生著作，他對之關注超過阿尼姆斯——賦予人類活力、創造力以及適應力。

　　在很大程度上要歸功於榮格的是，他不斷強調每個男人內在都有「女性」要素存在，正如「男性」要素也在每個女人當中，而我們得接受和感謝它們。榮格所持的阿妮瑪與阿尼姆斯概念，讓不少人終於可以接受自己就是自己，而非一定要照著嚴格的性別刻板印象過生活。但話說回頭，榮格所描述的阿妮瑪與阿尼姆斯，基本上還是依其所處時代固有的性別刻板印象，去定義何為女性與何為男性。

　　阿妮瑪與阿尼姆斯的概念已然普及，因為它可以有效解釋與某人墜入愛河和對其「失心」（inexplicable）著迷的理由，因為我們投射出了阿妮瑪或阿尼姆斯，或兩者兼而有之，因此在他們身上找到自己；它解釋了「不可能的」愛，以及為何我們有時會在一段關係中莫名其妙地做出不該做的事，那是因為，比如說，我們接受了某人投射到我們身上的阿妮瑪角色。

對榮格的觀點進行系統性探索

發現阿妮瑪

榮格（1961 年）在自傳裡寫到他發現阿妮瑪的經過。與佛洛伊德決裂之後，他有段心靈脆弱時期，感覺需要與自己的幻想取得聯繫。他想像自己沉入大地。在其中一個幻相裡，他邂逅了一位自稱為以利亞（Elijah）的白鬚老者。伴隨老者身邊的，是位美麗的少女，雙眼俱盲，叫莎樂美（Salome）。這對奇特的組合：莎樂美和以利亞，開天闢地以來便永遠相伴相隨──跟他們在一起的還有條大黑蛇。榮格後來解釋道，如此一對侶伴──老人與少女──經常出現在此類「太虛幻境」（dream wanderings）當中，如同神話傳奇裡所慣見的那樣。

榮格視莎樂美為阿妮瑪人物，以利亞則是智慧老先覺。榮格對莎樂美有「明顯的疑慮」，於是「緊盯著以利亞，因為他看來是三者中最為理性的一個」（Jung 1961: 181）。腓力門（Philemon）脫胎自以利亞，在很長一段時間裡，是榮格極為重視的一個內在人物──堪稱為一位內在指引者，「授我以心靈的客觀性，以及心靈的真實性」（Jung 1961: 183）。今日我們會稱腓力門為一位阿尼姆斯人物，是智慧老人原型的代表。就算榮格談論的僅僅是阿妮瑪人物以及智慧老先覺，他的幻見亦可視為這對阿妮瑪與阿尼姆斯伴侶關係的擬人化，於其心靈之中叢聚起來。

在更進一步探索阿妮瑪概念的歷程稍後，他發覺自己與一個內在的女性聲音在爭辯著，那個聲音說他長期以來創作的東西是藝

術——而非科學。他與這個女性聲音對話，終於聽出來那是他一位女性患者的聲音，但他最後總結，那位女性不僅是一個內化的人物：她也代言了他無意識裡的眾多部分心聲。這是個親歷阿妮瑪的重大體驗——而透過與這位阿妮瑪人物的對話，榮格發展出積極想像的技巧，讓我們得以表達無意識內容，並加以改變。榮格不會事事對他的阿妮瑪人物言聽計從——他察覺她令人惱火，也對她不盡信任。這可能就是他早期對阿妮瑪較冷眼以對，不如晚期定義她時那般充滿熱情的因由所在。

榮格藉由這內在人物所具備的原型本質，說明它跟集體無意識有關，並認為它是個阿妮瑪角色；他總結道，女性必然也有對等的體驗，就叫做阿尼姆斯，即男性角色的具體人格化。

他為什麼使用這兩個拉丁字：阿妮瑪（anima），所謂靈魂；阿尼姆斯（animus），可說是精神？這兩個字的意義多少有些互通：古代的希臘人和羅馬人認為，人死了之後，**靈魂**（soul），生命的本質，會離開肉體——但也可能會說是**精神**（spirit）消亡了。從古希臘時期開始，人文學科發展過程中便出現過許多關於靈魂與精神的理論。靈魂與精神的概念多元，端視各個文化對人性的觀念而定。而相當常見的情況是，阿妮瑪與阿尼姆斯其實是一體的。比如，聖奧古斯丁認為，阿妮瑪或靈魂，是被囚禁在肉體中的，而阿尼姆斯則具洞察力，不僅得以理解靈魂與肉體，甚至理解上帝。

榮格對此概念的發展

1916 年，榮格將阿妮瑪與阿尼姆斯描述為心靈結構的一部分，與人格面具互補（Jung 1916/1966: § 507）。有鑒於他認為人

格面具是「個人與外在現實妥協的結果」，他解釋「阿妮瑪因此也可能是個人在面對無意識世界，也就是歷史意象或『種種原初意象』的世界時的一種折衷型態」。所以，一位表現十分陽剛（他的人格面具）的男性，可能有個非常陰柔的阿妮瑪。

他在 1925 年的「幻相研討會」（Visions Seminar）上解釋得更為明確，《回憶・夢・省思》的附錄術語表中曾加以引用：「阿尼姆斯與阿妮瑪的作用應該如同一座橋樑，或者是一道門，通往集體無意識的意象世界，如同人格面具也類似一座通往現實世界的橋樑。」（Jung 1961: 392）阿尼姆斯與阿妮瑪的作用便在於與心靈深處相連接。

就在榮格要開始論述阿妮瑪的內涵時，麻煩就來了：

若要一言以敝之……相對於阿妮瑪的阿尼姆斯的特質有哪些，我只能這麼說：如果阿妮瑪掌情緒（moods），那麼阿尼姆斯就管評價（opinions）……。但事實上，普遍被接受的評價根本未經深思熟慮；它們只是既成的現況，而被正向看待，且深得人心，以至於女性從不質疑，也不成陰影。（Jung 1928/1966: § 331）

這開始顯得令人困惑：榮格是在描寫阿妮瑪與阿尼姆斯，還是在說意識自我的情結尚未從母親情結（情緒）或父親情結（評價）分離之際，有個阿妮瑪與阿尼姆斯的特定階段？在同一章節裡頭，我們找到以下的論述：

阿尼姆斯可說是自遠古以來所有女性積累的男性經驗 —— 不

僅於此，他且是一種具創造性與繁殖力之實存（being）……。他所帶來的，我們或可稱之為……生殖力的訊息。正如男性要完成創造工作的動力，是出自於其內在的女性本質，因此女性內在的陽性面也產生了具創造力的種子，具有滋養男性陰性面的力量。（Jung 1928/1966: § 336）

　　各種主張男女平權的討論經常引述這段論述，以此作為榮格所主張的阿妮瑪與阿妮姆斯概念，事實上是將男人看成是比女人還具可啟迪人心的陰性特質的人，擁有一個內在的精神伴侶（femme inspiratrice），但這卻也意味著，他實際上否認女性具任何天生的創造力。進一步說，我們也許可以質疑，榮格是否無法接受男人無法生子的事實──所以主張，男人內在至少有個完整創造的內在陰性特質，而無需真正的女人。如此一來，我們便捲入了性別辯論之中。的確，這段論述是可以用這樣的角度看待。然而，一旦我們改以不論男女都同時具有阿妮瑪與阿妮姆斯（後榮格學派對該理論的發展）的角度開始思考這個論述，意義就完全不同了。我們因此更接近古希臘的概念，即精神（spirit）啟迪靈魂（soul），且透過這種互動，萬物得以成真。

　　然而，這個概念中所隱涵的性別難題，還稍帶對女性的輕視，以及對阿妮瑪的理想化。似乎無可否認，榮格是將他那時代的性別刻板印象，與做為原型的阿妮瑪和阿妮姆斯概念混為一談了。

　　1925 年，榮格在他探討婚姻的論文中指出，「每個男人的內在都帶有女性的永恆意象；非關特定女性，而是一個典型的陰性意象。」（Jung 1925/1972: § 338）那麼進一步說，女性則具有永恆

的陽性意象。榮格於此所指的是阿妮瑪與阿尼姆斯的原型特質，因此他說的是這些內在人物在真實女人與真實男人身上的投射。這是阿妮瑪與阿尼姆斯的共同定義。

在同一篇論文裡，榮格也談到阿妮瑪與阿尼姆斯的投射與對他人的迷戀與墜入情網有關，有時這是一段關係的良好基礎，但更常見的是出自深層的情感以及相關的幻想，卻因為理想化、無法實現、導致破滅而產生問題——雖然這些體驗常常被視為「命定」（fate）。阿妮瑪或可提供對個人最深刻的理解，卻也可能開啟個人一生最大的危機（Jung 1934/1976: § 62）。對阿尼姆斯而言，道理也一樣。於此，榮格所談的不再是做為人格面具對立面的阿妮瑪與阿尼姆斯。

1927 年，他在〈心靈與大地〉一文中，探討了阿妮瑪與阿尼姆斯的發展（Jung 1927/1974: § 71-76）。青春期時，一個陌生的原型叢聚起來：在男人身上的是女性原型阿妮瑪，而女人身上的則是男性原型阿尼姆斯。阿妮瑪與阿尼姆斯過去藏於父母無意識意象（imago of the parents）當中，且受其高度影響。年輕人受父母原型意象（parental imago）影響越大，選擇的戀人就越像或者越不像自己父母。根據榮格的看法，這是個普遍現象。了解阿妮瑪與阿尼姆斯是以父母原型及父母情結為基礎，似乎是件重要的事，而且榮格認為，青春期的這種變化不僅是經驗到了性衝動，也是一種被阿妮瑪與阿尼姆斯投射意象控制的吸引力的精神體驗。榮格觀察到，這種投射過程有某些模式：

阿尼姆斯喜歡將自己投射到「知識分子」與各種「英雄」身上

（包括男高音歌唱家、藝術家以及運動明星）。阿妮瑪則偏愛女人身上一切屬無意識、黑暗、模擬兩可和與之不相關的東西，還包括愛慕虛榮、冷感、無助等等。（Jung 1946/1971: § 521）

1936 年，在〈論原型與阿妮瑪概念〉（Concerning the archetypes and the anima concept）一文中，榮格延續上述的探索路徑，並主張年輕男性必須讓自己從因母親而起的阿妮瑪迷戀中解放出來（Jung 1936/1976: § 146）。在前半生裡，年輕人能夠忍受失去阿妮瑪，但在後半輩子裡，一旦失去與阿妮瑪的關係，會導致「減損生命力、適應力以及和善之心」（Jung 1936/1976: § 147）。

就榮格理論核心的個體化歷程而言，重點要放在理解個人的阿妮瑪與阿尼姆斯，目的在於分辨有意識的人格和這些原型的影響。如果它們依然處於無意識當中，可能成為不受控的自主情結，帶來負面影響。如果讓它們浮出意識，則可能促成創造力出現，增添生命意義。將意識自我與阿妮瑪／阿尼姆斯之間的差異區別清楚，正是榮格所謂的分析的「傑作」（masterpiece）（Jung 1934/1976: § 61-64）。

同樣在那篇 1934 年的論文中，他強調阿妮瑪與阿尼姆斯即是原型的這個想法：「隨著阿妮瑪原型，我們進入了眾神的國度……阿妮瑪觸及的一切皆成努祕──不受圍限、危險、禁忌、魔幻。」（Jung 1934/1976: § 59）而且他將阿尼姆斯描述為意義的原型，阿妮瑪則是生命的原型（Jung 1934/1976: § 66）。

1936 年，為了替自己的阿妮瑪與阿尼姆斯概念辯護，榮格引

入了**對立事物整合**（syzygy）[1] 的概念，從諸多不同神話系統內，找出經由聖婚〔sacred marriaqe〕而結合的神仙配偶故事為證據，得出結論認為，這是從男人與女人出現在這個世上開始，就普遍存在的母題（Jung 1936/1976: § 134）。他假設，父母原型的結合是以對立事物整合的方式來表現，母親便對應阿妮瑪。榮格認為，對立事物整合的原型意象，或稱幻想意象（fantasy-images），比現實存在的統覺（apperception）[2] 更真實，因此成為對現實的統覺，尤其是取代了父母的實際存在（Jung1936/1976: § 135-136）。

　　1950 年，榮格在《伊雍》中題為〈阿妮瑪與阿尼姆斯的對立整合〉（Syzygy of anima and animus, Jung 1950/1976: § 20ff）的章節裡，再度強調了他的概念。他於文中宣稱，集體無意識的自主性以阿妮瑪與阿尼姆斯人物表達，「形成投射的要素就是阿妮瑪，或者說，無意識藉由阿妮瑪來顯現」（Jung 1950/1976: § 26）。這段文字也說得很清楚，那就是，實現阿妮瑪與阿尼姆斯「僅能透過與異性建立伴侶關係，因為只有在這樣的關係裡，它們的投射才能夠真正地運作」（Jung 1950/1976: § 42）。榮格在同一章節中對這段陳述設下條件，指出阿妮瑪與阿尼姆斯的內容並非全部都被投射出來，而且它們有很多出現在夢裡，只有憑藉積極想像的方式，才能夠浮現到意識層面上來（Jung 1950/1976: § 39）。

　　如果阿妮瑪與阿尼姆斯盡可能浮上意識，且個人不再受其支

1　【譯註】syzygy 是天文學名詞，指三個星體運行到位置成為一直線的狀態。榮格學派引以為事物對立整合的象徵。

2　【譯註】統覺是康德哲學的概念。就感官經驗而言，是認知主體將偶發的或經驗上的心理狀態統合，成為屬於自己的統合經驗；就知性層次而言，是認知主體將直觀所得的內容，用內在於人的先驗範疇形成普遍有效的判斷。

配，則與人相處時的幻想將會減少，更廣泛的情感的與認知的體驗便得以出現——隨之而來的，可能就是更加契合的關係了。這些進展可以發生在與「他者」的任何情感關係裡。時至今日，我們對於阿妮瑪與阿尼姆斯僅會在異性伴侶關係中實現的說法或許不盡認同。我們現在發現，同性別的人類也可能帶有阿妮瑪或阿尼姆斯的意象。

1954 年，在《神祕合體》（*Mysterium Coniunctionis*）一書中，榮格提出有關阿妮瑪與阿尼姆斯的一些重大結論。

有鑒於精神亦為某種「永恆之窗」（window on eternity），如同具理性的阿尼姆斯般不死，它為靈魂注入某種神性，……以及關於這世界中更高體系的知識，靈魂應有的活力就在那裡。（Jung 1954/1968b: § 338）

而且：

如果阿妮瑪的產物（夢、幻想、幻見、預兆、巧合）被吸收、消融與整合，這便有益於靈魂成長，且能給予滋養。（Jung 1954/1968b: § 83）

同樣是在他這本封筆之作裡，榮格再次強調的概念是，阿尼姆斯補償了被他認定為「愛洛斯」（eros）的女性意識的概念，而阿妮瑪所補償的則是屬「邏各斯」的男性意識（Jung 1954/1968a: § 218-227）。於此，他還持續不斷地與男人更傾向於太陽意識，而

女人則傾向月亮意識的概念奮戰。讓我們暫時回顧一下該理念的背景。榮格在《伊雍》裡主張，阿妮瑪等同母親的愛洛斯，阿尼姆斯則是父親的邏各斯。在榮格看來，愛洛斯代表與心靈相關，而邏各斯則意味著辨識力、客觀知識以及智識判斷。

正向阿尼姆斯所表現的……特別是指精神、哲學或宗教的理念，或因其而生的態度。所以，阿尼姆斯（像阿妮瑪一樣）也是無意識與意識間的媒介，以及人格化了的無意識……正如阿妮瑪將關係和關聯賦予男人的意識，阿尼姆斯則提供女人的意識反思、審慎和自知的能力。（Jung 1950/1976: § 33）

小結

當榮格撰寫關於阿妮瑪與阿尼姆斯的共通之處時，他說的就是充當意識與無意識中介的原型，特別是著重於想像力的發揮，且對阿妮瑪與阿尼姆斯原型的動態創造面向加以描繪。當然，具動態創造力是所有原型叢聚都擁有的特徵。

阿妮瑪與阿尼姆斯可被視為於特定時刻顯現的無意識。阿妮瑪與阿尼姆斯作用於意識自我而產生的影響，則是迷戀與焦躁的興奮感——一種體會到努祕的經驗——而這亦是身處原型情境的特徵。

我們發現，阿尼姆斯與阿妮瑪往往以投射在他人身上的形式出現。由於它們代表的是無意識的核心內容，這些投射會讓投射者非常依賴他們所依附的人。這讓那個被投射的人在行為上很難不維持被投射的形象，導致像是所謂「女人就是這樣」的行為模式刻板印

象假設。出現在你身上的投射一旦瓦解，你被離棄了，感覺就像被撕裂一般。你於是明白，你完全不是那樣——那不是你作為一個獨立個體的樣子，而是成了背負著阿妮瑪或阿尼姆斯的人。

因為阿尼姆斯與阿妮瑪的體驗主要出現在男女情感關係裡頭，而且因為榮格早期並未引進原型概念，而是談論阿妮瑪和阿尼姆斯補償了人格面具，因此他的理論可被視為是在反映且贊同性別刻板印象。而另一方面，在 1930 年代，女性的看法必然開始不一樣了，在個體化理論的脈絡當中，已經得以接觸到她們人格中的「男性」面了。

當榮格將個體的阿妮瑪或阿尼姆斯定義成——雖然同時也將它們想成是原型——愛洛斯和邏各斯的運行準則，再一次地，很容易產生性別刻板印象。而且將阿妮瑪比為希臘男神愛洛斯，似乎有點奇怪。另外一個有問題的地方，就是把阿妮瑪等同於「情感」（feeling）（今日我們不妨說是「情緒」〔emotion〕）——而阿尼姆斯等同於思想，現今稱之為「認知」（cognition），這同樣是源於它們所隱含的舊有性別刻板印象。

至於談到對立事物整合的母題，以及結合（*coniuncrio*）的原型的相關問題，就有趣了。以這樣的結合方式，男女之間二分消失了，心靈中的陰性面與陽性面達到一個平衡。榮格似乎是因為採納了這個關鍵想法，而認可了創造力可由而生之，且得以出現成為真實自己的歷程。

發展心理學有個面向與這概念有關，但榮格對此未加明確解釋。當榮格在積極想像中發現了「他的」阿妮瑪時，內心是存疑的。他早期的阿妮瑪與阿尼姆斯定義強調的是病態的因素。我們可

以推斷，此時他的阿妮瑪受到他自己的母親情結影響。在某些定義裡，榮格主張父母是我們第一個投射阿妮瑪與阿尼姆斯的人類對象（Jung 1954/1968a: § 226）；因此阿妮瑪與阿尼姆斯受到這些情結影響，使它們變得「難以應付」，或甚至埋下病態的因素。這可能就是為何榮格後來在更完整地脫離自己的父親與母親情結後，便賦予阿妮瑪與阿尼姆斯更正面的意義。他還從更符合心理學的角度出發，主張這些心理功能在盡可能整合後，會有正面的影響，但若拒絕整合或停留在投射階段，影響就成為負面的了。

此外，榮格在後期論著中把精神視為可以激勵靈魂的「通往永恆之窗」（window to eternity），這概念就已經不屬個人心理學了，而阿尼姆斯－阿妮瑪概念變成奠基於人性之上的性別中立概念：換言之，隨著阿妮瑪與阿尼姆斯的實現，人類也跟世界靈魂（*anima mundi*）[3]以及啟發生命本身真理的潛能連結在一起。

概念的實務應用

一個理論得以發展，不僅是透過人們的構建與再建構，日常應用亦居功厥偉。在實際使用當中，心理治療師對於榮格阿妮瑪與阿尼姆斯理論的了解，有時是被簡化的，甚至是誤用的：阿妮瑪被當作男人的女性面，阿尼姆斯對女人則是男性面。這是就刻板性別角色的角度來說的，但未關注到這個概念的原型面向。我們也看到難懂的分析行話與偏見出現：除了阿妮瑪附身，或者也許把「失控的阿妮瑪」（free-floating anima）也算上的例子之外，阿妮瑪是

3　【譯註】Anima mundi 是拉丁文，其內涵指世界萬物有共同的內在連繫。其哲學源頭，可說是起於柏拉圖與亞里斯多德的「共相」（universal），以及柏拉圖的理型論。

受到重視，甚至令人敬畏。另一方面，阿尼姆斯這個概念常被用以淡化女性的成就——甚至女人自己也這麼做：有人會說「她只不過是因為有優秀的阿尼姆斯」，有人會說，這代表她已經喪失許多女性特質。這種說法暗含著對一個女人的思考方式很「陽剛」（animusy）的非難，會讓她選擇沉默，除非她已經發展出強大的自主能力足以質疑那些術語——然而，這自然又讓人想到她的阿尼姆斯！男人在這種女人身上看到的是他的陰影，這也是父權的陰影，通常被歸類為「負面的阿尼姆斯」。我們也不應該忘記父親情結與阿尼姆斯之間的混淆。女人身上帶著崩解的要素（男性亦然），這可能是許多難以對付的情結集聚所造成的結果，通常被錯誤地歸因於這個負向的阿尼姆斯。

重要的創新、評論、發展

　　幾乎所有發表過論文的榮格學派學者，對這個基本概念多少都有過意見。這個概念所牽涉的議題廣泛：個體化歷程、自性的發展、自性的嬰兒期源起、移情－反移情與分析之中的關係、神話象徵令我們著迷之處、關係的原型基礎，以及愛與分離的過程。因此，我只會提及與創新、評論與發展等相關的某些見解。

　　榮格在世時，沒有多少人就這概念導致著作裡衍生出五花八門研究方法進行評論，批評的重點反而在於他發展了神話原型人物的現象學。譬如，瑪麗－路薏絲・馮・法蘭茲（Marie-Louise von Franz）研究童話故事，展現出它們與臨床應用上的關聯性，尤其是與個體化歷程有關。她在自己著作裡研究了阿妮瑪與阿尼姆斯的

現象是多麼廣泛，且一再強調阿尼姆斯的正向性，但亦未否認其負向性。「阿尼姆斯能夠體現進取向上的精神、勇氣、誠實以及最高層次而言，就是精神奧祕。」（von Franz 1968: 195）

艾瑪‧榮格（Emma Jung 1967）在她整理 1931 年的一次講座資料而成的著作《阿尼姆斯與阿妮瑪》（*Animus and Anima*）中[4]，同樣非常仰賴與神話象徵的現象學，以及某些臨床蘊涵。然而，這種解釋基本上是在描述「現代女性」與「現代男性」在 1930 年代如何或者應該如何根據榮格的新理論去了解自己，並且感激這種新方式。甚至在她的文字中，當提到女人、陰性與阿妮瑪時，全都混為一談，字裡行間充滿變革的氛圍。

埃絲特‧哈定（Esther Harding 1932）寫了一本有關阿妮瑪－阿尼姆斯理論對女性有何含意的傑作。她向人們展示了阿妮瑪與阿尼姆斯在日常生活、人際關係以及幻想裡運作的樣貌。她處理的主題之一是阿妮瑪投射對女人的影響——以當今的術語來說，甚至就相當於投射認同——然後她提出女性如何擺脫這些投射的建議。她對於男人把他們的阿妮瑪投射到女人身上，而女人則根據這種投射所期待的樣子依樣畫葫蘆地去表現的狀況，視為一個文化問題。當女人能夠從這樣的投射裡解放出來，她便是為自己負起責任：她成為一個有自覺、自信的女人。這本書對世人展現出阿妮瑪概念對1930 年代的婦女解放有多麼重要。

晚近，有些人採取不同的觀點，較偏向於質疑這個概念。希爾曼（Hillman 1985）研究阿妮瑪概念，嘗試梳理這個概念的不同

4　【譯註】源自她在 1931 年於瑞士蘇黎世心理聯合會（Psychological Club of Zurich）主辦的研討會中發表的「阿尼姆斯的問題」（The Problem of the Animus）演講。

面向。他不贊同「雙性共生」（contrasexuality）的想法，並且批評強行將二分法套在阿妮瑪之上的做法，譬如意識－無意識、人格面具－阿妮瑪、阿妮瑪－阿尼姆斯，因為如果用這種方式來看待，阿妮瑪就僅是被「串聯」（tandem）在一起的一個部分，無法自己獨立存在，而這意味著，如果一位男性被認定戴著一個男人味十足的人格面具，他就會具有一個很強的阿妮瑪以為補償。

阿妮瑪之所以被視為成雙對偶之其一，就希爾曼的觀察，是因為在對立事物整合裡能發現有對男女神聖配偶存在。這是一種內在固有的雙極式存有，但希爾曼從中所得到結論是，阿妮瑪與阿尼姆斯會彼此觸發。靈魂與精神相互召喚；如果我們接觸到阿妮瑪，也就觸及了阿尼姆斯。他視此類對立事物整合的心靈體驗為靈性覺醒。在詳細分析了榮格把阿妮瑪定義為「陰性」的原型（Jung 1949/1976: § 356）以及「生命本身」的原型時，希爾曼（1985）總結道，這些原型對男、女一樣重要。他反對一個原型可能屬特定性別的想法。他也指出一個事實，即臨床工作中，我們也在女人身上找到各種阿妮瑪意象，以及各種與女性身上的阿妮瑪有關的情感。

沙繆斯（1989）認為並不存在著所謂的陰性原則（feminine principle）。他指出，陰性或者陽性心理觀點所出現的差異，是源自文化與社會的因素。希爾曼與沙繆斯都反對雙性共生的觀點，但認同阿妮瑪與阿尼姆斯具原型特質。

高登（Gordon 1993）主張，男、女皆可擁有阿妮瑪角色。差別在於跟阿妮瑪的關係：男人透過對一個女人進行投射而與它產生連結，女人則是透過與它認同而建立關係。高登也指出，阿妮瑪不

榮格心理學指南：理論、實踐與當代應用

等於女人，且注意到榮格及部分追隨者對此有所混淆，他們有時會認為女人與阿妮瑪可以互相取代。她認為阿妮瑪擁有原型、文化與集體的影響力。她還將「母親」與「阿妮瑪」的概念加以區分，認為母親是基本的角色，而阿妮瑪則是導致改變的角色。此處她提及的是諾伊曼（Neumann）的觀點，還參考了神話與童話故事，此類故事中，英雄在阿妮瑪引誘下離開母親、進入世界，於此同時，母親則是想將他留在身邊的。

楊－艾森德拉斯與威德曼（Young-Eisendrath and Wiedemann 1987）在《女權至上：透過精神治療賦權女性》（*Female Authority: Empowering Women through Psychotherapy*）一書中，討論了一種阿尼姆斯發展模式，女人在其中看來持續在對抗女性特質的「缺失模式」（deficit model）[5]，且將女人的自卑感內化。這本書臨床案例豐富；兩位作者提出一種利用「阿尼姆斯情結」與女性工作的心理治療模式。他們認為，人際關係互動是人格發展的基礎。阿尼姆斯發展模式在培養女性的自性方面極具創意；在該領域可發展、也應發展的研究還很多。

吉格里希（Giegerich 1994）討論了阿尼姆斯理論在榮格心理學中的地位。一開始，他注意到該理論對這方面缺乏關注。他評論道，阿尼姆斯的內涵是負向的，因為它看來像是被無意識地建構出來的，目的只在相對於阿妮瑪的存在。他的結論是，阿尼姆斯概念

5　【譯註】「缺失模型」（deficit model）是英國科學哲學研究學者布萊恩・韋恩（Brian Wynne）所提出來的，許多自認是「知識掌握者」的群體，常以「無知」為前提，以「匱乏－補充」的因果關係為基礎推導出來的科技知識流動模式，被稱為「缺失模型」。而事實上，就最嚴格的科學哲學理論而言，如證偽主義就主張，許多絕大多數的「知識」只是假設、暫時的。

本身脫胎於負向的阿尼姆斯，因此，女人是否能夠發展出阿尼姆斯的特質，值得懷疑。他甚至懷疑阿尼姆斯是否存在，主張心理學術語必須從靈魂的現象研究當中發展出來。吉格里希認為阿尼姆斯與思想有關——且覺得在榮格心理學中，阿尼姆斯作為一種概念，還需要更進一步的發展。

　　我自己的研究（Kast 1984）將阿妮瑪與阿尼姆斯視為配偶的對立事物整合的概念。在研究哀悼喪偶的人們時，我發現，那些知曉他們的親密關係之下帶有幻想基礎的人，比較容易接受死亡。這樣的人明白是哪些幻想在他們關係最具活力的時候，讓他們與伴侶緊緊相繫，以及伴侶所激發的是他們人格的哪些面向。伴侶之死讓這些人感覺到像是被搶走了什麼重要的東西一樣，但他們也知道有些東西是永遠也不會隨配偶離世而失去的。悼亡最重要的往往莫過於要將親密關係中的幻想赤裸裸地揭露出來。幻想隨一生不同歷程而改變，可以顯現關係在個人發展與生命中的意義。這些親密關係幻想之下有著聖婚的神話意象，例如以歡慶濕婆（Shiva）與夏克緹（Shakti）或宙斯（Zeus）和希拉（Hera）結合的形式出現。我在討論聖婚的神話時，論證了人類親密關係在故事、夢境、幻想與文學中所描述的，是如何反映出這些神聖伴侶的關係。我也假設男女身上都有阿妮瑪與阿尼姆斯，而就無意識的材料，經常可以產生阿妮瑪與阿尼姆斯成對出現的伴侶體驗。這還有個臨床上的意涵：如果阿妮瑪－阿尼姆斯關係失衡，我們可以詢問哪種阿妮瑪人物能夠藉由相關的阿尼姆斯人物來觸及，並經由想像解決問題。

　　在論文〈阿尼姆斯與阿妮瑪：精神成長與分離〉（Animus and anima: spiritual growth and separation, Kast 1993）中，我討論了阿

妮瑪與阿尼姆斯的發展，從與母親和父親情結融合在一起（Kast 1997），轉向極少受這些情結影響的阿妮瑪與阿尼姆斯代表性角色。

個體化不但需要整合阿妮瑪與阿尼姆斯，還需要與自己的父母情結分離。這裡說的是，個體需要在情感上與現實中的父母分離，同時也要在心理上和父母情結分離。對那些處於艱難的分離過程中的人而言，人類儲存原型父母意象的寶庫是可用的資源。這些或有助於舒緩自我與父母分離的困難。分離過程中至關重要的更進一步資源，是阿妮瑪與阿尼姆斯的原型，它們會以有機的方式精心安排此一歷程。在分離階段伊始（而分離似乎很常出現），阿妮瑪與阿尼姆斯人物與父母情結混雜在一起，因此難以辨識，且運作模糊。在相當長的一段時間裡，阿妮瑪與阿尼姆斯會受個人的父親與母親情結影響。但是，它們的核心裡頭始終存在些許更重要的原型阿妮瑪與阿尼姆斯人物，會引導意識自我情結踏上與父母情結的分離之路。

在一個研究項目期間觀察了大約六百個夢之後，我發現可以表現出與父母情結的關係的阿妮瑪與阿尼姆斯有多種類型，它們也可以展現個別阿妮瑪與阿尼姆斯角色內在所具有的發展潛力（Kast 1993）。

這些類別包括：

- 權威人物：教師、政治人物（男性與女性）、男教士與女教士、國王與王后。這些人物與父親與母親的意象非常類似。
- 兄弟／姐妹類人物（具有原型特質）。

- 神祕陌生人：水妖（nixies）、吉普賽人、太空旅人、以兄弟／姐妹形象的死亡、男神與女神。其中包括動物新郎或新娘的次類別。
- 智慧老翁／老婦。
- 陌生女孩／男孩。這些人物往往跟聖童（the divine child）的原型有關，似乎代表了阿妮瑪／阿尼姆斯的發展階段；新形態的阿妮瑪／阿尼姆斯往往一開始以陌生兒童來象徵。

我跟同事與學生討論這些不同的類別時，產生了一個想法，即嚴格來說，僅有神祕的陌生人（包括智慧老婦／老翁以及聖童）符合阿妮瑪／阿尼姆斯人物的特質。但是，神祕陌生人的某些面向也總會出現在其他類別裡。此種認知對治療而言具有下列重要意義。

如果我們認定，一個代表權威類別的阿妮瑪／阿尼姆斯角色，是完全出自於父母意象以及權威情結的，這樣的詮釋會是片面的，我們將無法完成幫助被分析者脫離父母情結的任務。的確，這種詮釋甚至可能會因為強化了「什麼都不會改變」的想法，而使被分析者更強烈地受到父／母情結的束縛。透過幻想與想像的方式認識神祕陌生人的面向，我們的詮釋便可能得以打開這些情結，找到解開謎題的線索，並帶來些許希望。新的途徑清晰明瞭，有助於潛能的成長與發展。我相信，權威型阿尼姆斯／阿妮瑪以及影響程度較低的兄弟／姐妹型阿尼姆斯／阿妮瑪是互有重疊的人物，而且可能隱藏許多不同的面向。因此，詮釋必須讓被分析者辨認與經歷潛藏於情結意象裡頭的各種面向和細微的差別。

榮格心理學指南：理論、實踐與當代應用

如果我們在這些意象裡看到的僅是個別的父親、母親、姐妹與兄弟，無意識的地位就淪落為家族墓園了（當然，基本的父親、母親情結也會對神祕陌生人的意象產生影響）。但是，如果我們能夠欣然接受不明確的面向，我們便打開了意識自我情結，讓集體無意識得以湧入，或許就可以幫助人們去探索自己心靈中一些沒受到父母及兄弟姐妹關係影響的領域。在這樣的歷程當中，我們以發掘個人靈性的方式幫助人們。

丹妮拉・海希格（Daniela Heisig）1994 年在波恩（Bonn）和蘇黎世兩所大學發表的論文中，透過調查阿妮瑪是否具特定性別的問題，從經驗角度研究希爾曼、高登、卡斯特和其他人的假說。她的研究是針對來自數個不同資料庫的夢。海希格結合了兩種方法：在團體裡以擴大法進行夢的詮釋，以及定性－定量的內容分析。兩種結果採用統計學方法進行對比。結果顯示，不論男女，在夢中都可以經驗到阿妮瑪的原型意象。

夢中的阿妮瑪人物與其他女性人物在許多方面有所差異：阿妮瑪角色具有引發迷戀、陌生感、強烈的激情、智慧、帶來轉變的契機，以及在危險中施援等各類特性。這些類別是就我的看法，而做出認定與說明的。所以，作為神祕陌生人的阿妮瑪，能夠再被細分為指引者阿妮瑪，即導引轉化的阿妮瑪，以及陌生人阿妮瑪。這些研究結果已經結集成書出版（Heisig 1996）。

艾倫・海因克（Ellen Heinke 2000）在蘇黎世大學的論文中也使用了統計方法，企圖驗證不分男女皆可體驗到所謂「阿尼姆斯」的假設。她設計了一個問卷，從榮格自己對於阿妮瑪與阿尼姆斯的核心定義開始。她使用該問卷針對專業者──包括資深和新進的

分析師，男女各半，進行了半結構化訪談 [6]。就這些訪談的資料，她將已經以「非度量多維標度分析」[7]統計過的回答，予以歸納分類。結果非常有趣：我從未在單一著作中看過如此多面的阿尼姆斯——都是由我們同僚所收集的。研究結果顯示，榮格的阿尼姆斯概念與專家的普遍觀點間有所差異。阿尼姆斯並未被視作屬於特定性別，但男女對阿尼姆斯體驗的預期存在差異。比起榮格的闡述，與阿尼姆斯相關的情感更加正面許多；尤其是，「被激發」（being animated）的東西跟阿尼姆斯的體驗息息相關。

安妮・斯普林格（Anne Springer 2000）在一篇論文中，建議放棄把阿妮瑪與阿尼姆斯當做情結以及原型結構的架構。她發現這個概念幫助不大，尤其無益於同性戀女性病患的臨床工作。斯普林格視女同性戀的發展為一種成功的生命模式，是成功的個體化案例，未必是病態發展，即使在與男人的性關係裡沒有體驗到阿尼姆斯也一樣。斯普林格批評了阿妮瑪與阿尼姆斯的兩性共生結構。博朗與威爾克（Braun and Wilke 2001）在《分析心理學期刊》發表回應，清楚表明對這個概念可以有怎樣不同的觀點：博朗與威爾克不打算放棄它，而是要再加區分。然而，他們並未否認可以把同性戀的發展當做一種成功個體化的形式。

霍普克（Hopcke 1989）探索過阿妮瑪與阿尼姆斯概念和男同

6　【譯註】半結構化訪談（semi-structured interviews）是社會科學中最常用的研究方法，與結構化訪談嚴格限定在問題範圍內的做法有所不同，半結構化訪談允許新的想法在過程中出現，然而探索的主題框架還是要在訪談前進行設定。

7　【譯註】非度量多維標度分析（nonmetrical more dimensional scaling, NMDS）是一種多元統計的排序方法，將研究對象的座標值從多維空間轉化到低維空間，重新進行定位、歸類與分析的統計方法。

性戀的關係。他發現，性認同的變數，像是生理結構的性別、社會文化的性別角色以及性取向等，在榮格心理學中已經變得混淆了。他認為個人體驗與對原型的察覺非常重要，且「提出觀點認為，一個人的性取向取決於原型陽性、原型陰性以及原型雌雄同體的複雜交互作用」（see Christopher 2000）。

當今觀點與未來趨勢

這個領域裡所出現的諸多困難與誤解，是因為學者各自引述了榮格自己於不同階段發展出來的不同概念所致。然而，或許我們可以有以下的共識：榮格從來未主張原型具特定性別。由此可見，阿妮瑪與阿尼姆斯必然同時存在於男女兩性之中。經驗性的研究結果看來也是如此。

榮格寫道，阿尼姆斯等同於「陽性意識」（邏各斯），阿妮瑪則對應「陰性意識」（愛洛斯）。這樣很容易導致女性與男性全然對立的結論，而這與 1930 年代盛行的心理學觀點一致。榮格想法的產生呼應了傳統的性別角色觀點，所以會說愛洛斯功能在於「產生連結與建立關係」，而邏各斯則是「產生分辨、表達個人意見、認識」（Jung 1954/1968a: § 218）。

晚近，女性主義心理學家採用的觀點認為，產生連結與建立關係是女性角色的核心部分，並應該以此受到重視（Gilligan 1982）。儘管如此，但是我們知道，兩性都需要具備建立關係與區辨的能力。換言之，沒道理去假定說自主權天生就比較屬於一種性別，當然，關係的能力比較傾向另一性別的假定同樣不具意義。此

外，我們也當然要質疑，討論意識為「男性」或者「女性」，是否有任何意義。我對此表示懷疑，且支持上述論點，有趣的是，那正好跟現代神經生物學的發現不謀而合（Damasio 1999）。

榮格確實主張，阿妮瑪補償男性意識、阿尼姆斯則補償女性意識，假定男孩生命中的第一個投射對象是母親，而女孩則是父親。但這是起於一個根本上的誤解，因為──在大多數情況下──女孩一開始，如同男孩一樣，就跟母親關係親密。我們可以再次看到，女性心理學的根基是多麼地男性呀！

總之，阿妮瑪與阿尼姆斯都是原型，但不具特定性別──兩者都會在男人以及女人身上叢聚起來，而且往往攜手出場，如同一對配偶。然而，即使我們同意阿妮瑪與阿尼姆斯都是原型的想法，關於原型本身也許仍多所爭議。

我認為原型，或者原型的領域，是全體人類建立秩序或結構所普遍共有的原理，得以讓我們留下訊息與情感──通常以意象的形式存在──記錄為帶有意義的連結。它們也在任何特定的狀況下，促進有意義的以及維持生命的行為和行動。我現在談的並非一個靜態的秩序或結構，而是就心靈回應身體以及外部世界的自我組織而言會持續自我更新的秩序或結構。原型的意象，以及與其相聯繫的各種故事，在敘事核心中非常穩定，但擁有進行微細變化的顯著能力。這些原型意象由我們的情結所傳達，也為其渲染扭曲（Jung 1957/1971: § 856），也就是，我們所內化了的連結模式，且受到當前社會氛圍的影響。

我認為，情結是概括性的、內化的片段關係模式，始終隱含著重要他人與意識自我之間隨時會產生情緒衝突的調性。

只有當努祕的女性或男性角色出現，譬如在夢境中，我才會說那時的阿妮瑪與阿尼姆斯是原型的意象與原型的經驗；它們情緒高漲，並產生一種強烈的情感，讓超越日常生活的感覺有可能得以出現。這就呼應了榮格所描述的原型體驗。

　　廣義上，阿妮瑪與阿尼姆斯掌控了有關係，包括與「汝」（thou）、與「他者」的關係，尤其是愛戀、情欲與性等關係，還包括意識自我與內在幻想世界之間的關係。我們甚至可稱其為關係與連結的原型。從心理發展的觀點來看，阿妮瑪與阿尼姆斯始於與父母情結的連結，且明顯受其影響。與阿妮瑪及阿尼姆斯原型連結在一起的衝動，到適當年齡時，就會讓意識自我情結與這些父母情結分離，帶領我們更接近個人的人格，接近自性，甚至可能碰觸到某些類似「世界靈魂」的關聯的意象。從現象學來說，阿妮瑪與阿尼姆斯接著便以神祕、迷人的陌生人出現，並在情感上激起朝向重大改變前進的氛圍。

未來發展

　　針對這個議題，我並不認為，有哪些觀點是正確的，而其他則是錯的。當我們從不同面向看這些概念時，就會出現不同的看法。的確，當自身有了不同的阿妮瑪與阿尼姆斯的體驗，我們就可能對某些理論的觀點更偏好些，同時也容易忽略了其他的看法。

　　我們需要多與專家接觸，聽聽榮格學派分析師的說法，然後就可以以經驗的方式分析這些意見。我們應該弄清楚，這個概念對分析師個人而言意味著什麼，以及他們是在怎樣的臨床關鍵狀況中發現這個概念可用。我們可以探索它是比較屬於臨床概念，還是比較

屬於個人對人性的洞察，這當然對他們的臨床理論與工作也具有影響。

我們需要作更多的經驗性研究，去確認男人與女人是否都擁有阿妮瑪與阿尼姆斯，是否男人與女人對這些特定原型經驗具有統計上的差異，以及在怎樣的情境中，我們可以找到阿妮瑪與阿尼姆斯成為對偶的意象等等。

要觸及阿尼姆斯與阿妮瑪，我們必然要大量仰賴對投射的探索。我們應該更深入研究阿尼姆斯與阿妮瑪和投射之間的關聯。或許，我們應該更詳細討論「共鳴」（resonance）的問題。在我的印象裡，不同的原型領域間往往存在共鳴，特別是在那些彼此密切接觸的人們身上的阿妮瑪與阿尼姆斯，在個人與自然、藝術還有知識理念間亦然——而投射的概念似乎過於靜態而無法解釋這種交互作用。在這方面，*毋庸置疑地*，我們也將會受到腦神經科學研究成果的挑戰。

心理類型

約翰·畢比（**John Beebe**）

舊金山榮格學院前院長

著有《心理類型的能量與模式》
（*Energies and Patterns in
Psychological Type*, 2012）

引言

　　即便潛心榮格分析心理學的人，也未必清楚他著名的「類型理論」（types）指的是**什麼**的類型。最常見的說法認為那是指稱**人**（people）的分類。但榮格說的其實是**意識**的類型，也就是，意識自我在建立與區別一個人的內、外現實時，所預設的個性傾向。對心理治療師而言，了解這些天生認知態度的不同，對於在日常工作中穩定個案人格的基本強度，以及促進發展一個承認自身固有侷限的獨特意識，或許價值非凡。就這個理論的基礎去了解個體差異，可以降低個案對意識自我相對弱勢之處所感到的羞愧，且減少個案為鞏固意識自我而採取會讓治療變得更加棘手的強烈防衛的需求。

榮格對於心理類型的立場

　　自從發表了屬於自己的豐碑之作《力比多的轉化與象徵》（*Wandlungen und Symbole der Libido*, 1912）之後，榮格就一直認為，在心理分析中可看見心靈透過分析可浮出意識。榮格已經體認到，不是每個人的意識表達方式都一樣。而是，榮格將意識概念化為以意識自我核心，得以展現其透過不同的基本**態度**與**功能**去導引心靈的能力。

　　榮格是大約於 1902 年在伯格霍茲里精神病院開始字詞聯想研究時萌生這個想法的。在與法蘭茲・瑞克林（Franz Riklin）共同發表的〈一般受試者的聯想〉（The Association of Normal Subjects）一文中，榮格描述了受試者聽取一連串四百個不同刺激字詞所產生

榮格心理學指南：理論、實踐與當代應用 ┣

的聯想中，如何顯示出無意識情結的影響。即使在這個最早的研究中，榮格就看出來「個人特質是一個主要的決定因素」。榮格和瑞克林寫道：

我們在實驗當中發現兩種顯而易見的類型：
1. 一類的反應是主觀的，經常運用帶有情感性質的經驗。
2. 一類的反應則表現出一種客觀的、非個人的調性。（Jung 1973: 148）

到了 1913 年 9 月，在慕尼黑精神分析研討會的一場演講裡，當時榮格的關注焦點正轉向臨床精神病理學，卻還是提出兩種（自身）「與客體的關係」的基本類型，其一是「歇斯底里」，其「離心的」（centrifugal）外傾性（extraversion）「通常表現出超出正常範圍的強烈情感」，另一種則為「精神分裂」，因為具有「向心的」（centripetal）內傾性（intraversion），「完全無法觸及其一般性的心靈層面」（Jung 1971: 499-500）[1]。這在分析意識主體性的難題上，於情結的存在之外增添了另一個面向，而其他透過觀察來研究的科學，包括實驗心理學在內，已經將這個難題視為「人為誤差」（personal equation）[2]，榮格此時便採用這個詞彙來描述他正

1　【原註】「外傾」和「內傾」的用語顯然是改寫自比奈特（Binet）的「外省」（externospection）和「內省」（introspection）（Binet, 1903, cited by Oliver Brachfeld in Ellenberger, 1970: 702-703）。

2　【譯註】「人為誤差」的現象起於要求精準的天文觀察，不同觀測者判讀精密望遠鏡的數據，竟然會出現頗大的差距，就算兩位天文學家同時進行觀察，得出的結果還是有「誤差」。學者於是認為，這種差異是由觀察者的個體差異導致的，由而成為心理學研究問題，導致複合實驗和反應實驗兩種心理學實驗方法的出現。

在發展中的研究領域（Shamdasani 2003: 30-31）。

　　接下來的七年裡，在漢斯‧施密特－蓋森（Hans Schmid-Guisan）和托妮‧沃爾夫（Toni Wolff）的協助下，榮格開始發展起他的心理類型理論。特別在與施密特－蓋森的書信溝通過程中，對於榮格檢視並初步將外傾等同於情感型，內傾等同於思考型的理論表述方式有很大幫助。而他與托妮‧沃爾夫的關係密切則讓他意識到，迄至目前為止，組織心靈原則僅嚴格考量理性為基礎，但在所謂的外傾－內傾以及思考－情感之外，必然還要加進另一個向度的軸線，一起納入他的理論當中，那就是感官－直覺的「非理性」軸向（榮格自己似乎已經察覺到，他原本的思考－情感軸與沃爾夫的感官－直覺軸之間存在的差異在於，前者的功能是運用理性的方式詮釋經驗，而後者則是單純去領會外在或者內在世界所給定的既定感受，因此毋需用到任何認知或者評價的非強制歷程／抉擇過程〔optional process〕：參見 Marshall 1968）。到了 1919 和 1920 年開始撰寫《心理類型》之時，他已經構思了一套縝密的意識類型分析系統，兩兩相對，主要分成四組：外傾－內傾、思考－情感、感官－直覺以及理性－非理性。之後，榮格終其一生捍衛這套系統理論，也宣告了榮格之後在心理類型方面的所有研究。

定義

　　榮格在《心理類型》一書中主張有四種**意識功能**，他分別稱之為**感官**（sensation）、**思考**（thinking）、**情感**（feeling）和**直覺**（intuition）。這些詞彙並非榮格首創，而是沿用歷來心理學已有

榮格心理學指南：理論、實踐與當代應用 ├──────

的舊稱，並帶有許多古代醫者與哲人所賦予的早期意涵的餘緒，例如希波克拉提斯（Hippocrates）的四氣質說：憂鬱質（憂鬱）、多血質（樂天）、膽汁質（易怒）以及黏液質（冷淡）。榮格的心理類型理論，在某些方面與克里斯蒂安・馮・沃爾夫（Christian von Wolff）和托馬斯・里德（Thomas Reid）等十八世紀學者所發展的官能心理學（faculty psychology）有著某些類似之處，根據他們的想法，心智活動由各種被稱為官能的力量或能力組成。這些官能中有一個叫意志，實際上就是後來叔本華論述無意識心靈的實際意義。佛洛伊德和阿德勒則依此發展成他們關於願望與過度補償的理論。他們所設想的意識自我，就像是個調節器，會防範自己知道太多無意識心靈的意志的真實本質，因此對於其官能的最佳描述可能就是防衛，即使如此，那些防衛是可以讓心靈在偽裝下持續朝其實際目標前進的。

　　榮格，一貫特別強調意識具有各種可能性，相信意志是意識自我的一部分（Jung 1971: 486），且專注於探討意識自我為了讓自身面對所有必須應付的現實所需之功能。他推論道，為了理解現實，我們需要一種可以將**現實視之為真**的意識功能：他稱此為**感官**功能，可以將某物是什麼的之感覺傳達給我們（Jung 1968: 11）。然後，他說，我們需要一種在我們覺知到某物存在時，能夠幫助我們**確認**所感知的東西為何的功能：他稱此為**思考**功能。接著，他理解到，我們需要一種對我們已然覺知並加以名之之物賦予價值的功能：這就叫**情感**功能[3]。最後，他明白，對於那個已經在經驗上感

3　【原註】卡洛琳・費伊（Carolyn Fay 1996）認為可將之稱為「情感價值」（feeling value）。

知到，從邏輯上予以定義且分辨出價值的事物，我們需要一種讓我們得以直觀地推想其蘊涵或潛能的功能：他稱之為**直覺**功能。

榮格覺得，為前三項功能下定義，要比定義第四項來得簡單。他曾說：

感官讓我們知道某物存在著，思考則告訴我們此物為何，而情感讓我們可以判斷它對我們有什麼用處。那麼現在還缺什麼？人們會假定，當一個人知道某物存在、知道它是**什麼**以及知道它的**價值**為何，他便掌握了這個世界的完整樣貌。（粗體為原文所加）

他緊接著補充道：

但是，還有另一個範疇要注意，那就是時間。萬事萬物都有過去，也有未來。它們由某處來，朝某處而去，但你卻無從得知它們從何而來，亦不知它們意欲何往，但有種美國人所說的預感會出現。（Jung 1968: 13）

那種能夠產生預感並在某種程度上信任預感的能力，便是榮格所謂由**直覺**而來的。榮格之所以對那些天生傾向運用直覺來讓自己熟悉現實的人們具有吸引力，其中一部分原因便在於，榮格了解信任這種本質上為非理性的感知歷程所代表的意義。

榮格抱持的概念是，情感與思考為**理性**的功能，而感官和直覺的功能則是**非理性的**。他未依循官能心理學家將理性和激情對立的觀點。榮格將「情感」理解為一種理性的運作歷程，也就是，既非

情緒感受（或者，有時是我們稱為「感情」〔feelings〕的東西），也不是更偏向於以無意識的情緒為基礎的運作歷程所產生的結果，儘管他承認我們的情結是具「情感基調的」。更確切地說，榮格清楚地主張，他把賦予情感價值的心理歷程視為一種意識自我的功能，其運作正如同定義性與創造性的邏輯連結的過程（思考）一般地理性。

榮格也承認，縱使感官是我們測試經驗事實的證據基礎，但它就如同向我們傳遞「預感」的直覺一樣，是種非理性的心理歷程。只要稍微思考一下就知道，我們不會理性地去選擇控管所看、所聽、所嗅、所嚐以及所觸的東西。藉由將情感和思考連結成為意識的理性功能，而感官和直覺連結成為非理性功能，榮格突破了十九世紀慣常將情感與直覺聯繫在一起為「浪漫」氣質，思考和感官則無可置疑標記「務實」個性的觀點。他在《心理類型》中更進一步，強而有力地論述道，對所有的人都一樣，在遭遇與評估現實時，意識是同具理性與非理性心理運作歷程的產物。

內傾這個概念，如今已經完全脫離榮格早期著作中與思考和客觀性混淆的狀況，同樣地，外傾也擺脫了先前必然與情感和主觀性相連的固定觀點。榮格在《心理類型》中說道：

> 外傾型的人，特色在於會渴求客體，會同理與認同客體，會有意地依賴客體。他受客體影響的程度，和他與之同化的努力成正比。（Jung 1971: 317）

相反地，

內傾型的特色則在於面對客體時會堅持自我的特質。他努力不依賴客體，他抗拒它的任何影響，甚至畏懼它。他是如此地倚賴共相（the idea）[4]，這個概念可以保護他不受外在現實干擾，而讓他擁有內在自由的感覺——儘管他得為此付出極的心力以維持這樣的狀態。（Jung 1971: 317-318）

在這裡，榮格具體化人格的用法——他將之分為內傾型和外傾型——需要進行一些解構。從文字上來看，如同太多人從他作品所讀到的那般，看來他是在說，內傾是——「力比多向內」——而外傾則是——「力比多向外」——以區別不同種類的人。在《心理類型》一書的其他地方，他暗示道我們其實兩種運作歷程都會用到，我們每個人的內在都有個外傾人格，也有個內傾人格。當他以形容詞，而非名詞的方式使用這兩個於今著名的術語，去定義意識的各種不同功能正好在一個特定個體內開展的運作方式時，才終於把事情說清楚了。接著，他繼續解釋外傾思考、外傾情感、外傾感官、外傾直覺、內傾思考、內傾情感、內傾感官和內傾直覺，認為這些「在同一個人身上，這些基本的心理功能的發展強度或者程度，甚

4　【譯註】此概念出自柏拉圖的理型論，他認為人類感官之所以能夠感受到事物的「共相」（idea），是因為基於有種抽象完美「理型」（Form）存在的緣故。「共相」可說是各種出自於理型經驗歸納出來的結果，也可以說是「概念」，並不全然等於理型，但它是因為理型的存在而展現，所以便出現帶有理型的一種樣貌。比如說，這世界上的「圓形」有千百萬種，歸納所得的圓形的「共相」，便出自於圓形的理型。理型與共相常常被混用，有時是因為作者不理解其中差別；有時是因在文意脈絡裡沒有太大差別所致。本章作者一概使用「idea」，大部分時候以「共相」解，並無不妥。但基於榮格本人極度迴避哲學本體論，卻又經常觸及於此的矛盾，在研究學者間，對他很多時候到底所指的是「理型」？抑或「共相」？恐怕很難有一個共識。因此，譯者在行文間盡量依文意，於二者中選擇出自認較合適者做為譯詞。

少或者絕對不會相同」，因此這成為「一條規則，只有一種功能成為優勢，不管在強度或者發展上皆如此」（Jung 1971: 346）。然而，此說意味著，至少在某種程度上，我們每個人身上都存在這八種截然不同的認知歷程。因此，現今所謂人格的「完整類型的八種功能模式」（Geldart 1998; Clark 2000; Haas et al. 2001），明確地就是從《心理類型》發展出來的。

　　榮格所謂**內傾地**使用一種功能的意思，要以他因「依循共相」而將某人人格化的概念去理解。他解釋道，他借用**共相**這個詞「來表達原初意象的意義」（Jung 1971: 437），也就是原型。因此，內傾的功能是從客體轉離，而傾向於或許最能與此客體相契合的原型「共相」。這個原型的共相，位於內心世界，可以把它想成是個深刻的思想、價值、隱喻性的意象或是實相的模型，端視此內傾功能屬思考、情感、直覺或是感官而定。當內傾功能用來指向某種外在的東西時，到最後終於博得該功能關注的，是與原型的比較，而不是那個給予刺激的客體或情境本身。這可看作如同不再依賴客體本身。

　　因此，作為一種心理歷程的**內傾感官**功能，是「受到客體刺激而產生的主觀感受強度所引導」（Jung 1971: 395）。亦即，強烈認同於這個功能的人，會對引發內在身體感覺的因素立即有所反應，比如說餐宴食物導致反胃，或者菜裡胡椒多寡，甚或是同桌其他賓客的交談聲量，都可能比男女主人為這場聚會精心安排邀請的與會者，更成為他與宴愉悅程度的決定因素。這是因為過度刺激所叢聚形成的感受與美食饗宴原型並不協調的緣故。這通常並非一個顯而易見的心理歷程。當某人已習於優先使用這種內傾感官功能

時，

　　從外表看來，客體對主體彷彿根本不起作用。這個看法就主體性的內容而言是對的，而事實上，無意識的介入，阻撓了客體的影響。這種介入可能非常突然，以致個體看來好似自己完全不受客體的所有影響。（Jung 1971: 396）

當然，內傾感官功能也可以受視覺的蛛絲馬跡牽引：英國導演阿弗瑞德・希區考克（Alfred Hitchcock）似乎曾運用此功能主導拍攝電影，他用看來平淡無奇的影像中的怪誕力量觸動意料之外的、原型的反應，使我們感到目眩神迷。

　　那些大量使用內傾功能——比如說，內傾直覺，或者內傾情感——的人，可能會給人有貶低客體的感覺。在內傾直覺佔上風之時，榮格學派個案分析有時會看似不顧病患地逕自在神話的迷宮裡「擴大詮釋」（amplifications）。詩人里爾克（Rilke）似乎知道自己的善感被強烈的內傾情感所遮掩，據說他曾致新歡魚雁以：「既見佳人，云胡不喜，奈何與卿無涉。」

　　從人際關係的觀點來看，內傾功能中特別麻煩的一種是**內傾思考**，因為當內傾思考的客體對象是一個人時，「這個人會明顯覺得自己讓人想到的只有負面的部分而已」。通常，「他會感覺自己如同某種十分煩人的東西一樣地被排斥」（Jung 1971: 383）。當這種功能啟用時，這個客體對象就會受到迴避，因為使用這種功能的人「正在建構他自己的理型世界，且絕不會因為某個想法可能危及、破壞、反對或者傷害別人的情感，而予以放棄」（Jung 1971:

　　　　　　　　榮格心理學指南：理論、實踐與當代應用

384）。然而，在這種狀況下所碰觸到的共相，其實是原型共相，可能與一般正常環境脫節，但它對情境的真實意義而言，卻可能遠較傳統外傾思考普獲接受的要求更加影響深遠且適切。可是，這些「新的」想法非常難以言喻的，且內傾思考功能頻繁地不斷改良其概念，而那早已令他人感到不耐：它就是停不下來。

　　做為一項心理功能，**內傾直覺**值得關注的部分是「意識背後運作的歷程」，而且對於以不同於一般的方式使用這項功能的人來說，「無意識的意象獲取了事物的神聖性」（Jung 1971: 399）。這屬於一種可以天生便「掌握出自無意識經遺傳而來的先驗基礎的意象」的意識類型。也就是說，相較於經驗性的比較、思考或者感受到原型是在某種狀態下出現，內傾直覺功能是直接察覺到原型出現為一個意象，如同「親眼目睹」：因此內傾直覺是導致幻視經驗的功能，對他人而言經常顯得「神祕」。

　　相對地，**內傾情感**只能感受某個情境的原型意象，卻沒法看到它。若能想想印度這個看來是個集體意識主要由內傾情感所支配的國家，那麼三個瞎子摸象這則古老的印度寓言就有更深刻的意涵了。如此一來，所有的盲人（也有說法是多達六人，甚至有來自一個所有人都失明的城市的版本）可說是代表了內傾情感的心理功能，實際地環繞著那個原型——他們之中的那頭大象——去慢慢形成感受。無可避免地，任何一個瞬間對那個經驗的思維定義都會是片面的——「那是條繩子」、「是條蛇」、「是一大堵泥牆」——然而在完全把大象完全摸透之前，這項**歷程**不會停止。要知道，當內傾情感功能感覺到「不好」之時，它一直在感受的是整個「不好」的原型範疇，而在徹底完全感受那個原型的「不好」的性質之

前，不太可能罷休。如同榮格所說的，

　　這種感受的深度只能猜想——永遠無法明確掌握。它無以言喻且難以接近；為了要填補主體的最深處，它如同一個害羞的人那樣從客體身體方面的性質退縮回來。它會做出負面評斷，或表現出極其冷漠，作為一種防衛的手段。（Jung 1971: 387）

　　或許在落入鬱鬱寡歡之際，我們都一樣陷入了自己的內傾情感當中。在理解內傾情感時，該掌握的重點在於，原型的一點一滴都可以**被感受到**，就像它們可以被思考、被直接直覺到或被身體經驗到那樣。誠如榮格所說的：

　　無疑地，原初意象也等同於共相，無異於情感那樣。各種基本共相，像上帝、自由以及不朽等，因為都是重要的理型共相，所以具有重大情感價值。（Jung 1971: 387-388）

　　外傾型的心理功能，上引的榮格說法不就在告訴我們，傾向於與客體全然融合，就如同要變成它一般。它們通常最終與出現在其面前的那些刺激不能保持適當距離。以**外傾情感**為例，那些刺激是情感，也就是情緒與偏見——針對他人的，且多數為針對社會整體的——因此一個強烈地認同這個功能的人，其性格「看似隨著外在環境條件而調整。她的感情與客體的狀態和普遍的價值觀和諧一致」（Jung 1971: 356）。榮格告訴我們，這個在自己「愛的抉擇」中被外傾情感主導的女人，會確保「所愛的這位就是『對的』

　　　　　　　　　　榮格心理學指南：理論、實踐與當代應用　├──┤

男人，非君莫與共」（Jung 1971: 356）。另一方面，也沒有其他心理類型能夠如此善於欣賞與同理。

同樣地，**外傾思考**容易執著既定想法，經常忽略該用新的角度思量所要講的內容為何，以及所使用的語言得準確合宜。因此，會不可自制地要求每個人的行為必須以這些想法為標準。如同榮格所說的，強烈認同這種心理功能的人會「將一種客體導向的心智運作模式，提升成不僅自己要遵從的主導法則，也擴及與他有關的周遭環境。」就另一方面來說，這個啟蒙時代最突出的功能必然在約翰・洛克（John Locke）提出現今西方世界許多人仍然相信具有普世適用性的政府論時，起了引導的作用——對於莫札特（Mozart）在創作人人都可快速朗朗上口的樂思時也一樣。

外傾感官，作為一種認知的運作歷程，會尋求「累積關於具體客體的真實經驗」（Jung 1971: 363），而這項功能在那一瞬間，會變得非常專注於「外在」（out there）現實，以致無法認知到可能還有其他事情也同時在發生中：這種功能用在觀看籃球比賽上，簡直完美，但可能不會注意到旁人要說什麼，或者做出什麼出乎意料的舉止。

外傾直覺可能太過投入客體對象的可能性之中，以致對強烈認同這項功能的人而言，「彷彿他整個人生都消融在這個新的狀態裡了」（Jung 1971: 368）。借用一個象徵性隱喻來說明這種實際上是種未經中介、出自本能的運作歷程，外傾直覺功能就如同交通號誌那樣在動作著，該起身做事時就亮起綠燈，應停止便亮紅燈，而黃燈閃爍則是提醒得警戒注意。很麻煩的是，外傾直覺功能發展程度較低的人，可能在任何訊號出現之際都完全不察，因此無法理解

受外傾直覺主導的人為何暴衝、驟停或者暫止。而外傾直覺型不留意感官線索的特質，會破壞他所追求的目標獲得實現的機會。

　　榮格在《心理類型》中提出一個極為重要的概念，即各種意識功能所具備的選擇性**分化**，是個體得以在意識上表現出不同程度與風格的關鍵。正如他在該書最後有關各種定義的七十九頁篇幅裡所說的：

　　分化意即差異的發展，部分從整體分離。本書中我所採用的分化的概念主要著眼於心理**功能**。只要某個功能仍然與一個或者多個其他功能融合在一起——帶有情感的思考、混雜感官的情感之類的等等——以致它無法自行運作，那麼它就是處於一種廢棄不用的狀態，也就是未分化，沒有從整體中分離出來成為具體的部分而獨立存在。未分化的思考功能無法脫離其他心理功能而思考；它不斷與感官、情感、直覺混雜在一起，如同未分化的情感混淆著感官和幻想一般，例如精神官能症患者在情感與思考方面的性欲化（佛洛伊德）。（Jung 1971: 424-425）

　　再進一步說，只要有個功能尚未分化，我們就不能有意識地用它來主導心智運作，也就是真正在自我的控制下，且得以用來達成任務或目標：

　　沒有分化就無法指引方向，因為要引導一個心理功能朝向一個目標發展，必須排除任何無關的東西。與無關的事物融合在一起，有礙確立方向；只有分化了的心理功能**才能**接受引導。（Jung

1971: 425）

　　這些章節敘述透露出，為何《心理類型》的首部英譯本（H. G. Baynes 譯）會冠以「或個體化心理學」（or, The Psychology of Individuation）這個副標題（Jung 1921, 1923）。要理解榮格的**個體化概念的途徑之一就是從意識中各種心理功能之分化進展**的角度去理解。榮格在〈概念定義〉章節的另一處所提到，「個體化是一種**分化**（參閱「分化」）的過程，目的在於發展出具個體性的人格」。這是「一種意識的擴展，一種豐富有意識精神生活的作為」（Jung 1971: 450）。

　　由於榮格也認定個體化——意即意識的發展——是種**生而有之**的運作歷程，因此應該會有一種得以說明它在我們所有人身上循序開展的方式，他便使用他的心理類型概念，作為可靠的發展方針。這些指導方針除了一小群對心理類型理論有興趣的學者外，事實上是一直普遍遭到漠視的，但它們其實是最重要的，因為它們掌握大部分心理治療中，在一個人格開始發展時，會出現的問題關鍵。

　　榮格認為，我們都通過我們全部八種潛在配對形式中的至少兩種功能－態度（function-attitudes），自然地開始分化，而啟動個體化歷程 5。意識自我發展的早期過程中最有可能自然分化出來的兩

5　【原註】嚴格說來，「功能」（function）指的是意識的四項功能——感官、思考、情感和直覺——而「態度」表示注意力在心靈運作或者反應時受到引導的慣性傾向——不是外傾就是內傾（Jung 1971: 414）。在類型理論的文獻中，具體指稱一個功能時，常常是指出它外傾和內傾的分配部署；因此現今人們談論的是八種功能－態度（H. Thompson 1996），而不是四項功能與兩種態度。這八項認知模式可以完整補充我們個體化時意識方向潛在分化的各種可能性。

種心理功能，並不會每個人都一樣。因為它們開始發展地如此早，看起來是天生固有的，雖然後來因環境影響而產生的「偽類型」（falsification of type）會扭曲個體的類型傾向（Benziger 1995）。基於八種功能態度，就可以區分出十六個心理類型，結果分化最完整的就是——「優勢」（superior）功能，而分化次之者是——「輔助」（auxiliary）功能。

　　榮格發現，「就臨床上所看到的所有類型而言，常見的慣性就是，在意識這個主要功能之外還會有個相對是無意識的附屬功能，其方方面面都與主要功能的性質不同」（Jung 1971: 405-406）。由於他也認為「自然地，只有那些本質上不與優勢功能**相左**者，才可能成為輔助功能」（以粗體強調之處為本文作者所加），因此，舉例來說，情感功能「一定不可能成為與思考並列的次要功能」，而感官功能與直覺功能的關係亦復如是。更精確地說，若某人在分化上，其首要或者優勢功能是處於理性的軸線上（亦即，不是思考就是情感），那麼他的輔助功能就必然是在非理性的軸線上（不是感官就是直覺）。

　　因此，在一般的心理類型發展過程中，占優勢的思考功能只會和其他兩種可能的心理功能之一配對——不是輔助性的感官功能，就是輔助性的直覺功能。同樣的，位於非理性軸線上的優勢感官功能，其輔助功能必然來自於理性軸線，意即它只能與思考功能或情感功能搭配成對。於是，就自然出現了以下的可能性：

榮格心理學指南：理論、實踐與當代應用

優勢（Superior）／**輔助**（Auxiliary）

情感（Feeling）／直覺（Intuition）

情感（Feeling）／感官（Sensation）

思考（Thinking）／直覺（Intuition）

思考（Thinking）／感官（Sensation）

直覺（Intuition）／情感（Feeling）

直覺（Intuition）／思考（Thinking）

感官（Sensation）／情感（Feeling）

感官（Sensation）／思考（Thinkin g）

　　這是分化後的八種心理功能態度的基本組合模式，最終成為人格的不同心理類型。這八種重要的心理功能不是外傾型的，就是內傾型（例如，情感／直覺就能說是一個具有「以直覺輔助的內傾情感」或「以直覺輔助的外傾情感」類型的人），因此，以類型的觀點來說，人至少可被分成十六型。

　　不幸的是，這種區分依然沒有解決實際個體的兩種主要功能在**態度**上是否有任何差異的問題。臨床工作者應當要知道，榮格原本的說法已經被後來的評論者以兩種不同的方式去詮釋。喬・威爾萊特（Jo Wheelwright 1982）明顯就榮格主張次要功能「不會對抗」優勢功能的說法發揮，而認為兩種主要功能在有關外傾與內傾上所持的態度一致。另一方面，伊莎貝爾・布里格斯・邁爾斯（Isabel Briggs Myers）則採取榮格接下來說輔助功能「在各方面都與主要功能的性質不同」的主張，而認為輔助功能在態度上必然與優勢功能有所差別（I. Myers and P. Myers 1980: 18-21）。

要注意的是，榮格理所當然地認為，大部分的意識狀態分化程度甚低，即使是輔助的功能也很少比「相對來說為無意識的」好多少。就輔助的態度而言，他覺得過度加以細分其實意義不大：不管怎樣，除優勢功能之外，其他一切多多少少都還是處於無意識當中。榮格談到一個幽暗的第三功能，以及一個他賦予特殊地位的「劣勢」的第四功能，疑難的、「麻煩的」（touchy）反應都從它而來，因為它特別接近無意識。這項**劣勢功能**是「在分化歷程中發展落後的功能」（Jung 1971: 450）。劣勢功能通常是感到羞愧的一個原因，與認同人格面具的優勢功能相對立，作為男性，被設想成是由其內在的阿妮瑪所背負，而女性則是阿尼姆斯。

劣勢功能永遠位於優勢功能所在的那條軸線上（不論是理性或非理性）的另一極端；因此占優勢的思考功能會被劣勢的情感功能折磨，影響優勢感官的則是劣勢直覺功能，優勢直覺功能則是劣勢感官功能，而優勢情感功能便是劣勢思考功能。更有甚之（而且榮格學派傳統觀點對此較有共識），若優勢功能為內傾，劣勢功能將會是外傾；若優勢是外傾，則劣勢當為內傾。優勢功能和劣勢功能所形成的那條軸線，就是我所說的人格「脊柱」（spine）。總共有八種可能的脊柱型態，如圖 6.1 中的垂直線所示。如果我們將這些線條都想像成一個個面對讀者的簡化人形圖，輔助功能就是人形的「右手」，也就是讀者的左邊。具有相同優勢功能的不同人形兩兩成對，如同兩人比肩，脊柱相同但輔助功能不同，這樣總共就會有十六種樣態。

這些就是知名的十六「型」（types）人格，大部分人在使用「心理類型」一詞時，其實談的就是它們：也就是透過「邁爾斯－

榮格心理學指南：理論、實踐與當代應用

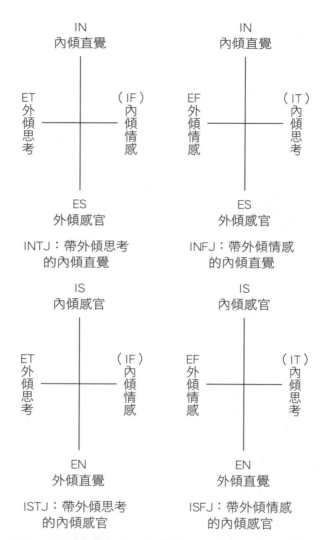

IN
內傾直覺

ET
外傾思考

（IF）
內傾情感

ES
外傾感官

INTJ：帶外傾思考
的內傾直覺

IN
內傾直覺

EF
外傾情感

（IT）
內傾思考

ES
外傾感官

INFJ：帶外傾情感
的內傾直覺

IS
內傾感官

ET
外傾思考

（IF）
內傾情感

EN
外傾直覺

ISTJ：帶外傾思考
的內傾感官

IS
內傾感官

EF
外傾情感

（IT）
內傾思考

EN
外傾直覺

ISFJ：帶外傾情感
的內傾感官

圖6.1　代號：E＝外傾，I＝內傾，N＝直覺，S＝感官，T＝
　　　　思考，F＝情感。以括號標示者為第三功能。依慣用的表
　　　　達方式，「邁爾斯－布里格斯性格分類指標」（MBTI）
　　　　的四個英文字母代號將非理性功能置於理性功能之前，
　　　　不管何為優勢、何為輔助；P與J分別指主導的外傾功
　　　　能為非理性的（感知，perceiving）或者理性的（判斷，
　　　　judging）。

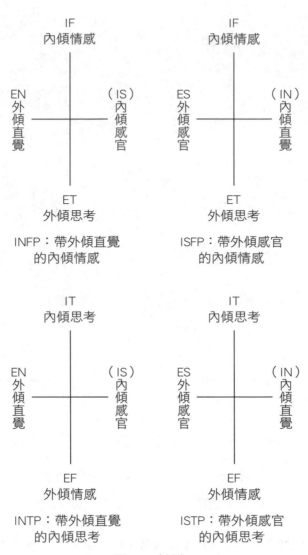

IF
內傾情感

EN   （IS）
外   內
傾   傾
直   感
覺   官

ET
外傾思考

INFP：帶外傾直覺
　的內傾情感

IF
內傾情感

ES   （IN）
外   內
傾   傾
感   直
官   覺

ET
外傾思考

ISFP：帶外傾感官
　的內傾情感

IT
內傾思考

EN   （IS）
外   內
傾   傾
直   感
覺   官

EF
外傾情感

INTP：帶外傾直覺
　的內傾思考

IT
內傾思考

ES   （IN）
外   內
傾   傾
感   直
官   覺

EF
外傾情感

ISTP：帶外傾感官
　的內傾思考

圖 6.1（續）

榮格心理學指南：理論、實踐與當代應用

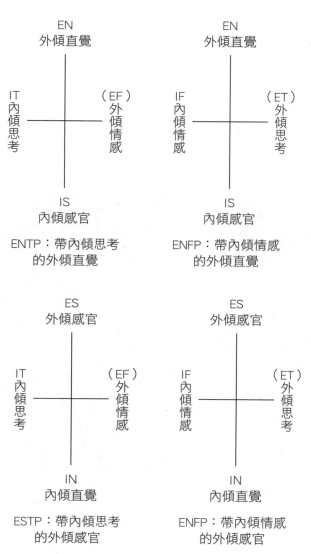

圖 6.1（續）

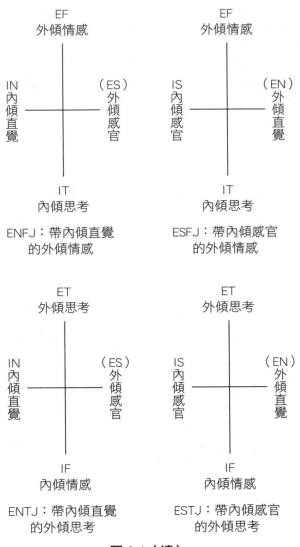

圖 6.1（續）

布里格斯性格分類指標」（Myers-Briggs Type Indicator）辨認優勢及輔助功能的人們所稱的「MBTI 類型」（MBTI types）。然而，我個人比較傾向將它們稱為「類型簡圖」（type profile）。使用榮格類型分化的規則，且理解伊莎貝爾‧布里格斯‧邁爾斯的「良好類型發展」概念（K. Myers and Kirby 2000），便能清楚看到，一個強烈天生的優勢功能與伴隨而來在方方面面都與其不同的輔助功能產生分化，這是未來進一步分化的開始。而其他的各種功能－態度大多，直到在發展過程中被意識到後，才出於覺醒而運作。

創新、批判及發展

　　雖然許多直接受過榮格訓練的心理分析師都細究過類型理論，其中包括麥爾（Meier 1959）、韓德森（Henderson 1970）和威爾萊特（1982），但心理類型理論在分析心理學中最重要的發展出自於與榮格有密切合作的夥伴瑪麗－路薏絲‧馮‧法蘭茲（1971/1998），她有條理地研究了每種心理類型的劣勢功能。她也釐清了劣勢功能與榮格的超越功能（transcendent function）之間的關係，指出如果劣勢功能被意識到，那麼與無意識的關係就會產生變化，人格便得以統一（同時參見 Beebe 1992: 102-109）。她解釋道，榮格第一、第二和第三功能的等級架構意味著有個相對的順序，各種心理功能可以依序在心理治療過程中分化，雖然她說，一旦優勢功能確立，個體可以選擇接下來要發展的是第二或第三功能。然而（且榮格也這樣說），沒人可以單純地直接針對劣勢功能而加以發展。不僅是它慣於「處於卑微」（E. Osterman，私人書

信，1972），也因在前三項功能未分化之前，很難有效加以處理。

　　我藉說清楚功能－態度在發展過程受到原型所加諸的約束，繼續探究這條思路（有關我對這方面想法的討論，參見 Harris 1996: 65-76）。在注意到主導功能的優勢是出自於它與英雄原型的聯想後，我繼續就榮格和馮·法蘭茲建立的架構依序出現的其他三種功能，將當中的原型人物辨識出來。從夢境還有電影中顯現的線索看來，輔助功能和第三功能經常分別以比優勢功能所認同的人物年長和年輕的同性別人物來象徵，我發現，輔助功能在一位穩重的親職人物角色身上出現（通常在男性身上的是父親，女性則為母親），而第三功能則為不穩定的兒童人物，在膨脹和退卻間反反覆覆（在男性身上的是永恆少年〔*puer aeternus*〕，女性則為永恆少女〔*puella aeterna*〕）。雖然馮·法蘭茲概括性地將第四個，也就是劣勢功能說成是「所有無意識的人物出現所必經之門」（1971/1998: 67），我卻不將這個在意識自我的經驗上視為自身麻煩面向的第四功能等同於陰影，而是等同為阿妮瑪和阿尼姆斯。我相信，有另一種四大功能，是先前四項功能的陰影，一種因分化的過程，而被加強的陰影，令前四項功能得以發展，且浮出意識成為功能－態度 [6]。因此，一個優勢功能為外傾思考、輔助功能是內傾感官型的人，內傾思考與外傾感官將強烈隱藏於陰影中，而當此人發展外傾直覺為其第三功能時，內傾直覺將受到排斥，而成為陰影的一個面向。從這個觀點看來，即使劣勢功能也會有陰影：若以此

6　　【原註】於此，由於發現輔助功能在態度上與優勢功能不同，我採用的是麥爾斯的概念，而非威爾萊特的，並且主張各功能的態度會在它們分化的過程中交替變換，所以，如果優勢的第一功能為外傾，則輔助功能將是內傾，第三功能為外傾，而劣勢功能就是內傾。

人為例，會有個劣勢的內傾情感功能，出現在阿妮瑪身上，而一個外傾情感的陰影就會存在。

經由這個方式，我得以概念化出最早的一個陰影的類型理論（然而，娜歐蜜‧奎克〔Naomi Quenk, 1993〕不久後以《欣喜若狂》〔*Beside Ourselves*〕一書提出她自己的陰影類型理論模型）。根據我所發展的這個類型模型（Beebe 2004），原先的四項功能的陰影由特定的原型承擔，即：對立人格（Opposing Personality，帶著英雄的陰影）、老人或女巫（Senex or Witch，父親或母親的陰影）、搗蛋鬼（Trickster，永恆少年或永恆少女的陰影），以及惡魔／代蒙人格（Demonic/Daimonic Personality，阿妮瑪／阿尼姆斯的陰影）[7]。圖 6.2 會告訴我們，這個模型如何將基本的原型情結組成人格的部分，透過它們個別的功能－態度來自我表達。

我的模型意味著，所有八種功能－態度的發展都會牽涉到與每個對應的原型情結的重要互動，以及每項功能都從原型的表現形式分化出來。整合一個人的心理類型時，必須面對與每個原型情結有關的議題，確實如古典的個體化理論歷程所設想的那樣，透過與一系列原型角色人物的互動，於是漸漸達成集體無意識的整合。還有，正如帕巴多博洛斯（Papadopoulos 1992 vol. 2: 6）所指出的，這個模型奠基於類型理論，提供一個分析個體間原型交互作用的基礎。認清個別患者身上的心理功能與情結間的相關性，對治療師的幫助很大，特別是在面臨到病人心智狀態明顯改變的時

7　【譯註】代蒙原在希臘神話裡只是的精靈，基督教興起後，漸漸賦予負面形象，但在後榮格學派對這概念有比較正面的詮釋。如希爾曼在其作《靈魂密碼》（*The Souls Code*）便認為代蒙可引導一個人實踐天生使命。

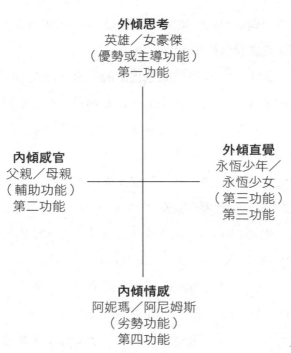

外傾思考
英雄／女豪傑
（優勢或主導功能）
第一功能

內傾感官
父親／母親
（輔助功能）
第二功能

外傾直覺
永恆少年／
永恆少女
（第三功能）
第三功能

內傾情感
阿妮瑪／阿尼姆斯
（劣勢功能）
第四功能

圖 6.2 約翰・畢比所繪製帶著八項意識功能的原型情結排列圖
© John Beebe, MD, 2004

候。在這些時刻，治療師藉由使用病人優勢功能的語言風格來重建
病人意識自我的強度，要比仿效支配性情結的類型慣用語，要來得
有用（Sandner and Beebe 1995: 317-344）。有段描述記錄了榮格與
一位現實感遭到突然闖入的宗教意象直覺所淹沒的分析病患工作的
方式，揭示了他如何利用自己對類型的理解去引導介入，協助她回
復她自己天生的感官類型傾向（von der Heydt 1975）。在沒那麼複
雜但仍然吃力的邊緣性人格與自戀的情況下，仍陷於病人陰影裡頭
的功能－態度，可能與自性的原型防衛聯繫在一起，而了解這些功

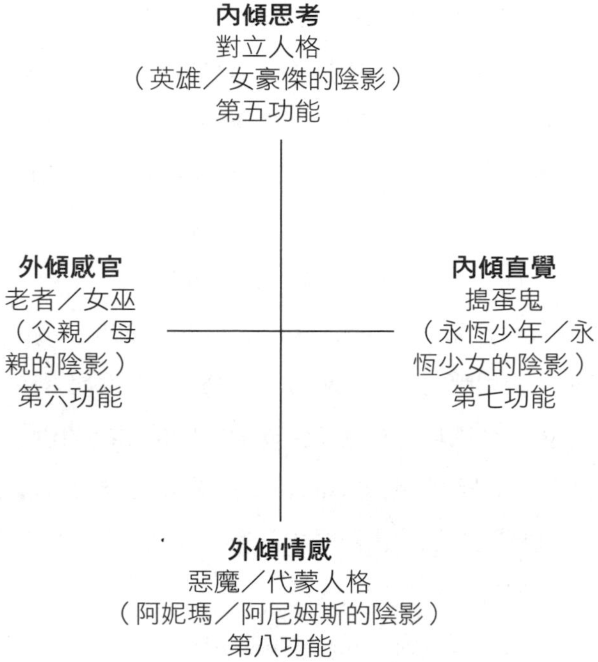

內傾思考
對立人格
（英雄／女豪傑的陰影）
第五功能

外傾感官
老者／女巫
（父親／母
親的陰影）
第六功能

內傾直覺
搗蛋鬼
（永恆少年／永
恆少女的陰影）
第七功能

外傾情感
惡魔／代蒙人格
（阿妮瑪／阿尼姆斯的陰影）
第八功能

圖 6.2（續）

能－態度確切的特質，可促進治療的進展（Beebe 1998b）。

其他在概念與臨床上對心理類型理論加以闡述的重要研究貢獻
如下：

• 麥爾（Meier 1959）從分析師心理類型曼陀羅的「轉動」
（rotation）會讓他或她的傾向與被分析者產生和諧的角度，
去詮釋移情－反移情。

• 曼恩、席格勒和奧斯蒙（Mann, Siegler and Osmond 1968）

探討不同功能對時間所存在著的不同關係（就他們的觀點來說，感官以當下為導向，情感為過去導向，直覺為未來導向，而思考擁有穿越過去、現在和未來的連續時間軸）。

- 馬紹爾（Marshall 1968）透過他對功能的概念性分析，釐清「理性和「非理性」的意義（感官和直覺為「天賦的功能」，而思考和情感為「成為選項的功能」）。
- 詹姆斯・希爾曼（James Hillman 1971/1998）成功地描繪出情感功能和感情、阿妮瑪以及人格面具間的不同之處，並探討了劣勢情感功能在共時性現象中所扮演的角色。
- 威廉・威爾佛德（William Willeford 1975, 1976, 1977）堅持，情感在功能架構層級中佔有「首要」地位（因為這是用以分辨出感情的功能）。
- 夏皮羅和亞歷山大（Shapiro and Alexander 1975）以現象學的方法分析外傾性（與客體融合）與內傾性（與原型匹配）在創造經驗時特有的「動向」（moves）。
- 葛羅斯貝克（Groesbeck 1976）檢視了在進行分析時，分析師的第三及劣勢功能在「受傷的治療師」原型叢聚當中所扮演的角色。
- 克許（Kirsch 1980）論證了面對夢境時，內傾型治療師傾向於在主體層面上詮釋，而外傾型治療師則是傾向於客體層面。
- 薩賓尼（Sabini 1988）探討治療師的劣勢功能。
- 希爾（Hill 1998）探索阿妮瑪的類型。

這些作者全部都重視並擴展了榮格的心理類型構想在治療上的可能性。

心理類型理論的另一個重要發展路線，已經出現在判定一個人的類型和類型發展程度的標準化測驗領域中。雖然在 1940 年代，喬・威爾萊特與妻子珍・威爾萊特（Jane Wheelwright），以及霍里斯・葛雷（Horace Gray）和稍後的約翰・布魯勒（John Buehler），一同發展出第一份紙筆形式的測驗，即葛雷－威爾萊特榮格學派類型評測（Gray-Wheelwrights Jungian Type Survey, JTS），並利用這項工具進行開拓性的研究（Mattoon and Davis 1995），但實際上，讓標準化類型測驗在國際間佔有一席之地的，是伊莎貝爾・布里格斯・邁爾斯與她的母親凱瑟琳・布里格斯（Katherine Briggs）所發展的邁爾斯－布里格斯性格分類指標（MBTI），而她們並非榮格學派分析師。MBTI 的認真發展最早可追溯至 1942 年，最終於 1960 年代獲得核准，已成為英語國家最受歡迎的心理學工具，經翻譯後也開始在其他國家使用（最新說明參見 Quenk 2000）。它經常被生涯諮商師用來評估求職個案「類型」為何，幫助他們找到適性的工作，亦廣為世界各地的人力資源以及人事部門愛用。美國佛羅里達州蓋恩斯維爾（Gainesville）的心理類型應用中心（Center for Applications of Psychological Type），擁有一座大型測驗結果統計資料庫。在美國，擁有超過四千名會員的心理類型學會（Association for Psychological Type），常態性地舉辦研討會，分享使用 MBTI 的經驗和研究結果，而其他國家也有類似的組織。MBTI 也發展出一個適用於兒童測驗的版本，即莫菲－梅斯格爾兒童類型指標（Murphy-Meisgeier Type Indicator for

Children, MMTIC）。所有這些紙筆測驗均涉及根據榮格的「雙極假設」（bipolar assumption）而建構出來的強迫選擇，該假設認為我們無法同時思考與感受，或同時獲取感官資訊和使用直覺。1980 年，榮格學派分析師瓊·辛格（June Singer）與瑪麗·魯米斯（Mary Loomis）提出她們自己的辛格－魯米斯人格量表（Singer-Loomis Inventory of Personality, SLIP），卻未奠基於此一假設上；取而代之的是，分別評估八項功能－態度各自的發展程度（Loomis 1982）。而為了判定 JTS、MBTI 以及 SLIP 等測驗結果之間一致性程度的比較研究，則於 1994 年發表。

結果發現，MBTI 和 JTS 分別指出的外傾－內傾實質上是相符的，在感官－直覺方面中度相符，而思考－情感方面相符程度有限。缺乏清楚證據顯示這些工具能夠找出主導功能。而 SLIP 所測量的結構顯得與 MBTI 和 JTS 都不同，因此辛格與魯米斯對榮格雙極性假設的挑戰沒有獲得太多支持。（Karesh et al.1994: 30）

MBTI 廣受歡迎，引發相關刊物的出版熱潮，包括《心理類型期刊》（*Journal of Psychological Type*）、《心理類型論壇》（*Bulletin of Psychological Type*）、《類型報導者》（*The Type Reporter*）以及《類型臉》（*TypeFace*）等就在其中。邁爾斯也提出「判斷」（judging）與「感知」（perceiving）成為與「理性」和「非理性」同義但沒那麼強烈的用語，雖然該測驗本身將其描述符號 J 與 P 限於主導的外傾功能的特性描述上。邁爾斯還引入了「良好類型發展」的概念，提出心理功能根據優勢、輔助、第三與劣勢功能的層

級架構，逐漸地進行分化的想法。近年來，有一項爭議出現，針對的是第三和第四功能在態度方面（外傾或內傾）是否持續前兩項功能所開始的交替變化。葛蘭特等人（Grant et al., 1983）與布朗史沃（Brownsword, 1988）都支持規律地持續交替模式，而 MBTI 手冊則建議輔助、第三和劣勢等在態度上均與優勢功能相對立。

安吉羅・史波托（Angelo Spoto, 1995）、約翰・吉亞尼（John Giannini, 2004）以及我本人（Beebe 1984），均有過將 MBTI 測驗開發者的經驗實證性發現整合進分析心理學的臨床及概念傳統的重大嘗試。也有人試圖將八種榮格學派功能－態度和十六種 MBTI 類型組合去連結包括氣質的新概念（Keirsey and Bates 1984; Berens 1998）、薛爾頓（Sheldon）的身體類型（Arraj and Arraj 1988）、《精神疾病診斷與統計手冊第四版》（*DSM-IV*）的人格疾患（Ekstrom 1988）、《新人格量表》（Neo-PI）「五大」（Big-5）人格因素（McRae and Costa 1989; Wiggins 1996; Scanlon 1999）以及認知心理學的「多元智能」（multiple intelligences）（Gardner 1983; K. Thompson 1985; Goleman 1995）等。心理類型理論也被聯繫到宗教傾向（Ross 1992）以及道德判斷模式（Beebe 1992, 1998a; Burleson 2001）。在學院派心理學中，卡根（Kagan 1994, 1998）承認榮格對氣質理論的貢獻，但針對在未掌握其中固有的生理學以及心理學基礎的狀況下試圖去理解這些議題時所存在的問題，提出警告。也有人試圖把榮格的類型理論和人物學[8]的神祕傳統連結起

8　【譯註】人物學（characterology）在 1920 年代開始發展，試圖通過人的外貌、表情和體格來判斷人的性格和智力。該方法已經普遍被正統學圈認定為一門偽科學，也被認為是科學種族主義的一部分。

來，例如九型人格和占星學。

現況與趨勢

對許多心理分析師而言，心理類型理論依然是「難賣」（hard sell）的。普勞特（Plaut 1972）出版的一項研究顯示，不到一半的榮格分析師會在臨床工作上使用類型理論[9]。而那些提出「心理類型診斷」分析師，多仰賴測試結果，而非臨床觀察，但在這些分析師當中，許多並不知道心理類型學會認為僅依據 MBTI 測量結果而判定個案類型的做法是不道德的，畢竟 MBTI 只是一項「指標」而已。測驗後必須至少有一次追蹤訪談，並在訪談中用以下這些但書來解釋測驗結果：「這只是測驗**顯示**出來的類型，您可以評估是否真的符合自己的狀況。」不論如何，安妮・墨菲・保羅（Annie Murphy Paul, 2004）已嚴厲批評教師和生涯諮商師使用 MBTI 將個人個性予以歸類的做法。

不幸的是，在心理治療圈中，能夠真的辨認八種功能－態度的臨床工作者尚屬少數，大部分人會混淆內傾情感與內傾直覺、不知道外傾思考和內傾思考之間有何差別等等（夏普的書〔Sharp, 1987〕[10] 是絕佳的改善入門教本）。許多人沒有真正理解到內傾和

9　【原註】布洛威和德洛夫（Bradway and Detloff, 1978）的研究確定了心理類型在榮格分析師中的使用盛行率，而布洛威和威爾萊特（1978）則研究分析師的心理類型和分析師實際分析實務的關係，例如，發現外傾者比內傾者更會使用類型理論來與患者建立連結和進行詮釋，以及舊金山榮格學派分析師比倫敦榮格學派分析師更常使用類型理論。

10　【編註】指《榮格人格類型》（*Personality Tyes: Jung's Modelof Typology*），中譯本由易之新譯，心靈工坊出版。

外傾在自性中運作的差異（朗文〔Lavin 1995〕的論文對此已經提出有用的論述）。類型理論在臨床工作中發揮空間有限，但在伴侶治療與婚姻諮商領域的前景值得期待。會向個案解釋心理類型的心理治療師，經常說這樣做對於在伴侶之間形成恰當的期待以及幫助他們調整溝通模式方面，所得到回饋經常是對結果非常滿意。然而，在更多分析心理學家關於類型理論的學養比今日更深厚之前，可能還是無法實際再進一步了解榮格對意識自我運作的心理學所產生最細微且影響深遠的貢獻。屆時我們便可期待一些針對榮格心理類型理論的蘊涵進行後續探索的有趣研究，而這些研究也可望推進我們對個體化歷程的真實途徑的理解。

自性

華倫·科爾曼（**Warren Colman**）

倫敦分析心理學會高級分析師與督導

近期著作為《行動與意象》
（*Act and Image*, 2021）

第一節：榮格

導論

　　由於榮格視自性既為心靈的中心，亦為心靈的整體（totality），可說強烈地宣示了這就是他整個心理學的核心概念。自性是個體化奮戰之路的目標。它代表著心靈的圓滿，以及一種也許得以療癒內在自我分裂的過程。

　　自性的心理學也可說是宗教經驗的心理學。榮格研究心靈的宗教功能的核心工作就在於自性，此外，自性在西方的歷史意識中所呈現的多元樣貌，也同樣是探索的重點。自 1920 年代早期以來，他便經常針對自性與神性進行比較研究，且特別在晚期著作當中強調「自然而然呈現的自性或者完滿的象徵，實際上，與上帝的意象無有分別」（Jung 1951: § 73）。因此，榮格視上帝意象為自性的象徵性代表。

個體性與對立調解

　　儘管，也或許正是因為其重要性，自性這個概念在榮格的著作中是漸漸浮現的，直到 1928 年版的〈論自我與無意識的關係〉（The Relations Between the Ego and the Unconscious）一文中，他才首度正式加以論述。如果我們回到同一篇文章的 1916 年版本，可以看到榮格是用「個體性」（individuality）這個概念取代之後使用的「自性」。這兩種不同說法顯現出自性和個體化兩者關係密切，自性為個體性的本質，個體化則是個體性或可實現的歷程。在這

早期的模型中，榮格就自性在意識與無意識兩種形式的「個體世界」（the individual）與「集體世界」（the collective）做了對照。他將人格面具和阿妮瑪放置在個體世界與集體世界之間，人格面具作為面對集體意識所掌理的外在世界的「外向態度」（outward attitude），而阿妮瑪則是「內向態度」（inward attitude），朝向的是集體無意識的內在世界。[1] 他將「個體性」定義為「自我的意識感（ego-consciousness）的最內在核心，同時也是無意識的最內在核心」（Jung 1916: § 507）。因此它與意識自我（ego）關係緊密（作為意識的中心），但又有別於意識自我，因為它也是無意識的核心。

榮格當時對心靈的想像可以圖示如下，顯示出個體如何被擺放在心靈生活裡的「中心點」位置：

集體意識／外在現實

↓ ↑

人格面具

↓ ↑

個體

↓ ↑

阿妮瑪

↓ ↑

集體無意識

1　【原註】「內在人格是一個人與自己內在心靈運作有關的行為方式；它是內在的態度，是朝向無意識的特有面貌。我將外在態度，也就是對外的臉孔，稱為人格面具；而內在態度，即向內的面貌，則稱為阿妮瑪。」（Jung 1921/1950: § 803）

他寫道，「從某種程度上來說，個體立足於集體心靈的意識部分與無意識之間。」（Jung 1961: § 507）他同時強調，就構成個體的要素自身而言，既是集體的，也具普遍性，但每個個體各有特定的組合方式，構成其特殊性。個體性也因此是「既獨特又普遍」（Jung 1961: § 505）。

這些成雙的對立組合（意識／無意識、個體／集體、獨特／普遍），便是榮格後來開始將自性明確視為**對立複合體**（*complexio oppositorum*）的例證。然而，個體化歷程，目的就在解決內在衝突與對立，達成一種**矛盾的統一**（*coincidentia oppositorum*），一種帶來圓滿的對立統合狀態。榮格在《心理類型》（1921 版）一書中，進一步探討這個主題。他在書裡談到從對立的心理功能裡「分離出一個個體核心的可能性」，如果失敗，將導致「個體性崩解為對立組合的各個部分」，且「與自我分裂」（Jung 1921/1950: § 174）。而且，在這首度將自性當作一個有別於意識自我的實體的明確論述中，他寫道，「自性從對立矛盾的組合中分化出來」，成為某種可以緩解（療癒）內在衝突的東西（1921/1950: § 183）。

從榮格在這段時期（特別在《心理類型》一書中）引用東方哲學及宗教來看，顯然地，他在發展自性以及對立矛盾的概念上，極度受東方傳統裡類似思維的影響。例如，佛教、中國哲學以及《奧義書》（*Upanishads*）[2]，這些都明白敘述了「對立調合」的內容。榮格之後承認受到東方哲思廣泛的影響，而他使用「自性」一詞，特別就是受到《奧義書》的啟發，藉以指稱人格之中有個「超凡」

2　【譯註】奧義書是古印度哲學論文或對話錄之類文獻的總稱，討論哲學、冥想以及世界的本質等問題，是廣義的吠陀文獻之一。

（supraordinate）或者「超個人」（suprapersonal）的中心，這同時也是「人的整體性（totality），涵蓋其意識及無意識的所有一切」（Jung 1938/1940: § 140）。

曼陀羅與「生命之池」

《回憶・夢・省思》（1963）紀錄了榮格這段時期的生命經歷，可看出這些概念受到他自己「對抗無意識」的影響多麼地大，當他與佛洛伊德決裂之後，內在正陷入強烈翻騰與衝突的狀況中。步入那個階段的末期（1916）之際，榮格開始畫曼陀羅，但慢慢才了解到這些作品的重要性。

> 1918 年到 1920 年之間，我開始了解到心靈發展的目標止於自性……我從發現到曼陀羅是一種自性的表達，漸漸進入到對我自己而言，就是一種終極境界的狀態裡頭。（Jung 1963: § 222）

榮格在 1920 年代持續繪畫曼陀羅，1927 年他作了一個「生命之池」（Pool of Life）的夢，讓整個發展歷程達到了高峰，夢境當中的城市「利物浦」（Liver-pool），格局呈現為一個典型的曼陀羅。榮格在夢裡來到一個廣場，位於城市中央，大道通衢在此匯聚。

> 廣場中央設一圓池，池水正中有座小島。島上兀立一木蘭樹。那株木蘭彷彿既為日光環抱，卻也是光芒之所出。

榮格晚年回顧這段夢境時說道：

那個夢境帶來一種目的感[3]。我明白目的就在這兒實現。沒有
人可以超越這個中心。那個中心即是目的地，萬物都朝它而去。透
過這個夢，我了解到自性是指引方向和賦予意義的法則和原型。
它具有的療癒功能便寓居其中……這個夢所描繪的是整個意識發展
歷程的高峰。它讓我完全地放心，因為它說出我身心狀態的全貌。
（Jung 1963: § 224）

這個榮格自身深度神祕經驗的紀錄，證實了他著作裡所說的，
他有關自性概念發展的重要時期，是出現在 1921 年到 1928 年間。
這個「生命之池」的夢出現的時間，必然和榮格修訂〈論自我與
無意識的關係〉一文並加入「個體化」章節內容在同一時期（Jung
1928）。幾乎榮格接下來的所有作品，都可以被看做是在解決那個
時期已經出現的概念——以及經驗。雖然接下來的二十五年間有重
大發展，但鮮少有他更改過這個基本概念的證據出現。榮格後續的
研究比較著重於詳盡探究西方宗教思想中象徵符號的大量細節，透
過這種研究方式，可能得以追溯自性的現象學。只有在他研究煉金
術的最終作品《神祕合體》（*Mysterium Coniunctions*, 1954）一書中

3　【譯註】在此「目的感」使用的原文為「a sense of finality」。Finality 於榮格作品中常出現，
　　相關中文譯作裡多被直譯成「終極感」、「最終性」……之類的文字。Finality 指的是亞里斯
　　多德「四因說」中的「目的因」（final cause），意即萬物所成皆有其終極目的性，因此譯為
　　華人哲學界已習用的「目的因」較為適切。而這可視為榮格目的論（Teleology）心理學思想
　　的來源根據，不過形而上的目的論與邏輯上的目的因並不能等同，只是在中文表達上剛好可
　　以聯繫在一起。

（我將於稍後論及），有證據顯示其觀點這時是轉到關注意識自我和自性之間的關係上。

整體性與中心

在 1928 年《分析心理學二論》（*Two Essays on Analytical Psychology*）的增補內容當中，我們發現自性最初的定義是指心靈的「整體性」（totality），在全書的論述中，這種概念不斷出現，基本上未再加以變動：

> 意識與無意識……相互補充，以形成一個整體，這就是自性。根據這樣的定義，自性在總體規模上是超越意識自我的。它不僅包含意識，更觸及到無意識的心靈，因此，可以這麼說，它就是個人格，我們也都擁有的同一個人格。（Jung 1928: § 274）

於此同時，他持續就個體性（individuality），以及達到個人獨特性的角度探討自性：「由於『個體性』包含我們最內在、最終以及無可比擬的獨特性，這也寓意著成為一個人自己本身。我們因此可以將個體化說成『企及個性』（coming to selfhood）或者『自我實現』（self-realization）」（1928: § 266）。這個歷程也可以被視為與超越對立矛盾而抵達人格的核心關係密切；這個核心也被定義為自性（1928: § 389）。呼應著早期將「個體性」置放於人格中心位置的模型，他將轉化定義成：

> 目標是要到達人格的中心點……〔這個〕人格的中心不再與

意識自我重疊，而是位於意識與無意識間的中點。這會是新的平衡點，具完整人格的新中心，一個實質上的中心。（Jung 1928: § 364 365）

顯而易見的，這與榮格自己對曼陀羅的經驗有關，就像「生命之池」的整個畫面圍繞一個中心而構成，中央有個努祕的「拉力」，並且既定義了全體也受全體定義。晚期著作中，榮格多次回到自性既是整體又是中心的矛盾說法。在《心理學與煉金術》（*Psychology and Alchemy*, 1944）的導論中，他說：

我稱這個中心為「自性」（the self），而自性應該要被理解為心靈的整體性。自性不僅是中心，也是整個周邊，同時擁抱意識與無意識；它是這個整體性的核心，如同意識自我是意識的核心一般。[4]（Jung 1944: § 41）

原型與象徵

更深的矛盾衝突起於，從 1940 年代早期開始，榮格逐漸把自性視為一種原型。儘管他把它當做核心原型，但這還是有一個難題，即自性如何既是心靈的整體，同時又是心靈之中眾多原型內容

4　【原註】這接下來便提及一句格言，關於上帝是「一個中心無所不在、邊界廣大無垠的圓圈」（CW 6: § 791 and n. 74）。十七世紀的波蘭神祕主義者安格列斯‧希利休斯（Angelus Silesius）優美地描寫這種矛盾，榮格在《伊雍》（Aion, 1951）中加以引用如下：
　　當我臣服時，神位我做主
　　當我消融時，神給我保護

物之一[5]。想解決這個問題，最好還是先從思考自性作為整體性這個概念中某些固有的難題下手。就其根本性質而言，自性的整體性是無可經驗的，因為它大部分是無意識的，因此我們不可知。榮格反覆地強調無意識這種絕對不可知的特質：既然所有已知者屬於意識，無意識先決的根本概念就是所有未知的部分，因為它不可知，我們自然無從得知其本質或界限了。我們可以談的，唯有就其以可意識到的形態所顯現的樣貌去說。就自性而言，這些顯現的樣貌採取了原型**象徵**的形式，榮格認為，這可能已經是一個不可知的心靈事實的最佳呈現方式了（Jung 1921/1950: § 814）。既然無法用其他方式呈現，自性就只能透過象徵出現：「意識心智絕對無法感知到這個整體性，因為它含括的不只是意識，也及於無意識心靈，而如此，也就無從想像，也不可描述。」（Jung 1942/1948: § 230）

　　換句話說，榮格研究自性的「經驗性顯現」，也就是其各種原型象徵，當做獲取「線索」的手段，以期觸碰其本質，儘管那本來就是難以企及的。與此同時，這些象徵的性質，也帶著種種努祕、神祕的經驗，與之而來的是產生一種整體感（整體性），那是無可爭議、不證自明的。就如我們所知的，榮格親身體驗過這樣的神祕宗教經驗；然而，身為一個科學家，他費盡心思試著去客觀分析它們，認為神祕經驗是來自一種從以意識自我（意識的核心）為核心，改變到以自性（意識以及無意識的核心）為核心的移轉，這樣的想法確實是他最傑出的原創洞察之一，為這種本質上非常難以解釋的經驗提出一種詮釋。

5　【原註】福德罕（Fordham 1985）深入研討過這個問題。

經驗與概念

　　這意味著，榮格是在三個論證層次上去討論自性的。第一個層次是直接的經驗。在他最後著作的結尾之處，榮格提出，從這個角度上來看，他所做的這個工作，根本不可能完成：

　　試圖去描述（自性經驗）的（這種）整體性特質，必定徒勞。任何有過一點這種經驗的人都明白我的意思，而對那些不具此類經驗的人，再多的解釋也難以令其滿意。況且，全世界敘述這種經驗的文獻已汗牛充棟。但足以傳達那種經驗的單純敘述，我尚未見過。（Jung 1954: § 799）

　　第二個層次，是對自性的各種象徵性表現進行現象學的分析以及分類。這構成了榮格研究的主軸。這樣的象徵提供了經驗性的指標，讓人得以想像自性可能的樣貌，並表現出強而有力的吸引力以及行動力，朝向個體化歷程的目標邁進。雖然這些象徵或許指的是整體性，但最常見的是具「核心」特質，且足以令個體人格出現深深的感覺，知道必然得滿足它們的那種難以言喻且不容侵犯的中心地位。這樣的象徵包含「超人格」（supraordinate personality）的角色人物，例如國王、英雄、預言家、救世主（Jung 1921/1950: § 790），以及「包含圓圈及四位一體元素的曼陀羅幾何結構，也就是圓形與球形的形式……以及一分為四的正方形或十字形式」（Jung 1951: § 352）。這些象徵的努祕性讓榮格得以認定，「自性不只是概念或是邏輯的推定；它是個心靈實存」，儘管這個事實

「除象徵形式之外就難以想像概念」（Jung 1942/1948: § 233）且「難以為任何科學所證實」（Jung 1928: § 405）。

第三個層次是以抽象的、理智的方式進行論證，而就此，榮格同時也強調，自性僅僅是一個「推論假定」。亦即，我們或可在理智上去推敲自性的本質，但它身處無意識，無邊無際，讓我們無法正確地加以定義。在 1950 年增入《心理類型》中的定義裡，榮格小心翼翼地就此澄清：「就整體人格而言，由於它具無意識的成分，因此可被意識到的只有部分而已，是以，自性的概念是**有可能**部分是可經驗的，而就此推論出一個假說。」榮格就此強調，對自性的概念與經驗應該區分開來，亦即知性的「客觀」看法與現象學的「主觀」看法有所不同。

心靈的組織原則

有時，尤其在晚期著作裡，榮格把自性當作「人格的組織者」（Jung 1958: § 694），或是集體無意識的「下令者」（ordering principle）（Jung 1951: § 304, 1954: § 373）。榮格自己經驗過曼陀羅的幾何結構具有療癒功能，當中也隱含著這種想法。這個想法介於「經驗」與「概念」之間，因為它既是個抽象概念，同時也是基於象徵而來的經驗而出現的。將這些概念釐清，對於考察後榮格學派在思索自性時為什麼會出現多所不同的思考立足點，是相當重要的。

上帝的形象

分清楚概念與經驗，對理解榮格怎樣連結自性與「上帝意象」

（God-image）間的關係，也一樣重要。榮格認為，就心理學的理論來說，上帝是一種原型，因此必然是會出現在心靈中的一種「印記」（imprint）或者「樣貌」（type），那些也就是古往今來，各式各樣遍佈世界的上帝意象（Jung 1944: § 15）。然而，榮格還是強調：

　　心理學……並不以形而上學的立場發言。它只能建立符合上帝意象，表達心靈圓滿性的象徵主義模型，但它絕對無法證實這個上帝意象就是上帝本身，或者以自性取代之。（Jung 1951: § 308）

　　因此，在認知到上帝意象與自性的象徵間，有著經驗上以及現象學上相同之處的同時，榮格**在概念上**對自性與上帝「本身」之間，還是抱持著涇渭分明的態度。[6] 如同「自性」僅是個指稱心理學現實的概念性名詞，將原型的各種象徵性經驗以及它們所指涉的整體性概念集合在一起，因此上帝是個形而上層次的真實的概念性名詞，而心理學對此則無可置喙。

基督教的上帝意象

　　儘管榮格對東方宗教傳統還是感興趣，但從 1920 年代中期起，他自己的工作重心看來還是放在基督教的上帝意象（連同煉金術）上。[7] 根據榮格的看法，同時身為神與人的基督象徵著意識與

6　【原註】參照：「只能在概念的層次上，將自性與總是被用來指稱為『上帝』的一切加以區分，實際狀況上則非如此」（Jung 1954: § 778）。

7　【原註】在《心理學與宗教：東方與西方》（*Psychology and Religion: East and West, CW* 11）這本

無意識的整合，以及意識自我與自性的關聯。他是個獨一無二卻又有限的人，同時也是永恆無所不在的神。

從某個觀點來看，耶穌代表著一個整體性，因為「任何事物被人假定成一個比他自己還要偉大的整體，就可能成為自性的象徵」（Jung 1942/1948: § 232）。然而，作為一個完美的意象，基督缺乏黑暗面，因而不算具全然的整體性。榮格強烈地感覺到，善與惡是成雙的對立面，必須在自性中整合，就如同意識／無意識，或者獨特性／普遍性那樣，但基督教壓抑了自性的黑暗面，導致暴力與邪惡在榮格所處的二十世紀前半葉終於可怕地爆發。在晚期著作中，特別是《伊雍》（1951）與《答約伯》（1952）中，榮格強調這種光明與黑暗、基督與敵基督、自我的意識感與原型陰影的對立，在西方上帝意象以及與之等同（pari passu）的自性之間有著嚴重的衝突對立問題。

意識自我與自性

榮格在早期著作中總是強調，相較於自性與集體無意識，意識自我顯得渺小。他在 1928 年時，用了個生動的意象來形容意識人格，說它如同「被一位隱形棋手在棋盤上任意擺弄的棋子」（Jung 1928: § 250）。他也以地球環繞太陽運行來比喻意識自我與自性的關係（Jung 1928: § 405），而 1940 年則再拿一個類似的意象說道「意識自我相對於自性的處境，就如同被驅動者相對於驅動者」（Jung 1940/1954: § 391）。自性是「一個更全面性的人格，令意

書裡頭，有 475 頁是在談西方宗教（猶太－基督教），135 頁談東方宗教。若再計入三百多頁都在論諾斯替主義與基督教思想的《伊雍》（CW 9ii），整個比例就更為懸殊了。

識自我為其控制」（§390），且「使得意識自我不管在範圍與強度上都縮減」（Jung 1946/1954: §430）。

　　然而，由於「自性自始就存在了，（它）是潛伏著的，也就是無意識的」（Jung 1935/1944: §105n. 34）；個體化就是將這潛伏的自性帶上意識層面的歷程。這樣的說法，讓自性看來比較像個掙扎著要脫離無意識子宮而出生的小孩。既然，這個小孩與生俱來就有自我實現的渴望，意識自我還得充當一種類似於「產婆」的角色，最後，小孩得以進入以意識自我為核心的世界，自性終於誕生了。這樣的說法稍微偏離了榮格討論意識自我與自性關係的方式，這讓意識自我，儘管在面對宇宙般的無垠時渺小得可憐，但依然被視為個體化歷程的核心要角，其活動力對實現自性至關重大。這種轉變在榮格最後的著作《神祕合體》中最為明顯，意識自我被描述為「無意識顯現的條件」，因為「意識所具備的……創造世界的重大意義」（Jung 1954: §131）。榮格援引印度的「神與意識自我同一」的思想，於是認為個人靈魂（personal atman）[8]與意識自我同一，而非與自性同一（Jung 1954: §131）。榮格意識到這看似與早期著作的見解有所矛盾，而他此時看來是將先前對自性的定義，拿來作意識自我的定義。他論述道：

　　（意識自我）是自性的本質要件，而且當意識的重大意義在心智中誕生時，還可以當做整體的一部分（*pars pro toto*）來運用。

8　【譯註】這裡原文用的是 personal atman，atman 在梵文裡指的是真正的我、內在的自我。在印度教中的吠檀多派，梵與我合一就指終極實在，是超越和不可規範的唯一實在，被視為是精神與物質的第一原理、第一因。但這與佛教諸行無常、諸法無我、涅槃寂靜的空的思想，絕對不同。

但當我們想要強調心靈的整體性時，最好還是使用「自性」一詞。
（Jung 1954: § 133）

　　這樣的轉變，也許表明榮格自己的自我意識（self-consciousness）出現重大的發展。早先，他曾經痛苦地覺察到自己內在的意識自我與無意識出現分裂，而重新整合出現的自性核心則帶著一種深刻的完整感，也具有「療癒」以及「神聖」的意義（Jung 1935: 137）。在《回憶·夢·省思》中，他回想到在大約12歲左右，覺得自己內在有兩個不同的人格——他過著日常外在生活的「一號」人格，以及一個更重大、更為重要但卻非常私密的「他者」（Other），被他稱作「二號」人格（Jung 1963: 50 及多處）。或許，在晚年，經長期在「一號」與「二號」人格間尋尋覓覓後，已經找到某種更大的整合，因此，他感到自己的意識自我更貼近、也更適應自性。這樣一來，早期意識自我與自性間明確的楚河漢界開始模糊，因為意識自我更加個體化，它與自性也就更難以區分了。

不同定義概要

　　總結而言，榮格對自性的主要定義如下：

- 個體性（individuality）
- 意識與無意識的中心點（mid-point between conscious and unconscious）
- 對立的統合（union of opposites）

- 心靈的整體性（totality of psyche）
- 心靈的核心（centre of psyche）
- 原型（archetype）
- 圓滿（wholeness）
- 組織原則（organizing principle）

第二節：後榮格學派的發展

　　榮格主要的興趣聚焦於人生下半場的自性發展。他將關於意識自我以及以意識自我的發展為主要特色的前半生的心理學細節，留待其他人解決。這還涉及到發展更細緻的意識自我與自性之間關係的理論。兩位榮格早期追隨者中最重要的學者，艾瑞旭‧諾伊曼（Erich Neumann）與麥可‧福德罕（Michael Fordham），以完全不同的途徑達成了這個任務，他們於 1940 年代到 1950 年代之間，各自發展出了自己的理論模型。

諾伊曼：意識自我－自性軸

　　諾伊曼在《意識的源起與歷史》（*The Origins and History of Consciousness*, 1949/1959）這本書中主張，自我的意識感（ego-consciousness）是源自於一種萬物合一的原始狀態，可以用銜尾蛇（吞噬著自己尾巴的蛇）的意象表現。銜尾蛇代表著個體意識出現前的原始狀態，一種原初的萬物合一與非分化的狀態。[9] 諾伊曼將

9　　【原註】諾伊曼和其他主要是「古典派」的榮格學者，用大寫字母開頭的 Self 來指稱自性，以和它的一般用法（如指稱「我、我自己」時的小寫開頭 self）作區分，後者和意識自我是比

此與小孩完全在「如母有情的懷抱」中被支持著的方式連結在一起（1973: 14），認為母親／嬰兒關係與意識自我／自性關係間有著類似狀態——亦即，「母親代表自性，小孩則相當於意識自我」（Neumann 1958: 129）。

因為母親為小孩填補了許多日後會由自性完成的功能，諾伊曼認為，「母親，在原始的關係中，不只扮演著小孩的自性的角色，而是實際上**就是**那個自性」，然而，他也將這個「關係性的自性」（relatedness-Self）和孩子自己「身體的自性」（body-Self）區分開來（Neumann 1973）。在這種關係性建立的初始，母親同時象徵著小孩跟自己身體、跟其自性、跟汝（thou）[10] 以及跟世界之間的關係。隨著發展的進程，小孩的自主性增加，因此，自性被從母親身上抽離，轉移到逐漸成人的孩子本身：「經由這種統一的自性形成，具人性的小孩才算真正誕生。」（1973: 28）

自我－自性軸：自性即無意識的人格

諾伊曼使用「意識自我－自性軸」（ego-Self axis）以說明意識自我與自性間連結的本質與特性。這個名詞所帶來的問題之一是，它導致我們可能會把意識自我與自性想成是不同的「實體」（entities），也就是說，自性作為一個整體的概念出現缺漏，開始被看成只相當於無意識，或僅是無意識的核心。例如，諾伊曼在某

　　較有關係的。然而，《榮格全集》英譯版的編者決定不用大寫，而我在這章裡試著沿襲他們的用法，但在討論到那些特別以大寫字母開頭來表達自性的學者時則除外。

10　【譯註】原文使用的「thou」，是古英語第二人稱單數代名主格，須配合使用舊式的第二人稱單數動詞形式。現代英語的「you」單複數不分，所以作者使用這個古字意在強調母親的獨一特殊性。

個地方提到「意識以及無意識這兩個系統……對應的是意識自我與自性的核心，」然後他得特別加註警示道，（通常）「自性不是無意識的核心，而是整體心靈的中心」（Neumann 1973: 47n. 1）。

　　無意識與自性的界線當然並不總是那麼一清二楚，尤其在生命之初，既然自我的意識感尚未發展，**整體**自性還沒有意識到其自身，當然沒辦法做何區分。然而一旦意識自我從自性中萌發出來，它所從出之處，就不再能稱之為整體自性，僅能說是自性的無意識那個部分。所以，當我們要說有個對立的張力，那麼這樣的對立性必須要被理解成是存在於意識自我（意識層面）與無意識之間，而非來自意識自我與自性之間。

　　很多榮格學者沒能掌握這個重點，所以甚至在談及成人發展以及「人生下半場」的個體化歷程時，還不斷地在討論「意識自我與自性間的衝突」（e.g., Beebe 1988; Samuels 1985: 92; Whitmont 1969: 220）。所有這些例子，都沒有將自性看作代表整個人格的整體性以及核心，而僅視之為人格的無意識部分的人格化，與意識自我發生衝突的，就是它。對榮格而言，這些衝突是來自意識（意識自我）與無意識層面之間，經由超越功能的運作，在達到對立之中間點——也就是自性——的過程中釋放出來的。換言之，就榮格的模型而言，自性由這種衝突中**產出**，並且超越這種衝突。如果自性被視為參與衝突的一方，那麼解決這個問題的超越性辦法為何呢？

　　這裡出現麻煩的是，無從區別意象及象徵的隱喻性語言與理論思考的抽象性語言（Fordham 1963; Young-Eisendrath and Hall 1991）。所以，儘管自性是以人格化的形式**出現**，這並不真的在說自性是與意識自我發生衝突的另一個人格。當自性以這種方式被

　　　　　　　　榮格心理學指南：理論、實踐與當代應用

具體化（將象徵等同於那個被象徵化的東西），萬有（the All）無以言喻的神祕性就被降格限縮到某種比較像是內在客體關係的東西了。

諾伊曼的模型透過無意識＝母親＝自性將三者連結在一起，來屈就這個問題。艾丁哲（Edinger）的主張便是這種概念性混淆明顯且具有影響力的例子，他認為，既然自性包含我們所有一切，那麼自性也會接受我們所有一切（Edinger 1960: 10）——更像個理想的母親吧？這也無可避免會導致將自性視為全然之善的理想化觀點，自性具慧且善，還知道何者最適合我們。比如說，威爾佛德（Willeford 1987: 150 ff）就提到「自性自然知曉何謂善」。雖然，無庸置疑地，有例子可說明某個東西比意識自我「知道更多」，但這更加確定，所有那些更具毀滅性衝動的問題真的在折磨意識自我。如果這些力量不屬於自性，那麼它們從何而來？同樣的問題在畢比（Beebe 1988）身上也出現，他把小寫的「自我」（self）區分出來，不管是和意識自我或者是大寫的自性都不同，這樣一來，一定會出現在性格中放入「搗蛋鬼」這個毀滅性的矛盾元素的問題。相反的，卡爾謝（Kalsched 1996）果斷處理了這個問題，他將此內在「保護者／虐待者」極其強大的邪惡力量，都歸結於自性的黑暗面，這樣的說法，全然呼應了榮格認為自性由善與惡所組成的說法。

企圖將自性這個概念限縮到極致的觀點，或許就出現在維茨斯圖布（Weisstub 1997）的一篇文章裡。維茨斯圖布注意到我所提的這個限縮傾向，不僅將意識自我與自性分別看待，還將自性等同於母性／陰性的面向，因此提出一個解決方案，認為自性就只是

存有的「陰性」原則，而意識自我則是行動的「陽性」原則。這裡，很清楚地，是表示自性不再需要具備整體性，就如同麥克拉杉（McGlashan）在其回應中所指出的，「榮格對心靈為全然的平衡與整合的創見，就此災難性地崩解了」，因為榮格概念中具超越功能的自性不復存在（McGlashan 1997: 454）。

懷有意圖的自性

很多關於自性的爭議是出於對其本質的意見不同，這種困惑有些是源自榮格認為自性為一個分別獨立的人格所致。雖然榮格形容自性是個「更為簡要的人格，掌控意識自我，為其所用」，但他同時也質疑，無意識之中是否有任何如同人格的東西存在（Jung 1940: § 507; Fordham 1985: 42）。看來，榮格是一直採用隱喻的方式，來談論意識自我對於自性可能會經驗到的感覺為何，但是，一樣地，也有人一直試著將這種觀點重新以文字表述加以說明。以惠特蒙特（Whitmont）為例，在將自性擁有的「意圖」二字加上引號的同時，卻將之歸因於「自性的需求與期待」（1969: 220），及其「情感價值系統與目標」，凌駕於意識自我所同樣有的那些，可以清楚的看到，這些是人格中結構性的基本要素，不是簡單的隱喻而已。

對此爭議，楊－艾森德拉斯（Young-Eisendrath）則持另一種極端的觀點，她主張原型自性的概念涉及的是分析上的一種抽象設計層次（榮格想法中的「邏輯假定」層次），因此是超越經驗，或者是意識層次上的知識／覺知（Young-Eisendrath and Hall 1991; Young-Eisendrath 1997a）。她警告道，「做出這樣一種具有主體性

榮格心理學指南：理論、實踐與當代應用

又可支配一切的原理的假設，不僅犯了諸多認識論上的錯誤，而且這好像聽起來是說，我們只要說自性具有意圖、觀點和欲望，便可以曉得這個應該是不可知的東西是什麼了。」（Young-Eisendrath 1997a: 162）

儘管如此，有個最容易做為自性存在的證明且普遍出現的經驗，就是所謂的「內在聲音」（inner voice），那似乎是個比意識自我要「懂得」多的東西（Humbert 1980）。共時性的經驗也是個強而有力的徵兆，內含著某種更大的目的與意義。自性具有意圖的想法，或許是因為這些深具說服力的內在經驗與榮格關於心靈方面較為抽象的想法有關，他認為心靈能夠自我調節、維持恆定，迫切要求個體化，並拋出意象、夢境，甚至還有行為等，表現出對片面的意識的各種補償。

存在意識層面上的意識自我，侷限性相當大（相較於自性的無限整體性），意即，就算有個帶著意圖的自性存在，意識自我可能對其知之甚少，甚至一無所知。赫斯金森（Huskinson 2002）引用哲學家列維納斯（Levinas）的觀點，強調自性本身無法定義以及不可理解的本質，從經驗性的觀點，將自性描述成一個無從抗拒且力量強大的他者，意識自我永遠無法脫離其宰制。這讓她得以將像是亨伯特（Humbert 1980）所說的「內在聲音」，以及雷德費恩（Redfearn 1977）提及的「啟發效應」（inspiring effect）等經驗含括在內，同時還能考慮到自性可能具備的破壞力，尤其是對拒絕這個未知他者的意識自我所產生的衝擊。

福德罕：原始自性與去整合

　　福德罕在 1963 年時，預示了楊－艾森德拉斯的某些觀點，他提出自己的論點指出，榮格對自性的定義除了整體性之外，還將自性視為一種原型，這兩種說法根本不能共存。對福德罕而言，所有關於自性的「經驗」一定得透過將自性視為原型的方式才能獲得；整體性是無法被經驗到的，因為根據榮格的定義，自性的整體性是包括「意識自我＋各種原型」，所以，當經驗到原型的事物時，無法同時將正在辨識經驗的那部分——也就是意識自我——包含在那個經驗中。他主張，這種整體性因此也沒有那麼無法完全了知且**不可經驗**（意即，全然不在經驗的領域當中）。就此而言，自性即整**體僅僅**只能是個理論或者假定，是經過假設性的思考，而推論出有個叫自性的東西存在（Fordham 1963: 22）。

　　福德罕之所以偏好自性即整體的定義，源自於他自己在 1947年所提出的原初自性（primary self）的概念，指的是自性在嬰兒出生時的初始狀態。如同諾伊曼，他的思考源於榮格所提出的看法，認為自性一直都在，雖然要到人的後半生才會浮現上意識。然而，從一開始，福德罕就採取全然不同的策略，專注於直接觀察真正的孩子（後來加上嬰兒），而在這些觀察的基礎上，形成其理論性的假說。

　　儘管福德罕和諾伊曼都假定，嬰兒甫出生就有個本來即具備整體性的自性存在，但兩人所形成的概念卻截然相左。福德罕所持的概念顛覆了盛行的母嬰間有著原初結合的想法，而那卻是諾伊曼認為的，即母親的功能是作為（「是」）其嬰兒自性概念成形的基

礎。反之，福德罕認為嬰兒的初始狀態就是心身整合的——自性是那個嬰兒，而非母親。為了讓這個原初的整合體與環境建立關係（從母親開始），首先就必須要啟動一段「開展」的程序，福德罕稱之為「去整合」（deintergration）。

去整合的意思是，嬰兒主動去脫離先前所假設自己是被動開始的狀態。母嬰一體感是由母親獨自建立的概念就應該被放棄了，焦點該轉移到嬰兒是如何去完成這件事的。（Fordham 1971: 86）

也就是，福德罕一貫的主張都支持「小孩就是個體」（children as individuals）的概念（Fordham 1969），認為他們是積極自主的生命體，在創造母性環境中扮演著重要的角色，在這個過程中，他們找到了自我[11]。在接觸到環境的每一個時機點上，嬰兒會去整合，以「準備好」迎接經驗，然後，這經驗接著被再整合進入一個複雜性與分化程度漸增的自性當中。福德罕認為，在去整合／再整合的過程中，由一起創造自性整體性的意識自我與原型所組成的內在世界於是成形。每個原型本身就是個「去整合體」（deintegrate）或者「部分自性」（part-self），但是都享有自性的性質：「去整合體被賦予自性，且延續著自性的性質。」（Fordham 1985: 54）他視人生下半輩子的典型個體化歷程，為一種意識自我開始**覺知**到持續處在去整合的自性的狀態：這些「對自

11　【原註】福德罕在他晚期的著作中，以嬰兒觀察研究為基礎，開始質疑所謂母嬰結合的早期階段是否存在。情況應該是，結合的狀態確實會出現，但它們是一種在去整合與再整合之間規律地持續來回擺盪的短暫狀態。

性的經驗」本身就是去整合與再整合歷程的結果，透過這樣的過程，意識自我與它本身就是當中一部分的整體自性進入了更深層的關係。

多元主義與多樣性

　　榮格過世後十年左右，許多親近弟子的態度似乎日漸僵化與固守教條，特別是蘇黎世一脈，自性的概念開始變得被具體化，甚且神聖化了。[12] 這也就是造成詹姆斯‧希爾曼在 1970 年代早期帶頭提出反對意見的諸多因素之一。希爾曼強調人格的多樣性、變動性以及流動性的特質，反對把重點放在整合、統一與命令上——這些在傳統上被視為是自性的功能。因為自性與合成（synthesis）的概念緊緊相繫，在概念上就和強調「細節、特殊化、複雜」有所對立（Hillman 1981: 129）。就希爾曼的心理學而言，自性的中心角色因此被取代，轉而強調**靈魂**（阿妮瑪），更深入去探索屬於意象的經驗。看來人格的圓滿不該說成統一狀態的整合，而該說是涵容——擁抱多元的能力的發展。如同亞當斯（Adams 1997: 113）所說的，「就此觀點而言，心理分析的目的不在於個體化，而是讓靈魂活起來。」

　　沙繆斯（Samuels）從他自己「反階級」（anti-hierarchical）的

12　【原註】舉一個古板的教條主義例子，有報導指出，馮‧法蘭茲曾說過，榮格的心理學「在他死時就完整且固定了，任何後續對理論的詮釋都不能或不應該加入或併入其中」（Bair 2004: 770, n. 69）。而將自性神聖化的例子，則可見諸於艾丁哲的著作（Edinger 1987, 1996），他似乎將宗教教義視為差不多就是如實在敘述個體化，「神」與「自性」這兩個詞彙在其中是被交替使用的。有時候，他幾乎把榮格本人神化了，說「榮格是位新入列的伊雍（Aion）」（Edinger 1996: 192）。

多元主義觀點出發，也批評傳統榮格學派將自性提升到特殊「階級」（hierarchical）地位的說法。就自性的地位而言，他認為該為其「特設」（*ad hoc*）[13] 一個位階，所謂自性卓越，「只是眾多可能性之中的一個」。從這個觀點來看，自性「以其功能而言，是為容納心靈乍現的靈犀與光輝的『容器』……其重要性媲美所蘊含的那些內容本身」（Samuels 1989: 13）。沙繆斯於此可能只在其他諸多原型中，單就作為原型的自性進行思考：從整體性的觀點去看，就定義而言，自性就是「靈犀與光輝」的整體。換句話說，或許他真正在思考的並非攸關自性的真實性質，而只是在探討「榮格學派的立場」（Jungian parlance）是**怎麼去思考**自性。

　　儘管未必認同沙繆斯的多元主義觀點，很多其他分析師還是認知到自性和認同的變動、多樣特質。比如說，威爾佛德（Willeford 1987）所抱持的觀點就是，自性既非固定不動，也不穩定，且自我呈現的形式，時而雜亂無章，也可以條理分明。雷德費恩（Redfearn 1985）也深入觀察了在人格中不同部分間游移的「我」的感覺，即他通稱為「次級人格」（sub-personality）的「諸多自我」。如同多元主義論者，他對秩序、和諧與對稱抱持著懷疑的態度，總是關注陰影，那些自性的「非我」（Not-I）要素，卻也是被忽視的部分。「在所有發展的階段中，都會有個曼陀羅，蘊含著更具複雜性以及更深刻的對立。」（Redfearn 1985: 127）

13　【譯註】ad hoc 是個拉丁語短詞，指因應特殊狀況而特設的組織等。在科學和哲學領域，ad hoc 的意思是對一個理論加諸外圍的特設性假設，防止理論錯誤。但這種特設性的假設，是為證偽主義科學哲學思想所反對的。

建構主義：客觀自性與自性感

　　建構主義，與希爾曼（1981）提出的意象心理學以及沙繆斯（1989）主張的多元主義一樣，受到後現代思潮的強烈影響，質疑在生活經驗的當下之外，「大論述」（grand narratives）[14] 以及本質主義的結構是否存在。建構主義強調積極主動的意義創造過程，我們也從這過程中生發了對這個世界的感受：這個世界與自性的真實性並非從外而來的，而是一直在特定的社會與關係脈絡中自我建構出來的（Harré 1979; Maturana and Varela 1980）。

　　在榮格學派心理學的脈絡中出現的建構主義觀點，是由英格蘭的路易斯・金肯（Louis Zinkin）與美國的玻利・楊－艾森德拉斯（Polly Young-Eisendrath）所分別發展的。他們兩人都批判將自性視為實質、客觀存在的主張，強調的是自性**感**（sense of self）以及這種感覺於實際生活經驗中如何出現。他們都同意「自性唯有在與他人互動時才出現」（Zinkin 1991: 6）。因此，自性不是被賦予的，而是必須「在包括文化、語言以及他人的脈絡中」獲取的（Young-Eisendrath and Hall 1991: xii）。

　　這樣的觀點同時挑戰了諾伊曼與福德罕，他們都假設有個**先驗的**自性在生命伊始時就存在了，然後在個體發展的過程中逐漸開展。但金肯則認為，將自性當成一個預存的實體，是把概念具體化了。因此，他更感興趣的是，榮格想法中自性視為一個要達成的**目**

14　【譯註】在批判理論關於歷史意義、經驗或知識的後現代主義論述裡，稱透過預期實現一個尚未實現的主導思想，以提供社會合法性的說法，叫「大論述」。批判理論的目的在於批判其背後所代表的完整法統的正當性。

標（透過個體化歷程）的那個面向，而非自我的意識感生發源頭的那個面向。

　　就這個層面的問題，楊－艾森德拉斯就沒有像金肯那麼激進，她的興趣似乎只在自性的經驗層次，全然不及於抽象的、智性的「假設」層面。楊－艾森德拉斯以兩種用法談論「自性」。對她來說，經驗性層面的自性，與「個人主體性」是可以交互替換的。然而在「邏輯假設」上，自性是一種原型的「**體質**（predisposition）……用以形成連貫一致的意象……一個具體展現主體的個人意象，而意識自我情結將環繞著它而形成」。這種體質可以用四種「主體性的不變量」（invariants of subjectivity）加以定義：連貫一致性、連續性、自我掌控感以及情感關係類型。既然這些特質在所有文化中隨處可見，自然可視之為隸屬原型的。這是個非常抽象的觀點，「自性」在其中被視為一種如同「主體」（the body）或者「眼睛」（the eye）那樣的範疇。這是非本質主義的，因為潛藏在自性組織之下的原則，是處於「設計」的層次，不被認為具任何實存。原型的自性僅是個超越的連貫性原則——不可能去「經驗」，就如同我們不可能經驗自己的 DNA 一般。這並非將努祕感排除在外。楊－艾森德拉斯也把超越的連貫性視為「生命的統合體，非屬個人，或可稱之為神、道、佛性、一種（普世皆然）核心組織原則，或其他名稱」（Young-Eisendrath 1997b: 54）。

藍圖或化身體現

　　儘管建構主義的觀點排拒有個先驗的自性存在的觀點，楊－艾森德拉斯卻不全然反對有個發展「藍圖」的想法，因為這是以**體質**

的概念所做的隱喻。既然沒有人會反對自性需要在特定的脈絡中才能自我實現，與本質主義者所持的意見差異或許並沒有想像中那麼大。更有甚之，雖然她主要強調的方面在於自性作為原型的部分，她還是認為自性是「（多重）主體性的聚合體」，因此它的實現會涉及將「非我」的要素涵括進「我」當中——即同意自性作為整體性的看法。然而一旦以這種方式考量自性時，必然得預設，它不僅是主體性的原型，也涵蓋所有用任何普遍發生的方式去行動與感受的體質。這也將楊－艾森德拉斯的建構主義論點與安東尼·史提芬斯（1982）基於生物學的本質論主張的差異更加縮小了。

　　對史蒂芬斯而言，自性與基因之間的關聯性不只是個隱喻而已：人類基因組構成了一個先驗的發展程式，以協助「整體原型系統——亦即榮格所說的自性」（Stevens 1982: 76）[15]。楊－艾森德拉斯關注主體性的體質，而史蒂芬斯在意的則是有關人類生命的所有體質範疇，特別是藉助了沃丁頓（Waddington）提出，而鮑比（Bowlby）加以發展的後生說[16]——普遍發展模式的出現。就福德罕的區分法來看，楊－艾森德拉斯採取的是「自性為原型」的立場，而史蒂芬斯的立場則是「自性為整體性」，但兩人對於顯而易見因此可以歸於集體的自性的普遍性特質，都感到興趣。

15　【原註】史蒂芬斯（1982）甚至將基因組與上帝等同，模糊了上帝意象與上帝本身的界線。「舉世的永恆特質皆歸於祂，」他說，「就是在表達人類基因庫，這個原型中的原型的神祕永恆。」

16　【譯註】後生說（epigenesis）是生物學的理論，指植物、動物和真菌以種子、卵子、孢子為起始，通過細胞分化和器官形成而經歷一系列步驟成體的發育過程。其思想可上溯到亞里斯多德，他認為生物體發育的可能性有兩種，一種是早就發育好，而後只是形體不斷放大；另者則是生物體不斷從單一細胞擴增繁殖的後生說。

這種**集體性**的「藍圖」雖然與將自性當成構築**個體**的藍圖的概念大相逕庭，個體化歷程在後者的架構中是被視為固有潛能的「體現」（incarnation）。這個觀點的危險在於，從中推導出來的要不是一種決定論的形式，就是帶有意圖的自性這種概念。在這點上，史蒂芬斯與楊－艾森德拉斯大不相同，他認為自性是「一個看不見的嚮導或導師」，它「不斷在催促並且耳提面命」（Stevens 1982: 66 and 142）。

建構主義與本質主義在自性的觀點上的根本差異，在於自性究竟是（透過文化與環境脈絡）**被創造出來的**，還是**被發掘出來的**（視為先天潛質的實現）。為了重新統合這個榮格學派的典型兩極對立，科爾曼（Colman 1999）指出，「被創造」出來的自性不可能就只是任何哪個自性，而是必須能夠與個體天生內在特質相符合，做為一個對潛在可行的實現範疇加諸限制的因素。儘管不知道有多少潛能可實現，而且或許不可知，但也不會是無限的。自性並非一塊白板。因此，「脈絡」不止於文化，也關乎生物學。我們必須同時在集體層次以及個體層次上推斷出一個結論，即自性是透過其自身的創造過程而被發掘出來的。

現狀及未來發展

1990 年代中期以來，在《分析心理學期刊》以及其他各處出現許多論文，從相關科學領域當前的發展出發，如演化生物學、神經科學、認知科學以及物理學，評論榮格的原型理論（Tresan 1996; Hogenson 1998, 2001; Saunders and Skar 2001; McDowell 1999, 2001）。這些看法中的某一些可特別應用到自性研究上，薩爾曼

（Salman 1999）與科爾曼（Colman 2000）就此已經開始進行探索，看來這會讓他們將來對自性的思考更加深入。

　　這樣說也許會有過度簡化的風險，這些新想法的共通脈絡都涉及對自組織（self-organising）動態系統的突現物（emergent properties）的複雜性行為做出解釋。這意味著，如同霍根森（Hogenson）所說的，再也不需要或者具體去說這些原型在某處「存在」，作為某種結構性的實體。薩爾曼特別關注榮格在 1957 年所說過的一段話，那顯示了他的想法也大多是依著這些路線進行的：「我至今沒有找到無意識之中穩定的或者絕對的核心，而且我也不認為有個這樣的核心存在。」（Serrano 1966: 50；摘自 Salman 1999: 73）金肯（Zinkin 1987）也指出，榮格不相信有這些個別實體的絕對性存在：「我們研究自性時，經常處於迷惑、不解的困境當中，這肇因於榮格從未視之為一個具穩定界線與質量明確的固定實體，或者有所謂的內外之分。」（Zinkin 1987: 124）反之，金肯以全息圖像為例做出結論道，「運動是主要的，而在運動中突現而出的顯現形式則是次要的。」（1987: 124）

　　這將重點放在自性是個連續性的心靈運動過程上，原型的形式會在當中以各種突現物的樣貌出現（包括自性的原型意象）。這個觀點的確將許多理解自性理論時令人困擾至今的矛盾難題都排除了。比如說，這樣一來，自性是組織原則（原型）與自性是整體性之間就不再矛盾，因為不需要再去區分組織／系統以及是什麼在組織它的問題。自性就相當於完整心靈功能作為一個整體作的自組織。接下來，這就擁有創造意義與創造模式的能力，讓我們得以將自身經驗之中的元素組織進原型的意象與行為。自性於心靈裡的

「核心性質」（centraility）僅僅是一種強調其重要性的隱喻方式，如同「具有核心重要性」的用詞一般。沒有必要為了解釋心靈生活存在著意義、目的與秩序，而去假定有個「指導中心」（如諾伊曼所說的那樣）。「指導中心」的概念就是丹尼爾‧丹尼特（Daniel Dennett 1991）所謂的「笛卡爾劇場」（the Cartesian Theatre）[17]的例子。丹尼特藉此表示，這像是主張有某種「核心意義者」（Central Meaner）的「幻想小人兒」（homuncular fantasy），是意識的主體。這是種「並不存在」的自性，就如榮格所熟知的，亦若佛教徒數世紀被教誨的「無我」（no-self）思想那樣。楊－艾森德拉斯如此反對一個實存且帶有自身意圖性的自性這種想法，並非巧合，因為她本身就是個虔誠的佛教徒。

因此，自性不是個位於心靈之中的結構（Gordon 1985），而是心靈的（of）結構，那不是一個固定的結構，它而是一直處在流動與變化當中，但又藉著自組織而維繫其連續性。這為多元主義者極為看重的那種多樣性開啟了一條道路，卻不致排除某種固有的原型組織——恰如其分地不再視原型為先驗的，而是透過自組織的過程而群聚產生的（Saunders and Skar 2001）。[18]

類似地，同樣的問題也不再出現於「部分」與「整體」間，因為自性的突現物不可能是它的一個「部分」。因此，自性透過自我

17　【譯註】「笛卡爾劇院」是哲學家和認知科學家丹尼特‧丹尼爾所創，嘲諷笛卡爾二元論在現代的心靈唯物主義理論的殘留。想像大腦中好似有個小劇場，裡面有小人兒藉個體的身體執行觀察任務，以收集到的感官數據做出決定，並發出命令。

18　【原註】邁道爾（McDowell 2001）對此持相反觀點，認為自組織的原則是「預存的」（pre-existing）。

反身性[19]的行動在自身運作過程中產生意象，這個事實並不意味著這種意象是出自於一個只能是自性一部分的「原型」，如同福德罕所說的那樣。

這也不是說，未來終將出現關於自性的某種無爭議的單一理論。我們也不該忘記，自性並不僅僅是個理論，也是個排山倒海而來而令人敬畏的神祕感受（*mysterium tremendum*）的經驗。這不是個要被解決的問題，而是該去探索的祕境。就它既是我們個體性核心、也是讓我們之所以成為人類的整體性而言，這有一種個無可簡化的特殊性要素在裡面。基於這樣的理由，每一個探索者對它的體驗以及概念化必然不同，且對榮格的「主觀意見」（subjective confession）的看法不同，所認定的重要性也可能或大或小。理論持續地多元發展，並不只是一種困惑和混亂的徵兆，而是健康與活力的指標。

19　【譯註】反身性（reflexive）是社會學名詞，就是研究者具備反思性，包含了自我指涉（self-reference），其最基本的定義是指向自身、原則應用到自身。

第二部

心理治療

移情與反移情

安德魯·沙繆斯（Andrew Samuels）

艾賽克斯大學分析心理學教授

有多部著作，近年整理成
《熱情、人格、心理治療與
政治：沙謬斯選輯》
（*Passions, Persons, Psychotherapy, Politics:
The selected works of Andrew Samuels*, 2014）
著作中譯的有《診療椅上的政治》

一些普遍性的議題

佛洛伊德於其《自傳研究》（*Autobiographical Study*）中寫道：

某日，發生了一件事，為解答我長期以來的疑惑灑下曙光。
這事與我一位最聽話的病人有關，我用了催眠的方法，回溯尋找造
成她痛苦的根源，試圖予以緩解時，出現了令人振奮的結果。有回
她醒來，環手摟住我的頸子。一位僕傭無意中闖入，讓我們脫離痛
苦無奈的討論，其後彼此心知肚明，催眠治療必須結束。我還算
謹守分寸，提到這件事不是在說自己具有不可抗拒的個人魅力，而
是感覺到自己當下已經掌握了運作催眠背後神祕要素的本質。為了
排除這個因素，或者說無論如何得隔絕它，催眠術必須被放棄。
（Freud 1925: 27）

如你我所知，佛洛伊德起初認為自己被當成這位女性少艾時
期的初戀男友，接著才開始想到被「轉移」（transferred）到他身
上的是一種病患幼時對一種早慕的客體（或多個客體）的情感。
在這段自傳小插曲當中，於今觀來，有許多值得探討之處，尤其
是關於催眠者與被催眠者間可能經歷了什麼「痛苦無奈的討論」
的內容。精神分析的確起於催眠，而擔憂臨床中有過多「暗示」
（suggestion）在發揮作用，導致建立起「中立」、「節制」以及
「空白螢幕」（blank screen）等工作方式，便是這種病因學所造成
的；至此之後，專業上就一直不讓暗示出現於心理治療當中（e. g.,
Moore and Fine 1990: 196-197）。當代關係取向的精神分析或可容

榮格心理學指南：理論、實踐與當代應用 ├

許質疑佛洛伊德對自己「不可抗拒的個人魅力」。時至今日，個案移情結構裡的治療師角色已是被廣為化作理論的現象。我以這些至今所有的考量來說明我的信念（Samuels 1980, 1989），不妨這樣說，從衝突最大、最具爭議性的當代議題開始研究深度心理學理論的發展並回頭去看原來的問題，不失為一個有趣且適切的方式。

移情－反移情（transference-coutertransference）這個主題激起了最強烈的移情與反移情，這樣說並不僅是個文字遊戲。一般而言，在心理治療中確實是如此，而榮格學派的分析甚至可被視做此趨向的特殊案例。強烈的焦慮環繞著「榮格對移情是否有足夠的了解」這個問題。有時，他可能看來忽視移情：移情是一種「阻礙」，「你是在不受移情影響下治癒病人，而非因為移情才療癒了病人。」（*CW* 18: 678-679）有時，像在他企圖安撫佛洛伊德疑慮他是否堅持正統之時（*CW* 16: pa. 358），他非常熱切地站起來支持他，且很想被視為一個受認可的精神分析師，已充分了解移情概念佔據「精神分析的全部」的核心地位；佛洛伊德顯然說他已經「掌握重點」（有關榮格這種遊移態度的完整討論，請見 Perry 1997: 141-163; Samuels 1985: 182-183）。當然，許多靈性大師與醫生長久以來都知道在他們工作中激發與回應情慾感受的風險，而且，如同佛洛伊德早年所做的，他們傾向將此現象視作危險的。佛洛伊德很可能是第一位想知道為什麼會發生這般的運作狀況的人，而且他似乎沒有特別害怕它們——事實上，他運用「移情精神官能症」（transference neurosis）這個概念讓治療師能夠將原來被當做問題的東西，轉變為讓深度心理分析成為可行的那個東西。可是，移情即危險這種陰影，卻始終曖昧模糊地籠罩著心理治療，甚至不帶

偏見的精神分析取向的評論家（e.g., Symington 1986: 112）宣稱，只有令人痛苦與困難的事物會被轉移；若不帶負面意義，便無須轉移。如以下我們將看到的，關注移情，但想法出現歧異之大者，莫過於榮格學派的傳統。

　　心理治療實務中，移情－反移情動力與對此的理解扮演了關鍵角色，反映出精神分析師認知到心理治療關係裡存在著許多不尋常的東西。但不尋常的重點是，即使在今天，儘管理論與實務出現大量且繁複的轉變，但個案往往仍無可避免地被認為出現了將治療師視為父母的經驗，這是依循著佛洛伊德學派的路線發展的。而，與移情相關的情感狀態，反映出的是小孩對父母的依賴、被拋棄的恐懼、對手足的妒忌、亂倫的慾望等等。榮格學派經常引用榮格有關移情是種遍佈於文化中的多層次自然現象的洞見，但這卻遭到忽視。在榮格學派的治療傳統當中，移情不單單只是嬰兒期的慾望或者退化而已（see Kirsch 1995: 170-209），它更是一種榮格學派精神分析的特點，那就是外表看起來像是「父母親投射」（parental projections）的東西會被心理師與個案審慎地加以檢視，以確定那種理解並非治療的陳腔濫調。

　　為什麼嬰兒期移情確實如此常見，這與佛洛伊德（e.g., 1900: 4-5）所謂的「初級歷程」（primary process）的本質有關，它意味著無意識運作的慣性是不為空間、位置與時間所限制的。心理治療的空間成為滋養照顧的場所，治療關係於是處在修復之前沒有運作妥當的滋養照顧經驗的位置，且回到嬰兒時期，忽略當下時間。有人認為，求助的非常之舉將會形成或者帶來一種退化的、幼稚的移情——然而此觀點的批評者（Totton 2000: 134-166 有完整的概述）

指出，治療關係中的社會結構也在發揮作用，而不是該關係中被認為在形態上與童年類似的部分；不是所有看來是嬰兒期的移情便是幼稚的，許多其實和對心理學家與精神健康專業者的感覺與投射有關（Hauke 1996; Papadopoulos 1998）。

　　談到移情與反移情，在思及超越童年背後所隱藏者為何時，榮格或許是治療師之中第一人，理解到個案在治療師身上看到以及經驗到的，無論呈現出來的是正向的或負向的人物，實際上都是經由投射而與個案如其所是、渾然天成的自性或者人格是連結在一起的，而非僅與其嬰兒期面向有連結。因此，崇拜或理想化（以正向方式）的移情投射使個案好像在治療師身上發現各種人格——如智慧、包容、感性、想像力、聰明，其實並不為治療師所有，或者不單為治療師所獨有。在此，佛洛伊德所謂的「謹守分寸」也有所必要。後佛洛伊德學派論述的自體（self）與自體心理學（self psychology）（e.g., Kohut 1971）告訴了我們，理想化不僅是負面且防衛性的心靈運作特徵。理想化是讓某人用以發現他或她自己身上的某項東西，但卻是用投射的形式進行的，因此是在另外的人身上出現這些特質。這個投射向來是必需的，因為個案還未預備好認識到自己的力量與美好。或許，這是因為他們身陷於自我毀滅，或者他們過往的生命經歷要不是否定自己較正向的特質，就是無法接受它們。這時，無論問題是自我毀滅，或是諸如出生貧困而讀書不多等生命經驗，個案都可以很快地開始感受到治療師如同擁有超凡的智慧。同樣經常發生，情況卻有些相反的是，投射到治療師身上的意象卻讓治療師似乎成了一個嚴酷、疏遠、會扯後腿且（社會性格上）傲慢的人。

這一切都是移情，且一個人未展現的金玉良質以及不承認的敗德惡行兩者，皆會在移情經驗裡展現其具體形式。敗德惡行的移情是具教育意義的，因為這樣會提醒我們，以移情投射的方式，個案通常或者經常會面對他或她自己的陰影——用榮格的話來說，就是「一個人不希望成為的樣子」（*CW* 16: § 470）——但是，根據陰影的概念，實際上正是如此。以剛才所舉的例子來說，假使人格化了的嚴酷、疏遠、會扯後腿及傲慢，是個案自身部分的陰影時該怎麼辦？陰影與移情間的關聯尚待更多的研究，因為混同了「壞客體」與「陰影投射」，可能令人產生困惑，特別是那些已經非常認同精神分析觀點（其中有大量關於壞客體的文獻，但無任何論及陰影者）的榮格學派分析師的著作與研究。譬如，一個人自我層面的積極面向可能同時存在於其陰影以及消極面當中。這必然與超我的運作有關（若要我用佛洛伊德學派觀點進一步說明這個榮格學派概念的話）。例如一個人如曾受過強烈宗教感的洗禮，必須韜光養晦，自我炫耀便是不「合禮的」。這個人會帶著平凡且實際的自尊在他們的陰影裡成長——在那個個體突破陰影桎梏，使人格得以綻放與圓滿時，第一步邁出的將是移情投射。

在榮格學派傳統裡普遍與移情和反移情概念有關的部分，當中存在一些如下的張力。

首先，一方面在考量治療具整體性的前提下，賦予移情與反移情重要但影響**有限**的地位，而另一方則為將治療中所發生的一切都視為跟移情與反移情有關，且可歸結於此，這兩種想法間存在著張力。支持後者（一切都是移情與反移情）的人主張，有鑑於治療情境的特殊性質，而且如前所述，移情是無所不在的，不讓外在因

榮格心理學指南：理論、實踐與當代應用 ├──

素進入心理治療關係是不可能的。持異議者則指出，假如每件事都被認為是移情與反移情的結果，那麼將此名詞特化為專門術語幾乎不具意義。我們大可稱之為「互動辨證」（interactional dialectic）（Fordham 1979: 208）或是「對談」（Hobson 1985）。像移情與反移情這樣的術語，可在治療中用以特指高度精神官能症、邊緣性人格與精神病症狀的現象。

　　我自己的觀點則是，我們有必要明確說明在治療關係中哪些並不屬於移情；這可以提供一個可理解的基礎，以個案主體性已經被加入兩人治療關係中的普遍概念，來清楚解釋何者是屬於移情的東西。所以，同樣以我的觀點來看，強調「真實的關係」（real relationship）或「治療的聯盟」（treatment alliance）仍是必要的，且在容許某種關係與另一種關係大量重疊且產生影響之際，以治療關係裡的移情與反移情的動力加以區辨。榮格堅持，治療所賴者為辨證關係——換言之，這關係是由對兩人重要並可改變彼此的對話所構成，且假定當事者地位平等，這平等的意義是就上帝眼光的意義上來說的靈性平等（而我會加上，也如同一國公民都假定是地位平等的）。這大大加深了我們對真實關係與治療聯盟的理解。榮格對於當代精神分析與其他關注關係取向的心理治療而言是位淵博的先驅者。榮格的重要貢獻在於，強調治療師與個案兩者都以個人身分進入這個過程，且兩人之所以置身其中都有意識與無意識的理由與動機。這暗示著，他提出當代理論化心理治療的臨床過程中已經越來越清楚的情結問題：治療師做了什麼而喚起移情？以及在治療師身上是什麼竟然有助於對個案的移情做出有用的（換句話說是非精神官能症的）反移情回應？

第二種張力，是有關在移情與反移情的素材中，可以看到許多非屬個人的原型要素無所不在。討論這點，很快就會成為神學探問。照理說，所有的移情必然是個人性的，因此內在心靈內涵的表達僅可能是個人性的——也就是，集體無意識與個人無意識無從分別（Williams 1963）。就知識上令人印象深刻的同時，這卻也可能是引發爭議之處。通常所謂原型移情的意思是，移情並非出於個人經驗——譬如說，個人經驗中的父母。更確切地說，被轉移到治療師身上的東西是種更普遍性的，屬於「典型的」那類。因此，針對聰明（或者愚笨）的治療師，可更精確地被理解成是與治療狀況中典型、反覆出現的結構性特徵（這是其必要條件）有關的移情意象，而非以個案退化的、個人的議題加以詮釋。的確，聰明或愚笨的治療師形成一個經驗時，當中必然牽涉許多人。但要說整個事情都是「個人性的」，實在是跨進政治的領域了，這已經引發意識形態之爭，事實上這種榮格心理學及分析的爭端，在榮格過世前後已經發生（參照沙繆斯 1985 年對於後榮格學派分析心理學分裂成古典〔Classical〕、發展〔Developmental〕與原型〔Archetypal〕三學派，可信且具挑釁意味的描述；參照楊－艾森德拉斯與道森〔Young-Eisendrath and Dawson 1997: 89-222〕就實際分析與治療臨床實務的角度，延伸說明這些學派的意義為何）。

　　這場戰爭裡，將所有移情說成完全屬於個人性的，無異為猛烈的砲火。但另一方面，我們應該記住，許多顯而易見的原型移情，例如，出現把治療師形貌突出、如神一般，或者極度陽剛或陰柔意象的夢，或可另外理解為帶有個人的根源，代表著童年期親職人物所擁有或缺乏的品行。在個人移情與原型移情的領域間工作，詮釋

的策略需要非常精細複雜與彈性，治療師得有能力存疑，以超越綜觀各種不同的想法，並且接受將會出現沒完沒了狀況的張力。

　　第三種張力是牽涉到是否將移情理解成一種囊底路[1]或死巷較好，也就是在掉頭之前或許有必要先加以探索一番，鉅細靡遺地將之測繪，然後才覺得能夠打消它成為一條通往未來發展的主要幹道的可能性——或者，就盡可能全面進入移情，便是條（或者就是必經的一條）深入整合人格以及個體化的途徑。當然，這兩種立場經常是重疊的，且或許有需要對某個移情問題研究上一陣子，猶如了解到它是種必須被「澄清」的東西，而且是有助於促進成長與發展的東西。我們可以用「鬼魂」與「祖先」間的差異來表現這種張力。人們一旦遇到或者留意到亡魂就無法加以忽視，然而，鬼魂卻可能不似祖先那樣，可以建立讓人更滿意與足夠堅實的認同。由移情所驅動而去探索個案的過往或者其當前的無意識狀況，可能牽涉到將鬼魂轉化為祖先，將我們的囊底路變成主幹道，朝向未來心靈豐富性的方向。

　　第四種張力涉及移情是否真的是一種自然現象（如榮格所說的），或者更像是由治療情境誘發的東西。就後者的觀點而言，移情具有一種文化，甚至是政治層面的意義。依我之見，後者把移情更放進社會脈絡裡理解，既有必要的且將帶來額外收穫，即它絲毫不損及把移情分析當作治療根本要素的有效性。然而我們於此必須坦然以對，接受我們的所做所為確實會影響所有的臨床進行。假如個案被要求每週接受四到五次的分析，他所經驗到的移情感受往往

1　【譯註】囊底路（cul-de-sac）其實是條死巷，但路底有如圓環、廣場等可供迴轉之處而原路反向回頭，英國小鎮複雜巷道常見。

比每週一次的更強烈，因此我們不能說治療頻率的要求與移情強度完全不相干。那些主張密集移情分析的人也許要注意，這會助長源自治療師的移情現象出現。增加時數可能並未引出相對不密集的治療未出現的移情－反移情特徵；它們可能在裡頭「加入」了可能是遠遠非屬自然的添加物。心理治療一般很少討論這些顧慮。

第五種張力涉及移情投射與「現實」交織的錯綜複雜，以及治療師對此如何處理。假設有個個案覺得治療師不喜歡他。治療師知道個案這種感覺，但仔細思索之後，他找不到自己有這種不喜歡那位個案的情形。這是移情（治療師也許因自我分析不足而錯了，但為了繼續討論，我們暫且同意他的看法）。因此這就是移情了。我們的治療師能做什麼？他能用的治療策略有很多。治療師對怎麼稱呼這種感覺可以不預設立場，也不加以深究，這是一種建設性的超然態度（之所以具建設性，是因為治療師所持的理論是一旦進入移情就是如以上所述的進入一條囊底路），就治療師的立場而言是深思熟慮的決定。或者治療師也可以承認個案有這種感覺，不加反駁地接受，但思索著在稍後的階段再探索與詮釋這種感覺（譬如，作為一種投射）。普勞特（Plaut 1956）稱此為「具體化原型意象」（incarnating the archetypal image），且認為治療師對自己有無此感覺不置可否，不解釋移情或投射的機制，也不教導個案藉由神話父子情仇故事（克羅諾斯〔Chronos〕、烏拉諾斯〔Uranos〕、宙斯、拉烏斯〔Laius〕、法老王、希律王）去放大材料。下一種可能則是在知曉存在著這種感覺的情況下去工作，且容許它影響治療關係的所有方方面面。例如，假使臨床資料有些不足，這可能由於個案不願向他感到不喜歡自己的治療師坦誠以對。

最後一種可能則是治療師想要盡可能長久且深入地探究這種移情，且對相關移情有所警覺。事實上，治療師可能盼望這樣的材料出現已久，如詹姆斯·史崔屈（James Strachey 1934）以及許多當代的後榮格學派分析師都相信，這些當下（here-and-now）的移情在臨床上極為罕見。在此，要考慮的事很多。有些人斷言，對當下的移情做解釋根本不是一種帶來變化（亦即，導致改變）的技術，這已經是上癮，是治療師無可救藥耽溺於自戀的跡象（Peters 1991）。「你在說我」（you mean me）的詮釋成了嘲笑的題材（N. Coltart，個人通信，1993）。我自己的立場是，如其所是地判斷每個案例。有時，個案提到公司長官不喜歡他們，他們說的的確就是老闆。而有些時候，當下把老闆包裝指稱為治療師的解釋是成立的。在這兩種情況中，一個是希望在治療工作裡探索個案一生以及當前，在適應社會上的優勢與劣勢的心理經驗，但另外說的卻是，加入分析師這個人物角色會讓對話更質樸且具生命力，不過此說也因此有了爭議。

榮格對移情與反移情的想法

榮格的整體立場是，治療關係必須與醫學或者技術上的慣常做法有所區別，且治療要根據治療師與個案的特殊組合而採取不同的路徑。因此，榮格對於移情的立場變化如此之大，就不足為奇了。一方面，如我們看到的，移情是治療的核心特色，但另一方面，移情無異於治療的情色障礙。而對反移情，榮格的立場則相當一貫，是公認整體心理治療運動中關注分析師情緒、幻想與身體狀

態視為深入了解個案狀態之重要關鍵的先驅之一。至 1950 年代為止，精神分析沿著佛洛伊德路線發展，傾向於將反移情一律當作是精神官能症的，是分析師的嬰兒期衝突被激發的結果，讓他無法順利工作（Freud 1910, 1913）。相反地，榮格在 1929 年寫到：「除非你屈服於影響，否則你無法施展影響……病人無意識地影響（分析師）……這種情況最常見的症狀就是移情引發的反移情」（*CW* 16: § 163）。總之，榮格認為反移情對於分析師而言，是「一種具高度重要性的傳達訊息機制（organ）」（§ 163）。榮格接受某些反移情並非如此健康的看法，因為它們與「心靈感染」（psychic infection）以及認同病人的危險有關（*CW* 16: § 358, 365）。

當代後榮格學派分析心理學緊緊追隨榮格的觀點，視反移情對個案發展有益。這類研究請參見沙繆斯著作（1989: 147-159），而瑟吉維克（Sedgwick 1994）對此也有相當出色的廣泛回顧。容我以自己的立場就這種思考表達看法，我的想法獲益於笛克曼（Dieckmann 1974）、福德罕（Fordham 1978）、普勞特（Plaut 1970）以及蘇瓦茲－薩蘭（Schwartz-Salant 1984）甚多。

我們可以說，在無須排除無所不在的「丁點」精神官能症存在的可能之下，還是可確定治療師身上許多反移情原本並非精神官能症的，即使有益的反移情中亦然。我的看法是，臨床上有兩種迥異的有益的反移情，然而二者皆可被視為個案的訊息傳遞，以這個角度出發，個案因此是治療關係的盟友。

假如，與一位特定個案的某次治療之後，我覺得沮喪（可能單一偶發，或者是長期如此中的一次）。現在我從自我察覺中，可能知道自己不是真的沮喪，也確實沒有嚴重沮喪。我可能得出結論，

斷定我現在之所以沮喪，是因為跟這位特定個案密切接觸所致。有可能，個案此時正覺得沮喪，而我們兩人都沒有察覺到。以此為例，我的沮喪是反映了他或她的沮喪。我稱此現象（我的沮喪）為「反射性的反移情」（reflective countertransference）的例子。

但還有另一種可能。我的沮喪體驗是，可能是因個案心靈中有這樣一個「人物」或人格化了的意象出現並活動所致。個案可能經驗過父母的沮喪，而我的反應正巧體現了個案經歷此景時的情緒。於是我就成為這個個案內在世界的一部分。我在此強調「內在」，是因為我不是要重建事實，挖出一位沮喪的父母。有時候，這樣的人也不存在。的確，沮喪的父母意象可能象徵著個案心靈中某個沮喪的議題被激起——個案也許在投射他現狀，把當下沮喪投射到過去，投射至其父母過往的角色上。我稱這整個狀態是「具象性的反移情」（embodied countertransference），我認為這跟反射性的反移情不同。

此模型重點在於，一方面，我反映的是個案當下的狀態，感受到的是他或她於當時並未意識到的東西，另一方面，我體現出來的是長期存在的內在世界本質之中的一個實體、議題或人物。可是，分析師會遇到一個問題，那就是就經驗而言，這兩種狀態可能看似類同，而且許多有益的反移情或許既是反射性的，也為具象性的。

雖然這僅是眾多的模型之一，我想許多思考過反移情的榮格學派分析師與治療師已經注意到，被稱之為「反移情革命」（the countertransference revolution）的運動，是認可臨床工作者在某些程度上可以把自己個人的主觀狀態視作與個案有關，而這也許已經太偏離主軸了。或許，我們一直有點過於輕視有益的反移情所發出的

訊息，以及想帶著反移情工作的心情。也許，我們藉由將自己的沮喪理解為個案在傳達他們的沮喪，而將權力詭計套在某些個案頭上，而這也有其他問題存在（我針對將反移情理解成「一種重要的溝通機制」的觀點所造成的問題，列舉成一個清單載於 Samuels 1993: 45-46）。

治療過程中的煉金術隱喻

我們若認為榮格只專注於治療的關係面向，卻忽略向內探索治療關係裡雙方的無意識，那是不對的。相反地，榮格的更重大的貢獻可能在於，他已經找到方法，結合佛洛伊德旨在讓無意識得以浮出意識層面的「一人心理學」（one-person psychology），以及以各種方式強調心理治療中關係面向之重要性的兩人心理學。榮格藉由一種隱喻結合治療中的人際面向以及心靈內在面向，而他的選擇讓許多非榮格學派專業社群的人疑惑不解。為何獨鍾煉金術，將其作為心理治療中療癒歷程的根本象徵？他為什麼費心去延伸論述一本十六世紀的煉金術小書——《哲人玫瑰園》（*Rosarium Philosophorum*），作為自己探討移情的最重要作品？

榮格認為，假使從隱喻的角度出發，煉金術是現代無意識研究以及關注治療人格轉變的先期形式。煉金術師將其內在的變化歷程投射到他們進行的工作上，而根據榮格的想法，他們所做的事既是心理學的，也是科學的。在西元 1400 年到 1700 年間的鼎盛時期，煉金術在文化潮流中與時代精神格格不入而經常潛藏地下，由此看來，它和基督教的關係，與精神分析在維多利亞時代發展時和資產

階級道德觀的關係類似。

　　煉金師有兩個目標。首先，要從本身無甚價值的基本元素之中創造出某些有價值的東西。這個東西有時會被以「黃金」或者「哲人石」（the philosopher's stone）稱之。其次，將基礎物質轉化為精神，從物質禁錮中釋放出靈魂。在榮格看來，這些目標與治療的基本目的關係明確。而人際或者關係的因素，也在煉金過程中出現。煉金術師通常以一位男性為代表，與另一個人一起工作（有時是真實的人，有時只是個想像人物），所謂的 soror mystica，神祕姐妹。也就是說，煉金術師需要一個「他者」，與其結合以徹底完成工作。沒有個案就沒有治療師。煉金術師利用一個「他者」的情形，也許可以跟拉岡（Lacan 1949/1977）所謂之發展的「鏡像階段」（mirror stage），以及溫尼考特（Winnicott 1967）所強調的母親反映嬰兒自己的價值等觀點作類比。（參見帕巴多博洛斯〔Papadopoulos 1984, 2002〕對榮格學派心理學中「他者」主題的突破性評論。）

　　綜合這些觀點，我們能夠看到，煉金術如何成功地做到跨越治療歷程中心靈內部的與人際的面向之間的分隔，而許多煉金術主要用語也在認同廣泛運用此種特定隱喻的治療師身上獲得共鳴。例如，煉金瓶（vas）或密封的煉金容器，讓人聯想到使治療得以在其中形成的框架所帶有的包容面向。「結合」（coniunctio）是重要的煉金術男女交媾象徵意象，隱喻治療中兩個人格深入且全方面的融合。同時，結合的意象以生動的形式描繪治療師與個案兩者無意識心靈之間的運動（圖 8.1）。

　　煉金過程各階段讓人聯想起治療工作裡的治療師的一切：醞

圖 8.1

釀期（*fermeniatio*），當某種東西正在醞釀著變化，如同治療歷程的「化學」反應開始啟動，參與雙方都會改變；其次，**黑化期**（*nigredo*），心情逐漸黯然且領悟到等在前方的難題，在治療中經常在療程開始不久便發生，以沮喪的形式出現；第三，**淨化期**（*mortificatio*），在任何療癒或改變的可能性出現前，個案身上的某樣東西必須死去（亦即，改變、凋萎、轉變），且治療師可能也是如此。於此僅列出部分對照，聊以引發讀者興致（煉金術議題更進一步的完整論述，請參照 Samuels 1989: 175-193，Schwartz-Salant 1995；以及本書中史坦頓‧馬蘭所撰寫的第十二章）。

　　《哲人玫瑰園》插圖直白的性特質，也許會讓許多並不在所謂的榮格學派脈絡中學習成長的讀者感到困惑。性慾、男女交媾、人體結構，都是被用來當作心理發展方方面面的隱喻。因此，情慾與心理變化是息息相關的。但榮格心理學中，「情慾」是什麼？而且，為什麼了解這個術語對於理解榮格學派對移情與反移情的態度

如此重要？

　　某些方面有點像佛洛伊德，榮格對「情慾」這個字的用法很多元。有時，他把情慾等同於性慾或者性興奮（*CW* 7: § 16-43，相對晚至 1943 年才寫作完成）。更加常見的是，他把情慾寫成一種心理運作的原型原理——具連結性、關聯性、和諧，且冠以女神賽姬（Psyche）的情人及愛神阿芙蘿黛蒂（Aphrodite）之子的名字——愛洛斯（Eros）。有時，情慾的原則被當作是一種「陰性」原則，而這暗指與「陽性」原則——也就是邏各斯（logos）（字語、理性、邏輯、知識、成就）——間的互補關係。榮格對「陽性」與「陰性」的用法當然問題重重，當他把情慾歸因於女性多於男性時，問題變得更嚴重。我們暫時將激烈的爭論擱置（但相關討論可參見 Rowland 2002; Samuels 1989: 92-122），此處的重點是，**移情－反移情的動力與對其的理解無法脫離情慾**。在稍後探討性偏差行為（sexual misconduct）的部分，我針對治療工作一直用因為恐懼犯下性偏差行為而產生的反應及過度反應作為指導方針的問題提出質疑，當中有情慾不足的現象，而非較為人知的情慾過度的問題。

受傷的治療師

　　一旦我們留心到榮格那句關於治療師在治療中「涉入」的狀態不亞於個案的名言，我們便開始有了理論化斯言何意的可能性。榮格學派的分析與治療做為一種實驗已經運作多年，執業者身處其中的角色，比其他深度心理治療學派所受到的檢視更加徹底。如先前

所提及的治療不僅是一種關係上的歷程。參與其中的每個人自己內在都有個永無休止的無意識－意識的動力或者關係。這意味著，一個人在思及治療歷程之際，至少有三個重要的關係要考慮——互動關係是一個，以及兩種內在關係。嚴格地說，**三者齊頭並進**。

身處治療「當中」（in）也強調著治療師的傷痕。在提及「受傷的治療師」的概念時，所涉及的不僅是這個概念中的一般性內涵，單指治療師是受傷的人，他們成為治療師有自己充分的無意識的理由。受傷的治療師這個概念意味著治療師必然受創，承認這點，之後便可就出自與個案有關的創傷而進行的建設性工作。雖然榮格有這個觀念，但當代將此現象表現得最為淋漓盡致的，是精神分析師哈洛德‧希爾斯（Harold Searles 1975 年）的研討會論文〈當病人成為分析師的治療者〉（The Patient as Therapist to His Analyst）。希爾斯提醒我們，治療或幫助別人是精神健康的一部分。因此，當治療師跟個案一起工作時，將知道個案需要有機會去幫助或者治療治療師——假如沒有這樣的機會，個案的重要潛質便無法發展。治療師不能「擔任」（play）受創角色而讓個案有機會去施行治療；他或她必須真的受傷。而且，在邏輯上以及心理上，治療師須接受確實有被個案治療的可能性，這可能意味著，得從內心深處接受個案的感覺可能是正確的，而非「移情投射」。在先前那個說治療師討厭他的那個個案範例裡，治療師若沒有自問個案是否讓他想起以往或當前環境中的某人，或自己是否嫉羨個案的什麼，他可能就無法察覺到自己內在厭惡個案的感覺。

榮格以圖形呈現他綜合治療中關係的與內在的面向的概念，許多榮格學派分析師，包括我，則將他的圖形加以改良（參照圖

8.2）

　　箭頭①標示出治療師與個案間的意識連結，我們可以從中看到讓治療得以實現的治療聯盟與社會聯繫。我認為，榮格堅持精神分析應該面對面進行，不管這是指字面上的或比較隱喻性的人性化原則，都代表這個箭頭的重要性比乍見時更高。這是先前提過的與對方交鋒的現場，不論在諮商室中進行與否，都是與治療相遇的核心議題。我認為，榮格學派分析與治療的一個重要信念是，除了個案的核心家庭成員之外，個案也能夠是治療師的同盟、敵人、督導、治療者、同鄉、主人／女主人，有時也是靈魂伴侶。

　　箭頭②跟③與從治療師與個案無意識向對方所意識到的人物移情投射有關。治療師將自己受創的部分投射到個案身上。個案將自己健康／治療者的部分投射到治療師身上。在我看來，這些良性的

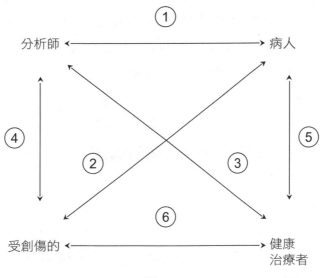

圖 8.2

投射讓治療師與個案得以認識到彼此既是治療師也是個案。假如沒有這些投射，就會令因為與普通關係不同，而造成有點難以定義的治療衝突關係張力無法提升。

但箭頭②與③所意指者，有很大程度是基於箭頭④跟⑤所發生的事而來。箭頭④表示治療師與自己個人創傷的連結。這不應侷限在分析師個人已做過的分析（雖然，如同佛洛伊德〔1912〕提及的，這很重要，而榮格是第一位疾呼〔於 1913 年，*CW* 4: § 536〕應強制分析師在受訓時接受分析的人，現在，幾乎所有心理治療訓練都已經透過各種形式反映出這個特色）。更精確來說，我們會不斷碰觸到治療師他或她對生命整體的感悟。箭頭⑤是用來指涉個案對自己在病人身分之外的潛質逐漸有所理解。隨著時間推進，這位個案需要觸及自身健康／治療者的那些部分，而不只是將之投射到治療師身上，成為理想化移情的一部分。因為其中存在著我先前提到的那個重要議題——幫助並且治療別人是心理健全的一部分。

箭頭⑥指出治療師與個案之間潛藏的無意識連結；這是最初的關係層次，它讓反移情得以有助於個案的概念進行（參照先前對此的討論）。

一些明確與移情反移情有關的議題

本章剩餘篇幅，將聚焦討論一些特定議題如：

• 移情－反移情動力如何導致治療師的性偏差行為
• 監督移情和反移情

- 移情之中出現的病態，特別是反移情之中的
- 與移情和反移情有關的權力議題，特別是涉及跨文化的情境
- 從超個人面向看的移情－反移情

　　在探討煉金術的章節裡，包括了我從《哲人玫瑰園》中所擷取的版畫，它極其生動地描繪一種婚配關係的治療，它們之間有眾多的共同特徵，都帶著相同強烈與包羅萬象的關係。榮格學派分析師與治療師當然沒打算在超過隱喻的範圍使用這樣的意象，妄圖將之用來顛覆對治療工作本質業已成形的具體看法。然而，就榮格學派分析與治療以及其他心理治療途徑而言，在處理及理解移情與反移情歷程上的能力和經驗不足，有時確實會導致治療師這方出現**性偏差行為**。這種現象一定得說是「治療師這方的性偏差行為」，因為無論個案多想跟治療師發生性關係，大家都了解，不管怎樣合理化所有結合都存在移情的影響力，治療師還是有責任在治療上自我約束。

　　如我先前略有提及的，當治療關係過度去除某些「情慾的」內容，會有與性偏差行為的翻版的問題出現——意指溫暖、親近、專注與信任這些方面的東西，而非踰矩的性慾傳達。除了辨認過度的情慾，我們也必須學會體認治療時性愛的欠缺（對家庭的道理也一樣，請參照 Samuels 2001: 101-121）。因此，探討移情與反移情的心理，我們需要的是繼續納入參與者的「性化學作用」（sexual chemistry），或是排除它。後榮格學派學者（譬如，儒特〔Rutter 1989〕），曾經明確地提出這些議題，因為早期榮格學派分析師有個傾向（現在，問題大幅減少，相較於其他心理治療學派，情況並沒

有特別嚴重），會忽視把需要維持在隱喻層次的東西賦予實質存在所造成的隱憂與危險。不令人意外的，佛洛伊德所注意到最早的移情特徵是在性慾與情愛的層面所引發的困難最重大，無論在控制或者理解方面皆然。任何有關移情－反移情的討論都不應忽略這部分主題，而且，考慮到性偏差行為與專業倫理間的關係，問題就變得更清楚，牽涉到理解或者以移情反移情動力工作，都會有倫理層面的問題（see Solomon 2000）。

接著，我要處理的第二個議題是，要怎樣以**督導**來對付治療夥伴關係的移情－反移情動力。當然，一個方法是讓被督導者明白向督導報告移情－反移情的材料，督導會補充他或她對那些工作者已經消化處理過的理解。另一種方式，我認為正代表目前這個領域的狀態，那就是，督導與被督導者要承認，在他們正發生中的關係中的狀況，跟進行中的治療關係中情況是同步的。有時，這同步過程，以直接和被督導者對督導出現移情，以及督導對被督導者出現反移情的狀況同時發生。有些時候，狀況更加不固定，而督導與被督導者彼此關係裡，與各自心靈內在的議題、感覺、意象等，在兩者之間傳遞，這些東西需以更容易讓人了解的詞語加以審視，以便用以說明，他們在「正式」（official）個案裡所使用的移情反移情術語反映的是什麼。

這種督導方法的理論是，當一個情感飽滿的關係出現在另一個情感飽的關係中（不管是什麼理由，督導僅是描述此普遍現象的一種方式），其中一個的內容與動力會外溢到另一個裡頭。這導致榮格學派和其他專業圈子的個案討論團體出現一個現象，亦即與被討論的個案有關的移情－反移情動力，可以藉由參照該討論團體本身

榮格心理學指南：理論、實踐與當代應用

發生的狀況來辨認與闡明（參見馬提森〔Mattinson 1975〕對督導中的「反映過程」有完整描述）。

有關移情－反移情的下一個特質，我想提出的概念是，從**參與者心理甚至身體的健康**的觀點來看，使用這個材料是有真實風險的。就此，我特別思考的是反移情中的病態，以及治療師容易受傷害之處。稍後，我將討論治療師的權力。雖然許多有經驗的專業人員知曉移情－反移情這方面的問題，但是論及其對於產生病態所發揮的作用，卻鮮少著墨。治療工作於參與雙方的壓力皆鉅，兩者都容易受到與壓力有關的心因性和心身性常見疾病困擾，範圍從肌肉與骨骼的失調（許多治療師苦於「腰痠背痛」）到心臟病、關節炎，可能還有癌症。迄今對此議題研究尚有不足，但移情－反移情關係當中，會產生愛恨交加的激烈狀態，也許就此埋下某些疾病的種子。承認此現象並且加以修通，可能會成為治療師與個案珍貴的經驗。個案被認為易受傷害；但別忘了對治療師的傷害，那就是，允許移情投射貫穿，令治療師的意識自我界限被滲透侵入，投射出來的東西因此造成一種真實，有時是可怕的痛苦。

第四，是超越文化情境的**權力議題**。大部分分析訓練，以及在許多一般的心理治療中，並未充分注意到權力的問題。事實上，在治療中無時無刻都在觸及權力因素（性偏差行為還可能以濫用從個案移情而來的權力加以理解）。想成為治療師的自由派論者，他們對此概念有所猶豫，因為在他們個案的意識與無意識心靈裡，他們是極具威力的，這個力量被感受為既善且惡，因此，移情裡出現的不是「恐怖母親」（Terrible Mothers）或「原型父親」（Archetypal Fathers），他們更像是社會裡的折磨者、酷吏或冷峻的權威人士。

當治療裡出現跨越文化的元素（簡單說，即個案出自不同於治療師的文化／種族背景的狀況），這些權力的動力與移情－反移情議題會以令人困惑的複雜方式交會。因為，一個少數種族的人接受當地一位屬於多數種族的人治療時，在移情中被轉移的東西，可能就是前者生活在多數種族文化影響下的整個經驗。這不是個人移情，而比較是「群體移情」（group transference），但這些經驗也會變成是高度個人的，也許牽涉到偏見、歧視與羞辱等。在某些案例裡，諸如此類的經驗在治療時如何能不反覆出現？這些也不是亙古長存與典型意義上的「原型的」移情，因為這類移情（以及伴隨而來的反移情，牽涉到治療師對某個種族或國民群體無意識與意識的先定假設）出自於社會組織與社會內當時的政治局勢。

關於移情－反移情，我要談的最後一個面向是有關超個人（transpersonal）的問題。探究這個議題有很多方法，近來，在人道主義（humanistic）心理治療及整合心理治療當中，超個人這一支線興起，榮格學派在此領域頗佔優勢。在移情－反移情當中，強烈的關係能量確實會讓參與者感到觸及了超越一般關係的東西。顯而易見地，我們必須對此謹慎思考，以免對心理治療的能力有過度幻想。然而，無庸置疑地，緊跟移情反移情動力出現的關係強度會「大過於」一般個人關係。有些人，包括我自己，會說這實際上是與神聖的關係的擬仿（simulacrum）與再現。比較持懷疑論及理性主義立場的讀者可能討厭這種概念，但許多作者（e.g., Ulanov 1995）也提出他們自己有關治療對話在超個人的與「靈性的」（spiritual）導引下會如何進行的論述，而當未過分抗拒強烈的移情與反移情動力時，看來它是自己走自己的路的。耐人尋味的

是治療中兩位參與者可感到，相同的臨床現象——也就是移情－反移情的動力——造成**倒退**而回到原初狀態，也在**邁向**靈性實用價值提升之路。煉金術師於其**工坊**（*laboratorium*）工作，當時的畫像和插圖呈現在我們眼前的是一個房間或彈丸窄室，可視之為類似現代的「實驗室」。假如煉金師是醫藥煉金師（或者「煉丹師」），我們便會在圖中看到個案正在接受或等待治療。但是這些煉金師也在另一個空間——祈禱室（oratorium）祈求工作順利成功，而他們會在房門上張貼著「Deo concedente」——上帝的意旨。

　　論及神性的介入獲致以下結論：分析的關係之中被稱為移情－反移情的這個較為隱晦的面向，顯然屬於分析師身為專家的領域，而在我們對此所負的職責中我們所關心分析心理學關係較隱晦的層面，與移情－反移情有關，且顯然那是分析師的專家領域，我們應該小心謹慎，莫要過分誇張技術方法的重要性。過度強調專業，不只會錯失分析之中的人性，還會導致分析師自大高傲而傷及她或他所信奉的工作。

個體化

莫瑞・史丹（**Murray Stein**）

蘇黎世國際分析心理學院訓練分析師
國際分析心理學會（IAAP）前主席

近期著作中譯的有
《榮格心理分析的四大基石》
《男人・英雄・智者》等

導論

自從與佛洛伊德及精神分析決裂以來，個體化（individuation）便如一條貫串榮格著作的主軸，不因榮格謝世而暫止息力。綜觀全局，那也許就是他主要的心理學概念，有點像撐起其全集其餘主體脊梁的意味。

1915 年，榮格於匿名出版深奧難解的小冊《對亡者的七次佈道》（*Septem Sermones ad Mortuos/Septem Sermones ad Mortuos*）裡，首度使用了這個詞，大約也是同一時期，他在大幅修改的《分析心理學二論》（*Two Essays on Analytical Psychology, CW 7*）中，以及早期題為《心理類型》（*CW 6*）、實為《二論》的摘要裡頭，進行了概念的深化與擴展。之後，他藉原型研究，特別是在探討煉金術時，為其添加更深刻的實質意義。他在他的講座（《分析心理學》、《夢的分析》、《幻相》與尼采的〈查拉圖斯特拉如是說〉）裡頭，還有幾個個案研究當中，都從臨床的角度詳述了個體化。而他許多探討宗教與文化的著作裡，也都以個體化為要角。

幾乎榮格所有重要的追隨者，都視個體化為一個核心議題。對理論提出重大貢獻的有麥可‧福德罕（Fordham 1969），他的研究是關於兒童的個體化，而艾瑞旭‧諾伊曼（Neurnann 1955），則視個體化為分三階段開展的歷程，每個階段分別包含數個次級階段。希爾曼是位榮格學派的解構主義者，一直對主要的心理發展概念提出強力的抨擊，尤其是針對個體化，他所抱持的觀點是認為，那些想法不過是用來建構現代心理學神話的幻想罷了。而更近的是賈科比（Jacoby）引進現代嬰兒研究的資料，將個體化理論作了更

精緻化的區分。沙繆斯則引介了政治意識和政治參與的特徵。而討論依然在持續當中。

以下，我會介紹榮格學派傳統對個體化中心議題的主要看法與綜合意見，就心理治療臨床場域的角度進行討論，並且演示這個具發展性的概念是如何運作的，而榮格學派治療師在實務上可加以運用之處。

榮格派心理治療師與個案首次會面時，要試著進行評估。他會洗耳恭聽，留意首先流瀉入耳的是傾訴，是告解或者抱怨。這聽來真的很痛苦嗎，還是這個人在抒發情感或者胡思亂想？這是個老在怪罪他人的人，還是她擔負著過度的罪疚感？這人太被動？還是過於積極？

在這種結構脈絡當中，即使是最單純的初談，治療師還是常常可以瞥見脆弱、權利議題、感時傷逝，以及一堆值得注意的情感與態度。治療師自己面對這些說詞所出現的情緒反應也值得注意，他可能發現有強烈想去幫助的拉力出現，或者相反地——也可能產生推力，拉大了彼此間的距離。會談的初期，而確實也已歷經了一段長時期的治療，當病人們努力結束舊的說法，發展出解釋他們故事的新理由之際，治療師逐步建構出一種對個案當下的特殊階段如何找到自我、繼續生活的心智評估。

榮格學派治療師所抱持的一個心理發展的概念，為「生命階段」（stages of life）論，而我們以來找我們求助的人的說詞，去論證我們心中關於心理發展程度的問題。比方說，我們會想，這個人所說的，在生理年齡與心理態度之間是否合宜相應？對一個人心理發展層次或程度的完整臨床評估，需要經過多次治療與許多觀察，

才能夠形成深度與細膩的理論解釋。這也是一種對他們已達到的個體化程度的評價。個體化這個詞彙，是用來指出一個人心理得以充分發展的可能性。以下，我將描述榮格對人類潛能的複雜洞察與評價的一些特徵。以最簡單的方式來說，個體化就是達到完整以及開展意識的能力。而分析的目的，就在於加速以及促使病人進行個體化。

　　榮格學派治療師對於已達到的個體化程度未加以明言，而是發生在形成診斷的普遍脈絡以及對個案心理發展的評估之中。個案日常功能運作的程度為何？有無重大生理疾患？是否罹患嚴重的精神疾病？有時這些考量評估的指標在治療中有著重大作用；但對更多的案例則無關宏旨。初期的治療會談裡，就要決定它們在引導治療中所具備的重要性，事實上治療期間從頭到尾都還是得持續不斷地思考這些問題。而正如榮格學派治療師現在一直還在參考的標準《精神疾病診斷及統計手冊》（*Diagnostic and Statistical Manual of Mental Disorders*；*DSM-IV*：是美國精神醫學會〔American Psychiatric Association〕發展設計的，現行為 2000 年改版的第四版）[1] 中的臨床觀點所作診斷，是一個持續演進的考量過程，就跟其他同行一樣，也使用如重度憂鬱、焦慮及多重人格違常這些專有名詞，更別說以像是成癮、關係與適應障礙等等進行考量了──同樣的，評價個體化也是個不中斷的過程，且持續地在進行評估。就算已經過長時間的治療，要判斷特定個案在個體化之路的所處的位置，也總是無法真的那麼精準，但有經驗的榮格治療師在經過幾次的會談後，

1　【譯註】2015 年 *DSM-V*（第五版）已發行。

心中對全貌就大概就有數了。

　　關於一個人在個體化道路上究竟已經走了多遠的問題，與從心理評估的角度出發的常見診斷問題，類型是有所不同的，雖然它們並非無關。關於這點，我接下來會盡力說明。論及個體化時，人們心中所想到的是某種超越的東西，不僅限於認知發展、行為調適、道德素養或是有無精神疾病特徵的東西。這些對構成個體化的複雜狀態雖是重要指標，然非盡其所有。還有其他決定性的特徵。評估個體化就是在描述一個人意識與無意識的假定與態度：關乎認同與自我價值感的基礎以及出處，總的來說，就是與他人和這個世界整體之間關係的品質跟意義，關乎個人投注於奮鬥與企圖心的能量（或所缺乏的能量），關乎引領一個人在人生康莊大道與幽僻小徑間穿梭的欲望與熱情的客體，關乎生命意義的焦點。榮格學派治療師做個體化評估時，就是去看這個人的生理年齡與這些意識和無意識的假定及態度的發展程度如何搭配。要全然列出這些假定與態度的清單，是個龐大且複雜的課題，其中要考量的還得包括關於移情與反移情來由的訊息。當然，想對一個人的個體化進行公正合理與精確的評估時，思考文化因素是不可迴避的。

　　榮格本人可說是第一位研究全面生涯的重要理論家（Papadopoulos 1992, vol. 2: 97-98），寫過兩個主要的生命階段議題，前半生以及第二階段下半生。每個階段各有其獨特的發展任務、順序與危機。隨後有位榮格學派理論家艾瑞旭・諾伊曼，將終身的人格發展概念性地分為三個主要時期或階段。諾伊曼所提出的典範並未與榮格的牴觸，而是對前半生作進一步的區分，增加了一個有用的階段，時至今日，諾伊曼的模型已經被榮格學派治療師廣

泛採用。

以分析心理學的語言來說，終身的人格發展就是個體化。簡言之，個體化起於一個人心靈固有個體性成形的過程，自生命伊始便於內在潛行。幾乎每個人一生所有的發展階段，都有著共同的特徵、危機與崩解。榮格學派治療師對這個發展該如何依序開展才是理想的，以及如何因遺傳的、環境的、社會的以及文化的障礙，而經常無法達成其本身的目標，有著深刻的體認。這裡頭還需要考慮性別差異的因素。

所以，總的來說，當個案來尋求榮格學派的心理治療時，治療師心中會憑藉直覺和床臨觀察來評鑑，通常是依循《精神疾病診斷與統計手冊》所制定的標準作診斷，判別心智以及心理狀態的正常與否，特別是依榮格學派文獻資料（請見章末所附參考書目中關於此主題的關鍵字）所概述過的個體化歷程的前景去做判定的。病人很可能從不知曉有這樣的評估，也沒有明確地討論過。然而，治療師會用以為詮釋指南，作為參考的介入方式，且當作建立以及維持治療結構的準則。多數治療師都會針對每個個案的特疏狀況決定治療取向，這取決於評估個案處於個體化道路上的哪個位置而定。

以下，我將概括描述個體化過程的三個主要階段，還有兩個重大危機期，以及最終的目標。而治療所努力的，基本上是幫忙個案準備好去引發與促進個體化的歷程，或者解除障礙並重新啟動這個歷程。個體化的三個階段是，第一，涵容／滋養（亦即母性的，或以諾伊曼的術語來說，就是母系的）階段；第二，適應／調整（亦即父性的，或依諾伊曼的術語，就是父系的）階段；第三，聚焦／整合（以諾伊曼的術語則是獨立的）階段（這三個階段可與艾瑞

克‧艾瑞克森〔Erik Erikson〕1950 年首次發表的心理發展的七階段論相互對照）。個體化的兩大危機落在這些階段之間的過渡期，第一個是在青少年與成年早期，而第二個則發生於中年。

千萬別把這三個階段想成互不相干、完全分離，以為在一個階段待上一段時期，然後在進入下一個階段時，就可將前段時期全然拋諸腦後；或換言之，如同一旦越過人生旅途的某段特定里程後，即永遠不會再回頭重蹈一般。相反地，它們標記著一個人生命中各個主要時期的重點與主導的態度。它們是成長與發展的階段，從一個階段逐漸轉化進入到下一個，而每個階段的特徵會在一個人經歷整個生命之時依然延續著，但是重要性已減。第一階段即童年，第二階段是青年到中年，第三階段則是中壯年到晚年。這種生命發展線的觀點是心理治療的一個工具，靈活運用的話，裨益良多，倘若生搬硬套，則不勝其弊。這個觀點提供榮格學派治療師一個方法，藉以理解前來求助的個案的心理特質，及其某些令人困擾的不足之處。

個體化的涵容／滋養階段

如同其他的哺乳動物一樣，人類從母親的子宮裡開始塵世生活。這個空間是古老的滋養環境，沉浸羊水裡頭，因母親身體的包圍而保有溫暖。胎兒透過臍帶被動地接受滋養，毋需費心自我照料。對誕生後的生活而言，母親的子宮成為一個人首段生命時期所需的心理環境的象徵。這是個被保護的空間，一個隔離的封閉地帶，幼弱的生命於此生長，相對不受周遭世界毒害的侵擾。對人類

來說，誕生之後有段長時期，適合處在這種類型的保護環境裡。人類所繁衍的嬰兒尤其如此，與其他許多哺乳類動物不同，嬰兒碩大的頭部在距準備好獨立運作還很早之前，就被趕出母親子宮這個滋養的容器了。人類新生兒需要一個外在滋養環境，延續一段期間，直到他們的身、心都預備好，足以應付已經開始在這裡頭成長的物理性以及社會性的世界。

尤其是在現代已開發的文化當中，生命的這第一個階段，也就是我們所謂童年期，它持續著一段很長的時間。對今日多數人而言，這個涵容／滋養階段延伸貫串了大部分受教育的期間，從嬰兒時期與小學和中學的歲月，經過大學的學習以及更深入的專業訓練。經歷這些歲月，一個人即便身體上，且多少也擴及到心理上已準備好承擔某些成年人的角色，但卻還沒全然擁有應付社會生活所需的能力，且未具備如社會上的成年人那樣的經濟自主能力。這段依賴父母及親職機構的時期可能長達三十年，甚至更久。然而另一方面，在那些於 12、13 歲舉行成年禮的傳統文化裡，個體化／發展的涵容／滋養階段通常在青春期開始時便告結束。到那個年紀，一個人就被認定已經準備好了，可以接受族群裡年輕成人應當擔負起來的身體的以及文化的任務。這時，態度以及社會認同的改變是突然且劇烈的；但在我們所處的現代文化裡，這個改變是漸進的，歷程可經數十年。

涵容／滋養階段的特性，象徵性地說，可被視為母性的。這種涵容的環境是以子宮為模型，在社會及心理方面進行建構，在裡頭生存所需的基本要素——食物、住所，提供掩蔽與保護所精心構造的照護設施——一概由家庭及社會供應。就情感的層次上，滋養是

以溫暖支持以及鼓勵的形式給予的（理想的狀況下）。小孩受到無條件的愛，他們獲得重視是因為自身的存在，而非他們做了什麼。現實的殘酷被屏蔽在外。父母笑擁嬰孩，千撫萬愛不厭倦，俯首甘為孺子牛，為了孩子的幸福，卻也可以橫眉冷對千夫指。對孩子的奢望無非就是聽話與順從。其餘的，就交給大人們去管理與保護。這個階段的年輕人不會被過分要求對家庭或團體福祉有所貢獻。他們持續地在父母以及其他成人的保護傘下滋養成長。

自然地，於涵容這個階段，這個母體（matrix）的豐富程度，高度仰賴於成人照顧者的態度與其可動用的資源而定。當然也和他們情感的穩定性與成熟的程度極為相關。焦慮的父母不但不能將殘酷的現實世界隔絕於受保護的環境之外，反而會將現實的威脅與煩憂放大。這個階段若缺乏足夠的涵容，造成保護牆的嚴重裂損，通常會埋下未來出現精神疾病的遠因，像是焦慮症以及各種人格違常等。此外，飽受驚嚇或者威脅的孩子，為了取代缺乏外在保護或者防護缺損的經驗，會發展出原始且大量的自我防衛機能，而這卻又可能阻絕這個人日後的重要發展與人際關係。

即便環境毫髮無恙，隨著一個人歷經童年期這個次階段，涵容的品質與程度也會逐漸改變。起初，具有最大的滋養與涵容。這類的照看是專對幾乎全然無法自理的新生兒的，其強度會在這孩子漸漸長大後慢慢降低。其後，父母親對滋養的質與量會進一步地限縮，涵容的程度也會降低。在孩子對這些改變還算可以適應接受時，父母會在限縮之際藉許多時機提出相應的自律、獨立以及自我控制等要求。通常，只要逐漸增長的能力（認知、情感以及動作）和這些新條件可以相應，孩子也會願意配合這部分的改變。隨著個

體經歷童年期發展化的一般性次階段,為了應付新需求的出現,並且降低可能在很多方面變成干預的過度保護,滋養的涵容會有所演變。到了這階段的個體化結束前,人們只經驗到來自環境最低限度的滋養與涵容,並可以為自己做那些先前由他人代勞的事。

最初也最重要的養育者,當然就是母親。從懷孕起,母親也同時代表了象徵滋養的涵容器本身。滋養與涵容可被視為母職功能,不管那是來自於親生母親、母親替代者、父親、老師或者機構。從象徵層面來說,只要是以滋養與涵容的方式在照料個體,就都是「母親」。

滋養,雖然是由親餵乳汁這樣具體的母愛行為開始,但非僅止於身體上的,在很大的程度上,擔負起小孩成長歷程其他面向的工作也算是。餵養,出現在情感、認知以及精神的層面上。滋養是一種態度,亙古以來,象徵性地由母親這個角色代表。世界各宗教的大母神/大地女神(The Great Godness)——諸如狄蜜特(Demeter,希臘)、伊西絲(Isis,埃及)、聖母瑪麗亞(Virgin Mary,基督教),僅為其中幾位——她們被視為滋養者、養育者、涵容者與撫慰者。儘管其字面意義上的餵養姿勢與儀式深植人心,大母神(Great Mother Goddesses)的角色形象卻遠遠超過生物性的與身體上的餵養功能。比方說,教堂是典型的滋養和涵容的機構,以來自天堂的麵包,一種精神食糧,餵食其「孩子」。它最初的任務並非餵人以真實的食物,雖然有時它會這麼做,並且致力於幫助窮人家改善物質生活條件。然而它所給予的主要是象徵上的以及靈性上的聖餐。滋養機構典型上以母親意象來呈現。同樣的道理,像船隻(ships)這樣的容器,也就被稱作「她」(she)了。

這不是說，實際上的母親，或者像教堂這樣的滋養機構，或是海軍艦艇等，就不具有父性的特徵、家長式的功能與樣貌，然而一旦強調滋養時，其意象就會讓人想起母親。因此，個體化的這個階段被稱為母親的階段，處於當中的人們被視作生活「在母親懷裡」。

不管這個涵容／滋養的功能是否為真正的母親所執行，還是由另一人或者一個機構執行，其基本態度就是：「我是來幫你的」。滋養者是養育供應者、幫手、支援者。養育者所具備的這個態度進而會在接受滋養的人身上創造或者啟發出相應的態度。養育者召喚出小孩，而小孩會依附養育者。受滋養者所持的是一種徹底依賴所認定的滋養者的態度。這種態度也許是被清楚意識到的，要不然就是大致上屬於無意識的。在生命伊始的最初幾年，當然絕對是無意識的。涵容與滋養被嬰兒與小孩視為理所當然。被養育者經常卯足全力反抗照顧者，不明白自己真正的依賴程度是如此的深重。小孩掙脫母親，衝入車陣，只因為在無意識裡，他以為那不會有事，有人會照顧著，被好好保護，終究還是會得到日常的餵食、擁抱與撫慰。對小孩來說，這個權利到了不可挑戰的程度，而撫育的大人可能甚至覺得逗趣，還有點好玩，便放任允准。依賴起於母嬰之間渴望有十足的連結，因為生命的早期如果對這個世界就有過多的焦慮，不會是個好兆頭。

個體化的涵容／滋養階段對孩子開始建立意識自我，有支持與保護的作用。我們感受得到，這個作為意識中心的複雜的意識自我綜合體具有特定的執行功能，並對現實有一定程度的內在焦慮，會在童年早期階段逐漸成形。它最早的開端在子宮之中就已展開。在那裡，意識自我幾乎不是一個可覺知到以及對刺激有反應的點，它

在黑漆漆的母體中是獨立存在的一丁點意識。隨著出生，意識自我的世界急遽擴大，而嬰兒的意識自我透過對色、味、觸、聲與香加以記憶和反應而產生回應。很快地，嬰兒可以辨識母親的臉龐，並且作出回應。然而，在心靈深處，嬰兒與母親在心理上還是處於一種融合在一起的狀態。意識自我的分離極為有限。這種無意識的認同是雙向的。母親也深陷其中，就跟她的嬰兒是一樣的。榮格將這種認同的形式稱為**神祕參與**（*participation mystique*），這個詞是表示一種無意識的心理連結，出自人類學的概念（1910 年由列維－布留爾〔Levy-Bruhl〕引入）。在這種的連結裡頭，當中一人所發生的事，在另一個人身上也會出現。他們對彼此的痛苦、饑餓以及歡樂感同身受。對嬰兒而言，這將形成日後同理心的基礎，且最終會發展成對別人的責任感以及內在的良知。它也創造出日後意識自我認同的部分基礎，特別是對女孩而言。

隨著運動神經與認知的更進一步發展，意識自我能夠開始使用它的執行功能，且發揮對肌肉的某些控制力。手腳可以協調，然後學會說話。不久，整個世界成為一個遊戲及學習的大舞台，一個供人探索的真實伊甸園。健康的小孩精力旺盛地揮灑自我，全心投入感到安全且受保護的環境裡。重大的現實考驗則留給親職負責人監看，如同舉頭三尺有著涵容與滋養的神靈在上方保護。隨著小孩更多身體與情緒的自主，這個天堂的邊界很快便被摸索透了。聽話與意識的增加是同時發生的。孩子與父母的監護間的心理界線開始出現，而小孩漸漸知道人、我有別，並且學會加以利用。然而，在這整個階段裡，孩子與養育環境間，在無意識的基礎層面上還是存在著認同。**神祕參與**持續支配著。榮格認為孩子的心靈大部分還是涵

　　　　　　　　　　榮格心理學指南：理論、實踐與當代應用

括在父母的心靈當中，並且反映出後者：「孩子與父母的心理態度關係如此緊密，無怪乎大部分的童年心理困擾都可以追溯到紛亂的家庭心理氛圍。」（CW 17: § 80）孩子的真實個別人格要到它脫離父母的心靈時才會湧現，如同二度誕生般，那是意識自我在心理上的出生，這時它成為更真實獨立的實體。

父母親對年幼孩子的心理涵容會對他們自己的小孩產生巨大的影響，不僅是透過有意識的文化、傳統、教導以及訓練等方式傳遞，更重要也更深刻的，是在無意識當中，透過對態度和結構進行溝通而形成的。經由無意識，小孩內在世界開始形成一種心理程式（programming），不管那是好是壞。形塑孩子內在世界的最大影響因素不是父母之言，而是其人與其行。家庭是小孩所適應的環境，且大多是以這世界的正常情感狀態，向內投射而進入小孩的內在世界。

這種對身心可以承受的邊界的考驗與挑戰，會持續貫串個體化的這個第一階段。我們大部分人都在青少年這個階段開始跌落人間，那是個在生理上，在某些部分擴及到心理上的過渡期間，讓一個人準備好脫離這個涵容／滋養的環境，為進入個體化的下一個階段做好準備。然而，現代文明社會，因為接受教育以及專業訓練的需求，因此狀況變得複雜，滋養的階段會相當程度被延長。一個 15 歲甚至是 18 歲的青少年，幾乎無法擔負起現代社會中成年人的工作與責任。個體化的第一階段拉長後，使這些國家的青少年產生了非常典型的特定問題與態度：缺乏耐心、叛逆、自卑感、覺得被邊緣化，以及挫折感。已經整裝待發揮別童年，但卻尚未做好成為一個大人的準備，他們真的是進退維谷。身處現代文化中的青少

年已經不時興傳統社會的成年禮，儀式性提供的成年人格面具被拿掉，童年的依賴狀態被人為地延長，遠遠超過了自然的生理以及心理時限。各級學校與大學是現代文化設計用來暫時看管與涵容青少年和青年人的地方，他們需要更多的時間成熟，並且接受文化薰陶（acculturated），準備好成功適應不久後將落在他們肩上的工作以及家庭責任。

個體化的適應／調整階段

　　母親是個體化第一階段的核心象徵，父親則在第二階段取而代之。這個轉變不是由於位置的奪取所造成，而是因為心理的需要而逐漸發展出來的。隨著意識自我逐漸壯大，為了獲取自由，就得擺脫母親所提供的滋養涵容環境，這時需要的是父親的角色出現，灌輸給長大了的孩子適應這個世界所需要的精確運作功能以及表現方式。父親引發了意識自我的焦慮，但在理想的狀況下，總的來說會因能力增加而得以應付。

　　再一次強調，我們需要在象徵與隱喻的層面上，而非從字面和社會意義上去理解「父親」以及「父權的」（patriarchal）（諾伊曼的用法）這些詞語。個體化第一階段的特徵是涵容與滋養（如身處伊甸園），第二階段則是由行為後果的律法（現實法則），以及在這個較為廣大的世界舞台上得不斷表現與獲得成果的要求所控制。在個體化的第二階段，人們所處的世界，衡量行動表現的標準是至高無上的，行為結果也不可避免地會被強力限制。一個全然生活在這種帶著期待與有條件的關注的環境中的人，就已經進入「父

親的世界」了。這不再是一個無條件的愛成為常態的世界，而是一個對於獎勵分配，包括愛跟正向的看待，在給予之時都賦以嚴格、甚至是苛刻條件的世界。這不是個完美世界，而是個真實世界。意識自我被要求對自己以及這個世界整體實事求是。這意味著適應跟競爭。

　　事實上，早在離開涵容階段以前，現實法則就代表性地被帶進孩子的生活裡，但理想上最好是適量地點點滴滴添加進來，好讓年幼而脆弱的意識自我比較可以忍受。涵容的環境提供保護的屏障，去除與隔絕現實中可能的困境與傷害。在生活裡，不應過早或者過於強烈要求表現以及成就。果若如此，孩子的意識自我可能會因焦慮而被摧毀或者而受驚。為了對抗這種嚴峻的威脅，心靈將築起原始的防衛措施，以抵禦滅頂之災。而就另一方面來說，如果就讓孩子無憂無慮地待在他的伊甸園裡，對表現與成就都不太要求，而行為後果也沒被限制，意識自我也就沒有辦法開始習慣於處理壓力與緊張。它的發展持續停滯，因此也無法為下一個個體化階段的特殊要求與期望做準備。適度的挫折與緊張可促進意識自我的成長。榮格相信，意識自我是透過「與環境的衝突」而發展的，而福德罕提出概念認為，意識自我是透過去整合（de-integration）與再整合（re-integration）的重複循環而發展出來的。這兩個概念都重視最佳的挫折量這個元素。

　　通常，要求在某種程度上可以做到的控制以及學到的技能，早在出生後幾年的如廁訓練與斷奶就已經開始了。這是可以慢慢地且隱微地要求，但時機得依小孩的能力進行必要的調整。入學後對技能表現的要求會增強，並隨著孩子從小學到中學，要求會越來越嚴

格，後果也越來越嚴重。象徵性地說，隨著童年早期的那些日子過去後，父親的角色愈形重要。到了孩子要進入高中與大學時，為了適應環境會引發很大的焦慮，而這年輕人會開始意識到，且需回應這個並不那麼寬容的世界的要求。因此而產生的後果開始更加影響生活形態，並對行動與作為更具決定性。在某些國家，13歲左右所參加的學科測驗，對一個人一輩子的職業具決定性的影響。幾乎對所有的小孩都一樣，成績及學業表現會影響一生，在有了身處這種壓力之下的覺醒後，他們就會領悟到，世界不再是他們在嬰幼兒以及孩提時所熟悉的那個滋養的容器了。

　　這個從個體化第一階段進入第二階段的決定性過程會進行一段時間，在多數現代社會，通常大約是介於青春期初萌到剛成年的那段時間（12歲到21歲）。有些人情況特殊，可能早些，而那些求學階段較長，就讀研究所甚至到博士後研究的人，則可能稍晚一點。校園環境部分有如母親的支持，部分則以家長式的權威要求適應。它們的任務是去幫助一個人慢慢地準備好適應走出校門後的生活（當然，對某些人而言，完全不是那麼回事。他們可能不理會學校，在拿到任何真正學歷前便輟學，也可能終生都待在學校，當一輩子學生或者老師）。作為中間過渡的機構，各級學校扮演如成長中小孩的父權式的古老原型角色，它的任務是在孩子年紀已經不適合再接受滋養時，幫助他們離開家庭的包容環境，可以進入這個花花世界當個大人。在傳統文化裡頭，年輕男子到了一定年齡，需要人帶引他們進入社會結構裡的新層級時，父親所扮演的就是這個角色。對女兒來說，母親扮演的角色也類似，女孩成年時，她們被賦予擔負更重大的新責任，且需熟習婦女的工作。現代社會兒、女職

責不復有別。於今，兩性皆為準備離家到外面世界討生活的目的而去上學。除此之外，男女都被認為對家計與教養孩子負有同等的責任。在現代的生活裡，男女分工雖然依稀有據，但是界線已然模糊。

走完涵容階段（童年），來到個體化的適應／調整階段（成年）的旅程，當然，是充滿危機且情緒高張的。橫在這一路當中最大的心理障礙，是榮格以亂倫願望為理論根據所討論的東西。佛洛伊德認為，亂倫願望是想真的與最親近的家人產生性關係，特別是與自己異性的父親或母親，而榮格並不同意這種的看法，他將之詮釋為想繼續當小孩的願望，想停留在生命中的涵容階段。亂倫願望是拒絕長大，希望永遠生活在伊甸園裡。彼得‧潘（Peter Pan）憤怒地高喊「我拒絕長大，永遠不要長大！」時，就是在傳達這樣的態度，並且堅拒從充滿幻想的快樂兒童，轉化成現實導向的成年人。要克服這種一直想當小孩的欲望，需要在心理上成為英雄，以一種強迫將一個人帶離伊甸園的舒適圈的豪情壯志，去迎接滿懷刺激挑戰的真實世界。英雄是原型的生命力，要去屠龍（也就是亂倫的願望）以及救美（亦即靈魂），以在人生道路上勇往直前。英雄尋求並接受現實生活的挑戰，懷著不切實際甚且幾乎不畏死亡的萬丈雄心。這種英雄表現出勇敢面對父親並迎接家長權威世界挑戰的信心，說起來有點逞強（bravado）。然而於內在認同一位英雄人物，可以讓意識自我抵抗退行的吸引，也不耽於早先依賴「母親」的舒適，並令它充滿活力去適應現實的任務與挑戰。在一個人終於認知到，現實所提供的獎勵比幻想更大、更好，且現實是可以掌控的，這麼一來，那個人就已經從個體化第一階段進到第二階段了。

我們當視現實為完整世界的體現，裡頭包括一個人一生中要面對的心理、生理、社會、文化以及經濟的所有挑戰，許多都超越了人所能控制的範圍。面對現實意味著一個人勇於應對所有從外與由內而來的問題——愛與死、職業與生涯、境遇、性、企圖心、別人的期望、病死苦、菸酒成癮的惡果等等。這意味著承認我們身處一個充滿未知與險境的世界，而人力可及之處甚為有限。英雄欣然、甚至興味盎然地反擊現實所施加的阻撓，他滿懷信心，精感石沒羽，豈云憚險艱。英雄堅信，石以砥焉，化鈍為利。當意識自我在英雄之旅的道上現身，就會猛然發現，進入了這個階段，世界是由工作和稅賦、退休金規劃與保險單、長期關係以及家庭責任、別人眼中的成功與失敗，還有撲朔迷離的棘手難題所組成的。這是個體化第二階段必須面臨、適應以及調整並且投入心力的世界。這是離開伊甸園的人生。

　　許多人因為早期心理受創，處理焦慮的能力嚴重受到阻礙，以致無法完全面對現實，而在此階段退縮。更有甚之，當嚴峻的現實臨頭時，就算天生擁有足以應對的韌性，意識自我的防衛卻也將其推離。有些人遷延羈留，曠日廢時，而環境以及經濟條件的滋養也配合延長，容許他們這麼做，又或者憑藉欺瞞、托辭以及自欺欺人，這使得情況變得尷尬，之後幾乎不可能面對人生的轉化。這種延滯產生榮格學派學者所謂的**永恆少年**（puer aeternus）（也就是「永遠的小孩」，或者就女性而言稱為**永恆少女**（puella aeterna）這種帶有精神官能症人格的類型。這些人由於種種因素，英雄從未登場，或者意識自我還沒有認同一個英雄人物及其生命力，而對真實的或想像的滋養與涵容環境的依賴（無論是有意識或是無意識

的）一直延伸進成年，甚至於老年。亂倫願望沒受到挑戰而一發不可收拾，然而父親的威脅森然逼近，形象過於巨大且叫人膽寒。心靈因而停滯。一種長期無力感揮之不去，成為膽怯退縮的人，害怕露臉、挑戰以及應付日常難題。象徵性地說，意識自我始終還是「在母親懷裡」，有時甚至真的付諸實踐，就是不離開家。這些例子實在令人懷疑是否真的能跨過第一階段的個體化。這些人往往終其一生都孩子氣十足。他們也許不作惡，但是也沒什麼貢獻。他們的潛力永遠就只是一種潛力，不會被實現。他們總想寫出一部偉大的小說，但是從未真的在紙面上留下隻字片語。

　　許多《精神疾病診斷及統計手冊》所描述的人格違常，可以對照出是沒有成功地完全脫離童年涵容世界的結果。比如說，邊緣性人格違常似乎和仍然耽溺在兒童早期階段與母親典型的愛－恨關係裡有關：一個人由於陷入依賴母性他者的水乳交融狀態，於是現在他或她會攻擊他們，而設法帶著強烈的恨意與蔑視求去。這樣的人因沒有成功完成第一階段到第二階段的轉化，終其一生都會對著重要的母性他者，無止盡地反覆上演與母親分離的戲碼。自戀型人格疾患也是來自困在個體化的涵容階段，基於有種強迫性的理由，他們要的只是堅持重要他人對自己拍手叫好，且討好（mirroring）就好了。有自戀人格問題的人渴望永遠是個受寵的嬰兒，為那些對他們聰明的表現永不口出惡言或者說好嫌歹的著迷觀眾一直表演下去。他們的生命滿目瘡痍且痛苦昭然若揭，因為童年期涵容階段之外的世界不是以滿足他們想一直受到矚目以及全然讚美的需求而設置的。

　　心理治療，其環境設置與操作，通常給人的印象就是一個滋養

／涵容的環境，讓人回想起發展的涵容階段。治療師通常會接納且支持個案，不加諸判斷，並且多多少少給予全然正向看待以及討好反映。我們必須說，許多尋求治療的人，是帶著被殘酷現實的明槍暗箭折磨到傷痕累累而進到診療室的，因此他們需要喘息，至少持續短暫時間，以恢復平衡感受與重拾自我價值。假若他們是因早期童年受虐的創傷而深受傷害，他們將會在治療關係裡，於心理上反覆重現出生與發展的痛苦掙扎，與治療師融合成一體，如同嬰兒與母親的關係一般，於是使用無法達成這種轉化的邊緣性人格者的方式，奮力地想讓自己脫離治療師，或者對如母親般付出全心支持與接受的治療師貪婪地索求仰慕的眼神且能亦步亦趨地討好他們。對這類的案例，治療師的主要任務在於協助他們從母親的世界慢慢過渡到父親的世界。治療師有意無意地，或者慎重其事，也可以出其不意，點點滴滴、慢慢地讓現實的衝擊出現，以強化病人的意識自我，如果靈巧地操作這些衝擊破壞，是有助於意識自我準備好在成人世界裡運作的。治療師從滋養／涵容的母親，變成另外一種人，一位象徵性父親，幫助個案過渡到成就、工作、奮鬥、競爭及打好人際關係的世界。

個體化的聚焦／整合階段

　　榮格心理學對心理發展的概念最重要且引人關注的貢獻在於談到個體化第二階段之後的生命那部分的內容。這是其他大部分精神分析理論止步之處。它們可能會問，當一個人已經成功地走過心理發展依賴滋養環境的第一階段，也已經和其他身處第二階段的成

年人一樣，像個大人般地負起生活的責任，接下來呢？在進入了適
應與調整的父親世界這個最高階心理階段，並且願意也能夠應付現
實，在此之外還有什麼更超越的境界嗎？榮格學派治療師對此的回
答是「有」，因為事實上許多人在下半生前來接受榮格學派心理治
療，不僅僅是為了尋求某些調整他們家長式威權態度，以及更進一
步消除童年情結遺緒而已。他們通常是事業有成、養家活口、成功
完成許多目標的大人，如今卻開始懷疑人生是否真的就只有這樣。
這就是問題的重點所在，榮格學派對人生下半場個體化歷程的思
考，也因此變得意義重大。這就是榮格在他如〈個體化歷程研究〉
（A Study in the Process of Individuation, *CW* 9i）等文章中經典地描
述的心理發展階段，在此階段中，曼陀羅的象徵性、宗教的功能以
及對於個人意義的追尋，變得重要起來。

　　如果早期發展相對順利，人生在這個階段的任務不是成為一
個社群中負責任的成員，以及具備一個相對獨立且自給自足的人格
（這任務已經在第二階段完成了），而是要成為一個既能夠體驗到
超驗的世界，也不離人世間當下具體現實的自信穩重以及完整的個
體。為了這個目的，還有另一個層次需要發展。

　　人生第一個分離是與母親分開，最初是離開她的身體（初次
出生），然後是脫離她提供滋養的父母心靈（二度出生）。在那一
刻，心理上的個體才踏入真實世界。現在有另一段通道要走，即第
三次出生，在意識自我放棄原始的全能自大而完成了調整轉化，這
需要遵從集體（「父親」的世界）的標準與期待，開始走上個體化
之旅。第二個階段，一個服從的階段，但是十分矛盾地，卻是伴隨
青少年叛逆的，以英雄原型能量支撐的激烈行為作開端。青少年堅

定地打破父母涵容的環境。另一方面，進入第三階段時，經常是處在相當無可奈何與狐疑不定的狀況，此時一個步入中年的人開始脫去循規蹈矩的外衣，卻舉步維艱且心酸滿懷地步入一個再生成為一個全然與整合的個體的過程。有時候，是因遭逢不幸的失落，導致對過去想當然爾的集體想像幻滅，而打開進入這個階段的契機。大致來說，被榮格定義為「有意義的巧合」（CW 8: § 827）的共時性，在邁入第三階段的個體化且持續向前的歷程中，扮演著重要的角色。

　　進入這個聚焦與整合的階段，意味著逐漸拋開先前被集體定義所拘限的認同和人格面具，並且會有個屬於自我的意象從內湧現。當然，這並不意味著將集體的現實拋諸腦後。社會現實不會從意識自我的視野中消失，也不會就此不受關注，但是應付並適應社會要求時已較能輕鬆以對。生活的興趣與重心會產生轉移，追求意義要比苟活續命來得更重要。精神生活變得更加重要，且具個人特性。

　　個體化第二階段所建立的認同，大多源於集體的意象以及刻板印象，也得自父母的典範。意識自我在第二階段形成的人格面具，則是社會賦予的一個結構，由一套個人多多少少可接受的社會建構元素所組成。個體化第二階段中的人格，絕大部分是個社會建構的產物。這個人格面具對於適應文化規範與期待極其有用。第三個階段裡，已經戴上這個人格面具且對之極度認同的意識自我開始抽離，然後在真實的內在自我與向來主導人生的社交面具間畫出界線。隨著這兩種心理結構之間的差距被打開，要我們要決定自己是哪種人以及會成為哪種人的選擇便出現了。這個新發現的人格樣貌更加獨特且具個體性，少了些社會建構產物的味道。

這不意味著現在我們就會心想事成或者可以為所欲為。而是，被榮格稱之為「自性」（Self 使用大寫，用以表示其超然存在，而且與意識自我的本質不同）的心靈根本結構的實相——開始以一種新的方式發生作用，並且然後取代先前為外在權威、現實的願望以及「父親」和社會性人格面具所佔據的主導地位。意識自我於是開始回應一種內在的需求，且服從心靈的召喚，而不是像原來那樣臣服於外在社會權威。這個從內在心靈世界湧現的新結構，以夢的意象、直覺、靈感、回想起來曾有的追尋過、幻想以及追求個人意義的強烈動力等形式，慢慢地摧毀並取代人格面具。為生活奔波以及努力求生不再是生命的全部；一個人現在必須找到某件值得傾注終生的東西，而且這個新的方向必須是為適合個人而量身定制的。事實上，這是從個人在後半生一直努力深入與建構的個體化工程中成長出來的。

心理治療對開始進入這個發展階段的人來說，跟那些還沒有完成前兩個階段的人相比，是大不相同的。雖然每個人，不管發展到多好或者多成熟，都還是會留有某些早期發展階段的殘餘——一些邊緣性人格與自戀的特質，與他人和環境的某種程度的**神祕參與**，或有點老小孩以及天真執拗——但這些都不是處在個體化第三階段的人尋求治療的重點。最核心的任務，首先，是要與第二階段所形成的人格面具認同分離，然後澄清出一個個人的核心，一個內在整合的中心點，不受集體文化的刻板印象控制，而是在自性所發出的微言大義上奠立根基。其目的在於令自性中固有的對立性達到一定程度的整合，可以接受我們日常生活不可或缺的穩定和諧被破壞。榮格提到，這得將陰影予以整合，並且以一種新的意識思考方式，

與阿妮瑪與阿尼姆斯進行連結。

　　對於正進入或者在積極進行個體化第三階段的人來說，心理治療中所產生的移情，也是全然不同的。不管是意識上或者無意識裡，治療師不再是跟滋養的母親或引領的父親連結在一起。取而代之的典型狀況是，治療師被看作一位智者（可能真的是，也可能不是），是個已經達成個體化，獲得圓滿的人，且其個人與自性也建立起了關係。這個意象會被投射到治療師身上，是因為這是病人需要也必須為無意識裡的內容在現階段的現實人生舞台某處找到一個典範。這事就幸運落在治療師的身上。人們在他們的治療師身上尋尋覓覓，追求自己未來成長所需的典範，而且看來是找到了，眼前心靈所需的正是一個在心理上圓滿的意象。

　　一位智者展現的形象，是個看來已然了悟見性，且依著所得之道而生活的人。這不必然是個對生命具體疑難事事洞察之人。那是一個我們可從他身上看到對矛盾加以包容的人，即使是在徹底決裂以及充滿張力的狀況下，他也依然能相對地全身而退且不動如山，他以平等待人，並做到不以人廢言。這是一個已經找到自性，與內在實相同在，不求聞達於諸侯，清心寡慾，並且不為自己的世俗名利束縛的人。最重要的是，這樣的人展現出自發、自由且卓爾不群的人格。這人朝氣蓬勃，而因為已經做好許多個人明確的生命抉擇，所以顯得獨一無二。

　　從移情投射裡發現到的意象就是它。當然，它大部分是一種投射，建立在從個案與治療師之間的場域所浮現出來的無意識模式之上。我們可以把它想成是一種理想化的移情，但卻是一種奠基於自性原型的模式，而非來自無意識中的母親或者父親意象。

個體化這個第三階段的目標，是將因應早期發展需求而在過程中被裂解的心靈碎片於內在結合重整。在這個整合的階段，會興起一股強烈的需求，想將對立的人格面具（好人）與陰影（壞人）、陽性特質與陰性特質、兒童與成人、右腦與左腦、思考與感覺、內傾與外傾，互相結合起來。所有這些被低估的發展可能性，在早期從意識分離出來，於個體化前兩個階段中遭到潛抑，讓意識自我才得以成長，以用一種合適的態度走進與現實世界的關係中，而現在，它們回來了，想尋求整合的機會。在前兩個階段，人們通常會成為某種特定的心理類型，認同一種性別和性別偏好，在家庭以及廣泛的文化環境所提議的諸多人格面具當中挑選出一個特定的，然後加以認同。另一方面，在聚焦／整合階段，我們回頭拾回失落或者拒絕的斷片，然後將它們編織進整體的結構裡頭。終究，凡屬人之所有的無不（或絕大部分）為自性所有。而當意識自我幾與自性重合之際，它也感覺到，離人間萬象，以及現實的諸般複雜性，並沒有那麼疏遠。總之，一個人就可以開始更加接受內在與外在的錯節盤根。

結語

　　個體化有時會與個人主義（individualism）混淆。就某個程度而言，這兩種概念在意義上有所重疊，但事實上，個體化的意義更寬廣，它並不侷限於只凸顯意識自我。個人主義最後通常成為某種自戀，以意識自我為重，爭取個人權利與捍衛自己的需求。因此，正確地說，它是將正常而健康的自利加以膨脹。另一方面，個體化

雖包涵許多意識自我的發展以及自利，但不僅止於此。它進一步涵括與整合內在世界與外在世界的兩極對立與複雜性。它並未忽略利他與關係的重要性，而是將這些要素涵括進核心的運作模式裡。它放眼人類全體共有的自性（而非意識自我），自利與更寬廣的社會利益並重。在個體化第三階段興起的個體性，是由一種人類特別共有的集體要素所組成，而體現在一個特定的生命體身上，且不離群索居，也不被視為比這星球上的任何其他生命更重要。可以說它不過就是一種人類生命的嘗試，之所以獨特，是因為它在共同的母體基礎當中有其高貴的地位。

積極想像

瓊·丘德羅（Joan Chodorow）

舞蹈治療師
舊金山榮格學院分析師

著有《舞蹈治療與深度心理學》
（*Dance Therapy and Depth Psychology*, 1991）

導言

要談榮格所寫過與積極想像（active imagination）全面相關及其重要性的問題，我想，沒有比直接從榮格本人身上去發掘答案更好的方法了。他以優美的文字細思了積極想像的意義，同時也略為觸及某種神祕：

我最根本的看法與概念就出自於這些經驗。我得先有所觀察，方可由此錘煉出我的觀點。而那是以手導引彩筆或畫筆，讓腳起舞，眼耳並用，出現了字句以及想法：這種模式終究是由黑暗的衝動所決定的，是一種「先驗」（a priori）的無意識促使自身轉變為具可塑性的形式。（Jung 1947: § 402）

再強調一次，他「最根本的看法與概念就出自於這些經驗」。分析心理學絕大多數基本概念就出自榮格的積極想像經驗。第一步，他「進行觀察」，然後才能「錘煉出」他的觀點。例如陰影、對立整合（阿妮瑪與阿尼姆斯）、人格面具、意識自我、自性等等，這些都是概念，但它們同時也是將心靈特定的結構與功能予以人格化的內在人物和內在事件。情感、原型、情結、力比多——這些是文字與概念——但在最深層的感受裡頭，它們是可明顯感知的人類經驗。

榮格把積極想像作為他「分析性的心理療法」（analytical method of psychotherapy）（1975: 222）。其過程意味著將注意力及好奇心轉向內在的想像世界，並以象徵性方式來表達它，不斷尋求

自我檢視的、屬於心理邏輯的觀點。積極想像諸多的創造性形式，包括：以理智心眼看見的影像、臨睡幻象所浮現的意象等，不僅有為視覺感，還有聽覺意象、動作意象及其他體感覺印象；與內在人物對話；透過種種藝術、沙盤遊戲的象徵表現，以及許多其他方式表達想像等等。積極想像還可包括運用治療關係的動力，也就是將移情當作積極想像（Jung 1916/1958: § 186; Davidson 1966）。最後，擴大象徵的學術性工作（榮格的夢詮釋法），就如同積極想像，一樣是基於聯想相關類似物的自然過程（Jung 1947: § 404）。

積極想像開啟進入深度無意識之道，且從中汲取資訊。同時，其表現形式由個人特殊品味、潛能以及性向所塑造，而這些則也受到文化環境的影響（Henderson 1962: 8-9）。所有創造性歷程都需要這種在意識與無意識建立起來的關係下進行。從這個觀點來看，積極想像以及創造性想像（creative imagination），兩者基本上會經歷的過程是相同的。兩者皆是透過「儀式」、「和諧的節奏」、「推理」以及「關係」，去表達與轉化情感（L. H. Stewart 1987: 138）。其最大不同，在於意圖。創造性想像的創造方向在於文化形式（宗教、藝術、哲學及社會），而積極想像則是對人格的再創造。

在榮格眼中，生命本矛盾，所以，他的重大概念會以矛盾的方式呈現，也就不奇怪了。一方面，積極想像是種冥想的方法以及／或表達的歷程，讓病人可以獨立完成，無需分析師協助。另一方面，既將積極想像與他象徵釋夢法聯繫在一起，又以移情的動力進行工作，他似乎在為一種全面的心理治療分析方法奠立基礎。

榮格的積極想像是基於固有的心理功能而來的，善用心靈產生

意象的功能（想像）之外，也經其發展成形，它同時也是一種自我療癒的方法，可以經教導而習得。與其說積極想像是種技巧，倒不說它是個自然產生的結果：「我寫下的是實際發生的事，沒有把它當作治療方法。」（Jung 1928: § 369）

不論我們是否意識到，出自原型的想像能力不停地進行自主性活動。它不僅透過遊戲、夢境、幻想以及積極想像，也透過創造性想像力的古老形式等方式自我表達，且形塑人類文化。對榮格而言，幻想是種整合性的功能，是「所有可能性的源頭，在那裡，就像所有的心理對立形式那樣，內在的和外在的世界都活潑地結合在一起」（Jung 1921: § 78）。

每個好主意與所有創意都出自想像力，它們的來源即為人所好稱的嬰孩期幻想。不僅藝術家，任何具有創造力的個人，其生命中最偉大的作品都要歸功於幻想所賜。幻想的動力來源就是**遊戲**，這也是孩子的本性，因為這樣，它看似與認真工作的原則有衝突。但是若沒有這樣的幻想遊戲，便不會有具創造力的作品產出。充滿想像的遊戲的價值無可計量。（Jung 1921: § 93）

榮格的思想領先他所處時代甚多。他早看出了遊戲和幻想在創造性、整合性、治療性上的功能，預示了精神分析以及心理治療的未來發展（Samuels 1985: 9-11）。類似地，當代神經科學家不僅確認了身體、情緒、想像以及意識之間具有錯綜複雜的關係，也確認意象的多重感官性（Damasio 1999; Pert 1997）。

現在，我要依據榮格的著作出現的時序，研究其經驗以及思想

概念。

榮格對於積極想像的觀點

　　榮格的積極想像觀點，似乎在三段互有重疊的時期中，自然地
成為一種方法。首先，我要說的是 1902 年到 1914 年期間所出現，
成為他未來方法種子的一些早期影響和觀點。接著，是他出現「創
造性疾患」（creative illness）（Ellenberger 1970: 672-673）而嘗試自
我療癒的那些年，大約自 1912 年到 1919 年。第三個時期，我要看
的是他在 1916 年到 1961 年間的基本概念以及某些發展跟修改。既
然有了這三個時期，我們自然地就會連想到，會不會還有個「失落
的第四期」。如果有，我能想到的，也許就是童年時期所紮下的積
極想像之根。我記起他幼時的想像同伴（Cwik 1995），那個「看
不見的朋友」，以及嬰幼兒時期從幻想而出、導引發展的多種創
造性方法（C.T. Stewart 2001）。雖然沒有用一個獨立章節描寫榮
格的童年，但他所開發的積極想像，與其對象徵性遊戲的再發現是
全然交織在一起的。

最初的影響與概念（1902-1914）

　　榮格最早出版的著作，是他的醫學院博士論文（1902）。其中
詳細描述了一系列的降神會，主角是位年輕的靈媒，她讓自己去接
觸內在人物，並將它們具體化。雖然以下的描述是在榮格發現積極
想像之前的大約十二至十四年間所寫下的，但對降神會的觀察與分
析讓他得以理解到，內在的想像世界有很多的表達方式，包括身體

動作。

慢慢地，動作開始伴隨語言出現，最後到達「情緒激昂」
（attitudes passionnelles）的高潮，整個場面極其戲劇性。……她的
動作不受拘束，而且高貴優雅，以最美麗的方式反映出她不斷變化
的情感。（Jung 1902: § 40）

意象的本質

從始至終，榮格一生都認為「意象」（image）這個詞不侷限
於視覺印象上。他援引夏可（Charcot）將意象區分為聽覺意象、
視覺意象以及運動意象的觀點（Jung 1902: § 86, note 35）。聽覺、
視覺和運動這三種意象一再地出現在米勒小姐（Miss Miller）的幻
想裡（Miller in Jung 1912: 447-462）。數年後，榮格在他第一篇
探討積極想像的論文中說，「視覺型」的人所經歷的無意識為幻
想的畫面，而「聽覺－口語型」者則比較是聽到內在聲音（Jung
1916/1958: § 170）。十二至十四年後，榮格在他的釋夢研討會中
說道：「任何具有運動想像力的人，都可能因此創作出一段極其優
美的舞蹈。」（Jung 1928-1930: 474）

情結與情感的本質

榮格早就確認了情感的重要性。有別於佛洛伊德強調驅力是
人性動機的源頭，榮格則抱持情感為先的態度。榮格的字詞聯想研
究測量的是心理困擾所引起的生理變化，同時證實了佛洛伊德的潛
抑機制，以及榮格的帶有情感的情結（Jung 1904-1909）這兩種概

念。將這二種想法聯繫在一起的影響為，每個情結都環繞著一個情感核心出現。早在 1907 年，榮格提出一個理論，認為情感是位於心靈基礎所在之處：「我們人格的本質基礎為情感作用。思想與行動……不過是情感作用存在的跡象。」（Jung 1907: § 78）榮格於此認為，情感不僅位於我們最棘手的情結核心之處：它們也是更高級功能始發的地方。

兩種思考方式

1912 年，榮格對幻想型思考（fantasy thinking）與導向型思考（directed thinking）做出區別：

雖然導向型思考是種全然的意識現象，幻想型卻非如此。它大部分屬於意識領域，但或多或少都在半陰影中進行，或者全然處於無意識當中，因此，只能間接推論得知。（Jung 1912: § 39）

在這段早期的文字裡頭，榮格認為幻想型思考主要跟無意識的活動有關，而導向型思考則完全是屬於意識的活動。之後的論文中，榮格推測無意識的思想與智慧「所在之處非常接近意識，就在旁邊、其上或其下，但因一個最接近的門檻（threshold）的隔絕，顯然還是令人無法觸及」（Jung 1947: § 362）。榮格在這裡認為，不僅幻想型思考，連導向型思考也都是種無意識的運作功能，透過其產物而到達意識層面。榮格所提出的兩種思考方式與積極想像之間的關聯在於，積極想像需要這兩股生命本能之流持續互相辯證。

象徵的廣延

　　榮格 1912 年關於力比多的著作導致與佛洛伊德決裂，該書就是以他探討兩種思考方式的論文開場的。然而，此書大部分談的是榮格對一個受過良好教育的年輕美國女士一系列鮮明、具創造性的幻想內容加以擴大廣延。米勒小姐是位傑出的新聞記者及演說家，寫過一篇關於自己的幻想的文章。她以清晰、聰明敏捷且具自省探索的天賦，分析了自己下意識（sub-conscious）意象的來源，回溯到一些已然留存於心的特定生命印象。此外，她還加入新的東西，將收集自古老以及當代文化的新資料，作為廣延某些意象之用。榮格未曾與之謀面，完全從她的文章以及他自己的想像和想法著手探索，更深入描繪與她入眠前的幻想、聯想與廣延所得的象徵性類似之處。在 1925 年的一場講座中，榮格憶及自己那時多麼專注於她的幻想意象，並且事後他發現自己有一定程度地，將自己受傷的陰性本質投射到她身上（Jung 1925: § 27-28; Shamdasani 1990）。

　　榮格在早期還用了另一種方式，他區別了回顧性與前瞻性兩種理解方式（Jung 1914: § 391）。回顧性理解採取化約的途徑。它從過去尋求因果關係，是科學的觀點。相對的，前瞻性理解使用的是建構的方法。它面向未來，著重於思考推測，且重視主體性。「建構性的觀點詢問的是，如何由當前的心理狀態發出訊號，去建造出一座通往它自身未來的橋樑。」（Jung 1914: § 399）榮格從未否認重建過去的重要性，但他說：「因果性地理解心靈，不過是一知半解。」（Jung 1914: § 398）兩種理解方式都是必要的：「心靈在每一個特定片段時的狀態，一方面既是過往至今所有事件的總結以及終點，就另一方面而言，也是在象徵性地表達未來要前進的方

向。」（Jung 1914: §405）打從一開始，亟欲理解象徵意義的熱切盼望，就是積極想像很重要的一部分。

對抗無意識（1912-1919）

榮格於其《轉化的象徵》（*Symbols of Transformation*, 1912）一書中，提出一個更寬廣、意涵越加豐富的力比多概念，卻讓佛洛伊德難以接受，隨著此書的出版，他們的友誼與合作就此結束。與佛洛伊德分道揚鑣之後，榮格感到茫然且失去方向，既恐懼又頹喪，幾至崩潰。於尋求這內在危機的原因之際，他兩度細細回顧一生，特別留心早年記憶。卻找不出合理解釋，心情鬱悶依然。終於，在來到絕境，且不知何去何從之際，他決意轉移關注的方向，放手讓無意識意象及動力去引導。在接下來的引文裡，榮格會告訴我們，他是如何被引導至重現童年的象徵性遊戲，以及這個過程如何帶領他進入最深的情結之一的情感核心。

首先浮現的是約當我 10 或 11 歲時的童年往事。其時，我有陣子對於玩積木極其狂熱。我清楚記得自己如何搭建起小屋與城堡，以玻璃瓶圍成入口及穹頂。一陣子後，我也用起一般石塊，以泥漿黏合。這些建築結構體讓我著迷了好一陣子。令我驚訝的是，這些回憶勾引出許多情緒。「啊哈，」我對自己說，「這些東西還活著。那個小男孩還在，仍然繼續著我所欠缺的創造性生活。但我該如何找到它？」對已成年的我而言，必須能夠建一條從現在回到過去 11 歲的我的橋樑，那似乎是不可能的事。然而若要與那段時光重新聯繫，我別無選擇，只得回去，以再玩一次那些幼時遊戲的方

式，重現那段童年。此刻成為我命運的轉折，不斷心生抗拒後，才終於屈服。體會到除了玩那幼稚的遊戲之外，我無計可施，實在令人感到極度羞愧。

雖然如此，我開始蒐集一些可用的石材，部分來自湖畔，有些則是從水裡撈出來的。然後我開始蓋房子：一些農舍、一座城堡、一整個村莊。還少一所教堂，於是我建了座四方形建物，上面放了個六角圓桶，再覆上穹頂。教堂需要有祭壇，但我對該不該蓋，還有所猶豫。

當我苦思要如何完成這事時，有天我如往常般地沿著湖畔散步，從岸邊的石礫中拾撿石頭。突然，我的目光被一塊紅色石頭吸引，它形如金字塔，尖錐四角，高約四公分。它是一顆石頭的碎塊，被水沖刷拋亮塑形成此——一個純然的造化之作。我立即瞭然：這就是那座祭壇！我將它放在穹頂下的中央位置，而就在我這樣做之時，便回憶起童年夢見的地下室陽具。（Jung 1961/1965: 173-174）

榮格的蓋房子遊戲將他帶回當小學童的歲月，而他所憶起的夢境甚至帶他回到更早的兒時，記起當時曾作了個惡夢，夢見地下神殿裡有個會吃人的陽具上帝。這個夢出現在他憂煩迭生之際，當時這小孩開始將耶穌基督與葬禮和死亡聯繫在一起。恐懼排山倒海而來，使他無法再從禱告中獲得平安，也覺得沒法告訴任何人自己的焦慮思緒揮之不去。這個夢魘之後很長的一段時間裡，那個可怕的上帝意象仍持續困擾著他：「每當有人一再呼喊主耶穌……我就會想起在地下室的那個惡魔分身（counterpart），我並未追尋，這個

可怕的示現卻出現在我眼裡。」（Jung 1961/1965: 13）

　　榮格意象複雜的幼時夢魘困擾他多年，但隨後還是被埋藏且遺
忘（Jung 1961/1965: 11-15）。透過象徵性的遊戲過程，故事回到
腦海，對其意義的理解也成熟了。我們可以看到這裡頭最重要的內
涵是，就像他的早期創傷反映出了家庭環境裡出現的宗教問題，因
此，從內在湧現的驅力引導他去找到、並發展出一個帶著宗教觀點
研究心靈的心理學派。他對童年夢魘到底在說什麼千思百想後，在
回憶錄中寫道：

　　當時是誰在對我說話？跟我提那些難以理解問題的是誰？是誰
把至上的和最深的合在了一起，並成為我於後半生投注無比熱情所
追求的萬物真相奠下基礎？那個既自上也從下而來的異鄉客是誰？
　　就是這個幼年夢境，讓我開始投入塵世祕密的探索。當年發
生的，接下來像是被埋葬了，直到我再發見以前，已然經年。時至
今日，我知道了，它當年之所以發生，是為了盡可能讓暗處的祕密
盡可能重見光明。我的學術生涯於斯時就有個無意識的開端了。
（Jung 1961/1965: 15）

　　回想起幼時惡夢後，榮格的恐懼消散且生機重現。然而，恐懼
被一種新的內在壓力取代。那時，他打開心房，讓自己開始進入一
段長期的幻想、觀想（visions）以及夢境，源源不絕，且佔據他心
神多年。他盡可能將它們詳盡記下。也畫下它們並著上顏色（Jung
1961/1965: 170-199, 1925: 40-64 and 88-99, 1912/ 即將出版）。
　　1916 年，榮格向外公開他長期對抗無意識的首批成果。《對

亡者的七次佈道》並非學術論文，它更像是榮格自己積極想像的一個例子。它讀來就如古代諾斯替導師透過榮格的筆在說話。這篇充滿激情、符韻合律、晦澀難懂的詩文所蘊含的種子，最終發展成榮格的分析心理學。起初，榮格匿名出版這本小冊，隨緣贈友。直到天年將盡，他才同意做為自傳附錄出版（Jung 1961/1965: 378-390）。1916 年，他還寫了〈超越功能〉（The Transcendent Function, 1916/1957, 1916/1958），這是篇重要且原創的作品，卻羈案多年才得以問世。初稿是帶著如潮水洶湧的原始能量寫作出來的，以多重角度引介了他的新方法。

在回到他積極想像概念之前，先談個榮格排行第三的獨子法蘭茲（Franz）所說的，關於榮格身為人父的感人故事。法蘭茲生於 1908 年，所以榮格開始在自家旁的湖邊玩起建築遊戲時，他大約四、五歲。多年之後，法蘭茲·榮格也老了，瑞士分析師瑞內特·阿庇可費爾（Renate Oppikofer）問他，是否記得他父親在「對抗無意識」那些年的任何事。法蘭茲說當時年紀尚小，記事不多。但是他的確記得有段時間經常與爸爸在湖邊一起玩建築遊戲。對法蘭茲而言，那個遊戲單純是父子共同玩樂的記憶。等榮格 1961 年過世，法蘭茲讀了父親的回憶錄後才——第一次——明白，那遊戲的意義不僅於父子同樂而已（Oppikofer，個人通訊，1995）。我很感激阿庇可費爾允許我講這個故事，因為這呈現了深入了解榮格作為父親的特殊視角。這個故事讓我們明白，為何法蘭茲·榮格特別喜愛建築，成為傑出的建築師後，終身志趣未熄。

榮格對於積極想像的想法（1916-1961）

情感

　　榮格重視情感的觀點自始未渝。但時經多年，他的興趣慢慢從情感的影響轉而發展出原型的理論。這個轉變很可能剛好在榮格實驗自我療癒的期間，那時他明白困擾自己的情感與情緒有可能可以「轉化」（translate）成象徵性的意義。

　　一旦我可以做到把各種情感轉化成意象——也就是說，找出隱藏在情感中的意象——我心懷靜謐且富信心。倘若我任由那些意象埋藏進內心的情感裡，我或可將之隔絕，而若如此，我會無可避免地陷入一種精神官能症，最終一定被它催毀。然而從我的實驗裡，從治療的角度來看，我卻學到了它是多麼地有用，可以幫忙找出藏在情感背後的特定意象。（Jung 1961/1965: 177）

　　積極想像就是藉由讓情感轉化為意象，與想像力天生具有的療癒功能結合。想像力取代原始的情感，以一種也許是較能被接受的方式表達心情或感受，創造出象徵性的意象和故事。這種完全自然的歷程在兒童自發性的象徵遊戲中出現，且引導著持續的心理發展過程。某些冥想的傳統如同積極想像，似乎都有助於一種類似的內在發展。它涉及一種從被情感淹沒的狀態轉變到一個新的象徵性視角。榮格在他〈論《金花的祕密》〉（Commentary on *The Secret of the Golden Flower*）一文中，描述了這種新觀點的發展：

在較低層次上會引發最劇烈的衝突且爆發驚恐情緒的東西，若改從更高的人格層次來看，則如同從山頂俯瞰一場山谷裡的風暴。這並不意味著暴風雨喪失其真實性，而是個人超越其上，不再置身其中然而由於從心靈意義的角度看，我們既是山谷且為高山，因此，認為自己超越屬於人性的東西之上，似乎是種無益的幻想。人們當然的確會感受到情感，並為其震懾和煩擾，但同時我們也能察覺到有個更高的意識在旁觀著，讓人莫要身陷其中，被那種情感所蠱惑。（Jung 1929: § 17）

對幻想的觀點

自他早期的〈兩種思考方式〉（Two Kinds of Thinking, 1912）論文以來，榮格便持續探討幻想型思考、導向型思考以及兩者間動力關係的問題。那些年間，他還描述了對於幻想積極性的和消極性的態度：「這完全取決於病人對其幻想採取何種態度以對。」（Jung 1913/1955: § 417）

消極的幻想很少不具有病態的標誌，或至少顯示出一些異常的痕跡，但積極的幻想是心靈活動的最高形式之一。在此，意識及無意識人格相互融入而產生一個能將二者結合在一起的共同產物中。（Jung 1921: § 714）

依照榮格所定義的積極幻想，它聽起來非常接近幻想型思考及導向型思考之間的辯證關係。每一種思考都強化了另一種。這種意識與無意識的結盟，在遊戲、創造與積極想像中至為重要。

積極想像的起點

　　當心裡面臨衝突、壓抑或不安時，就是開始積極想像的契機。「情感的激烈擾動本身就具有價值，具有能量……可解救適應力降低的狀況。」（Jung 1916/1958: § 166）這個想法始於無意識的原始素材，如情感、意象、衝動等。每個人有他／她自己對那些素材的理解方式。有些人有能力直接讓內在世界的視覺與聽覺意象進入。有些也許會轉向以身體感覺到的感官知覺、動作衝動以及身心症狀的內在世界。有些人選擇（或說是被選擇）使用海報、照片、畫作或者其他圖片還是物品，然後專注於它，直到它像活起來一般。還有些人，可聽見內在的聲音，或清晰或隱微。人們會於內在以不同的方式發現他們自己的出發方式。

　　拿最容易接觸控制諸多無意識形式中的那一個來用，說出一段自發的幻想、一個夢、一個非理性的情緒、一種感觸，或者某些類似的東西，然後加以運用。專注於它，全神投入，觀察它的變化。（Jung 1955: § 49）

　　他必須以這種情緒狀態為這個程序的基礎或起點。他必須盡量讓自己在所處的心境中保持清醒，全然沉浸其中，並在紙上記下所有浮現的幻想以及各種聯想。必須放任幻想，讓它放縱飛揚，但在此原則之下，又不能令其脫離應有的軌道，亦即保有它的情感。……整個運作的方式可說是讓情感更加豐沛，卻又清晰明瞭。（Jung 1916/1958: § 67）

積極想像的階段

　　這個方法包含兩部分。首先是**讓無意識浮現**。再來則是**與無意識交流共處**。這種歷程是自然發生相續而來的，但也會時而來回擺盪，或者同時發生。例如，有可能敞開心胸面對無意識且讓幻想自由馳騁，與此同時又維持著積極、自我檢視的觀點。因為每一個人都與眾不同，因此進行這個歷程便有千方萬法。有時一次經歷便包含了兩個階段。也有時候，卻耗時經年：「這結結實實地花了我四十五年的時間，以科學方法研究萃取我所經歷過的點點滴滴，然後在那時候寫下來……那是傾注一生研究的**原始材料**（*prima materia*）。」（Jung 1961/1965: § 199）

　　身處於此歷程，自然會出現兩種傾向，既與兩個階段緊密連結，但卻又不耽溺其中。一種是朝向藝術創作的美學傾向。另一種則是朝向智性認識的科學傾向。

　　這兩種傾向似乎無法獨立存在，雖然有時確實會在實際操練中獨自出現：創造性的衝動緊緊依附著客體，全然不顧其意義為何，或者因急於理解，而忽視該賦予客體形式。無意識內容首要的願望就是希望能被清楚看見，當它們所有要說的，是得以實體表達，方可被看出來時，可能只有透過具象呈現，才可以辦到。（Jung 1916/1958: § 179）

積極想像的形式

　　1916 年那時，榮格還沒有發展出他的心理類型理論。然而，他在研究自發性幻想產生的方式時，看來是用一種分類的方式在形

容感官。「視覺型會專注於期待某個內在意象出現……聽覺口語型經常會聽見內在話語，或許開始時只是一些沒有意義的隻字片語。」（Jung 1916/1958: § 170）還有那些「巧手能工」以及「舞姿驚鴻」可以表達無意識的人（Jung 1916/1958: § 171）。除了培養能夠產生視覺性、聽覺性以及動作性幻想的能力之外，榮格建議讀者可以筆記所有東西，還有繪畫。在這篇最早的論文裡，他也提及自動書寫（automatic writing）以及運用可塑性素材創作。

榮格在 1925 年的研討會，描述了他建築遊戲的強大治療效果，且於自傳中又提了一次。儘管「建築遊戲」以及「象徵性遊戲」並未被他在探討積極想像的論文中特別提及，但諸如儀式、戲劇性演出以及象徵性演出等詞語，似乎明顯包含了多種象徵性表達的形式。

儘管榮格使用許多同義詞以及其他各種名稱去描述它們，但真正說的就是積極想像，這點多年來並沒有多大改變。榮格在 1916 年所描述的那些形式，在晚期的作品中一再出現。

而他們也開始去繪、去畫或者去形塑出他們的意象，而女人有時還會編織。我甚至見過一兩位女性舞出她們的無意識人物。當然，他們也可以用書寫加以表達。（Jung 1935: § 400）

因此，我拿病人的一個夢境意象或者聯想，從這裡開始，以縱情幻想的方式讓病人達成他自己該深思細想與發展的問題的任務。這是依個人的興趣與潛能來決定的，做法數不勝數，含括戲劇演出、辯論、視覺、聽覺，或者舞蹈、繪畫、素描還是雕塑等形式。（Jung 1947: § 400）

及至晚年，榮格思及音樂創作也可以是積極想像：

如果真的譜寫出來，一件音樂作品或許也可視之為積極想像。雖然我沒碰到過這類情形，但巴哈（Bach）的《賦格藝術》（*Art of Fugue*）或許是個例子，正如呈現原型也是華格納音樂的一個基本特色一樣。（Jung 1955: § 754）

危險

幻想意象本身並非病症，但與之認同可能帶來麻煩。

總而言之，病態反應的特徵就是**認同原型**。這會產生一種膨脹，且心靈被突現的東西佔滿，以致它們排山倒海而來，藥石罔效。好點的狀況下，認同有時候就是產生一種沒什麼大不了的膨脹。但總的來說，認同無意識會削弱意識，這裡就有危險了。你沒有「製造」認同，也沒有「讓自己去認同」，但你會以一種無意識的方式感到自己認同了這個原型，如此一來你便被它支配了。因此在較困難的案例身上，加強並鞏固意識自我，要比去認識與理解無意識產物來得更重要。（Jung 1933/1950: § 621）

分析師

榮格研究積極想像的著作中，同時也會論及他對分析師角色的看法，並說明他自己的做法。但他並非立下指導原則，因為他不是教條主義者，比較傾向開放性地討論問題。與此同時，他花了很多精力研究所有的古老文化形式。除了透過藝術的創造性表達以及科

學的熱情加以理解之外，榮格也致力於兩種關係——內在心靈的以及人際關係的。雖然我分別探討這兩種關係，但對於那些涉及分析實務融合與交織的整合過程，是站在反思自我的心理學立場上，汲取自人類文化豐富的活水源頭。

藝術

在欣賞身體意義深長的動作，或者用鮮明的色彩和造型描繪生命，亦或以詩意吟頌萬物時，明顯地，榮格的美學想像力反映、證實與擴大了病人的美學想像力。雖然以既為良師益友又是冷眼以待的觀察者身分涉入此一治療關係，但他其實不那麼在意藝術創作，因為它本來就會「活生生地作用在病人自己身上」。

理解

對榮格而言，積極想像所突現的內容物希望被理解卻毋需詮釋：「意象與意義是一樣的，一旦意象顯現，意義就開始清楚了。事實上，模式不必解釋；它會闡明自身的意義。」（Jung 1947: § 402）他的擴大象徵法與人天生會進行類同物聯想的過程有密切關係，它會促使我們去探究與源起、意義以及目的相關的問題。

與眾神邂逅並對話

導向內在的關係，會尋求與自性的直接經驗。從最深層的意義來說，就是分析師透過持續的內在心理工作，將意識與無意識結合在一起。此外，榮格教某些被分析者在面對川流不息的心眼意象以及內在音聲時，要敞開自己、與之接觸，且念念分明。

關係

　　儘管積極想像通常是獨自操作，但治療關係於此運作歷程中，擔任著容器的角色。分析師「居中斡旋著病人的超越功能」（Jung 1916/1958: § 146），在不同的時刻，分別充當指導者、研究者以及參與的見證者等身份。及至晚年，榮格對 1916 年的論文加上簡短但重要的增補，將積極想像與分析過程中可能突現或者迸出的移情表現連結起來。於此，他表明積極想像的範圍是大到包含運用移情的動力進行工作。

　　多數的情況裡，必然出現長期的衝突，雙方皆需有所犧牲。同樣地，病人和分析師之間也可能言歸於好，只是分析師很容易被當成壞人的角色。（Jung 1916/1958: § 186）

定義

　　要定義積極想像並不簡單，因為榮格用過許多名稱加以描述。有些詞的意涵清晰，有些則不明確，意義多重。起先，他稱之為超越功能（transcendent function）（1916/1957, 1916/1958）。之後最少有十九年，榮格跟他的夥伴們用了多個詞彙描述這個方法。有些名稱是在指稱一種特定的方法，例如「繪圖法」（the picture method）是指素描或者繪出象徵性的畫面。其他名稱則指出冥想的程序，即放手讓自己進入入睡前幻覺意象的內在世界的種種方

式，例如「積極幻想」（active fantasy）、「積極空想」（active phantasying）以及「幻視」（visioning）。更多的名稱，包括「沉降法」（technique of the descent）、「內向法」（technique of introversion）、「內省」（introspection）、「辨識與儀式操練法」（technique of differentiation and exercises）等等。直到 1935 年，榮格在倫敦的塔維斯托克講座（Tavistock Lectures）演講時，才首度公開使用「積極想像」這個名稱。

榮格所謂的超越功能，是個涵括方法、功能以及運作歷程的動態、面相多重的概念，而且它還包括最終的結果（Dehing 1993）。

整個過程稱為「超越功能」。這是個歷程，同時也是個方法。出現無意識補償是個自發的**歷程**；浮上意識加以實現是種**方法**。此功能被稱為「超越」，是因為它藉著對立面彼此衝突而促成一種心理狀態轉化成另一種心理狀態。（Jung 1939/1954: § 780）

對比於「超越功能」指稱方法、功能及更多內涵，積極想像一般就單單指方法。即使如此，「積極想像」這個名詞清楚地就是個分析的**方法**，奠基於潛藏在心靈當中產生意象的**功能**。超越功能與想像功能兩者均為動態的、具創造力的、複雜的、整合的功能，可以形塑與轉化生氣勃勃的象徵。芭芭拉‧漢娜（Barbara Hannah 1953）認為，超越功能是榮格早期建立的思想之一，之後逐漸併入他持續發展的整合性原型的概念，即自性。

對傑哈德‧阿德勒（Gerhard Adler 1948: 56）而言，積極想像

是「一種對待諸般無意識內容物的明確態度，我們藉此疏離它們，從而得以觀察它們自發的發展」。而芭芭拉・漢娜（1953: 38）則以為，積極想像可被稱為「一種冥想的科學形式」。里克斯・韋弗（Rix Weaver）則這麼說：

　　無意識具自發的創造性活動，是榮格的發現之一，這個活動顯露了無意識自身具備的或可稱之為形成神話的傾向。之後，他發現這種傾向可以為分析所用，而將此運作歷程命名為積極想像（Weaver 1973/1991: 2）。

　　對安德魯・沙繆斯（1985: 12）來說，「積極想像是藉由各種手段傳遞出自無意識的『訊息』的管道；例如，透過諸如繪畫、雕塑或者寫作等媒介。」而維蕾娜・卡斯特（Kast 1991: 161）則認為，積極想像是個「強大但具彈性的意識自我情結，允許不具體的無意識素材（情結、夢以及意象）可以藉諸如繪畫、詩詞或者歌曲等具體產物而表達出來的運作歷程。」就莫瑞・史丹（2000）而言，積極想像是「分析心理學的四大支柱」[1]之一。山姆・奈斐（Sam Naifeh，2000 年，個人通訊）則說，「積極想像為精神分析所特有的」。

1　【編註】可參考史丹（2022）《榮格心理分析的四大基石》（*Four Pillars of Jungian Psychoanalysis*），王浩威譯，心靈工坊出版。

榮格學派以及後榮格學派對於積極想像的觀點

由於榮格的積極想像奠基於天生、具創造力的療癒歷程，不可避免地，它已經進入文化集體性裡頭，在那裡生氣勃勃、碩果累累且增長滋繁。除了榮格學派文獻以外，表達性藝術治療領域的文獻不斷成長，還有關於靜坐與冥想傳統的巨量世界性文獻也再度獲得關注和發展。

在眾多的榮格學派作家當中，我審視四個主要的創新：約瑟夫・韓德森（Joseph Henderson）的文化無意識概念；路易士・史都華（Louis Stewart）的情感與原型理論；多蘿西・戴維遜（Dorothy Davidson）視移情為積極想像；以及，朵拉・卡爾夫（Dora Kalff）的沙盤遊戲。

積極想像發展蓬勃，出現資料豐富的尷尬局面。一章的一小節，甚或一整章或者再加上更多的篇幅，都不能對那些一代又一代已做出且持續提出重大貢獻的學者們有正確的評論。

本節就在麥可・福德罕以及艾立・亨伯特（Elie Humbert）所提出的評論結束。

創新與發展

文化無意識

約瑟夫・韓德森在 1962 年提出文化無意識的概念。做為介於個人與原始的無意識之間那個中間層，文化無意識是一種潛藏的功能。當天生的潛能被來自環境的特定強大影響力（透過家庭、教育以及時代精神〔zeitgeist〕）反映出來，文化無意識就會被喚醒與

激發。

　　這樣的一種教育經驗未必會成為一種啟發（雖然它可能因此而來），而是透過被許多關於偏好的、道德準則的、社會習俗的以及宗教象徵性等等的薰陶養成之文化標準而建立起來的。而且這是構築在來自家庭生活的特定影響上，這些標準在其中世代相傳，源遠流長。因此，一直被稱為「個人無意識」的東西大部分其實根本非屬個人，而是集體文化模式在我們意識自我可以確認其正當性之前，就已經透過環境傳遞過來的那個部分。（Henderson 1962: 8-9）

　　四種文化態度，包括美學的、宗教的、哲學的以及社會的，都以第五個態度，即自我反思的心理態度為核心被組織起來。關於這四種傳統的文化態度的特徵，他形容為「社會態度的倫理一致性，哲學態度的邏輯性，宗教態度的超越本質……美學態度訴諸美感的非理性」（Henderson 1984: 49）。

　　作為體驗靈性生活的內在方法，文化的態度或許也可被理解為想像力的內在形式或者範疇。

情感與原型

　　路易士・史都華（1985-1986）的理論貢獻重新架構並延伸榮格某些概念，同時對心靈本質以及積極想像都提供了更深入、更具差異性的理解。從跟孩子工作當中，史都華開始將歡樂與興趣理解為力比多的情感，即生命的本能。他假設心靈所有更高級的功

能——包括意識自我的功能以及象徵性的文化態度——是在它們調整與轉化危機和生存的情感之際,從歡笑與興致演變而來的。就像歡樂賦予遊戲和想像力能量,情感興趣激發好奇心與探索力。於是,危機這種情感影響所及,為心理的/象徵性的自然發展歷程提供**原始素材**。

試圖找出或許就是在表達原初自我同時形塑自身發展的普遍性動力會是什麼時,史都華提出「儀式」(Ritual),「韻律」(Rhythm),「理性」(Reason)與「關係」(Relationship)這些術語,其實是作為幫助記憶的裝置之用。「這些分別是宗教、藝術、哲學與社會之中不可再簡化的元素。且⋯⋯這些屬於想像力的範疇,即宗教、美學、哲學以及社會,看來就是韓德森所說的文化態度。」(L. H. Stewart 1987: 138-139)他把情感解釋成心靈能量與原型想像的原始出處,提供了一個聰慧簡潔且有用的觀點。就最深層的意義來說,積極想像是核心的、自我反思的、心理的態度,汲取自人類文化裡具創造力的資源:宗教資源(與內在神性對話)、美學資源(表達性藝術)、哲學/科學資源(理解象徵的意義)以及社會資源(運用交互移情的動力)。

情感與原型猶如一對兄弟,緊密相連。查理士・史都華(Charles Stewart)的《象徵的動力:創造性幻想如何促進發展》(*The Symbolic Impetus: How Creative Fantasy Motivates Development*, C. T. Stewart, 2001)一書成就非凡。他透過一般性發展、特定階段性困擾以及心理治療相關議題的角度出發,審視嬰兒期、童年期及至青少年期在心理方面和象徵方面的發展,進行有系統的研究。透過識別各階段的典型幻想,他探究了形塑發展以及療癒的象徵。

更多的成果還包括卡琳・沃德（Karlyn Ward1992）對音樂、情感以及意象的跨文化探討，安妮塔・格林（Anita Greene 2001）研究身體、心智與意識，而我則在探究表達性律動的心靈來源上，做了一些工作（Chodorow 1991, 2000）。

移情作為一種積極想像的形式

多蘿西・戴維遜在持續致力於理解特定反移情反應之際，獲致了重要的想法。當她放任自己「毫不選擇地」被拉進一齣非她自願的事件情節裡，讓她終於發現許多分析可能與病人演出自己「無意識至今的戲碼」有關（1966: 135）。當分析師開始了解到這種充滿生命力突現而來的誇張演出的象徵性本質時，某些事便可能改變。病人不需要預先備妥的詮釋，更需要的反而是分析師能同理性地理解彼此情感氛圍中微妙複雜的動力。這種處於前語言層次的關係是「能夠長出真正的詮釋的土壤」（Davidson 1966: 143），「就是在這意義上，我認為一個成功的分析可被視為經歷一場積極想像的過程」（Davidson 1966: 135）。

在認識到將移情視為積極想像的重要性後，安德魯・沙繆斯（1985）審視戴維遜（1966）還有蘇瓦茲－薩蘭（1982）的成果，從而提出「居中實踐者」（medial practitioners）來形容分析心理學派分析師，他們的工作散發出一種「想要將古典－象徵－綜合法（classical-symbolic-synthetic approach）及互動辯證法之間形成的分歧連接起來的渴望」（Samuels 1985: 204）。在這個領域中持續發展出成果的，還有諾拉・摩爾（Norah Moore 1975, 1986）以及雪拉・鮑威爾（Sheila Powell 1985）。基於聯想過程是所有分析技術

基本要素的想法（Zinkin 1969; Charlton 1986），喬・坎伯瑞（Joe Cambray 2001）所發展的象徵性的行動演出以及象徵的擴大，特別注意分析師的內在經驗以及治療關係，其研究成果相當卓著。

沙遊

朵拉・卡爾夫是位瑞士兒童分析師，她曾親炙榮格接受分析訓練，1955 年在蘇黎世榮格學院獲得資格認證。在榮格鼓勵她發展一個適合兒童治療的象徵性遊戲方法後，她到倫敦追隨瑪格麗特・羅雲菲爾德（Margaret Lowenfeld）學習「世界技法」（World Technique）（Lowenfeld 1939, 1979）。榮格是在 1937 年於巴黎召開的研討會上知道羅雲菲爾德的研究，我們似乎很自然地可以想像得到，榮格在羅雲菲爾德的世界技法中看到他自己早期在象徵性遊戲所發現的治療功能。羅雲菲爾德很早便藉著兒童間普遍流行的沙箱、地板以及其他建築遊戲，發展她的技法。使用的媒材包括一個盛著細沙的淺盤，以及一整組數以百計的人物公仔、動物和神話人物玩偶，以及房子、車輛、城堡、貝殼、石塊、樹木和其他各種象徵物等，舉凡創造出一個迷你世界所需的東西都包含在內。卡爾夫將羅雲菲爾德的世界技法運用到榮格學派分析上，稱之為沙遊。對卡爾夫而言，比口語詮釋更重要的是創造一個她所謂的「自由與安全庇護的空間」（1980: 29）。

除了在彼得・阿曼（Peter Amman 1972）拍攝的一部精采紀錄片中呈現應用沙遊的過程並寫了一本書之外，卡爾夫（1980）也巡迴歐洲、美國及日本，展現她的成果。1982 年國際沙遊治療師協會（International Society of Sandplay Therapists, ISST）成立，接下來

數年間，全球各地分會相繼成立。

《沙遊：過去、現在與未來》（Mitchell and Friedman, *Sandplay: Past, Present and Future,* 1994）一書中，可以找到各種直至 1994 年的精彩歷史回顧與英語沙遊文獻。《沙遊治療期刊》（*Journal of Sandplay Therapy,* www.sandplayusa.org）圖文並茂，為人矚目，連同其他出版品，成為大量文獻持續流傳的重要媒介。

積極想像的進一步發展

瑪麗－路薏絲・馮・法蘭茲（1980）是第一個提出將榮格的兩階段積極想像再予細分的人。她提議：腦袋先放空；讓幻想的意象浮現；用某種方式表達意象；做出有意識的道德反應與判斷；最後帶入生活，讓它活起來。其他人則提出稍有不同的四階段論（Dallett 1982; Johnson 1986）。思及這些對積極想像既類似卻又獨特的觀點，似乎在說這是個自然的動態運作，鼓勵大家探索出屬於自己的方式。

榮格學派研究藝術治癒力的成果，提供了豐富的資源。安東尼・史提芬斯（Anthony Stevens 1986）告訴大家維米德（Withymead）[2] 這個英國治療社區的故事。卡洛琳・格蘭特・費伊（Carolyn Grant Fay 1996）拍攝了一部介紹她多面向看待積極想像的影片。而包括派翠西亞・史卡（Patricia Skar 1997）、瑪格麗特・蒂勒（Margaret Tilly 1982）、卡林・伍德（Karly Word 1992）以及派翠西亞・溫明（Patricia Warming 1992）等，不約而同都提出研究

2　【譯註】維米德是一個由慈善信託基金管理的自然保護區，位於牛津郡附近的泰晤士河河畔，提供野生動物棲息與保護，來此的遊客可在自然野生環境中的小木屋裡休養生息。

音樂表達情感與想像力的論文。在一次世界大戰中飽受驚嚇、罹患砲彈休克症的退伍軍人阿佛瑞德‧沃爾夫松（Alfred Wolfsohn），運用聲音進行治療，這是具原創性的貢獻（Newham 1992）。約瑟夫‧韓德森與戴恩‧謝伍德（Dyane Sherwood）（2003）將一系列具啟發性的煉金術圖像與生命和分析中的創造性發展聯繫起來。

榮格學派研究藝術治療價值的分析師學者，有約瑟夫‧韓德森（1973），艾迪斯‧華勒士（Edith Wallace 1975）、喬伊‧席弗里恩（Joy Schaverien 1992）、瑪麗‧多爾蒂（Mary Dougherty 1998）、理查‧史丹（Richard Stein 1992）、凱特‧多諾（Kate Donohue 2001）等，甚至還有其他更多不及備載者。娜歐蜜‧洛溫斯基（Naomi Lowinsky 1999）才華天俱，以節奏和聲韻和諧的詩文表現積極想像。約翰‧阿倫（John Allan 1988）與荷爾慕特‧巴茲（Helmut Barz 1993）是把戲劇和演出作為積極想像的媒介。採榮格理論面向的藝術治療師肖恩‧麥克尼夫（Shaun McNiff）的貢獻卓越，包括他以藝術為基礎的研究所發展出來的成果（McNiff 1998）。

積極想像不離透過視、聽、動作和其他感官以及體感覺的意象所表達的情感源頭。瑪莉‧瓦特金斯（Mary Watkins 1976）、羅伯特‧博斯納克（Robert Bosnak 1986）、羅賓‧馮‧洛本‧塞爾斯（Robin van Löben Sels 2003）、卡洛‧麥克蕾（Carol McRae 1997）、蘿絲‧弗賴伊（Ruth Fry 1974），還有珍妮‧阿克特伯格（Jeanne Achterberg 1985）以及貝托‧阿薩吉歐力（Robert Assagioli 1965）等，與眾多研究者一樣，著重於經驗與理解意象的風貌及其中人物。瑪莉‧琳‧基特森（Mary Lynn Kittelson 1996）以優美

的文字多角度地探討聽覺意象的領域。瑪麗恩・伍德曼（Marion Woodman）在著作與教學上的關注焦點都在於身體的心靈之鄉以及早期創傷的療癒。安妮塔・格林（2003）的重大貢獻包括「積極想像的具體呈現」。艾米・敏德爾（Amy Mindell）的「過程導向心理治療」（Process Oriented Psychotherapy）可以被理解成將積極想像應用在各個研究領域上的一個發展（Mindell 1985）。

　　早在 1916 年，榮格及其同儕便將身體動作視為一種天生用以表達和轉化無意識內容的方式。蒂娜・凱勒（Tina Keller）描述了她於蘇黎世與托妮・沃爾夫在分析中初次經歷積極想像的經驗如下，當時應是 1924 年：

　　　在我與托妮・沃爾夫小姐分析時，我經常感到，某種深藏於內在的東西想自我表達；但我也知道，這個「某種東西」有口難言。在我們積極尋找其他的表達方式時，我靈光乍現：「何不舞之。」沃爾夫小姐鼓勵我試試。我感到我身體的覺知是受到壓抑的，出現自己身陷石中，必須掙脫，轉變成一個個別的、獨立的個體的意象。從身體覺知而產生的動作，目的就在於讓我脫離這個石塊的束縛，如同意象所呈現的那樣。這花了這小時的大半時間。艱苦奮戰之後，我默然佇立，身心釋然。這個極度暢快的過程，比那些我們只以言語對談的時間，效果要來得更強而有力多了。這是一齣發自內在的「心理劇」（psychodrama），或者就是榮格所謂的「積極想像」。只是在此，僅由身體扮演積極主動的角色。（Keller 1972: 22, translated by R. Oppikofer）

1950 年代，舞蹈治療先驅瑪莉‧史塔克斯‧懷特豪斯（Mary Starks Whitehouse）將舞蹈動作發展成積極想像，時至今日，它已然是舞蹈治療的一個分支，且為心理分析中積極想像的一種形式（Whitehouse 1954-1979; Chodorow, 1974-1991）。舞蹈過程涉及一個舞者、一位觀眾以及彼此關係的動力（J. Adler, 1972-1994; Wyman-McGinty, 1998, 2002）。除了成為心理分析中一個有價值的積極想像形式外，舞者－觀眾的關係還是一個有力的工具，用以探究所有深度心理關係都有的表達性動作的辯證對話。榮格分析師，包括伍德曼（1982）、格林（2003）、惠曼－麥克金提（Wyman-McGinty 2002）、史匹哲（Spitzer 2003）、葛森（Gerson 2005）、洛倫（Lorent 1998），還有費伊（Fay 1996）、阿德瑞西奧（Adorisio 2005）、史洛帖德（Stromsted 2001）以及其他人等等，持續對此進行創造性發展的工作。一份名為《律動雜誌：真實性動作的持續表現》（*A Moving Journal: Ongoing Expressions of Authentic Movement*, www.movingjournal.org）的季刊，對此一仍在不斷演變的研究有多方面的報導。

藝術心理治療

　　所有創造性藝術療法，都可以溯源至榮格早期的研究成果。藝術治療、音樂治療、舞蹈治療、戲劇治療以及詩歌治療，於 1960 年代及 1970 年代出現在美國，成為各自獨立的專業。與戲劇治療既相似卻又截然不同的心理劇，主要奠基在雅各布‧莫雷諾（Jacob Moreno）的貢獻。每個領域各組成自己的專業組織，分別擬具專業養成與倫理規章的正式準則；每個協會都根據臨床實務從

業者、研究者與教師的需求，舉辦相關研討會、出版書籍與期刊。近幾十年間，許多最具活力的發展都是全球性的，在世界各地普設協會，授予學位等級的訓練課程，以及出版刊物等。專業教育通常在一個特定形式的研究與實務中建立基礎，然而所有的藝術形式都會自然相互交織，其中也包含口語的心理治療。成立於 1994 年的國際表達藝術治療協會（The International Expressive Arts Therapy Association, IEATA）不專攻特別項目，而是以藝術的統整方法為基礎。

希爾曼提出並思考如下的問題：

當病人開始跳舞，創作舞步，繪畫他或她的靈魂狀態，旁若無人地激情朗誦或者低吟獨白，用黏土雕塑或是拼貼出它來，實際上發生的是什麼……我想問的是，通過各式各樣藝術形式而呈現、表達、演出或者成形的「它」為何。顯然，此「它」為一種情感（emotion），一種沾染了情感的靈魂狀態。（Hillman 1960/1992: x）

除了藝術作品、病人以及情感之外，這裡頭還有什麼？想像力。因為藝術治療激發想像，且容許其具體成形——也就是說，經由病人的情感進入現實世界——藝術治療必然脫穎而出，重要性超越所有其他方法。（Hillman 1960/1992: xiv）

評論

　　福德罕在一篇 1956 年的論文裡說到，甚至到 1958 年又再度提及，他試圖將積極想像與想像力活動區分開來。他不採榮格視想像力活動為遊戲、夢境、幻想、積極想像與創造性想像突現源頭的看法，而是提出他自己的移情觀點：「想像力活動通常與病人認為自己受到的要求有關，或是某些想要吸引、迷惑抑或操弄分析師感情的企圖」（Fordham 1958: 78）。由於移情，「一個人只要成為病人，我們就只能在一定範圍裡討論積極想像」（Fordham 1958: 80）。我雖然理解的福德罕的說法，但積極想像與移情材料鮮少並存。基於他的想法，福德罕評估了大量分析師同儕早期論文中所描述的積極想像的產物，然後提出總結認為，就算不是大部分，許多作品所呈現的是想像力活動，而非積極想像。

　　艾立・亨伯特（1971）提出一篇性質迥異的批判性論文，他列舉關於積極想像奇特之處的重要問題：

　　被冠以積極想像之名的心理工作形式，在榮格一生及其多數學生的生涯裡地位舉足輕重。而如今似乎榮景不再。這個方法很少被使用，只會偶爾以術語的形式出現，不是陳腔濫調就是晦澀難懂。人們不禁想問，這個自稱榮格學派的心理流派，是否是以這種方式展現對無意識的強烈抗拒？（Humbert 1971: 101）

當今情勢與未來發展

　　對於那些尋求心理治療全面性分析方法的人而言，積極想像提供了一種方式，可支持、實踐、想像和思考不同分析師及被分析者進行他們工作的所有方式。我不禁想到，或許人類本性便是要經歷長途旅程，跋涉遠方尋找幸福青鳥，卻發現青鳥就在自家後院。

　　積極想像不僅是個特別的冥想方法或表達技術。從最深刻的意義上來說，它是核心的、自我反思的心理態度，從約瑟夫·韓德森（1984）所描述的所有象徵性文化態度：宗教的、美學的、科學的／哲學的以及社會的態度，汲取而來。

　　我可想見未來有群分析師，他們以新的理解方式傳授古老的文化態度，他們並非如胸懷使命般地刻意為之，而是因為這種教法是出自於他們與病人工作的方式所得到的必然結果。（Henderson 1962: 14）

　　在分析中，我們碰觸了內在所有的想像的可能性。依據喜好與潛質、傾向與類型，在與不同個人工作時，會凸顯出不同形式的想像。

　　基於心靈的天性，看來分析不可避免地會引起宗教的想像，**祕境的想像**（*imagination of the mysteries*）呈現為心智之眼的幻相、內在音聲與心靈內在工作，發展成與內在聖神或眾神的持續對話。

　　同樣地，分析引發美學的想像，通過韻律與和諧節奏，**美的想像**（*imagination of beauty*）得以出現。幻想可以經由繪畫、著色、

雕塑、舞蹈、音樂、戲劇演出、吟詩與沙遊,還有織錦、故事以及其他許多做法,表達出來,依個人的天性與偏好而定。

透過哲學的、科學的形式,我們也可以進行**學術的想像**（*scholarly imagination*）。榮格的象徵擴大法是建立在相似物聯想的自然過程上,有一部分即汲取自豐富的人類知識泉源,包括兒童發展、動物研究、文化歷史、神話等等。就分析而言,**學術的想像**全然在於探索與理解個人、文化以及原型等面向上的象徵。

分析是被包含在社會想像——即**關係的想像**——和同理想像之中,並與之交織在一起,且運用著移情和反移情動力。當榮格寫道「幸好病人與分析師間也可以出現內在對話」（1916/1958:§186）,他是將移情當成積極想像。

最後,分析不可避免地會導致核心的、自我反思的**心理的想像**,此為其他四種想像的本質[3]。我使用本質一字,意指自然會進行的人格創造和再創造,乃是透過象徵性的文化態度（宗教的、美學的、哲學的以及社會的）出現的,這是古老的價值標準,老早就鐫刻在德爾菲神殿的神諭「**了解你自己**」（Know Thyself）[4]。

謝誌

本章資料出自瓊‧丘德羅即將出版的《積極想像:從內而來

3　【譯註】這裡的「本質」,原文用的是「quintessence」一字,是所謂的「第五元素」。柏拉圖認為古希臘哲學指出宇宙表面上為土、空氣、火和水四大基本元素所組成,但這四大元素的精髓是潛藏的第五元素,其本質則連他也不清楚。

4　【譯註】古希臘德爾菲地區的阿波羅神廟的入口處,據說刻有三句箴言:「認識你自己」、「凡事不過份」以及「妄立誓則禍近」。「認識你自己」其實是最難的事。

的療癒》（*Active Imagination: Healing from Within*）一書部分內容所
彙編而成，該書被收入德州農工大學出版社（Texas A&M University
Press）出版，由大衛・羅森（David Rosen）所編輯的「卡洛琳與
恩斯特・費伊分析心理學系列」（Carolyn and Ernest Fay Series in
Analytic Psychology）當中。

夢

瑪麗·安·馬頓（**Mary Ann Mattoon**）

1924-2006，榮格分析師
明尼蘇達榮格學會創辦人

著有《榮格與人類心靈》
（*Jung and the Human Psyche*, 2005）

夢是扇幽藏於靈魂最深底祕密暗處的窄門。

（C.G. Jung 1933: §304）

　　夢是通往靈魂世界之門，亦或，如老生常談，「不過就是個夢而已」？有時，「不過就是夢而已」的說法意在安慰受困於夢境者；但又有時，這是在說夢不具現實意義。然而，越來越多人體會到夜夢非僅於「不過如此而已」；其實，夢是生活的重大指引。

　　一旦思索夢在榮格學派心理治療中的重要性及其歷史地位後，我們就要開始探討夢工作的方法。接著我們會步步進逼，進行詮釋：擴大廣延，尋求它的意義，並研究詮釋的有效性。

夢在榮格學派心理治療中的重要性

　　夢，是通往那個遠比意識世界更加廣大無垠的無意識心靈的大道。倘若我們對夢視而不見，無疑是將心靈相關知識侷限在相對狹隘的意識層面上，錯失擴展意識的良機。

　　夢被人們忽視的理由之一，是因為它通常沒頭沒腦，無法立即理解。榮格建議我們把每個夢記錄下來，反覆琢磨，試著就不同的觀點加以審視。跟可信任的朋友或者治療師說說，通常是有幫助的。夢者或可因此對這個悄然而至的夜訪者的目的恍然大悟，也可能為此憂煩經年。

　　另一個會讓某些人忽略（或者逃避）他們夢境的重要理由，是因為他們認為夢是在傳達噩耗。有時候這種假想確實成真。然而，大多時候，夢是在指點明路，幫助我們解決生活問題。

一般來說，夢可以意謂願望或者幻想，也就是，白日夢。而我使用夢這個字的意思，僅止於睡眠時所出現的意象和其他內容等。

夢境詮釋的歷史

　　關注夢境是新鮮事嗎？當然不。數千年來，人們一直受到夢境啟發。例如眾所周知的──最少對猶太與基督宗教背景的人而言──《舊約》中的法老之夢。在《創世紀》第四十一章中，母牛乾瘦與麥子細弱之夢，被詮釋為警告饑荒即至。同樣地，《新約》（《馬太福音》第一章）中有載，一個天使出現在約瑟的夢中告訴他，馬利亞腹中之子出自聖靈。甚至，猶太解夢者所擁有的夢的知識，幾乎可斷言是來自更早於法老時代的古埃及人與巴比倫人。

　　夢對我們人類是如此重要，倘若不許作夢（一入夢即被喚醒），我們很可能會產生幻覺。而由於幻覺和夢境一般，都是無意識的內容，看來似乎心靈需要將那種內容帶進意識層面，而當夢境之路被阻斷，便改以幻覺呈現。

　　有些人覺得對自己夢境無感。他們以為，自己並不作夢。然而，研究夢的學者現在相當肯定人人都會作夢：每段大約九十分鐘或再長一點的睡眠期間，最少作一次夢，一整夜下來會有四次或者更多。因此，我們印象中自覺無夢，幾乎可確定實情並非如此，我們只是不記得自己的夢境而已。在一個人試圖記住夢，並寫下所有想得起來的斷片殘影時，我發現，努力幾乎總是可以成功的：不是夜夜都能如此，但有豐富的夢境素材供回憶咀嚼的情況，不在少數。

凡夢皆寓深意嗎？我們無法證實，但許多人會不由自主地記下或是說出他們的夢；對他們而言，夢有意義似乎是不證自明的。況且，心理治療師及其他夢的研究者們，幾乎在所有經過研究的夢裡都發現了意義。沒找到某個夢的意義，可能是我們疏忽了，問題不在夢上面。

　　從夢曾幫助哲學家及科學家成就重大發現，德國知名化學家凱庫勒（Friedrich August Kekulé）及法國哲學家笛卡爾（René Descartes）的例子，就可以發現夢是具意義的具體象徵。凱庫勒從一場夢的意象推論出苯環圈的結構，這是有機化學中的一個重要現象；笛卡爾則作過令他生涯轉向哲學的三個夢。文學裡也可發現事例，羅伯特・路易斯・史蒂芬森（Robert Louis Stevenson）多年構思一個可以描述人類存在雙重性（善與惡）的故事後，夢到了《化身博士》（*Dr. Jekyll and Mr. Hyde*）的情節。

　　當代眾多身屬不同文化背景的人，都對夢寄與厚望。例如，據說馬來亞（Malaya，現在的馬來西亞）的色諾伊人（Senoi）每天討論夢境。看來或許史前人類也對他們的夢深有所感。

榮格著作中的夢

　　1913 年，由於理論觀點立場有異，以及無疑地，個性彼此衝突，榮格與佛洛伊德分道揚鑣。決裂前，榮格曾接受許多佛洛伊德的觀點，包括夢的內容有顯性與隱性之分：亦即夢的文本及其潛在意義。割袍斷義後，榮格開始更直率地發展自己的想法：關於夢還有其他領域。譬如說，榮格不再接受佛洛伊德認為顯性夢境是種偽

裝的觀點，代以反覆強調夢的意義就是它所說出的話。

　　榮格與佛洛伊德的另一重大歧異，在於他不斷強調，夢的意象是象徵，而非標記。標記的意義明確，一就是一，例如，就佛洛伊德的觀點而言，教堂尖頂的意象就代表著陽具。而在榮格眼中，此意象卻指創造的神力（*mana*），而且終究來說不是那麼地絕對。夢的意象來源很多，包括身體的刺激、被壓抑的情結、記憶、日常經驗、下意識的感覺，甚至是心電感應以及預感到將出現的心靈內容。不同於佛洛伊德認為夢的意象是被潛抑的意識素材，榮格堅定地認為有些素材是從未在意識中出現過的。總的來說，意象形成了夢的語言。

　　雖然夢語言的元素並非意義固定的標記，但還是有相對固定的象徵：

　　　典型的主題，諸如：墜落、飛行、為猛獸或者惡人殘害、在公共場合衣不蔽體或奇裝異服、在人群之中疾行或是迷路、螳臂擋車、漫無目的地飛奔。（Jung et al. 1964: 53）

　　每個這種基本元素，都有助於解讀夢的語言。

　　針對榮格夢理論的一個研究顯示，事實上，所有創新的重點都在於豐富內涵，而非改變。這是修正、發展，而使理論更加精確的過程。

　　從佛洛伊德的《夢的解析》（*Interpretation of Dreams*, 1900）以及榮格自 1912 年起對此主題為文發揮以來，許多人就走上省視夢境以探查其無意識心靈傳達的訊息為何之路。的確，夢境提供

了——對那些想要的人——隨時取用這個重大資源的機會。

　　佛洛伊德與榮格的研究途徑之外，研究夢的還不乏其他人等。阿弗列德・阿德勒（Alfred Adler）雖然於三大精神分析理論中位居第三，但對夢的理論貢獻甚微。其他深度心理學家則還是採用佛洛伊德跟榮格的概念為多。例如艾瑞旭・弗洛姆（Erich Fromm）主張夢是「被遺忘的語言」，而湯瑪斯・法蘭奇（Thomas French）以及艾莉卡・弗洛姆（Erika Fromm）則持焦點衝突理論（focal conflict theory）[1]。

　　存在－現象學主義的研究途徑並不預設心靈具無意識內容[2]，但以不同的理論說法而得以兼容榮格的概念。此學派主要的理論家為梅塔・波斯（Medard Boss）。其他較知名的還有李奧波德・卡里格（Leopold Caligor）與羅洛・梅（Rollo May）以及弗里茨・波爾斯（Fritz Perls）。

　　依我所見，榮格的詮釋法是最寬廣也最具彈性的，因而含括了最為廣泛的夢的內涵，且幾乎對所有作夢的人都有吸引力。的確，這個方法幾乎將所有可與之相容的理論都包含在內了。

釋夢之道

　　即便相信夢帶有意義，但我們又如何從特定夢境中得知其意欲

1　【譯註】焦點衝突理論通常應用在治療團體中，將一整套相互關聯的概念注入團體持續發展的動力裡頭，以涵括、命令以及引入意義，將團體與個人的動力聯繫起來。

2　【譯註】存在現象學主義（Existential phenomenology）認為哲學研究必須與現象學一樣從經驗開始，它說主觀人類經驗就和經驗所反映的人們的價值觀、目的、理想、意圖、情感和關係是一致的。存在現象學本身關注的是個體的經驗和行動，而非所遵從的社會習慣或者行為。

所指為何呢？想了解它，要經歷一個過程；夢者可以和一位可信賴的朋友或者團體自行嘗試，也可以在具備夢工作訓練和經驗的治療師協助下進行。

夢工作的第一步是備好紙筆，便於清醒之後可以立刻盡可能地詳盡記下夢境。甚至在起身拿取書寫用具之前，若能在半夢半醒中便先行回想一下夢境，也是很有幫助的。在記下夢境之前便起床開始活動，很容易就遺忘大半內容。

除了寫下夢境，你也可以將之素描或繪畫下來。畢竟夢多在說故事，場景或許多線並行。即使只畫出一個場景，都有助於讓夢境更清晰，令其深刻。無論素描或者彩繪夢境，不必一定得是個受過訓練的藝術家才做得到，甚至可能連想從事藝術工作的念頭都不必有。

寫下夢境之後，趕緊記下心頭所浮現與夢境意象有關的想法（場景、想法與感受）。先寫那些立即出現的東西，稍後再補充要額外努力才記得起來的部分。比如，也許對常碰面的哥哥湯姆會有很多想法冒出來，但出現一個過世多年的娜麗阿姨的影像，就需要深掘記憶一番。有些作夢的人發現將夢境本身記在一欄，而相關的事實、想法則寫在另一欄，非常有幫助。

湯姆這個意象可能讓你想起跟他在一起的點點滴滴、他如何對待你、他過去／現在的態度，以及他現在的所作所為。娜麗阿姨那邊的家族，不管是你母親或者父親那邊的，或許關係欠佳，或者他們看待現實社會的信念與你們家不同。

幾乎所有夢境都有人類人物出現。許多還有動物、無生物以及風光景致。的確，夢的場景是詮釋的一項要素。景物可能模糊，

但多半十分明確。例如，假如夢發生在一座特定的森林裡，你也許可想想過去是在什麼因緣下去過那裡，跟誰一起，發生了什麼事，以及你對那些回憶的所感所受為何。或許那座朦朧曖昧的森林讓你想起讀過的某部文學作品，比方說美國百老匯劇作家莉莉安‧海爾曼（Lillian Hellman）寫的《森林深處》（*Another Part of the Forest,* 1973）。

這些夢境裡出現的所有事實、想法與感受，榮格學派一概視之為**個人的聯想**。成年人作的夢通常不難有這些聯想物。然而小孩的夢境反映的卻經常是父母的問題，因此需要藉父母的聯想來幫助理解。所有這類聯想都可以用一個更廣義的術語加以涵括：「個體的廣延」（individual amplifications）。

個人的聯想與佛洛伊德主張的**自由聯想**（free associations）不該混為一談。自由聯想意即對聯想的聯想。這樣做往往會讓注意力離夢的意象越來越遠。因此，夢境詮釋可能被扭曲。榮格主張貼近意象，「圍繞」著它行進。

除了作夢者產生的聯想之外，治療師常常可以幫助患者／作夢者回想起更多的個體廣延：夢者生命裡和夢中意象相關的事件。例如，一位中年婦女在五月夢見自己去探望母親，而媽媽卻脾氣不好又態度冷淡。夢者曾經提到，在這個夢之前，已經有好幾天沒來由地心情沮喪。知道她母親已經離世後，治療師問母親是什麼時候走的。夢者回道：「去年夏天。」當治療師和個案查閱他們的紀錄時發現，夢幾乎就是在母親忌日周年時出現的。夢者回想起，她的一個孩子差不多在同時病得很嚴重。儘管她對母親去世十分悲傷，卻沒能全然去體驗感受這件事；這個夢在幫助她經驗並且表達自己的

榮格心理學指南：理論、實踐與當代應用

悲慟。

　　除了個人的聯想之外，夢中意象還含有並非來自個人經驗的其他訊息；那是出自於人類的傳說。例證諸如：史前的神話、宗教儀式與修持。比如說，夢中的森林，可能讓人懷想起的，會是座有女神阿特密斯（Artemis）漫遊其間的森林。這類的內容出自於集體無意識，被稱為**原型對應**（archetypal parallels）。根據榮格以及其他夢研究者的說法，孩子的夢裡「原型對應」特別多。意象帶有原型對應的夢，被視為**原型夢境**（archetypal dreamscape）。

　　許多文化還有個人體驗到原型夢境特別具有努祕感（令人敬畏）。因此，原型夢境被認為是**大夢**，可能帶有傳遞給整個群體的訊息，而非僅及於個人。

　　個人聯想與原型對應共同組成**廣延**（amplifications）。即使是一個僅出現些許意象的夢，也可能有相當多的廣延出現。因此，繼續記錄下所有這類訊息是非重要的。

　　一旦廣延的資訊記錄在手，我們便可以帶著它，將注意力再轉向另一種重要訊息：在這個夢之前，不管內在還是外在，你生命中正經歷著什麼。這項資訊主要包涵的是，會對你產生重大情緒影響的事件和經驗，然其重要性可能不是立即明顯可見。從作夢前一兩天開始回想，但也試著慮及更長久一點的時間：可能是某事件還在持續，讓你一直處在困擾情緒當中，或是你還在猶豫評估如何決定的那段期間。例如，你可能現在經歷家庭衝突，正在考慮要換工作，還是希望去渡個假。同樣重要的是你內在的情緒狀態。在做那個夢的期間，你大致上來說是快樂的嗎？還是焦慮？亦或沮喪？所有的這些事件、經驗以及感覺，建構出你的**意識狀態**——你生活中

正在經歷的點點滴滴。

但每個夢都只是眾多夢境中的一個。想想這個夢之前的系列夢境，對了解當下這個夢或許有幫助。這一系列的夢也許由所有你能記住的夢所組成，或是由全都特別鮮明的那些夢所組成。但通常，思索的夢數量少一些，收穫會更多：例如，在一段漫長而艱苦的生活中所作的那些夢。或者數個重複出現某個特定意象的夢。倘若你正在接受心理治療，治療開始以來的所有夢境、從治療的某個重要時刻開始的那些夢，或者在兩個連續的治療晤談之間出現的那些夢，都可能構成了系列夢境。同一夜的許多夢或可看作一個系列，但它們往往極為緊湊相連，因此可視為同一個夢。

夢境反覆出現——本質上是同個夢在重複——形成一種特別的系列夢。反覆一般來說意味著這夢特別重要。通常反覆的夢被正確詮釋後，就不會再出現。

經過搜羅而成為廣延、意識狀態以及系列夢的所有資訊，有個名稱。它叫做**夢境脈絡**（dream context）。

我們該如何處理這麼多的素材呢？我們在所有這些材料中尋找彼此的關聯性：指向一個特定困擾、情結及問題的共同主題，夢可能就是一直在說這件事。例如，某個男子的夢裡有三個人物：一個曾論及婚嫁的年輕女子，一位正要離婚的朋友，以及當初主持夢者婚禮的牧師。共同的主題是婚姻。問題可能是該如何處理他婚姻中的衝突。而潛在的情結則可能是他害怕自己不是個稱職的丈夫，是個失敗者。

著手詮釋

有了這麼多素材，甚至還看出了當中的關聯，但我們離進入詮釋還很遠。然而，想達到目的，還是有可用的指導原則可循。

首要原則——**不預設立場**——在釋夢新手耳中聽來也許好笑，覺得自己本無預設立場可言。可是，許多人都聽過佛洛伊德的假設（不管有沒有他的名字出現），說夢都帶有性衝突，且意在**滿足願望**。做出這類預想，很可能便扭曲了夢的詮釋歷程。榮格堅決主張，進行廣延和詮釋之前，夢的意義無法預知。

認為夢可預測未來，是個流行的假定說法。偶爾是這樣沒錯（像先前提過的法老之夢）。但夢更多的是指向當下處境。它們描述的是當前無意識心靈對作夢者的某個計畫、行為或態度的看法。

力勸莫要預設立場之際，榮格主張，夢就是如其所是地在說它所要說的；它並不偽裝（相反的，佛洛伊德的觀點是，「顯性」的內容——夢者所知道的夢境內容——隱藏著「隱性」的內涵，即夢者的無意識願望）。以下例子可以說明夢所表達的就是它所說出的東西，有個女人夢到她一直努力把手洗乾淨，但總失敗。因為「髒手」一詞暗指德行不檢，看來這個夢似乎在對她某些行為進行道德批判。

雖然夢要表達的就是它所說的，但用的卻是**象徵**的語言。於此，「象徵」的意思，並非翻本「夢的字典」，裡頭將每個意象都給個意義固定的那種對應條目。這類字典裡有一本就寫道，一個滿溢的油燈意象「表示生意興隆」。這種講法未免武斷；使用這樣的方式會使夢的詮釋變得貧乏，甚至扭曲。

榮格認定，對於相對未知的心靈內容而言，象徵就是可能性最佳的表述方式。因此，油燈這個意象的意義，只有在知曉出現此意象的夢的脈絡，包括意象彼此間的關聯性後，才可能做出判斷與理解。有了這方面的知識，則油燈或指，比方說：啟示；早年實用器物；裝飾品；以及／或者提醒夢者生命中某個特定的人、地或者時間。詮釋就是在推敲這樣一種意象的意義。

　　儘管通常特定夢境意象對夢者有特殊意義，但有時，意象還是有相對固定的意義。這是在具有普遍的文化意涵，且不與個人意義牴觸時適用。例如，夢中的**洗禮**意象，可看成有相對固定象徵意義的靈性淨化。然而因為那是在基督教文化子系統中構建出來的意義，它的意義只能說相對固定，因為浸禮的出現早於基督教文化。除此之外，這種詮釋可能不適用於不具宗教背景，或者不認可浸禮的個別夢者。

　　儘管我們很想從夢境獲得指引，但夢通常不會告訴夢者該怎麼做。無可否認地，倘若夢境說出夢者身陷險境，看來它比較像是在喚起趨吉避凶的行動。然而，夢並未明示避險之道，而是可行之道很多。因此，夢是在告訴我們，無意識「看見」這件事，但如何下決定，則留待夢者的意識去執行。

　　詮釋的最高指導原則是，這是在翻譯夢的語言，可謂重新發現一種已不復存在的語言。我們可拿古埃及語當例子。於其意義被破解以前，沒人知道古埃及語當中任何一個字在英語裡是何意義。當現代學者發現古埃及書寫文獻時，他們利用整個脈絡，以及每個文字的用法，辨識出字母和單字，然後再藉以翻譯全文。類似地，詮釋夢境時，我們參酌整體脈絡以及某意象的種種用法，以找出關於

每個意象和整個文本之意義的線索。

夢在說什麼？

　　一個夢境可能意義多重，**主觀的**或者**客觀的**，端視從什麼角度觀看而定。當你夢見已久別十年的約翰表兄，這就表示是在告訴你有關表哥的事嗎？有可能，但未必如此。因為約翰表哥不在你日常生活中，那個夢境比較可能是在跟你說你自身會讓人想起約翰表哥的那一部分。榮格稱這種訊息是一種**主觀**角度的詮釋。

　　以主觀詮釋夢境，便不至於出現不切實際或虛幻的言外之意。相反的，採這個角度的描述讓我們得以去注意作夢的人和夢中人物共有的特質與態度。因此，這些意象通常說出作夢者的某些部分的人格，例如，一種陰影特質：不被承認的，通常是作夢者的負面特質。

　　最容易理解主觀詮釋途徑的，是與夢中的人類人物連結，但這概念也適用於非人類的角色，甚至無生物。完形療法（Gestalt therapy）已經在他們讓夢者演出所有夢中意象的方法中，運用了這個概念。

　　倘若夢見的是你的伴侶，也就是日常生活一部分的親密人物呢？夢境詮釋也許便提供你關於配偶或者你們兩人情感狀況的一些洞察。這種詮釋採取的是**客觀**的角度。

　　就這種情況來說，客觀不代表無偏見。而是說，夢是站在夢者無意識的立場上，提供一種觀點以判斷這個客體——一個真實的人、動物、地點或事物，以及夢者與該客體間的關係。

要怎麼知道何時該做主觀詮釋，何時採用客觀的呢？如果夢中角色描繪的是在夢者實際生活中並非特別重要的某人（或某事）：一個遠房親戚、一位久未聯繫的舊識、一個名人、一位歷史人物，或是一個夢者不識的人，或根本就是想像人物，通常這表示該採主觀詮釋。

　　例如，拿主觀角度來詮釋這一個四十五歲未婚女性的夢，看來就頗恰當：她夢見侄子已亡故。夢的背景脈絡包括那男孩是她唯一哥哥的獨子，而且這位侄子與夢者感情並不緊密。作為家族姓氏的傳人，他看來代表著家族的傳統。由於夢者有過度牽就家族期待的傾向，這個男孩之死亡意象指出她拘泥傳統的傾向可能消失。

　　如果夢中人物在夢者真實生活中扮演著重要角色，看來這就得動用客觀詮釋：也許是配偶、性伴侶、家庭成員、密友、老闆、同事或者──在心理治療師或其他專業人員的夢中出現的──一名個案。

　　一個似乎得尋求客觀詮釋的夢，來自一位年輕男士，他最近認識了某位年輕女子，並對她產生迷戀。他夢到他的新交性放縱。他與他的治療師討論之後，認為這個夢是在告訴他這位年輕女士的某些事。就這樣，他的無意識對她的感知與他意識上的看法相左，所以他決定對這段關係謹慎觀望。後來他得知，她私生活的確複雜。

　　在決定使用客觀或者主觀詮釋時，重點在於注意夢到的人是否生動逼真，也就是，與現實生活所認識的是否相同。倘若如此，通常就得從客觀層面思考這個角色。假使夢中所見與現實顯然有別，那些不同的特質可能就屬夢者（主觀的）所有。

　　出現跟夢者關係密切的某人，然而形象卻是扭曲的，這依然代

表著可能該使用客觀層次的詮釋。有個例子是這樣的，一位 22 歲的女子夢見她母親是莎士比亞《馬克白》（*Macbeth*）裡的女巫之一。夢者聯想到女巫是「邪惡的力量」。我們從客觀層次理解這個意象時，毋需妄下現實生活的母親必然邪惡的定論。而是，夢者開始覺察到她母親一直讓她（這個女兒）在情感上以及經濟上無法獨立，因此為母親所掌控。她的控制如此嚴密，以致於女兒經驗到的母親如同一個女巫。另一種可能是，女兒也許一直過於正面看待自己的媽媽，因而對負面母親始終存在的事實缺乏覺察。

對治療師而言，探索自己的夢境時，區分出主觀的與客觀的意義尤其重要。我們必須考量：出現在夢裡的個案看來和治療師的心靈有關——主觀的，還是跟個案的心靈有關——客觀的？回答這個問題所要依循的指導原則，與面對其他夢境所採取的是一樣的。不管得出的答案為何，跟個案說自己的夢是極為不智的。

我自己夢見個案的經驗很少，但卻很重要。倘若真的夢到某個個案，就表示他或她已經觸及了我內在某處。因此，這個夢應該很有助於（主觀地）我自己新的心理領悟，或者提供我關於個案的線索：某個未揭露的難題，或者（客觀上）給予我如何進行治療的提示。

夢境通常主、客觀層次的意義兼具。例如，那位夢見新女性友人的年輕男子，可以既保持客觀上的意義，並依然能說出他心靈中的某些東西。其中一種主觀上的可能性不能排除，那就是他也有放浪的傾向。

的確，意義屬主觀或者客觀往往不易區分，因為心靈會選擇對夢者具心理意義的夢境人物作角色。比如說，一位女士挑選一個

多少符合她內在男性意象的男子作丈夫。因此，當她夢見她的丈夫時，這個夢境人物可能是擬人化了的內在男性，也可能是真實的丈夫。

概念上，夢境裡每個意象都該被分開考量。同一個夢裡，某個意象可能是主觀的，而另一個則也許是客觀的。然而，實務上，一個僅有數個意象的夢，比較可能主要是傾向主觀的，不然就是客觀的。我將討論的面向也適用類似的原則：還原的／建構的（reductive/constractive），以及補償的／非補償的（conpensatory/non-conpensatory）。

無論是主觀或者客觀（亦或兼而有之），一個夢對夢者的影響可以有不同的解釋方向：**還原的**或者**建構的**。還原的詮釋可能告訴我們為什麼會遇到某個難題；而建構的詮釋則指向心理發展的一個解決方案，或者是某種可能性。

「安德魯」，一個既憂鬱且焦慮但成功的生意人，他夢見自己正走在他成長的小鎮。住在他家（在一個貧民區）隔壁的一位女士對她丈夫說，「安德魯不常來。」這個夢提醒安德魯出身寒微，顯然在說他焦慮的由來。它指出的事實是他一貫漠視自己弱點，曾歷經苦於貧窮的那部分。這種夢的詮釋法是還原的。

還原（reductive），源自拉丁字根，意指回到過去：對夢而言，意在指出根本的原因，尋求夢境起因的問題為何的答案。這些原因通常是令人不悅的、被潛抑的內容（快樂的內容通常不會被潛抑）：事件、衝動或者情結，以及其他的陰影素材。佛洛伊德對夢的詮釋法幾乎全屬還原的。

就如某些夢指向令人不悅、被潛抑的源由，另外的一些夢則意

　　榮格心理學指南：理論、實踐與當代應用

在建構。它們尋求回答「為什麼？」的問題，也就是「為了什麼目的？」。這個答案通常是一種越來越強化的態度和特質，健康且值得保留，或者指出作夢者早先忽略的可能性。榮格傾向著重這種建構性的釋夢途徑，但也不排除還原法。

建構的詮釋似乎很能解釋安德魯的另一個夢，這個詮釋角度看來可以指出他的憂鬱與他忽視自己在生意以外的興趣有關（許多榮格學派的人相信，憂鬱的心理基礎乃是因心靈能量受到阻撓鬱積）。他夢見他在一家藝術拍賣場，高價購買了一幅非常喜歡的畫；他覺得這幅畫絕對值得以這個價格買下。從指出他充滿藝術或其他創造性嘗試的活力的這個角度來看，這是個建構性的夢境。因此，它指出他生命中新的（或重新開始的）可能性。

夢的共通之處何在？

客觀的／主觀的，還原的／建構的。沒有一條可行諸所有夢境的共通規則嗎？可以說有，也可說沒有。說有，是因為幾乎所有的夢都可視為**具補償性的**。說沒有，則是因為相對也有少數的夢還是**非補償性的**。

說夢具有補償作用──補償一個意識上的態度──是指，透過夢，無意識心靈會提供意識所需的訊息。這種需求可能是精神生活的任何東西，但最可能的是在回答夢者長期不斷詢問的問題、覺察到某種需要改變的態度，或者是已經**叢聚出現**（constellated）（被啟動了）的情結。

補償表示夢所說的與作夢者所想的恰好相反嗎？也許，但未

必。有時補償甚至會肯定意識的態度，且告訴你那是可行的。這種肯定可能是在補償你猶疑不決的態度。也有可能，夢說的是你有部分是對的，但……。在其他情況下，透過誇大意識的態度或者加以反對，夢說的是你方向全然錯誤。不管哪種狀況，如同蘇黎世分析師瑪麗－路薏絲·馮·法蘭茲說過的，「無意識不浪費口舌說些你已經知道的事。」

有位將參加一場重要考試的學生所做的夢，就顯示出對意識態度的肯定。因為知道自己準備充分，她顯得信心十足——在意識上。然而，她還是隱隱感到焦慮，疑懼無法消散——無意識地。她在夢中，穿著畢業袍行過舞台。這個意象似乎在肯定她的意識態度，且以保證她具有通過考試的能力、終將獲得學位的方式，處理了她的無意識恐懼。

另一位常讚賞某員工表現的老闆所作的夢，則對意識的態度持反對意見。老闆夢到他的員工在樓上，就在兩人共用的辦公室陽台上；他必須抬頭跟她說話。就這個夢以及他對這位員工的感覺加以思索後，這位老闆／夢者明白到自己對她的態度，實際上是一種輕蔑。他讚賞她，顯然一直就是一種不想承認自己態度高傲的防衛。

夢可能以誇大的方式挑戰意識態度。例如，有位年輕男子夢見遇到自己的老闆陶德先生，開始聊起老闆的病。作夢者先是安慰他，接著思忖道陶德先生生病其實是抽菸引起的。這個夢出現在兩人的一場爭吵之後，夢境似乎在告訴這個年輕人，他比自己認知到的更氣憤，因為他在幻想中「希望」陶德先生生病，且責備他本身（病因是吸菸）是他自己出問題才生病。

許多夢對意識態度補償的方式是既肯定又反對，但兩者都是部

　　　榮格心理學指南：理論、實踐與當代應用 ├───────

分而已。也就是說，夢在調整意識態度。這裡再舉個例子，有個男人夢見自己對一匹狼開槍，但沒射中。狼——暗喻對女人緊追不捨的狂蜂浪蝶——看來是將作夢者心中獵捕者的態度具體呈現出來。藉著瞄準那隻狼，夢者表達出他想消滅心中之狼的欲望。而藉由失準，或許是有意地，他表現出一種衝突的欲望：想要他個性裡屬狼的那面活下去。就這樣，這個夢調整了這個男人想殺死內在狼性的意識態度。

既然補償涵蓋所有的可能性，怎麼可能還有非補償性的夢呢？有些是**創傷性**的夢：那些一說再說、經常重複的恐怖經驗之夢，像是戰爭場景或者天災地變。當夢境的緊張程度開始變得難以承受或在此狀況下結束，夢者可能驚醒，冷汗直流、心跳加速，產生的情緒反應猶如身歷其境。

創傷之夢通常沒有詮釋的空間。朋友或是治療師只能懷抱同理心去傾聽，提供情感支持。這樣的夢常反覆出現，直到那件創傷的情感衝擊減低為止。確實，它們看來是心靈宣洩情緒的管道；每回再現後就把它說出來，也許可以舒緩這個夢的情感衝擊。

其他非補償性的夢則反映出**超感知覺**（extra-sensory perception, ESP）的存在。已有實證基礎肯定它在清醒時刻發生，雖然關鍵數據還沒有大量出現。它也會在夢中產生。

心電感應（telepathic）夢，是超感知覺夢兩種形式中的一種，在事件發生的同時帶來關於該事件的訊息。例如，有一個女人夢見她的母親正在呼喚她。數小時之後，作夢者接到告知母親死訊的電話——離世時間大約就在她夢境出現之際。

預知性（precognitive，預言性的〔prophetic〕）的夢似乎

涉及先於事件發生的超感知覺。文學中有個案例，出現在莎士比亞的《凱撒大帝》（*Julius Caesar*）裡。凱撒的妻子卡普妮婭（Calpurnia）在睡夢中大喊：「救命，啊！他們殺了凱撒。」凱撒次日遇刺。類似地，許多人都說曾經作過預知約翰・甘迺迪總統被刺身亡的夢。

　　一般人感覺中的預言夢之普遍（依我個人經驗而言）比起真實狀況要更多。要符合預言夢的定義，夢境必須早在事件發生前，就描繪出在根本上和實際發生的狀況相同的內容。為了知道某個夢是否具預言性，要謹慎記錄，並且監看後續事件。假使沒有做好記錄，預料中的事件也沒發生，夢者有可能並未注意到兩者間的差異。或者作夢者對夢的記憶可能有誤，穿鑿附會後續情節。

　　有些預料到情勢發展的夢，不能稱作預言。應該說它們具**展望性**（prospective）。這類夢反映的是對作夢當時存在的各種因素可能產生的結果，所抱持的期待。有個可以說明的例子是這樣的，一個年輕男子夢到他騎著摩托車飛馳，接著騰空飛了起來；在將近撞毀時，他醒了過來。數週之後，他真的撞爛了他的摩托車。這場車禍比較不屬於預言的實現，比較是夢中反映出來的大意、浮誇態度所帶來的可預期結果。可以想見，墜毀的結局可能是個隱喻：丟了工作、生意失敗、情場失意或者投機失利，或是變得憂鬱。

　　夢魘，若非創傷性夢境反覆上演，似乎通常便是預言，但很有可能是展望性的夢。伴隨夢魘而來的恐懼吸引夢者的注意，且促使夢者以象徵的眼光看待夢中意象。

對詮釋的假設與驗證

現在我們知道數個獲取詮釋的指導方針，我們可大膽進行假設，提出詮釋。我在與個案的工作中發現，對他們當中許多人而言，這是個重大時刻。他們通常變得很直覺，必須克制自己不要驟下結論。現在是他們發掘夢境意義可能為何的機會。

讓我們把我們的知識運用到一個真實的夢境上。瑪格麗特是位年輕已婚婦女，她夢見：我跟丹步入禮堂完成婚禮。之後，他不願意當我的丈夫。他不想跟我住一起。

瑪格麗特的聯想是，丹是個年輕男子，非常吸引她；她曾對他產生性幻想。至於婚姻，她說，是一生的承諾。婚禮則是喜慶大事，新娘在其中為眾星所拱之明月。最後，她就所看到的進行聯想，夫妻分居意味著沒有性關係。

瑪格麗特在現實生活中跟真正的丈夫佛瑞德關係不睦，他常大肆批評瑪格麗特舉措不端莊。在作夢前，他們剛和一群朋友晚宴，丹也在；他沒搭理她。作夢第二天，她覺得自己心懷怨懟。

詮釋（主要是客觀的）從瑪格麗特跟丹結婚的意象開始。這可以解釋成她想實現她的性幻想，以及，也許該嫁的是丹而非佛瑞德的願望。丹跟她攜手步上紅毯，隨後卻拒絕與她同住，讓她堅信丹並不認真看待她且要拋棄她的感覺。作夢的時機，就在不愉快的夜晚之後，讓瑪格麗特明白自己想跟現實中的丹談戀愛的希望落空之後，自己是多麼憤怒。而以主觀層面來看，這個夢則顯示瑪格麗特嚴屬的自我批評（因為她的聯想不多，不需去尋求交互的關聯性）。

形成一個詮釋後，要如何**證實**呢？首先，我們要看作夢者對詮釋的回應。瑪格麗特沒熱切回應，但加以接受。因此，這個詮釋「觸動」她，儘管還不全面。

　　不論是否打動作夢的人，有時詮釋是要靠隨後發生的事加以驗證。作為瑪格麗特的分析師，我注意到她處理自己問題的態度明顯有所改變。她不再把自己的失望沮喪都歸咎於丈夫和孩子，開始明白自己期待過高；世事本來就不如意事十常八九。治療的效果有助於確認夢境詮釋是否正確。它代替作夢者「行動」。

　　即使看來詮釋受到作夢者的反應所支持，它可能還是不夠完整，或者有些偏離事實。我們可以藉由檢視是否已將場景以及主要意象都納入考量，而找到可能的疏漏。舉例來說，假使婚禮是在山頂進行，就可能再增加另一個思考面向。

　　詮釋有誤將會如何？作夢者的心靈很可能會予以拒絕，若非意識自我當下的、負面的回應（「那不是事實！」），就是隨後出現反駁的夢境。有個例子可拿來說明一位女性作夢者在男性分析師詮釋之後，兩種拒絕方式都出現了。他將前一個夢詮釋為作夢者應該離開她的情人。作夢者（實際說出來）反對這個詮釋。後來顯示她的無意識甚至更不滿；她接著作了一個夢，夢見她去接受開刀，結果反而對她有害。那位外科醫生是造成想要治療卻引起不必要傷害的禍首，就如同分析師的詮釋一樣。分析師與作夢者終於知道，分析師對於第一個夢的詮釋去除了某些有益的東西，因而傷害到作夢者。

　　當這樣的反對狀況出現在初步詮釋時，一定要重新檢視整個脈絡，然後再試一次。一旦達成一個有效的詮釋，隨後通常就不會再

出現有意見的夢境。

總的來說，夢境詮釋的步驟如下：

1. 清醒後，立刻記下夢境。
2. 寫下個人對每個夢中意象的聯想以及（哪裡出現了）對應原型。
3. 寫下意識狀態：與這個夢相關的事件和感覺。
4. 思考各種廣延之間，以及廣延與意識狀態之間，分別可能有何交互關聯。
5. 檢視處理夢的導引方針：避免預設立場；夢就是在說它想說的；夢的語言是象徵性的；夢不會告訴作夢者該做什麼；詮釋是在翻譯夢的語言。
6. 記下每個夢的意象是屬於主觀的或是客觀的、還原的或是建構的、補償的或是非補償的。
7. 分辨出夢所關注的問題或者情結。
8. 做出一個詮釋假設；以夢者的反應或後續事件加以驗證。

所有這些步驟都要走完嗎？是，也不是。就「是」而言，為求盡可能精確詮釋，所有步驟都必要。至於「不是」，則是因為足夠的詮釋通常無需拘泥所有規則。至少在心理治療實務中，往往得採用後一種選擇，因為若要逐一完成各步驟，做完一個詮釋也許就得耗費數小時。

因此，熟知程序有助於縮短過程。助益之一，就是對某人的夢境歷史越來越熟悉。這樣的熟悉感有助於我們掌握每個新出現的夢

境的脈絡。的確，隨著夢的數量的累積，我們或可看到一些模式浮現：反覆出現的人物或場景，反映我們現實生活中的人際或者內在的衝突，甚或是一連串的故事。

另外有個要素，對我們在心理治療中運用夢來進行工作特別有用，那就是把許多非夢的訊息帶入治療裡頭，將有利於詮釋夢境。多數治療中，都由個案例行式地對治療師報告自己的日常生活。因此，等談到一個夢時，有些意識狀態已然在討論當中了。事實上，根據我作為一個分析師的經驗，當個案和我感覺到個案哪個生活面向會是當次晤談時段的焦點時，我們就會轉而討論夢。

因此，詮釋夢的步驟在使用時經常不同，隨直覺走走停停。錯誤在所難免，但如我們說過的，可以從夢者的反應和隨後事件的發生去找出哪裡出錯。

我們的夢可以藉由更加意識到我們心靈原本隱藏的部分，而對我們有所幫助。只要注意夢境，在某種程度上便足以多少擴展我們的意識。透過夢的詮釋過程，則又讓意識向前邁出更大的一步。我們由此幫助自己更加了解自己，包括我們的動機和目的；豐富未來發展的可能性，且強化我們正確決定的能力。

許多人發現，了解他們的夢之後，使得生活更深刻且豐富……而解夢——與玩味夢——可單純只為樂在其中。

第三部

應用

煉金術

史坦頓·馬蘭（Stanton Marlan）

杜肯大學臨床心理學客座教授

近期著作是《榮格與煉金想像》
（*C. G. Jung and the Alchemical Imagination,*
2020）

引言

　　榮格思考煉金術的方式前人少見，如果在他之前有人這樣想過的話。煉金術大部分已經被掃進歷史垃圾堆裡，或者被隱藏在神祕主義的神祕小圈圈中。對當代人而言，煉金術士的形象就是躲在實驗室裡，一心想煉鉛成金但卻一無所成的古怪、遁世又詭異的老頭。他們的實驗被視為胡扯，或者，充其量，被當成現代化學的先驅。

　　如同榮格自己在《回憶‧夢‧省思》（1963）中所說的，他起先也抱著同樣的態度開始思考這個議題。他在該書中寫到，當他開始想更深入了解煉金術文本時，取得了一部古老的《煉金術卷二》（*Artis Auriferae Volumina Duo*, 1593）：

　　這本書被閒置近兩年，我幾乎沒碰過它。我偶爾看看書中畫片，每回都這麼想，「天呀，這是什麼鬼東西！這玩意兒根本無從理解。」（Jung 1963: 204）

　　可是，隨著更深入探索，榮格總結道，煉金師們是以象徵性的方式談論人的靈魂，且在使用真才實料的工藝持續工作之際，同時也運用著想像的作用。他們想製造出來的那種黃金，並非普通或是低劣的金子，而是一種非世俗的黃金（*aurum non vulgi*），或者哲學意義上的黃金（*aurum philosophicum*），一種哲學的黃金（Jung 1963）。他們同時關心創造更崇高的人類，以及將本質淨化到完美。在 1952 年的艾瑞諾斯論壇（Eranos Conference）中接受訪談

時，榮格說道：

　　煉金術是真實的，唯其非關物質，而屬精神（psychological）。煉金術用化學實驗專業術語的說法，投射出外在世界與內在心靈所上演的劇碼。這項大功業（*opus magnum*）有兩個目標：拯救人類靈魂，以及救贖宇宙。（Jung，McGuire and Hull 1977：228 引述）

　　這個轉變將煉金術帶進當代思想的領域，且開啟了歷久不衰的心靈煉金（psychology of alchemy）。

　　以這種方式看待煉金術——作為心理學的與象徵性的藝術——是榮格的一大突破，且成為解開其神祕的關鍵。隨著探索，此洞見持續發展，最終讓榮格得以將煉金術的道理作為理解他的無意識心理學的基本原由、背景以及證明。煉金術對他後續工作影響如此之大，以致：「榮格的著作足足有三分之一，直接或是略微涉及煉金術，在比例上遠超過他對心理類型、字詞聯想實驗、東方智慧或是超心理學的相關著作。」（Hillman 1980: 30, n. 3）如同蘇瓦茲－薩蘭說過的：「在振興這門思想體系，使之成為被重視的研究領域這方面，榮格的重要性也許遠超過其他任何現代的煉金術研究者。」（Schwartz-Salant 1995: 2）

榮格的煉金術著作

　　英文版《榮格全集》並未依他原本寫作或發表的順序出版。有些個別的卷冊被編輯成不同時期的論文合集，且未必是根據其思

想開展或者作品的重要性順序而編排。閱讀每一冊的編者註解，會有助於了解他原始寫作的時序。雖然他觀念發展的歷程在他的自傳《回憶・夢・省思》（1963）裡有跡可循，我們還是得注意，榮格不單是有系統地在思考煉金術。榮格持續發展的理論，也許最好是把它看作是一種對無意識概念的持續探索及其跟煉金術思想關聯性的一種發現、闡釋以及綜述的結合。

　　如同先前所提及的，榮格對煉金術的探索構成了研究的重大領域。在他《榮格全集》中，那些特別被標示為與煉金術有關的部分當中，可以看到最受矚目的研究資源。這些包括《心理學與煉金術》（vol. 12）、《煉金術研究》（*Alchemical Studies*, vol. 13），及其曠世巨著《神祕合體》（vol. 14）。除了這些主要著作之外，在《伊雍》（vol. 9ii）以及《心理治療實務》（*The Practice of Psychotherapy*, vol. 16）當中，也可以找到煉金術思想的重大思索。在後面這第十六卷裡，與煉金術有關的重要論文是〈移情的心理學〉（The Psychology of the Transference, 1946）。榮格說，這篇論文也可以作為他在《神祕合體》中更完整論述的導論。除此之外，《象徵性的生命》（*The Symbolic Life*, vol. 18）中有一些簡短的思索：〈煉金術資料彙編前言〉（Foreword to a Catalogue on Alchemy, 1946）、〈浮士德與煉金術〉（Faust and Alchemy, 1949）以及〈煉金術與心理學〉（Alchemy and Psychology, 1950）。最後一文起初是為《希伯來百科全書》（*Encyclopedia Hebraica*）而寫的，是篇煉金術研究的簡介，在《心理學與煉金術》中有更完整的闡述。另一篇簡介，也以訪談榮格的方式予以詳細呈現，收錄進《榮格開講：晤談與交鋒》（*C. G. Jung Speaking: Interviews and Encounters*,

McGuire and Hull, 1977）。這篇訪談是在 1952 年艾瑞諾斯論壇上，由米西亞‧伊利亞德（Mircea Eliade）進行的採訪被收進《戰鬥》（*Combat*）雜誌，並經榮格本人修正以及加入註解後於上述書籍中再次發表。上述兩篇概要，讓我們得以見到榮格對煉金術過程簡短卻成熟的全面性觀點。

除了這些資料之外，榮格的自傳《回憶‧夢‧省思》裡頭，也有很多他自己發掘以及闡述煉金術的回顧。這些思考在大量的書信裡加以擴展，於《榮格書信集》的卷一及卷二當中再次出版。這些跟像是巴尼斯（H. G. Baynes）、卡爾‧凱倫依（Karl Kerenyi）、赫曼‧赫塞（Hermann Hesse），艾瑞旭‧諾伊曼、維克多‧懷特（Victor White）、莫德‧奧克斯（Maud Oakes）、約翰‧特瑞尼克（John Trinick）和其他等人的魚雁往返，是個小寶庫。此外，還有些沒有出版的講演筆記，內容是 1940 年冬季的 11 月到 1941 年 2 月的十五篇論壇講稿，由芭芭拉‧漢娜（Barbara Hannah）在許多人的協助下彙編而成，提供協助的包括瑪麗－路薏絲‧馮‧法蘭茲、托妮‧沃爾夫及榮格本人。這些筆記雖然已經被重製編輯，但卻沒有對大眾公開，讀者通常僅限論壇會員和精神分析師社群。研究榮格煉金術的其他工具，還包括《榮格全集》的《總目錄》（*General Bibliography*, vol. 19）以及《總索引》（*General Index*, vol. 20）。索引有兩個分類，聚焦於文藝復興時期的煉金術文本及其作者；也可以讓我們在全面性的榮格煉金術著作裡，找出這些與煉金術的主題和象徵相關的文獻資料的概略樣貌。此外，學人與研究者也會發現《榮格全集摘要》（*The Abstracts of the Collected Works of C. G. Jung*, 1976）很有價值，因為它包含了榮格所有作品的概要。

榮格著作之外的文獻資源

　　除了以上榮格本人著作之外，有不少榮格的追隨者也以更簡明的方式論述煉金術，有助於讀者理解其著作的複雜性。馮‧法蘭茲以及愛德華‧艾丁哲（Edward Edinger）都曾經在他們研究的煉金術著作裡明確地指出這個目標。特別是馮‧法蘭茲的《煉金術：象徵主義與心理學導論》（*Alchemy: An Introduction to the Symbolism and Psychology*, 1980），以及《煉金術的積極想像》（*Alchemical Active Imagination*, 1979），都是很好的入門教科書，艾丁哲的《解剖心靈》（*Anatomy of the Psyche*, 1985）也是，以及他引導讀者通曉榮格最艱澀作品的深入研究，如《神祕合體：個體化的煉金術意象》（*The Mystery of the Coniunctio: Alchemical Image of Individuation*, 1994）、《神祕學講稿》（*The Mysterium Lectures*, 1995）和《永恆釋義：探索榮格伊雍裡的自性》（*The Aion Lectures: Exploring the Self in C. G. Jung's Aion*, 1996a）。除此之外，蘇瓦茲－薩蘭編輯過一本《榮格的煉金術研究》（*Jung on Alchemy*, 1995），連同一篇學術性的引介，從榮格主要著作中精心摘選了一些段落。

　　許多榮格分析師帶著重要的洞察，把榮格著作當作研究以及／或者參照的題材，而這也有助於他們自己更了解榮格的煉金術主題。安德魯‧沙繆斯曾在他《多元心靈》（*The Plural Psyche*, 1989）中的一章，協助讀者理解榮格對煉金術的涉獵，以及展示煉金術跟當前精神分析理論及臨床應用的關聯性。大衛‧荷特（David Holt 1987-1988）發表在《豐收》（*Harvest*）雜誌的文章〈煉金術：榮格以及科學史學家〉（Alchemy: Jung and the Historians of

Science），為那些對榮格與科學史及科學概念有何關聯感興趣的人，提供一個歷史文獻的書目指南。荷特曾經研究過一本專門探討化學與煉金術的歷史的重要期刊《煉金術與化學史研究學會誌》（*Ambix*），其中包含了許多對榮格煉金術著作的回響。比佛莉·查布里斯基（Beverley Zabriskie 1996）也在自己著作中處理過榮格煉金術與現代科學關係的議題，特別著重於物理學的部分。煉金術對當代榮格學派思想家依然重要的理由，我已經在我編輯的《石頭之火：慾望的煉金術》（*Fire in the Stone: The Alchemy of Desire,* 1997）一書中有所處理，這本書集結了在自己工作中受到煉金術隱喻源源不絕的活力所啟發的榮格分析師以及學者所撰寫的一系列論文。這些論文的作者包括希爾曼（Hillman）、庫格勒（Kugler）、貝瑞（Berry）、卡爾謝（Kalsched）、科貝特（Corbett）、謝克（Schenk）、邱吉爾（Churchill）以及我自己，這部文集可作為煉金術隱喻系列應用的導言。最後，莫瑞·史丹（Murray Stein 1992）曾經製作一系列名為《理解煉金術：榮格對於轉化過程的隱喻》（*Understanding the Meaning of Alchemy: Jung's Metaphor of the Transformative Process*）的錄音帶，而約瑟夫·韓德森（Joseph Henderson）也錄製了一卷關於煉金術文本的錄影帶，叫做《光輝的太陽》（*Splendor Solis*），當中有他的評論與討論。

要研究煉金術應用的範圍，除了上述提及的資料外，還有許多榮格思想家都對心靈煉金有貢獻，並且處理及精心闡述過特定的煉金術主題。每個人都持續以自己的方式進行由榮格開啟的研究。篇幅有限，這篇概述不可能綜括並分析所有應用榮格煉金術理論的來源和成果。可是，許多做出這些貢獻的人——包括馮·法蘭

茲、愛德華‧艾丁哲、詹姆斯‧希爾曼、內蘇‧蘇瓦茲－薩蘭、保羅‧庫格勒、史坦頓‧馬蘭、傑佛瑞‧芮夫（Jeffrey Raff）、華特‧歐岱尼克（Walter Odajnyk）、河合隼雄（Hayao Kawai）、沃夫岡‧吉格里希（Wolfgang Giegerich），以及田中康裕（Yasuhiro Tanaka）——已被視為代表性人物，反映了從古典應用到當代修正主義的眾多觀點。因此，這些作者的研究將在下文中有較為完整的闡述。以下簡單提及其他多位有過重要貢獻的作者，讀者若對他們個別特定主題的著作感興趣，可以自行查閱。

　　麥可‧福德罕（1960）思考過分析心理學與理論、煉金術、神學及神祕主義的關係。1967 年，安妮拉‧亞菲（Aniela Jaffé）出版一篇〈煉金術對於榮格研究的影響〉（The Influence of Alchemy on the Work of C.G. Jung）的回顧論文，而羅伯特‧格林內（Robert Grinnel 1973）的《現代女子的煉金術》（*Alchemy in a Modern Woman*）一書，依其原型動力，將煉金術應用到臨床的個案上。同年，大衛‧荷特（1973）透過〈榮格與馬克思〉（Jung and Marx）一文，繼續探討煉金術對於理解理論的重要性。約瑟夫‧韓德森（1978）以〈煉金術理論的實際應用〉（Practical Application of Alchemical Theory）一文，深入探討了索羅門‧崔斯莫辛（Solomon Trismosin）的《光輝的太陽》（*Splendor Solis*），認為就理論或者臨床實務上而言，我們也許「總是在尋求療癒精神與物質間的裂痕」（Henderson 1978: 251），且於 2003 年，與戴恩‧謝伍德（Dyane Sherwood）合著出版《心靈的轉化：光輝的太陽的煉金術象徵》（*Transformation of the Psyche: The Symbolic Alchemy of the Splendor Solis*）。紐曼（K. D. Newman 1981）在〈密閉容器之謎〉（The

riddle of the Vas Bene Clausum）一文中，將密閉容器的概念擴大，
「特別著重於它在分析心理學治療的實務應用面」（Newman 1981:
239）。派屈克・馬克高蘭（Patrick McGoveran 1981）將煉金術的
模式應用到邊緣性人格案例的心理治療環境當中。

馬瑞歐・賈科比（Mario Jacoby 1984）在他《與精神分析
邂逅：移情與人性關係》（*The Analytic Encounter: Transference
and Human Relationship*）一書中寫到煉金術在精神分析情境的
應用，特別聚焦於移情以及性愛。芭芭拉・史蒂文斯・沙利文
（Barbara Stevens Sullivan 1989）在她《基於陰性原則的心理治療》
（*Psychotherapy Grounded in the Feminine Principle*）一書中，思考煉
金術以及移情，與珍・克許（Jean Kirsch 1995）在她一篇題為〈移
情〉（Transference）的論文中所想的是一樣的——兩者都對辯證關
係的本質添加了重要的反思。沙利文的特別貢獻是修正陽性原則
跟陰性原則，並對合體（*coniunctio*）提出新的理解。最後，艾琳・
嘉德（Irene Gad, 1999）發表了一篇名為〈煉金術：靈魂的話語〉
（Alchemy: The language of the Soul）的導論性文章，探討煉金術歷
久不衰的重要性。

進一步探討榮格煉金術概念的發展之前，有必要先轉向探討其
思想的起源。

榮格對於煉金術的發掘

要明確指出一個觀念的起源確實不易，但無庸置疑的，榮格
涉獵煉金術對他完成其心理學理論有發展上的根本重要性。要了解

榮格早期邂逅煉金術的歷史，以及隨後對其相關概念的開展，最好的資料就在他的自傳《回憶・夢・省思》裡[1]。在這本書中，很明顯地，他內在生命的角色——他的意象、夢、幻視以及共時性事件——皆極為重要。這些經驗都是他科學工作的**原初物質**，煉金目標是產生「熾熱熔岩」（fiery magma），將其具體化，且融入現實世界。

就像歌德（Goethe）經典史詩中的浮士德（Faust），榮格讓自己對無意識開放，一個全新的視野因此湧現。這個眼界來之不易，需要與無意識強烈對抗，這令他進入一段極不確定以及孤獨的時期。為了順服他的經驗，榮格開始畫起曼荼羅（圓圈的圖形），這讓他感覺與主動活躍起來的整體心靈達到和諧。他不知道這個歷程何去何從，但是感到必須拋棄自我，義無反顧地投入。隨時光流逝，一種方向感突然浮現，一條看來是通往一個有方向和目標的核心的道路，引導到人格中更深層的核心結構。體認及述說這個核心的存在，使榮格假設心靈有個高於意識自我的結構（Jung 1963），他稱之為**自性**。

榮格在 1920 年代的許多夢境預示他將取得一部中國道家煉丹經典，後來，這被用來作為他意識到自性是心靈生命目標的佐證。1928 年，榮格收到一封衛禮賢（Richard Wilhelm）寄來的信，邀請他寫一篇從心理學觀點看中國內丹修煉論著《金花的祕密》[2]（*The*

1　【原註】精神分析學者索努・薩達沙尼（Sonu Shamdasani）指出，由於在編輯上過於任意為之，致使無法太過仰仗《回憶・夢・省思》裡的資料，但他仍認為個別段落是可信的，雖然人物已經完全被移花接木（私人通信，2000 年 9 月 25 日）。

2　【編註】現行中文譯本為《黃金之花的祕密：道教內丹學引論》，楊儒賓譯，商鼎出版。

Secret of the Golden Flower）的評論。這是榮格第一次與煉金術真正重要接觸，這本書對他發展中的自性概念產生更進一步的支持。這本書讓榮格想要更加熟稔內丹修煉的內涵，他於是開始研究西方的煉金術，不久就拿到一部重要的拉丁文經典《煉金術卷二》（1593），其中包含許多關於煉金術的古典篇章。大約也是那段時間，他回想起自己在 1926 年作過的一個重要的夢，該夢如今已成經典。在這個夢境的結尾，他穿越幾道門，來到一座莊園大屋，進入庭院。當他到達院子中央，諸門砰然闔閉。一位農夫從馬車躍下，大聲叫嚷著，「我們現在被拘禁在十七世紀」（Jung 1963: 203）。榮格將這個夢與煉金術連結起來，因為十七世紀是煉金術發展至為興盛的時代，他因此做出自己命中注定要徹底研究煉金術的結論。榮格十分投入，餘生幾乎都灌注於此。他在這個迷陣當中尋路甚久，且正在研讀另一部十六世紀典籍《哲人玫瑰園》（Rosarium Philosophorum），他注意到那些反覆出現的表達方式。他試圖加以解讀，製作了一個交叉比對的辭典，就像在解答未知語言的謎團。透過這些研究，榮格相信，煉金術與分析心理學間有類似可比之處。他在自傳《回憶‧夢‧省思》裡描述了這個體悟：

我很快就看出來了，分析心理學與煉金術間有非常耐人尋味的巧合之處。從某種意義上來說，煉金師的經驗與我的經驗共通，他們的世界就是我的世界。當然，這是十分重要的發現：我無意間發現了與我的無意識心理學對應的古老之物。與煉金術相互對照的可能性，及其知識體系可不間斷地上溯至諾斯替主義，讓我的心理學有了堅實的內涵。當我浸淫在這些古老的經典當中，所有事物都找

到各自的位置：幻想的意象、我在實務中收集到的經驗素材，以及我從中得到的結論。現在我開始了解到，當我從古老的觀點來判讀時，這些心靈內涵的意旨為何了。對於那些內容的典型特性，我從研究神話中便開始有所了解，現在則更加深刻了。原始意象以及原型的本質在我的研究中居於首位，我越來越清楚，歷史之外無心理學，當然也就沒有無意識的心理學。（Jung 1963: 205-206）

對於榮格而言，意識層面的心理學用個案個人生活的材料加以分析便已足夠，但是當分析歷程越走越深入，且涉及到無意識時，就需要其他的東西了。研究無意識，經常得有異於尋常的決斷，以及對夢的詮釋。對於榮格來說，這除了個人的記憶及聯想之外，還需要接觸榮格描述心靈現實的所謂「客觀心靈」（objective psyche），遠遠超過將心靈單純視為主觀現象所形成的限制。艾丁哲的《解剖心靈：心理治療觀點的煉金術象徵》（*Anatomy of the Psyche: Alchemical Symbolism in Psychotherapy*, 1985）明確關注這一點，這就是為什麼煉金術的意象價值非凡的理由之一，於其脈絡中，它們可以給我們一個用來詮釋夢境以及其他無意識素材的客觀基礎。

當榮格深化他的思考，他漸漸理解到，與無意識交鋒可能導致心靈轉變。研究煉金術使得他理解到無意識是一種歷程，他開始去梳理自己的觀點，認為心靈能夠經由積極接觸到無意識的方式，於自我與無意識內容之間產生轉變。在一個人的夢境以及幻想裡，可以看到這個發展歷程，它透過各種不同宗教系統及其變動不居的象徵結構，在我們的集體生命裡留下印記。通過研究這些集體轉變的過程以及對煉金術象徵系統的理解，榮格獲得其心理學的核心概

念：個體化歷程。

　　榮格很快地便考慮到個人看待世界的方式，開始處理他研究的重要部分，也就是心理學與宗教的關係。他以《心理學與宗教》（*Psychology and Religion*, 1937）一書及其「直系衍生」的《帕拉塞爾西卡》（*Paracelsica*, 1942），探究這些問題。榮格強調，那本書的第二篇文章〈作為一種心靈現象的帕拉塞爾蘇斯〉（Paracelsus as a Spiritual Phenomenon），意義特別重大。透過研究帕拉塞爾蘇斯（Paracelsus，編按：文藝復興時期瑞士煉金術師），榮格終於得以走上討論「作為宗教哲學一種形式的煉金術」（Jung 1962: 209）這條路。他在《心理學與煉金術》（*Psychology and Alchemy*, 1944）一書中探討這個問題，這讓他感覺到他對自己從 1913 年到 1917 年間的經驗，已經得到答案。他察覺到，自己經歷過的歷程，與煉金術的轉化一致（Jung 1963: 209）。這些思想一脈相續，開啟榮格進一步深入探討宗教問題，以及他自己與基督教持續進行中的關係之路。

　　榮格認為，基督教啟示對西方人意義重大，但是需要新的觀點，且符合時代精神，否則無法實際影響人類整體。他發現基督教與煉金術之間，多有相似之處，並且在三位一體教義與帶著西元三世紀左右的諾斯替主義煉金師埃及人索席摩斯（Zosimos of Panopolis）的神視的彌撒內容有所關聯。榮格企圖把分析心理學帶進與基督信仰的關係當中，最終帶來將基督視為心理學人物的問題。榮格（1944）在《心理學與煉金術》一書裡，指出基督跟煉金術士所謂「原石」（lapis）或者「寶石」（stone）的概念間具有類似之處。思考這些問題的過程當中，他出現過一個基督全身

呈現青綠／金黃的大要靈視。他感覺到這個意象指向一個核心的原型象徵，以同時具有人類以及無生命特質的方式表現出生命的靈氣（spirit）。在這個意象裡，人類以及無生命兩者被融合在一起，成為基督的煉金術形象。於此，基督的意象也是偉大的宇宙之子（*filius macro cosmi*），一方面，這是他在猶太教傳統裡面所看見的人類（anthropos）根源，另一方面則是古埃及太陽神荷魯斯（Horus）的神話。這個意象讓人感到觸動了整個宇宙，且是整合了靈性與物質的原型不可或缺的基礎，此意象令他感到精神與物質的原型融合，於此同時也意識到，這部分在基督教裡並未全然完成（Jung 1963）。

從煉金術的觀點來看，基督教予人類救恩，但未澤及自然。榮格批評基督教忽略身體與「陰性面」，並因此貶低了「自然」。莫瑞・史丹以《榮格論基督教》（*Jung's Treatment of Christianity*, 1985）一書延伸探索這個議題。如同先前所提及的，煉金術師的夢想是拯救世界的完整性。這項大功業有兩個目標：拯救人類靈魂，以及救贖宇宙。煉金術強調物質，因此補償了基督教的欠缺，並期盼宗教心靈會有更進一步發展的可能。

在《伊雍》（1951）裡，榮格的研究更深入，當時關注的重點在於基督這個人物跟心理學以及自性結構間的關係。於此，他的重點放在「受到更高的人格，一個內在人物的衝擊後……意識與無意識影響到每個個體生命的相互作用」（Jung 1963: 221）。榮格強調，在基督教時代伊始，「人類」這個古老概念便深入人心，而且這個原型當時便具體化為基督的意象。上帝親生愛子的意象，跟被奉為神明的世俗人間統治者奧古斯都形成對立，代表著超越時代壓

迫的希望與期待。此外，榮格的目標是要證明，他的心理學與煉金術可以全盤對應，反之亦然。他想要去發掘連同宗教問題在內的，心理治療中特別的問題，在煉金術士的工作裡是怎麼處理的。

榮格早期認為煉金術中的「合體」等同移情（1963: 212）。《心理學與煉金術》（1944）早已採行這個觀點，特別是他〈移情心理學〉（1946）一文。在這篇論文當中，榮格建構許多在煉金術過程裡，諸如《哲人玫瑰園》中的圖示所示的，與心理學對立難題，也就是移情與合體之間，多有相似之處。這些問題在榮格的最後一本著作《神祕合體》（1955-1956）裡頭，有著更完整的探討。這本書中，他循著最早是將整個煉金術看成是一種「心靈煉金」，也是一種「深度心理學的煉金準則」（Jung 1963: 221）的想法，而進行論述。

在《榮格開講》中，榮格提到煉金過程的要點：

這個研究充滿艱辛且難題重重；煉金工作是危險的。及其伊始，你便遇著「惡龍」，居住在地底的鬼魂，「惡魔」，或者，如同煉金術士所稱的，「黑化」（blackness），黑化期（nigredo），與其相遇必生痛苦。「物質」受苦直到這種黑化結束；用心理學的術語來說，靈魂發現自己陷入陰鬱痛苦，困在與「陰影」的艱苦奮戰中。合體是煉金術的核心密意，它的祕密明確指向對立面的結合，也就是同化黑化，將惡魔整合進來……以煉金術的表達方式而言，物質受苦直到黑化期結束，這時「孔雀尾巴」（cauda pavonis）報曉，宣告「黎明」（aurora）的到來，新的一天破曉而出，也就是轉白（leukosis）或白化期（albedo）。然而人並不會真

的用這種「純潔」字義的狀態生活，這是一種抽象的說法，理想的狀態。為了讓它真的活起來，必須注入「血液」，它必須要有煉金術士所謂的紅化期（rubedo），將生命轉為「艷紅」。只有生命的整體性經驗，可以將白化期這種理想狀態轉化成完整的人類實存樣態。單單憑著血，就能夠再度激起意識的光明，黑化於此消失無蹤，惡魔不再擁有力量而出現，而是與心靈再度深入結合。然後，這個大功業便完成了：人類的靈魂完全獲得整合（原文照抄）。（榮格，McGuire and Hull 所引，1977：228-229）

在書的結語當中，榮格的想像完全是以煉金術式的概念跟隱喻呈現，充滿著惡龍、受苦的樣態、孔雀尾、蒸餾器和煉金爐；紅與綠的獅子、國王和皇后、魚眼以及顛倒的哲學樹、蠑螈以及雌雄同體；黑色太陽和白色土地，以及金屬——鉛、銀與金；顏色——黑、白、黃與紅；還有蒸餾物與凝結物，和一大堆拉丁術語。這一切都變成未知的心靈神祕最淋漓盡致的表現，用以宣揚及增強他關於煉金術與他自己的無意識心理學之間可相類比之處漸次成熟的看法。所有這一切，甚至還有更多的是，榮格把這些都看做是由煉金術士投射進物質裡。他們努力要將分裂的心靈統合在一起，創造出一種「化學的結合」（chemical wedding）。榮格將此視為煉金術的道義上的任務：統整靈魂分裂的部分，包括個人的以及根本上是宇宙性的，藉此以創造出原石或者稱哲人石為目標。同樣地，榮格的心理學研究心靈生命的衝突與分裂，目的是要達到他稱之為整體性（Wholeness）的神祕「統整」。

最後，榮格藉由《神祕合體》（1955-1956）強調，他的心理

學最終「要對實相作出解釋，且奠基於其歷史的基礎上」（Jung 1962: 221）。他的工作就此告終。他感覺到自己已經達到「科學理解的極限，就原型本質本身而言，由於是先驗的，科學論述能做的已經不能再多了。」（1962: 221）

榮格理念的古典發展

以上的信念以及榮格的研究強烈影響著他的忠實追隨者，歐洲的馮·法蘭茲，以及美國的愛德華·艾丁哲。馮·法蘭茲與艾丁哲都以榮格的著作為基礎，並且視自己主要的工作在於闡揚他的概念，以讓學習者得以快速入門的大師思想詮釋者自居。他們謙沖自牧，但並不代表成就僅止於此，他們對分析心理學貢獻良多，特別是在幫助我們理解煉金術的層面上。

馮·法蘭茲一直被認為是榮格煉金術思想的主要發展者。她「在榮格眾多追隨者中享譽世界，是榮格身後能言善道的理論代言人」（T. B. Kirsch 2000: II）。1933 年，十八歲的馮·法蘭茲遇見榮格，其時正當榮格對煉金術的興趣漸濃之際。他為她分析，而她則替他翻譯希臘與拉丁文本以為交換。兩人持續緊密合作，她最終出版了本質上是《神祕合體》第三部分內容的書稿，題為《曙光乍現》（*The Aurora Consurgens*, 1966）。《曙光》一書是講述並評論一本大約在十三世紀出現的煉金術文本。該文本的作者一直被認為是義大利神學家湯瑪斯·阿奎那（Thomas Aquinas），然而真正的作者是誰，爭議尚存。榮格拿這本書作為中世紀基督教試圖與煉金術哲學結合的例子，且以之證明對立面是煉金術難題。馮·法蘭茲

（1966）的評述告訴我們，榮格的分析心理學也許可以解答該文本晦澀難懂且極具心理學意含的意義，以及為何最好以象徵性歷程去理解傳統煉金術操作。

　　馮・法蘭茲在 1959 年蘇黎世榮格學院對學者的講座中，講授了她的煉金術研究。論壇會員烏那・湯馬斯（Una Thomas）記錄了這些講稿，之後於 1980 年以《煉金術：象徵主義與心理學導論》（*Alchemy: An Introduction to the Symbolism and the Psychology*）為題出版。該書的目的在於簡介榮格更加難懂的研究，且是一本「以應用性的角度思考煉金術士真正的所求在於——情感的平衡與整體性」（von Franz 1980）的書。這本書包括了談論古希臘、阿拉伯以及稍後出現在歐洲的煉金術的講稿內容，也談論了《曙光乍現》。馮・法蘭茲用講課和出書的方式，希望讓學生在閱讀榮格著作時能有更深入的理解。她體認到，榮格的煉金術著作是多麼地黑暗及晦澀，以至於連許多他最親近的追隨者都無法理解他這個領域的研究。然而，她還是強調這個研究的重要性。1969 年 1 月和 2 月，她的講座繼續在蘇黎世舉辦，她的《煉金術的積極想像》（*Alchemical Active Imagination*）一書於 1979 年出版。除了簡短介紹煉金術歷史外，馮・法蘭茲將重點聚焦在傑拉德・多恩（Gerhard Dorn）這位大約生活在十六世紀的煉金術士兼醫生身上。她以他的整體研究為依據，並緊貼原文，指出煉金術實務與榮格積極想像的技術間有相似之處，兩者都在促進與無意識的對話。

　　馮・法蘭茲最後一本直接探討煉金術的書，是介紹阿拉伯煉金術著作 *Hall ar-Rumuz* 的歷史，並從心理學的角度加以評論，該書名翻譯成英語即為《解開謎團》（*Clearing of Enigmas*），也有人翻

譯成《象徵釋義》（*The Explanation of Symbols*）。原作者為（老）穆罕默德‧伊本‧烏梅爾（Muhammad ibn Umail〔'Senior'〕），是位生活於公元十世紀的人。兩位非專業的譯者翻譯了這本書，而馮‧法蘭茲根據這份譯稿進行詮釋。為了避免引發不必要的批評，這本書由希奧多‧阿伯特（Theodor Abt）私人印行出版，條件是在修正與更完整的譯本出現之前，不能加以引述或者評論。阿伯特收集了一整套珍貴的阿拉伯原稿，推測未來將會出版。這系列的首冊題為《阿拉伯煉金術文集：象徵釋義之書》（*Corpus Alchemicum Arabicum: Book of the Explanation of the Symbols Kitab Hall ar-Rumuz*），作者署名為穆罕默德‧伊本‧烏梅爾。這套阿拉伯文集的第一冊在 2003 年時由威福爾德‧馬德隆（Wilferd Madelung）合編出版。這些文本代表煉金術神祕流派之中失落的環節，將諾斯替祕傳的古希臘煉金術與歐洲神祕的拉丁煉金術連結起來。

馮‧法蘭茲於生前，以剛剛提到的那本書，扮演著榮格煉金術著作的共同研究者、翻譯者以及具啟發性發展者的角色。她在煉金術歷史、煉金術與基督教的對話，以及象徵和心理學途徑的重要性，貢獻良多。她也促進我們深入地去思考煉金術的對立矛盾難題，以及有關對立面所倚賴的統一場——「一元世界」（*Unus Mundus*）的理解。她在《心靈與物質》（*Psyche and Matter*, 1992）中，更深入地闡述了這些議題。她將有關數字、時間、共時性，以及深度心理學、當代物理和量子理論間的關係，都放進這本書裡探討思考。她也對榮格的基督教思想觀點，以及理解到煉金術對於促使基督神話成為宗教的重要性，有所貢獻。在一個訪談當中（Wagner, 1977），當被問及榮格和她自己對研究煉金術的主要價

值何在時，她回答道：

　　文明因神話而續命……我認為，我們賴以立命的基督教神話已
經衰微，既片面且不足。我想，煉金術是完整的神話。假使我們西
方文明想要繼續存在，就該接受煉金術神話，那將更完整充實並承
續基督教神話……基督教神話欠缺足夠的陰性精神（天主教有聖母
瑪麗亞，但那是被淨化的女性面；它並未包含黑暗的陰性精神）。
基督教視物質為無生物，且不正視邪惡的對立面問題。煉金術直
視善惡對立的問題，直面物質的疑難，並正視陰性精神的難題。
（Marie-Louise von Franz, quoted in Wagner 1998-1999: 15-16）

　　如果馮・法蘭茲被視為榮格在歐洲的傑出追隨者，那麼不會有
什麼人反對愛德華・艾丁哲在美國擁有等同的地位。四十多年來，
「以演講、著書、影音等方式，他不愧大師風采，致力於推廣和精
解榮格研究的精髓，讓人對其與集體心理學及個體心理學兩者的
關聯性一目了然」（Sharp 1999: 18）。雖然艾丁哲寫作的主題範圍
廣泛，包括《白鯨記》（*Moby Dick*）、《浮士德》、希臘哲學、
聖經、啟示錄及上帝意象等[3]，但就像馮・法蘭茲一樣，他對於煉
金術亦情有獨鍾。在《象限儀》（*Quadrant*, spring 1968）雜誌的創
刊號中，紐約研究中心宣布由艾丁哲主講最後春季系列演講，題
為「心理治療與煉金術」，而隨後的那一期雜誌則刊出艾丁哲演說
的摘要〈作為一心理學歷程之煉金術〉（Alchemy as a Psychological

3　　【原註】艾丁哲研究書目參見《心理觀點》（*Psychological Perspectives*, 39: 58-59）。

Process, *Quadrant*, 2: 18 22）。這些演講，在 1970 年代晚期到 1980 年代早期於紐約和洛杉磯發表，並連載在《象限儀：榮格分析心理學基金會期刊》（*Quadrant: Journal of the Jung Foundation for Analytical Psychology*）[4]，隨後則集結成《解剖心靈：心理治療的煉金術象徵》（1985）一書。在這些演講以及這本書裡，艾丁哲特別選擇了七個意象進行分析，這是他慣以用於說明典型構成煉金術歷程階段的方式：**鍛燒**（caleinatio）、**熔解**（*solutio*）、**融合**（*coagulatio*）、**昇華**（*sublimatio*）、**死亡**（*mortilicatio*）、**分離**（*separatio*）以及**合體**（*coniunctio*）。藉由聚焦於這些意象／操作，艾丁哲（1985：14）試著將「一團混沌的煉金術」理出頭緒。結果他發現，每一道程序都是一種精緻象徵系統的要旨。這些核心的轉化象徵「形成一個基本架構，讓我們得以理解心靈的生命，它們幾乎可以說明個體化歷程的所有經驗」（Edinger 1985: 15; cf. Robertson 1999: 54）。

　　艾丁哲在他的著作裡，視榮格對「心靈實相」的發現，為一種理解煉金術以及其他如占星術等前科學（pre-sciences）或者偽科學的新途徑。對艾丁哲而言，這些思想體系都是一種現象學的表達方式，用以描述客觀心靈的模式和規律。就其本身而言，它們有做為轉化的原型意象的效果。艾丁哲認為他自己以及榮格所呈現的是心靈的實際狀況，而非「理論建構或者是哲學推理」（Edinger 1985: preface）。

　　艾丁哲也關心心理治療的臨床實務問題。他的目標在於充分

4　【原註】Quadrant (summer, 1978) 2(1): Introduction and Calcinatio; (winter, 1978) 3(1): Solutio; (summer, 1979) 4: Coagulatio; (spring, 1980) 5: Sublimatio; (spring, 1982)8: Coniunctio; (spring, 1981) 6: Mortflcatio; (fall, 1981) 7: Separatio; (spring, 1982) 8: Coniunctio.

理解原型意象，並從個人的分析當中獲得足夠充份的知識，好讓我們可以「像身體的解剖學那樣客觀地」發現心靈的解剖學結構（1985: preface）。他聲稱，心理學理論往往過於狹隘且貧乏，因此進入深度分析時，有些神祕與深刻的東西就被觸動了。治療師與個案都很容易迷失方向。依照艾丁哲的說法：

　　煉金術對心理治療會如此珍貴，是因為它的意象把心理治療時所經歷的轉化意象具體化。就整體而言，煉金術提供一種個體化歷程的解剖學。其意象……對那些有過無意識的個人經驗者而言意義非凡。（Edinger 1985: 2）

　　對他來說，對榮格也一樣，煉金工作等同於個體化歷程，但煉金術的整體不管在豐富性和範圍上都要比任何個別的歷程要深入。最後，對艾丁哲而言，煉金術是件神聖的工作，從事者需要有虔敬的宗教情懷；如同馮・法蘭茲，他視榮格的煉金術著作為一種基督教神話的發展。

　　艾丁哲持續大量仔細查考榮格煉金術研究的作品，以便於詮釋。為了讓我們更深入那些作品，並幫助我們了解它們，艾丁哲除了以《解剖心靈》（1985）全盤審視煉金術歷程和個體化歷程的象徵之外，也更深入地探討榮格特定的作品。1994 年，他出版了《結合的奧祕：個體化的煉金術意象》（ *The Mystery of Coniunctio: Alchemical Image of Individuation* ）。該書包括一篇引介榮格《神祕合體》的導言，以及一篇以心理學角度詮釋《哲人玫瑰園》書中圖片的論文。這些論文起先是為準備 1984 年 10 月 19 日到 20 日在舊金

山榮格學院的演講而寫的。艾丁哲這本書的立場與榮格稍有不同，提出了其他看待《哲人玫瑰園》圖像的方法。他並未反對榮格的詮釋，而是建議應該以多重的面貌、意義以及內涵的角度去看待這些意象。

　　1995 年，他根據 1986 到 1987 年間於洛杉磯榮格學會（Jung Society of Los Angeles）開設的學員課程資料，出版了《神祕學講稿》（The Mysterium Lectures）。在這本書裡頭，他帶領讀者閱讀了榮格最艱澀的作品。他遵循他對解剖心靈的根本隱喻，認為這是本以「意象」描述實相的書籍。他在《神祕學講稿》中選出主要的意象，然後以擴大資料意涵以及系統評注的方式，詳細闡述它們。艾丁哲有能力掌握難懂的象徵性材料，且將其轉譯為清晰的、符合當代典範的心理學陳述，把這些材料整合，以符合當前的心理學世界觀。

　　1966 年，艾丁哲繼續以《伊雍講稿：探索榮格伊雍中的自性》（The Aion Lectures: Exploring the Self in C. G. Jung's Aion）來闡述榮格的艱澀之作。在此，他再次徹底探索榮格原來的文本，建議讀者不要隨文字內容進行線性的閱讀。他強調，最好是把榮格的思想及寫作方式理解成是表象主義的，以及一種「叢聚思考」（cluster thinking）[5]，如同夢境呈現自身一樣。《伊雍》細細考察了基督教的上帝意象，且可看到榮格對「自性」原型的複雜思考。這些考量經擴大後，被他寫成許多擴及煉金術專著範疇之外的其他評論和書籍。

5　【譯註】人們在進行一個決策時，最終的結論往往是不同決策在心裡權衡後的綜合結果。客觀地加以觀察不同決策背後隱含的思考角度為何？可謂之為「叢聚思考」。

創新、評論與發展

　　若說馮・法蘭茲與艾丁哲主要是從古典途徑全是榮格著作的門徒，那麼詹姆斯・希爾曼則著重批判，且又發展出自己的創新觀點。從某一個角度看，希爾曼從根本上修改了榮格的想法，但再從另一方面說，他卻是回歸榮格思想的根本要義，將其蘊涵帶進新的境界。他第一次有系統地想要呈現其煉金術思想，是 1966 年在蘇黎世榮格學院所發表的演講。他說他一直深刻著迷於煉金術的「朦朧詩意和它的迷離幻境，還有它驚人的洞見，尤其是榮格為《金花的祕密》所作的序以及（其論文）〈哲學樹〉（The philosophical tree）裡所呈現的」（Hillman 2003: 101）。其後，1968 年，在芝加哥大學繼續其講座的同時，他也「擴展（榮格的）圖書館藏研究，並且收集與煉金術主題有關的夢」（Hillman 2003: 101）。這些演講是在一棟老舊的木造化學館建築中進行的，主題是「煉金術工作的分析式研究」（Analytic work alchemical opus）。他演講採取的途徑是「展示分析式研究的背景，也就是暗喻的，甚至是不合常理的，因此，這樣比較不拘泥於刻板的臨床實務形式」（Hillman 2003: 102）。希爾曼從 1970 年寫作關於煉金術主題的〈論老者意識〉（On Senex Consciousness）起，他的論文就一直保持這種調性。1978 年，希爾曼以〈煉金術語言的治療價值〉（The Therapeutic Value of Alchemical Language）一文，為後續的研究反思立下基礎。隨後而來的是一系列的論文：〈銀與白土〉第一和第二節（Silver and the White Earth, Hillman 1980, 1981a）、〈煉金的藍色意象與心靈整合〉（Alchemical Blue and the *Unio Mentalis*,

1981b）、〈風境的想像以及煉金的崩解〉（The Imagination of Air and the Collapse of Alchemy, 1981c）、〈鹽：煉金心理學的一大重點〉（Salt: a Chapter on Alchemical Psychology, 1981d）、〈白期至上的說明：種族主義的煉金術〉（Notes on White Supremacy: the Alchemy of Racism, 1986）、〈煉金歷程的黃化〉（The Yellowing of the Work, 1989a）、《關於哲人石：煉金意象的最終成就》（Concerning the Stone: Alchemical Images of the Goal, 1990）、〈黑化的誘惑〉（The Seduction of Black, 1997），以及一篇最近修正和進一步詮釋他論述煉金工作中藍色意象的論文〈蔚藍的穹頂：經驗天空〉（The Azure Vault: the Caelum as Experience, 2004）。就像煉金術著作本身，這些論文的內容複雜難解，很難以某種敘事方式整合簡述，但若要說當中有貫串的主軸，那就是他轉向語言及意象的細膩差別、想像的重要性以及專注於煉金術美學，並且轉向以顏色作為組織思考的焦點。此外，希爾曼繼續修正以及添增持續出現的想法，並開始規劃一本整合與擴展他自身洞見的著作。對希爾曼而言，當覆蓋在意象上的隱喻表象可以被除去，意象就可以更直接地表達，於是；

集體無意識的層面就能夠被剝離，因此素材便可以更明白地敘說。然後，異教風情的意象便會突顯出來：金屬、行星、礦物、星辰、植物、魔法、動物、容器、火，以及特殊的場所等。（Hillman 2003: 102）

對希爾曼而言，這些煉金術的意象一直因榮格心理學及其與

基督教形上學的關聯，而晦澀難解。他在 1977 年於羅馬舉辦的國際研討會中解釋了這個體悟，他強調「當榮格將煉金術詮釋為心靈活動，他也把他的心理學當成煉金術」（Hillman 2003: 102），而且，「這讓煉金術脫離之前就其對立面系統詮釋的方式，以及基督教象徵和思想的困境（神祕主義、江湖騙術，以及前或者是偽科學）」（Hillman 2003: 102）。

榮格的形而上心理學以及他仰賴基督教意象系統，導致希爾曼對「心靈的煉金術」（alchemy of spirit）與「靈魂的煉金術」（alchemy of soul）做出區別，他因而強調，心靈的轉化可以和基督教的救贖觀念分開。他說，當我們將它們區分開來，

顏色、熱度、外貌形象以及其他關乎心靈歷程的性質所出現的微妙變化，對於探索治療實務中的心靈持續變化有相當大的助益，而無需把這些變化跟發展歷程（progressive program）或者救贖異象牽涉在一起。（Hillman 2003: 103）

簡言之，煉金術的奇特意象及其說法之所以有價值，不是因為煉金術精妙地敘說出個體化階段及其結合了對立面，也不是因為它反映了基督教救贖歷程，而是「因為煉金術大量、神祕、晦澀難解、似是而非以及多所矛盾的內容，揭露了心靈的現象」（Hillman 2003: 103）。

對於希爾曼而言，煉金術必然要面對「些許形而上學侵擾的可能性」。他認為榮格、馮·法蘭茲和艾丁哲等人有意或者無意地充滿形而上學的態度，而試圖帶著學者精神檢視煉金術，以尋找其

客觀意義。相對來說，他認為自己則是在強調煉金術中的「樣態」（matters）是具隱喻性的實質狀態以及原型的原理。他尋求活化煉金術的語言與意象，找出那些可以影響到人格中最真實狀態的人類生命的特質。

> 探尋靈魂的工作需要強酸、重土、群鳥翔翔；其中充滿焦躁的國王們、狗群和母狼，惡臭、尿液與血汗……我知道自己不是由硫磺跟鹽組成的，沒有被埋在馬糞堆裡，不會變臭或癱瘓、變白或綠或黃、讓一條銜尾蛇所纏繞、生翅飛翔。然而，我就是！我無法如實地忍受這些，即使這一切都真實不虛、述說實相。（Hillman 1978: 37 and 39）

對希爾曼來說，這樣的描述回應了靈魂錯綜複雜的經驗。就在榮格、馮·法蘭茲以及艾丁哲致力於發展與擴展「心靈煉金」的同時，希爾曼卻採取批判與革新的做法，來個漂亮的轉身。他著力於發展心理學化的煉金術之路（an alchemical way of psychologising），並重拾煉金術式的想像力，而不選擇發展心靈煉金。如同以上所強調的，這種煉金式心理學（alchemical psychology）專注於意象，且高度重視語言。一方面，他並不想要將煉金術隱喻簡化成普遍性的抽象，同時在另一方面，他想將我們的思想概念再具象化（rematerialise），「賦予其形體、情感與重量」（ibid.: 39）。

庫格勒跟我自己關於煉金術的寫作，則反思古典的、原型的與後現代的影響。庫格勒針對希爾曼在《夢與幽冥世界》（*The Dream and the Underworld*, 1979）中對語言的關注及詩樣的隱喻，在

他自己的《論述煉金：一個探究語言的原型途徑》（*The Alchemy of Discourse: An Archetypal Approach to Language,* 1983）一書中透過語言學小心檢視這些隱喻的使用。在這本書裡，他整合了榮格早期字詞聯想實驗的研究，以及之後聚焦的心靈煉金。他分析語言在去字義（deliteralising），也就是化掉物質的煉金術過程中所扮演的角色，質問消融物質的過程中，真正要說的是什麼，且強調這個過程類似於在詮釋時，由客體層面轉移到主觀層面的狀況（Kugler，私人通信，2001 年 3 月 13 日）。這種由物質到靈魂的轉移之所以變得可能，是透過聲音固有的一音多義的模式，也就是被指涉者擁有多重的客體身分，且可以詮釋它們多重隱喻間來回移動的意涵。對於庫格勒而言，這個聽覺的意象是外在與內在、字義與隱喻間的重大交會點。「正當煉金術士處於研究物質（matter）中靈魂的狀態之際，他們同時也在研究他們的靈魂的『樣態』（matters）」（ibid.）。煉金術以此方式探究語音模式本質上的多義性而運作。庫格勒在他的書裡演繹了我們是如何透過學習到的語言，跟所指涉的外在物質世界分離，然後被帶進一個由意義之間的關係所形成的共有的原型系統。語言的習得讓人能夠將「樣態」從生命中抽離，並將它們轉化成想像。將語言模式從語意的考量移轉到語音的考量，便使得「白天世界」的物質（被指涉的客體）轉變成為「夜晚世界」（影像／意象－意義）非實質的詩樣意象。

在同樣受到希爾曼的影響，我曾經編輯了兩本與此主題相關的書，《鹽與煉金靈魂》（*Salt and the Alchemical Soul,* Marlan 1995）與《石中之火：慾望的煉金術》（Marlan 1997）。第一本書的靈感出自於希爾曼的論文〈鹽：煉金心理學的一大重點〉（1981d）。

這本書的目標在於嘗試探索鹽這個於深度心理學與煉金術史中具有一席之地的意象。我以這本著作廣泛探索了各類深度心理學，包括佛洛伊德學派、榮格學派以及希爾曼學派各自研究這個主題的方法。我的目的不在並列各家觀點以找出正確的或者最佳的途徑，而在於欣賞每位作者獨特的才華創見。然而毋庸置疑的是，這種方式的特色在於大量汲取現象學／後現代和原型的觀點，去敏銳理解各種視角，並企圖「讓心理學的內涵回復到最寬廣、最豐富及最深入的程度，如此它才能與靈魂起共鳴」（Hillman 1989b: 26）。第二版的《石中之火：慾望的煉金術》（Marlan 1997b），是受到煉金術隱喻持續的活力所激發的。我那篇〈石頭之火：追尋靈魂的煉金術的研究〉（Fire in the Stone: an Inquiry into the Alchemy of Soul-Making, Marlan 1997a）論文聚焦於心靈的意圖性及其複雜性，強調它經常處於衝突與多重意圖的狀態，並且反思希爾曼關於「靈魂要的是什麼？」的提問（1983）。我對此的思考指向「慾望的煉金術」（alchemy of desire）隱喻，這對所有單純理解主體性的方式都發出質疑，並將關注焦點轉向更寬廣的靈魂動力學觀點。這篇論文嘗試再次審視靈魂的複雜性，以及心理學本質主義理論的危險。它帶動了對希爾曼與法國解構主義哲學家德希達（Derrida）觀點的反思，顯示他們的方法之間有所牽連，因為他們都使用虛構空間做為媒介，清楚傳達出後現代的聲音。希爾曼和德希達兩人都修正了我們對於虛構的理解，並且顛覆了對心理學理論拘泥字義的刻板理解方式。

靈魂的複雜性並未被任何形式的理性邏輯中心論

（logocentrism）[6] 來充分理解，而是被歸屬在更寬廣的心靈領域（希爾曼），或是符號（德希達）。在這個領域當中，不可違逆的自我的邊界在逐漸瓦解中。這篇論文持續反省深度心理學與煉金術工作兩者的目標。這個疑問起因於，在希爾曼對終極目的與目標的傳統觀念重新審視（revisioning）的脈絡下，後現代與原型的可理解性何在，以及，打開虛構空間的概念，慾望的煉金術得以在當中進行，而我們在那空間裡能夠「有意義地言說慾望在付諸行動時的多重意圖，談論慾望的辯證，於其中……複雜的各種意圖互相衝撞」。慾望的煉金術是個「屬於各種軌跡、交換以及虛構規條的詭祕場域」，我們從中「可以發展出傾聽靈魂慾望之耳」（Marlan 1997a: 14）。這個慾望的領域於是清楚表達出一個由後現代主義與原型心理學打開的共同心理學空間。

蘇瓦茲－薩蘭的《人際關係之謎》（*The Mystery of the Human Relationship*, 1998），在理論上以及臨床實務上對充實榮格學派的文獻皆具貢獻。他的反思除了對榮格學派分析的哲學基礎有所影響之外，也關係到臨床實務、移情，超越了普遍可見的人際關係。蘇瓦茲－薩蘭（私人通信，2000 年）強調，榮格借用煉金術的象徵運作，擴大了他個體化歷程的理論，且從投射的觀點處理煉金術的意象。投射作為一種概念，需要許多哲學與形而上心理學的預設，諸如馮・法蘭茲以及艾丁哲等古典分析師就視這些預設為理所當然。超越這些假設需要在形而上心理學上有根本的轉變，要不就是在本體論上改觀，也就是類似於蘇瓦茲－薩蘭想帶來的轉變。他並

6　【編註】理性邏輯中心論，指把詞彙和語言看作是對外部現實的根本表達，主張世界中的存在必然以邏各斯（logos）為中介。由德國哲學家克拉格斯（Ludwig Klages）所提出。

非從兩個建立了關係的個體作為其概念的起點，他強調一種人際關係之間的「中間地帶」，並且注意作為作為主體的心智客體，以及心靈實體的物質樣態之間的領域。他對此的貢獻，是聚焦並加深我們對這個場域的理解，將之視為某種不僅止於當代精神分析所經常形容成互為主體的東西（蘇瓦茲－薩蘭，私人通信，2000 年）。

　　就是因為他強調煉金術士與進行煉金工作的他或她的關係是經驗性的，而非因果性，且這樣的態度可以應用到臨床上，鼓勵讓自己的「瘋狂部分」（mad parts）與病人的相結合，蘇瓦茲－薩蘭感覺自己超越了榮格（私人通信，2000 年）。他總結他的成就如下。他從注意到榮格運用煉金術的象徵主義去擴展他的個體化理論開始，接著，在這個過程當中以投射的觀點看待煉金術的意象，換句話說，主、客二元分裂的狀態在哲學意義上具體化了。蘇瓦茲－薩蘭主張，二元論這個架構無法確切地掌握原始煉金術意象表達的複雜性，因為這種意象表達是「古老的經驗遺緒，無法一直，或甚至一開始時，就沒能說明『內在－外在』的」結構。為了這個目的，他發展出互動領域這個觀念，並從而接受「符應理論、原型理論以及能量體理論」（私人通信，2000 年）。除此之外，他也援引艾德蒙・胡塞爾（Edmund Husserl）以及莫里斯・梅洛－龐蒂（Maurice Merleau-Ponty），以及尚・蓋普瑟（Jean Gebser）與亨利・科賓（Henry Corbin）等曾經對理解這領域有所貢獻的現象學家的成果（ibid.）。對於這些思想家而言，我們傳統笛卡爾學派有一個能觀的自我的理解，將妨礙了解煉金術士所謂的更深入的經驗性覺知到底是什麼。蘇瓦茲－薩蘭想要掌握這個經驗，而這經驗並非理性推論的方法所能觸及，需要一種「整然的意識」

（aperspectival consciousness）（ibid.）。

　　蘇瓦茲－薩蘭對人際關係的持續反思，促使他重新構思在榮格的「移情心理學」中發現的移情模式。他也是最早分析《哲人玫瑰園》所有二十張圖畫的人，對這些圖像的詮釋完全被轉用到他的場域途徑。蘇瓦茲－薩蘭的研究開啟了思索比較精神分析這道大門，譬如，讓大家知道克萊恩學派分析師所謂的投射性認同，可更加深入地視之為在一個回應投射和因果關係的意識中清楚表現出來的場域現象學（私人通信，2000 年）。這可以顯示，這個場域為何是原初的，以及投射的認同如何能被部分地看作煉金術意象（imagery）。他強調，透過這個觀點，我們能夠看到榮格跟梅蘭妮・克萊恩（Melanie Klein）兩人在 1946 年所研究的議題是一樣的。除此之外，他也利用煉金術內容去理解場域之中的轉化。他並非將場域視為一種互為主體的產物（自體心理學家、奧格登〔Ogden〕、人際關係途徑等等），他視之如物理學所指稱的實際的場，換言之，某種自有其歷程的東西。這就是為什麼他會使用「互動」（interactive）這個術語的原因。

　　透過以上所提及的重新想像人際關係、移情，以及經驗性地進入上述的領域等方式，蘇瓦茲－薩蘭超越了榮格。查布里斯基基（私人通信，2000 年）用她自己與蘇瓦茲－薩蘭類似的方法寫到，她研究煉金術及其於埃及神話中的前身，讓她知道「理解和接近心靈，是個能夠帶來轉化的歷程，且可與其意象彼此有動態互動的關係，以及接近此一聚集在個人周圍與其中的心靈『場域』」（ibid.）。查布里斯基也是以此場域跟當代物理學的關係為基礎思考這個的議題，並且寫到，煉金術世界最讓人信服的動力

　　　　　　　　榮格心理學指南：理論、實踐與當代應用 ⊢

（vector）以及擴張的力量來自於「現代物理的主要思想與模式」
（Zabriskie，私人通信，2000 年）。她說，她是透過研究榮格與諾
貝爾物理學獎得主沃夫岡‧包立（Wolfgang Pauli）的關係，而理解
到這個道理。對此感興趣的結果讓她寫出〈榮格與包立：微妙的
不均稱〉（Jung and Pauli: a Subtle Asymmetry, 1995a）論文，以及為
《原子與原型：包立與榮格 1933 年到 1958 年通信集》（*Atom and
Archetype: The Pauli/Jung Letters, 1932-1958*, 2001）一書所做的引言。
查布里斯基另一個興趣則是接續榮格對煉金術士關於心靈面向與物
質面向之間關係的假設進行研究，因此對於馮‧法蘭茲（1992）
在《心靈與物質》中的一篇論文進行評論，發表了〈心靈的重要
性〉（The matter of Psyche, Zabriskie 1996a）。除此之外，她還對
煉金術意象表現方式在臨床上與文化上的內涵（contextualisation）
感興趣，呈現在她的〈離鄉背井與孤兒：榮格、帕拉塞爾蘇斯以
及煉金術的治療意象〉（Exiles and Orphans: Jung, Paracelsus and the
Healing Images of Alchemy, 1995b），與〈煉金工作中的發酵階段〉
（Fermentation in Alchemical Practice, 1996b）。在後面這篇論文，
她對於榮格為什麼在《哲人玫瑰園》的某版本中，於第五和第六幅
圖之間插入第十一幅版畫，發出疑問，並由此思考此安排在哲學與
臨床上的價值（Zabriskie，私人通信，2000 年）。

安德魯‧沙繆斯（1989）早就提出了榮格與當代臨床精神分析
關係的問題。他的重點在於說明榮格在精神分析論述的主流當中，
是位可信的思想家，且可做為將來對分析大業有進一步貢獻的基礎
（Samuels 1989: 175）。對沙繆斯而言，這樣的說法需要在某種程
度上理解榮格為什麼要花那麼多智慧與力氣在許多人所認為就算不

是荒謬，也是匪夷所思的神祕主題上。沙繆斯對這些看法不以為然，他指出，煉金術對心理活動提供的隱喻就算不是核心的，也是重要的，因此其意象表現方式十分適合用來：

　　掌握分析或者人類任何其他深度狀態幾乎不可得的本質；這一方面是人際之間關聯性的活動，另一方面也是想像的（imaginal）、心靈內部的活動。（Samuels 1989: 176）。

　　沙繆斯繼續探索煉金隱喻的豐富性，作為特殊的想像心理過程，以及其臨床運用的特殊方法。為了達成這個目標，他就像許多其他的榮格學者一樣，以榮格（1946）的論文〈移情心理學〉作為思考的基礎，他仔細論述榮格如何從《哲人玫瑰園》晦澀的意象裡，找出可與經驗的原型層面類比的重要之處。雖然榮格在該論文裡談到許多有關移情的原型概念，但沙繆斯強調榮格也談到了移情的個人層面。因此他認為，榮格在這個領域裡頭既做出前人所忽略的新貢獻，也提出之後成為當代精神分析標準主題的概念。根據榮格原先的理解，自性對意識自我而言具「他者性格」（Otherness），他也預見了拉岡（Lacan）的洞察力。分析師們往往被過度區分成不同派系，以致覺得應該以精神分析的傳統去了解榮格。傑佛瑞·芮夫則是一位願意把榮格放在更寬廣的靈性面向脈絡中加以看待的學者。

　　芮夫在他《榮格與煉金想像》（*Jung and the Alchemical Imagination*, 2000）一書中，採取、更新並延伸榮格與馮·法蘭茲的古典傳統。他認為煉金術是在表達古老的神祕靈性傳統，榮格的

研究則是當代對該傳統的表達方式。芮夫發現榮格的作品有三個主要組成部分在擴展「榮格學派靈性」（Jungian spirituality）傳統時非常重要，也就是「超越功能、積極想像，以及自性」（Raff，私人通信，2000 年）。他對心理學詮釋的興趣，並不如對「發展一個內在探索與轉化的模式」來得大；他感覺到，這就是自己最初接觸到馮·法蘭茲傳統的原因（Raff, ibid.）。

如同希爾曼，但是結論大不同，芮夫特別強調想像力，而煉金術本質就是一個想像成真的經驗；且就如希爾曼，他把想像力聯結到蘇菲教派（Sufi）中間地帶的概念。他也強調這個本質，然後發展將無意識人格化的內在人物，並可能以積極想像的方式與之互動。跟這些人物互動，對他而言，是為了讓心靈朝自性的表現形式前進，也就是榮格個體化歷程的古典目標。在這方面，芮夫還算是一位「極為主流的古典學派分析師，雖然他（芮夫）對內在人物的強調超乎尋常，且還極端重視積極想像」（Raff, ibid.）。

芮夫與榮格分道揚鑣之處，在於他認為榮格並未重視煉金術士多恩所說的第三種合體，也就是與一元世界（*Unus Mundus*）的整合。芮夫認為，榮格的研究止步於他所詮釋的第二種合體，那是身體上的結合，而「他將之解釋為自性在心靈中充分發揮之處，且開始更強而有力地發揮作用」（Raff, ibid.）。

芮夫相信榮格並未足夠深入，「因為榮格有心靈即一切的偏見」（Raff, ibid.）。對他而言，第三種合體是在顯現出來的自性，或者說是「個體化了的」（individuated）人，超越心靈而面對了精神的超心靈世界之時才發生的（Raff, ibid.）。

雖然榮格直覺上知道，自己思索的是形而上學的領域，但他總

宣稱自己不是玄學家，而是個經驗主義者。

另一方面，芮夫認同蘇菲教派煉金術士，主張煉金術實際上是關乎超心靈世界，是諾斯替主義所想像的世界。對他來說，為了進入這些精神的面向，人們必須超越一般的積極想像，以進入他所認為的類心靈（psychoid）境界。在這種狀態中，身體與精神合一，精神的實存以類心靈的人物形象顯現（Raff, ibid.）。這些人物中最重要的一位，他稱之為類心靈的自性，或叫作「合金」（the ally），是神的人格化體現。這個人物個別地被經驗為先驗的，且非出自於心靈。對芮夫而言，類心靈的煉金術是有關「人類的知覺與情感，和在類心靈世界中出現的靈性實體的交互作用」（Raff, ibid.）。

在他的書裡，他談到第三種合體是自我與合金的整合，且將超心靈力量涵括為我們世界觀的一部分。他在個人筆記寫道，據他所知，沒有人曾經以這種方式寫合金，也不曾有人研究過第三種合體。因此，他感覺他跟別人不同之處在於強調榮格研究的靈性本質，而較少著力在臨床工作或者心理詮釋，芮夫把他的模型擴展到囊括作為顯現精神實體且出現形象的類心靈世界。對芮夫來說，在更高的發展境界中，人類與神靈的世界整合在一起，而人們可以想像西方世界可因此而覺醒。

華特‧歐岱尼克（Walter Odajnyk 1993）也在他《聚光：默想心理學》（*Gathering the Light: A Psychology of Meditation*）一書，延續榮格的煉金術研究具靈性重要性這個主題。歐岱尼克聚焦於默想傳統的重要性，他覺得在重大的心理學反思當中，對此並未投以足夠的關注。因此，他轉向東方世界，以及榮格對於我們理解並欣賞

　　　　　　　　　榮格心理學指南：理論、實踐與當代應用　├─────

東方宗教的思想和修行所作出的心理學貢獻。他的書通篇「嘗試演示，且在必要時運用與擴展榮格對於理解默想的心理所做出的貢獻」（Odajnyk 1993: 166）。

歐岱尼克回到榮格對《金花的祕密》的評論，因此也回溯到默想與煉金術士的關係。他強調，雖然西方煉金術對發展早期階段的描述更為細緻分化，但東方傳統對最後目標的描述卻更詳盡。為了發展這個洞見，歐岱尼克繼續榮格對合體的探討，如《神祕合體》中所描述的，比較它和默想時的心－神（psycho-spiritual）轉變目標有何不同。歐岱尼克說，榮格有把和煉金歷程的目標有關的各種意象混為一談的傾向，然而對他來說，這些意象之間存在著眾多差異，也許對終極目標在更深入之處有所歧異。此外，並未發現有什麼類似東方煉金術中發現的描述見於西方。榮格的結論是，心靈的整體性永遠無法在經驗上企及，但歐岱尼克更深入東方內丹以及冥修後，認為這些高深目標有實際從心理上經驗的可能性，而這會在他所謂的「默想情結」（the meditation complex）中出現。另外，哈洛德・科瓦德（Harold Coward）在他《榮格與東方思想》（*Jung and Eastern Thought,* 1995）一書則繼續擴大討論這個主題，其中也批判榮格沒有追根究底。科瓦德（1995: 142）提出一個問題：「假如沒有一個個體的意識自我，會有神祕經驗嗎？」

對於歐岱尼克（1993）而言，這個默想情結是一種看待這個充滿活力的心理學新領域的新方式，而且就是這個觀點讓詮釋榮格想法的新方式有所根據。除此之外，這個觀點是除了榮格的想法之外適合用來考量「整體性」（wholeness）目標的方式，我們現在也能夠重新思考／自我實現與啟蒙覺醒。除了比較東西方對合體

的概念，以及對默想情結的介紹之外，歐岱尼克針對湯瑪士・克里瑞（Thomas Cleary）的研究十分推崇。克里瑞（1991）對衛禮賢的《金花的祕密》以及榮格對該書的評論都有所批評（See Cleary 1991; Odajnyk 1993: 191-212）。

我的論文〈道家內丹與榮格學派分析中之光與復活的隱喻〉（The Metaphor of Light and Renewal in Taoist Alchemy and Jungian Analysis, Marlan 1998）[7] 也探討道家內丹的主題。我於該文強調，在道家內丹與榮格學派分析裡，光與復活（renewal）縱使不是根本的隱喻，也是非常重要，這個隱喻的用法可在剛剛提到的《金花的祕密》這部古典內丹著作中找到蛛絲馬跡。我專注於兩個傳統中光和復活的隱喻，處理分析與心靈原則間的關係，且比較「迴光返照」（turning the light around）與「元神出現」（the emergence of the spiritual embryo）的意象，以及更深入地反思對立面的統一，或者稱為合體，這些對道家內丹以及榮格學派分析都是很重要的主題。

反思光的隱喻，延續了〈榮格煉金幻視中光的隱喻及解構〉（The Metaphor of Light and its Deconstruction in Jung's Alchemical Vision, Marlan 2000）[8] 這篇論文所提出的議題，這篇論文思考的是光與意識間的互動關係，以及它們在西方形而上學發展過程中的特殊位置，並總結認為意識與幻視也有一個陰影，受到榮格學派和原

7　【原註】這篇論文首度發表於 1998 年於中國廣州舉辦的「第一屆國際榮格心理學與中國文化論壇」（The First International Conference on Jungian Psychology and Chinese Culture）。會議記錄刊於 2001 年夏季號的《象限儀》。

8　【原註】這篇論文首度發表於「跨區域榮格分析協會」（Inter-Regional Society of Jungian Analysts），隨後收入布魯克（R. Brooke）編輯的《進入榮格學派之路》（*Pathways into the Jungian World*, 2000, London and New York: Routledge）。

型心理學、後現代理論、東方思想以及煉金術所挑戰。對光及其與黑暗的關係的新理解，是我們這個時代意識發展的根本要務。

〈黑太陽：煉金術與黑暗的藝術〉（The Black Sun: the Alchemy and Art of Darkness, Marlan 2005）[9]是更深入探討這個議題的論文。黑太陽（Sol Niger），在此被看作是一種具有兩極與多重歧異的原型現象。這個「非自我」（non-self）於其一端，能以其最如實的形式被看見，它被鎖進血肉的黑暗與屈辱之中，與此同時，其另外一端則使靈魂對神聖啟示的黑暗光亮開放。

日本分析師河合隼雄（Hayao Kawai 1996）以《佛教與心理治療的藝術》（*Buddhism and the Art of Psychotherapy*）一書繼續思考煉金術與東方思想。河合教授在這本書當中，將傳統「十牛圖」（Ox Herding Pictures）與《哲人玫瑰園》（1996: 52）的插圖進行比較。他強調，兩套圖都在說明個體化過程，其間雖有「多有神似」（mysterious similarities），他也看出重大差異。對他來說，比較這些意象等同於比對東西方意識的風格。他同意馬文·斯比格曼（Marvin Spiegelman 1985）分析這些相同意象時所作的結論。河合強調，西方有強調線性、發展目標導向的傾向，而東方則傾向把這個過程視作循環的、原型的與無邊無際的。同樣地，西方強調個人，而東方則是傾向聚焦於自然。這些意識的風格對我們如何看待個體化與煉金歷程，十分重要。我們可以從任何其一去察看這些過程。

9　【原註】這篇論文是在 2000 年 8 月 31 日到 9 月 4 日，於「交界之處的心理學：原型心理學國際研討會」（Psychology at the Threshold: An International Symposium of Archetypal Psychology）。演講錄音可在 Sounds True Recordings 網站購買）。

河合很大氣地拒絕簡單落入單邊觀點，他說，與病人工作時，要能夠同時觀照兩種傳統，既強調階段又能拋開階段。對於河合而言，重要的是承載並接納這種矛盾。用這種方式，人類與自然才能和諧相處。河合自己以這樣一種悖論作為總結。他思索是否有可能整合兩種取向：線性的／循環的、發展的／原型的、男性的／女性的、東方的／西方的，最後的結論則是既可能又不可能（Kawai 1996: 141）。人們會忍不住要說，他的取向是典型東方取向，或許更多的是出自於承認女性原則，而非西方非此則彼的理性需要。但我相信，這只會掉回河合所解構的情境裡。他對傳統社會裡的當代日本女性角色敏銳的觀察是最佳實例。靈魂的煉金術拒絕因僵化而落入傳統分類中。

沃夫岡·吉格里希的《靈魂的合理生活》（*The Soul's Logical Life*, 1998/2001）中，對榮格的煉金術研究途徑有個重要的批判性觀點。吉格里希詳細地說明了他覺得榮格的貢獻為何，以及榮格力有未逮之處（Giegerich，私人通信，2000 年）。吉格里希反省自己的立場時，承認在開發煉金術以為其深度心理學的基礎上，榮格確有成就。他強調，使用煉金術作為一種模式，確實是重要的，且關係到方法論的進步。

雖然欣賞榮格的貢獻，吉格里希對榮格煉金術觀念的某些面向仍有所批評。如同先前提到的，吉格里希認為榮格不夠深入，但他跟其他前輩批判的途徑並不相同。煉金術在榮格的心理學當中，地位僅僅是個標題或是目錄而已：

卻他嘗試將心理學本身的結構，放進特質完全不相容的現代科

學裡（中立的經驗主義觀察者的標準觀點）。其語義內容無法被心理學的邏輯或語法形式完全領會（感動、影響）（Giegerich，私人通信，2000 年）。

吉格里希所批判的是，榮格的科學／現代主義形而上心理學看來始終一樣，維持著一個主客分裂的意識，為煉金術概念創造出一個客體的同時，卻與煉金概念本身格格不入。因此，榮格將煉金歷程化約成為無意識「之中」或是人格內在的事件。吉格里希強調：

個體、人格、內在以及「無意識」都是我們給予這個「瓶子」的名稱，對榮格而言，位於其中反覆無常的（mercurial）「物質」必須緊緊密封。（Giegerich，私人通信，2000 年）

吉格里希持續其反思，指出「因為墨丘利始終被上述的方式禁錮，『它』必須保持物質狀態，成為一種客體與實體」，而無法真實地表現其做為一種精神靈體（某種不具實體且無法呈現的東西）的本質。這種解釋為吉格里希在《靈魂合理的生活》（*The Soul's Logical Life*）中所強調的基進立場做好準備：換句話說，當榮格，以及希爾曼就那件事而言，堅持以「意象」為根本，他們實際上是在把煉金術的精神客體化。意象本身開始被客體化，於此同時，煉金術的真實精神以體現靈魂的合理生活方式為目標，而靈魂卻是概念的、難以捉摸的、非實在的（non-positive）、難以理解的。貫徹吉格里希的批判的是，他把意象與一個規定好感覺和想像力框架的「思想的圖畫形式」（pictorial form of thinking）並列在一起，用他

認定為要達到的辯證思想以及邏輯層表達，如同他在以上引用文字所詳述的，來思考煉金術的真實目標。對吉格里希而言，當榮格選擇保有意象為根本原則，他踰越了煉金術的目標，從禁錮的容器中釋放出精神靈體，且忽略煉金術過程必要的「自我揚棄」（self sublation）或者死亡。藉這樣的做法，他跳「過好幾世紀連續的心理學發展」（Giegerich，私人通信，2000 年）。

榮格宣稱他的無意識心理學直接繼承和救贖了煉金術。他用這種方式可以斷言，先前所說的思維的意象取向（圖畫式）模式長期被靈魂的歷史所控制，直到現在仍是「唯一的」（the）心理學的模式，他並譴責煉金術後來的發展已經消融至僅僅是理性主義、理性化研究，換言之，僅有「意識自我」。榮格的心理學所接受的煉金術排除了一項事實：煉金術最終的目的早就被它自身所超越。他早就將之，以及有關它的心理學冰存起來了。（Giegerich，私人通信，2000 年）

簡而言之，對於吉格里希而言，煉金術的目標在於自我解構。或者至少，以其術語而言，是要超越它自身，作為一種靈魂的歷史性表達的運動。在此，黑格爾理解歷史的辯證法影響了吉格里希。最後，他認為，榮格沒能充分強調意識在構成心靈現實上的主動面向。也就是說，煉金術是一種主動的人類投射，這意謂煉金過程的觀察者並非是被動的。他指出，甚至「將夢或收到的幻想意象表露、記錄，也許還有畫出來，然後「把」（about）它們想成一個文本」（ibid.）的活動，其中依舊傾向於把這個文本看成由具生

產力的「自然」（nature）所產生的最終「產品」。「但是意識必須避免進入意象本身的生產過程」。吉格里希認可這個陳述去注意到積極想像的「例外」（exception），儘管實際上會有「成為主動而進入生產過程的，並非可思考的心智，而是經驗的意識自我」的狀況。總之，榮格學派研究的神話學，就心理學的與煉金術的，就是「不應該受干擾的自然生產意象的過程」。對吉格里希來說，這是基要的自然主義在榮格心理學中的殘留，最終「會跟煉金術的精神背道而馳」（ibid.）。最後，我們不妨說，吉格里希的閱讀既是黑格爾學派的，又是解構主義的。他注意到榮格：「我們擁有耐人尋味的奇景……獨獨稱頌與獻給煉金術，『且』同時對其壓抑。他將煉金術提升為心理學典範，這個舉動『本身』便是它內在的實質（ibid.）。」

　　吉格里希的概念已經開始影響其他的榮格學派學者。日本分析師田中康裕（Yasuhiro Tanaka）的研究就是一個不錯的例子。田中（2000）曾經寫過一篇名為〈分析心理學中的煉金術意象與邏輯〉（The Alchemical Images and Logic in Analytical Psychology）的論文。他認同吉格里希對「意象」的批評，因此「意象的心理學」（imaginal psychology）是有侷限的。他認為，假如我們始終一廂情願地依賴這樣的觀點，「那麼我們會掉入停留在表面心理學視野的陷阱，而非進入深度心理學」（Tanaka，私人通信，2000 年）。

　　田中跟吉格里希都認為，「我們心理學家，生活在榮格之後，必須處理分析心理學之中的煉金術邏輯」。他對於榮格的評價是，雖然榮格在個人層次上感受到煉金術具有邏輯、矛盾以及辯證的面向，卻還是無法「充分地將其內在化」，或是適當地將之作為一種

理論運用到他的心理學上。因此，田中認為，我們現在的工作「並不是要建造煉金術與我們臨床實務間的橋樑」，而是要檢驗榮格的心理學在理論上的限制：

　　煉金術不僅是他的（榮格的）歷史的背景，且是他的理性背景，這意味著，對榮格而言，這正是把自己的經驗消融進他的心理學的理論（Tanaka，私人通信，2000 年）。

　　這因此意味著，榮格的理論能夠消除混沌（massa confirsa），而我們現在必須加以留心的正是這一點。

目前狀況以及未來發展趨勢

　　榮格對煉金術的心理學反思，有助於打造他的許多基本觀念。他諸如心靈實相、原型的中心地位、個體化、積極想像、自性為地位最高的結構以及心靈生命的宗教性本質等概念，都透過他研究煉金術而獲得發展且／或深化。他將自己的經驗跟煉金師的經驗連結，如同上述，煉金術變成不僅在歷史上對應了他的思想，也構造了他的思想。榮格因此去除了煉金術晦澀不明的外衣，把它帶進了現代心理學的領域。除了以上提及的理論性基本概念外，煉金術提供榮格以及榮格學派心理學一種豐富的隱喻性語言，用以描述無意識複雜的運作和精神分析工作的各種轉化。

　　原初物質與混沌狀態變成一種分析工作混亂起始的意象，密閉的細頸瓶（*vas hermeticum*）則是涵容的所在，是裝載著分析關係的

密封容器。心靈的物質在這個容器裡被加熱、烹煮、凝固、蒸餾與轉化。這些心靈煉金過程關照人格的混亂與分裂，尋求透過整合，也就是透過合體以及聖婚，最終究可以達到一種整體性的穩定感，自性，或者是哲人石。這種煉金術隱喻的方式，被借用成為嶄新發展的無意識心理學，煉金術的顏色成為分析心理學的顏色，如同煉金術現在可以在心理學的指引下被看待。

　　榮格以一種非教條以及試驗性的手段表達概念。他認為自己是位醫生及經驗主義科學家，探索並且記錄心靈實相的客觀事實。古典分析師，像馮·法蘭茲（1980）以及艾丁哲（1985）體現了這種態度。艾丁哲（1985: xix）曾說，榮格所呈現的是「心靈的事實，而非理論的架構，或者哲學的猜想」。榮格事實上的確拒絕形而上學的主張，但是對許多當代的思想家而言，這樣一種在思想上拒絕形而上學蘊涵的做法，其實是天真的。甚至經驗主義科學都可以看到其中帶有本體論的或至少是理論性的蘊涵。雖然科學宣稱跳脫哲學假設，但這個立場始終受到許多科學哲學家挑戰，在更廣大的詮釋學傳統中也是如此。科學也有支持的本體論，只是通常不公開承認。我們見到的並非是個簡單的已知事實；觀點與脈絡只是常被看見的部分。榮格對其知之甚詳，但他大多並不將這個認知運用到自己的理論上（Giegerich 1998/2001）。古典學派分析師往往認為榮格在時代尖端，而我們的工作是去理解他，擴展他的概念，並將其運用到研究與臨床實務的新領域上；但對其他人而言，榮格思想之中的蘊涵殘留著形而上的態度，這些是必須要被看到並加以批判的。

　　有個可以用來當成例子的是他的投射概念。榮格將這個概念運

用在理解心理學與煉金術關係的基礎。對許多分析師而言，投射作為一種理論，當中問題重重，它充其量僅是一種用來理解心理運作與關係的有限概念。蘇瓦茲－薩蘭（1995）說，要超越投射理論，似乎如果不在本體論，就要在形而上心理學作出一種基本改變。在明確回應投射理論之時，蘇瓦茲－薩蘭（1998）曾經強調聚焦於「心靈領域」這個概念的轉變，延伸到形成投射概念基礎的分析性假設之外。這樣做時，他呼應了當前的時代特質，跳脫傳統笛卡爾學派與康德學派的典範限制，去想像著心靈的生活。

如以上說到的，希爾曼提出對「古典」與「臨床」典範加以基進的重新審視的巨大變革。他認為這些方法充滿預設，將煉金術強大意象內在力量的表現化約以及瑣碎化了。這樣化約地詮釋煉金術導致他所謂的「心靈煉金」。問題是，我們目前的心理學觀念過於狹隘，無法合理正當地應用煉金術意象與歷程。希爾曼呼籲心理學全面性地進行變革，且發展一種煉金式心理學（alchemical psychology），把煉金術非簡化的語言置於優先地位，當作一個其不可化約特質的標記，作為語言、想像力以及靈魂的王國。

庫格勒（1983）同樣強調語言對典範移轉的貢獻，但與此同時，希爾曼所採取的，也許是著重於一種有助確認靈魂地位的現象學態度，而庫格勒也突顯語言學和語音學模式的正式結構。沙繆斯（1989）也朝向多元心靈的新視野前進，而歐岱尼克（1993）則對藥物情結（medication-complex）是個充滿能量的場域這個觀念有所貢獻。馬蘭（1997a）形容這個場域為「慾望的煉金術」，並呼籲注重德希達的「衍異」（differance）概念，德希達說這概念「既非語言，也不是觀念」，而是以遊戲的方式去想像一個不確定性領

域。吉格里希（1998）將哲學的與心理學的批判主義聯繫上關係，且受到黑格爾啟發而引進「靈魂必然的生活方式」的新理解。田中（2000）跟著吉格里希的腳步，強迫我們直面理論的重要性，以消除我們對理論的茫然。

放眼「場域途徑」（field approach），把以上所有思想家都放進這個概念裡，一點都不可能說他們所說的是同一件事。相反地，還不如注意他們出於內在處理文獻資料想法架構的方法，他們都受限於笛卡爾學派與康德學派的典範框架，而努力要找出一個明白道理的新方法，以及想像一條超越古典典範的途徑。

除了批判始終保留在榮格思想裡的形而上學殘遺，榮格思考的關係脈絡仍脫離不了基督教，可能是當前要注意的議題。雖然古典分析師批評現代基督教模式的限制，但對許多人而言，要能具備更適切的思考心靈實相的方式，還有某些東西需要發展。其他人則為了理解煉金術，已將方向轉到埃及思想（阿伯特、查布里斯基）、希臘、非正統信仰（希爾曼）或者東方思想（歐岱尼克、馬朗、河合）以及蘇菲教派（希爾曼、芮夫）等傳統。

最後，有關煉金術與分析的目標這個正在發展的概念，也是當前需要思考的一個議題。如同先前所談到的，歐岱尼克（1993）與芮夫（2000）兩位都看到，超越榮格認為可達成的個體化歷程目標，是有可能的，而這也正如榮格所想。歐岱尼克談到自我實現以及啟蒙的實際經驗，芮夫則談論第三類的合體，而這包括自性與合金的超心靈整合。希爾曼仍視這些擴展與可能性不夠深入。希爾曼呼籲的是去重新想像目標這個概念本身。他認為，所有以上所述都可能落入一種心靈寫實主義的陷阱，而他的思考方式是告別煉金術

的靈性化傳統，也跟達到成就的英雄意圖分離。他認為，這個目標是對「我」（me）的心靈療癒，這意味著超越進步的欲望。這個批評與吉格里希視否定「我」（me）為靈魂之必然的想法產生共鳴（除了某些不同之處以外）。這些批判要到達什麼程度，以及用什麼方法表達，才能和各種更加靈性的取向所說的自我超越有所區隔，還有待後續的辯論和反思。

由以上內容可知，有許多人擴展、運用以及／或者修正榮格的研究。當中有許多互補與意見不同之處，但是總體而言，榮格煉金術研究的生命力對當代分析師仍有本質上的啟示。許多的議題仍待發展、深化以及對話。到最後，也許煉金術「真實」的意義仍舊撲朔迷離，就像哲人石本身的真相究竟為何那樣。

宗教

羅德里克・緬因（**Roderick Main**）

艾賽克大學心理學教授與
神話研究中心主持人

著有《榮格論共時性與超自然現象》
（*Jung on Synchronicity and the Paranormal*,
1997）等

導言

　　宗教不單在全面理解榮格個人與專業發展上具核心重要性，對於了解分析心理學的歷史及其在精神分析、學術以及文化等脈絡關係中的當代地位，也是如此。

　　榮格個人對宗教的興趣始於早年，並持續至八十六歲去世為止（Jung 1963: 21-103, 320-393）。他的父親以及許多其他近親與先祖皆為神職人員（Jung 1963: 58）。尤有甚之，他成長於十九世紀晚期的歐洲，由於科學與世俗化的興起，普遍感受到宗教信仰出現重大危機。有了這樣的背景，就不難理解榮格成年後的某一面向，竟會是成為一位宗教思想家（Homans 1979/1995: 161）。

　　宗教議題在榮格著作裡比重甚大。《榮格全集》中第十一卷《心理學與宗教：西方與東方》（1928 1954）明確為此專題之作，而其他大量更深入的材料還散佈在各類的文稿（e.g., 1928/1931, 1939c, 1944,1957, 1945/1948, 1961）、信箋（1973, 1976; McGuire, 1974）、訪談（McGuire and Hull 1978）以及研討會記錄（Jung 1925, 1928-1930, 1930-1934, 1932, 1934-1939, 1939a）當中。更深入地，如全集第十一卷的〈編者按語〉（Editorial Note）所指出的（Jung 1928-1954: v），全集的其他多卷也可以被視為與宗教相關之作，尤其是《伊雍》（1951a）、《心理學與煉金術》（1944b）。確實，榮格許多關於神話、諾斯替主義、煉金術以及東方思想的著作，都和宗教脫離不了關係。而除了榮格自己的作品外，還有大量有關分析心理學與宗教的第二手文獻。一部 1973 年出版的文獻研究，當中就已經包含 442 個條目（Heisig 1973）。時

至今日，一份全面涵蓋的清單，其中數量可能已經高達五位數。

榮格的宗教心理學對許多領域影響重大。它已經影響宗教思想本身，神學家、宗教虔信者、宗教學者、新世紀主義者以及其他許多仍視宗教為重要議題的人，一直多方面應用榮格理論或與之對話。與此同時，分析心理學宗教觀點的研究範疇，有些是完全不被佛洛伊德（1914/1993: 118-128）及許多後繼的分析師所接受的，它讓分析心理學在深度心理學以及心理治療傳統當中，顯示出更深刻的蘊涵。類似地，分析心理學與宗教的關係影響著學術界對榮格思想的接受程度。雖然宗教學系所對研究分析心理學有興趣（Ulanov 1997），但大衛‧戴西（David Tacey）曾提及，對其他多數學科而言，榮格學派思想中「根本就是宗教」（fundamentally religious）的本質令「世俗性學術界難以接受」，因此全然被排斥（1997b:315-316; see also Tacey 1997a; Main 2003）。大體而言，就如詹姆斯‧海希格（James Heisig）所寫的那樣，「榮格思想中的宗教性如此重要與堅定，這成為榮格一生被認同或者被排擠的典型轉捩點。」（Heisig 1979: 9）

榮格對於宗教的立場：時序與發展的樣貌

幾乎終其一生，榮格真正的宗教立場複雜難懂，表面上是隨當下強烈反對或者截然不同的興趣，在一個個想法中出出入入。然而，依時序來看，還是可以大體辨識出他宗教論述的一些分期。及其早年，我們看到他對傳統宗教與世俗現代性間所產生的問題有所覺醒，並開始看重個人的宗教經驗，勝過制度性的信仰。嘗試從精

神病學與精神分析簡化解釋宗教現象失敗後，他開始越來越強調宗教的正面、預期性功能。及其成熟後，這個想法強化成一種信念，認為心靈天生便具宗教性，因此某些形式的宗教是心靈運作的必然結果。時至晚年，他從對宗教價值的一般性關切，轉而分析主宰西方宗教傳統的基督教，對於深度心理學洞見如何有益於這個傳統轉化，提出建議。

早年歲月（1875-1900）

　　榮格的父親，和他許多近親以及遠祖一樣，是瑞士基督教改革宗（Swiss Reformed Church）的牧師（Jung 1963: 58）。根據這派新教主義的形式，至少就領導者烏利希·慈運理（Ulrich Zwingli, 1484-1531）最初發展的形式而言，教會以及信仰體系的重要性比起個人內在趨於超越的傾向要低很多（Tambiah 1990: 4）。然而，榮格察覺到，他的父親恰恰好缺乏這種個人的、經驗的傾向性，於是在後啟蒙時代理性主義以及物質主義的衝擊下失去了信仰（Jung 1963: 113）。與此同時，他母親雖然表面上是個傳統的新教徒，氣質卻傾向於「靈媒的」（spiritualistic）體質，如其雙親一般（Jung 1963: 65-69, 120; Jaffé 1984: 40）。榮格（1963: 110）承認這樣的家庭「氛圍」對他發展宗教觀念不無影響。

　　在他自傳式的回憶錄《回憶·夢·省思》（1963）一書裡，榮格詳述了數個對他的宗教態度有重大影響的童年經驗。他說自己在三、四歲時經歷過一件恐怖的事，看見一位罩著黑袍的耶穌會教士，成了他人生「第一個意識到的創傷」（1963: 25-26）。回想大約同樣那個年紀另一件影響他的事，是他夢見一根在地下室裡出現

　　　　　　　　榮格心理學指南：理論、實踐與當代應用

的巨大吃人陰莖，以及這個意象如何與他心中的耶穌形象相結合，對此他認為「我的學術生涯在那時候有了無意識的開端」（1963: 26-30）。更戲劇化的是，他記起十一歲時，抗拒夢中出現的上帝在巴塞爾大教堂（Basel Cathedral）頂上大便的意象，卻徒勞無功的嘗試，而當他接受了這個想像，讓它成功浮出意識，最終才得到了喜樂與恩典（1963: 52-58）。這種生動鮮明的個人經驗，與令他覺得有著「說不出的沉悶」（unspeakably dull）（1963: 43）的神學課，他與父親間不愉快的神學討論（1963: 59-60）以及他對第一次領聖餐的失望（1963: 70-72），有著強烈對比。總體上，這些經驗和印象讓榮格對傳統宗教的觀感極度不佳，包括對耶穌（1963: 25, 28, 73-74）。這些事激起他最早的神學反省，思索邪惡的問題、恩典與順服上帝意志的理念，以及最重要的，是個人經驗和傳統信仰的對立（1963: 52-60）。它們亦讓他在稍後開始對當時非常流行的招魂術現象產生興趣，而那對實存以及死後靈魂不滅是有所實證的（1963: 119-121）。

榮格在學生時期（1895-1900）的宗教觀，可以從他在自己的學生社團佐分吉亞（Zofingia Society）發表的演講（1896-1899）之中檢視，那些演講內容於榮格身後出版。在這些演講論文裡，他的立場多傾向捍衛宗教，以對抗科學物質主義和世俗化。於是，他提出非物質現象存在，且可同時以物質與非物質的方式顯現的觀點（Jung 1896-1899: § 57, 65-66）；道德不能與科學分離（§ 68, 138）；物質是由無意識的、有智能且超越時空的生命力所驅動（§ 95, 99）；且這種生命論（vitalistic）觀點為招魂術的事實案例所證明（§ 112, 134）。他斥責當今宗教的代表人物屈服於理性主義且

否定神祕的事物（§138, 142）：他認為，獲得知識的欲望（「因果本能」）通向宗教（§191）；且支持耶穌是個無法用理性解釋的不可思議的道成肉身者（god-man）（§284-291），與德國新教神學家阿爾布雷赫特・立敕爾（Albrecht Ritschl, 1822-1889）的觀點相反。以這種反對啟蒙的精神，他甚至提倡回歸中世紀，拒斥世俗的現代性（§290）。

專業生涯早期（1901-1912）

在接下來數年，榮格懷抱著一個反現代性者的精神，獻身成為專職臨床醫生以及研究學者。在他開始再確認自己對宗教的態度前，他研究宗教現象的方式最初是採用精神病學理論，接著則是應用佛洛伊德精神分析方法。

榮格第一本學術著作是他的博士論文〈論所謂神祕現象的心理學與病理學〉（On the Psychology and Pathology of So-called Occult Phenomena, 1902）。這部關於在一系列靈學降神會中所觀察到的一個通靈女孩的案例研究，很明顯是出於他童年與學生時代最關注的事。然而，榮格自己的宗教興趣與觀點，曾經幾乎完全被想讓自己成為一個負責的科學研究者與精神科醫生的目標所淹沒。確實，榮格那個時期的作品很少討論宗教，直到〈父親對一個人命運的影響〉（The Significance of the Father in the Destiny of the Individual, 1909/1949）出版為止。到這篇論文寫作的這段時間，榮格已經開始和佛洛伊德密切來往，並且積極參與精神分析運動，論文在論及宗教的地方完全借用佛洛伊德學派的詮釋。人類對上帝的關係被視為孩子對父親關係的昇華，為了強化這種昇華的需求，需透過強

烈操練儀式的衝動（Jung 1909/1949: § 738 n. 21. 741 n. 22; cf. Freud 1907/1990）。然而，到了與佛洛伊德決裂的時期，榮格對宗教的興趣漸漸地又突顯起來，且開始顯現自我特質，與佛洛伊德觀點分家，並與之對立。

這些發展讓榮格第一部主要的宗教心理學著作有了開端，他增補了《無意識的心理學》（*The Psychology of the Unconscious*, 1911-1912）對力比多（libido）轉化與象徵的長期研究，之後再大幅修訂成為《轉化的象徵》（*Symbols of Transformation*, 1911-1912/1952）。最早的內容還是大量沿用佛洛伊德學派的假設與重點。宗教現象依然被視為未被滿足的亂倫慾望的投射。他告訴我們「上帝代表特定能量的總和（力比多）」；「宗教的本能是由幼兒期的亂倫力比多所滋養」（Jung 1911-1912: § 111 段）；亂倫欲望被轉化成象徵的活動和概念，「欺騙人們」（cheat men）還處在的嬰兒期中（§ 352）。精神分析優於宗教，因為它不是將人格閉鎖在嬰兒期的狀態，而是幫助人格成熟且面對現實（§ 695）。榮格說：「我想**信仰應該由理解取代**；於是，我們會保留象徵之美，但仍然能免於屈服於信仰的沮喪。這將會是對信仰與不信仰的精神分析治療。」（§ 356；粗體字強調之處是原先所加）

然而，榮格對宗教保持著一個正面的，即使有些屈就的態度。他承認宗教神話「過去和現在都是通往所有人類最偉大成就的橋樑」（1911-1912: § 353），且主張，在抗拒亂倫渴望的掙扎中，「（比起壓抑和遺忘）宗教投射提供更多有用的幫助。人們以此將這個衝突看在眼裡⋯⋯將它交給一個自外於個人自我的人格，也就是神性」（§ 117）。然而更重要的是，榮格從未全然同意佛洛

伊德有關力比多只是性慾的主張（McGuire 1974: 4-5），於今他明確地將之更廣泛地定義為心靈能量（Jung 1911-1912: § 219-236）。在特定的環境條件下，此中寓意為，「無意識中的性慾並非如其所表現的那樣；**它僅僅是個象徵**」（§ 635；粗體字是原文強調之處）；力比多可以被「去性慾化」（§ 672）。因此，即使宗教就如榮格所承認的，可以是一種精神官能症症狀，它不必然總是性慾的精神官能症症狀。對榮格而言，以他的心靈能量觀念來解釋（§ 230-236），造成精神官能症是因為力比多失衡。這樣的失衡可能以宗教的形式表現出來，但是榮格暗示，也可能是各種屬於宗教形式的力比多，而非失衡，所以不是精神官能症的表現。

更特別的是，與佛洛伊德的看法不同，榮格認為精神官能症之中的退化，常常有著正面的價值，因為退化性的力比多可激發得以產生象徵的那一層無意識，構成力比多的轉化，有益心靈的進一步發展（1911-1912: § 250）。這些象徵，經常有著宗教性的特徵，它們「是所有人古老人性與悠遠歷史的殘餘」（§ 291），「元素與類比物的關聯……在過去建構了這世界的古老概念」（§ 675），簡單地說，就是之後集體無意識中被榮格稱之為原型的東西。因此，在佛洛伊德將宗教象徵解釋為表達源自幼年期被壓抑的性願望之處，榮格的想法則是，它們可能是心靈在企圖整合意識與無意識，以回應生命未來將呈現和預期的樣貌。榮格明確地朝向他未來的立場邁進，也就是，出現宗教性象徵並非精神官能症，反而是因為欠缺這些象徵，以及不尊重與承認它們展望未來的本質，才因而形成精神官能症（1963: 173, 178, 190, 191）。

《無意識的心理學》在其他方面也發出告別佛洛伊德路線的

信號。比如說，佛洛伊德強調父親意象對宗教象徵的重要性，榮格則從其研究中提出總結道：「分析到最後，力比多建立起宗教結構的部分與母親不可分離。」（1911-1912: §691）再一次，榮格操作象徵的態度與佛洛伊德有所不同。與其總是將象徵予以還原——「這是代表母親，而那是陰莖」——榮格認為，象徵有時候「沒有固定意義」，因此要發掘它們的多重意義（§339）。之後這個途徑發展成他的擴大法。

朝向成熟的宗教心理學邁進（1913-1937）

《無意識的心理學》的出版讓榮格與佛洛伊德關係終至破裂，不管在個人的或者專業的方面都如此。在接下來的心靈迷惘時期，即他浪漫地自稱在「對抗無意識」的時期，榮格開始覺得他缺少一個神話，而當代基督教神話形式是不足的（1963: 194- 195）。然而，出自他在當時所經歷的一連串鮮明的個人經驗——夢、幻想、引導幻想以及超自然事件（1963: 194-225）——加上他直接與間接地從威廉‧詹姆斯（William James）以及希奧多‧福魯諾（Theodore Flournoy）二人對宗教心理學研究的非精神分析途徑所得到的支持（Shamdasani 1995: 126-127），榮格開始打造新的心理學理解方式的輪廓。他首先以匿名寫成的《對亡者的七次佈道》（1916）這本具諾斯替神話形式的小書，去架構此一新理解方式，並私下傳閱。如同數位評論者說過，當中內容以詩的形式預告著榮格成熟心理學模式大部分想法的出現（Heisig 1972）。除此之外，榮格在這時期開始繪畫曼陀羅（通常是分成四個象限的圓形），以及發展自性是心靈總體中心的概念（1963: 220-222）。

《心理類型》（1921）這部標記著榮格脫離對抗無意識時期的主要作品，將他在《無意識的心理學》就開始呈現雛型的概念與方法論兩者的洞見，成熟地結合。集體無意識與原型的概念、象徵的心理學價值、擴大法，以及認為心靈現象便是原初現實的認識論原則等，在這本書裡都表達得鏗鏘有力（1921: § 77-78, 746-754, 814-829, 842, 851，並散見於各處）。對榮格宗教心理學的發展性解釋而言，特別明顯的是，那些他開始援用上帝意象與上帝本身有所區分的概念；他不是以無意識，而是以完整個體，比如以意識與無意識兼具來比擬上帝；而且他以共識（*consensus gentium*）做為上帝意象在心理上的（而非超自然的）真實（1921: § 62, 412-413）。在這本書裡，他也數度使用「宗教功能」（the religious function）這個詞彙（§ 231 n, 14, 411, 529），他之後在重要環節對宗教作出說明時（e.g., 1938/1940: § 3, 1944b: § 14），便訴諸於此概念。尤其是，榮格在這本書中聚焦於對立的概念，以及它們在整體性的指導原則下的和諧。如莫瑞・史丹（1985）指出，這樣的概念讓榮格得以將現代世俗文化的特徵描繪成片面性的，因而無法理解其對立面，也就是宗教，也像這樣將傳統基督教描繪成片面性地將外向性、感覺與直覺等的評價高於其對立的內向性、思考與感官覺受等，傾向貶低神祕主義、思辨性的哲學與科學（Stein 1985: 97-98）。榮格之後轉化基督教的核心工作將是建議，它要承認與努力去整合為其感知到的片面性所排除的東西。

　　1921 年到 1937 年之間，榮格的宗教心理學在理論或者方法論方面獲取少許重要的發展；然而，真正有所改變的是其應用性的本質與範圍。這些年間，他對煉金術（Jung 1929）、東方思想

（1929, 1930, 1932, 1935/1953, 1936b）、異教思想（1936b）以及取代宗教的世俗方式（1934-1939）等的興趣，有所增長。對此，扮演重要的角色的是榮格於 1925 年開始舉辦的分析心理學研討會，以及在 1933 年組織成立的艾瑞諾思論壇，榮格在後者擔任常任講者直到 1951 年（Hayman 1999: 315-316, 415, 416）。從榮格這時期的部分作品中，可以察覺到朝向將自性與上帝意象視為同一的方向前進的概念，只是當時為止尚未完成。一旦榮格終於舉步朝此目標邁進時，這將為其宗教心理學帶來重大的結果，因為這會透過善惡、陽性與陰性，以及精神和肉體等對立面的整合，讓他得以期待在心理學層面上，作為他的臨床工作以及比較性研究，提供他視上帝意象與自性意象為同一整體的基礎。

心理學與宗教（1937）

榮格對其宗教心理學最主要的論述，出現在 1937 年於耶魯大學以「心理學與宗教」為題的三次泰瑞講座（Terry Lectures）中（Jung 1938/1940）。三次演講不僅總結了他截至當時對該主題的想法，也展望了他在之後的工作如何開展。因此，我必須稍微花點時間駐足於此研究成果，先概述其在認識論與方法論的假設，然後論說當中使用的心理學概念，最後再總結到榮格如何理解宗教，以及怎樣把得到的理解應用到他的心理學概念中。

榮格的根本假設是心靈現實最重要：「我們擁有的唯一的實存形式，是直接認識的，是心靈的。」（1938/1940: § 16）因此，這表示我們無法以它們本然的形式去認識上帝或者其他任何形而上的真實，而是只能知道我們有可以觸碰到它們的心理經驗和意象。

1　【編註】中文譯本為《榮格論心理學與宗教》，韓翔中譯，商周出版。

這是榮格主張以經驗主義途徑了解宗教的根據：「因為宗教有極重要的心理學面向，我從一個純粹屬於經驗的觀點處理它，也就是，我讓自己只觀察現象，避開任何哲學或者形而上的問題。」（1938/1940: § 2）宗教性的理念，像是聖母懷孕的母題，是個「心理上的事實，因此它是實存的」；讓這樣的想法具有客觀性的，是因為這是「一個社會所共有的——透過一種**共識**而得」（§ 4）。

　　榮格對宗教的理解，受益於如下的心理學概念。人格同時包含意識與無意識兩部分（1938/1940: § 66）。無意識不僅是個人的，也是集體的或者超個人的，也就是，它包括非個人的、獨立自主的情結（原型）（§ 21-22, 88）。意識的核心是意識自我，而心靈的中心是個整體，意識與無意識共存，是自性的原型（§ 67）。然而，領悟到心靈的整體性（自性）並非易事（§ 68），因為這涉及承認並且與自己不願意的一切共存，那些是個人與社會所有不接受的特徵與性格，是一個人的「陰影」（§ 130-132）。有個特別可以讓人進入一個人無意識層面而獲取洞見的資源，那就是夢，因為這些夢「真實地反映心靈底層進行的過程」（§ 37）。對榮格而言，夢境並非如佛洛伊德想的那樣，是「讓我們迷路的狡詐詭計」，而是「自然而非人為的現象」，必須被視為「如其所是」（§ 41）。夢以及其他的幻想形式可以將無意識狀態和進行過程予以人格化。一個人心靈之中劣勢及不被接受的面向，也就是一個人的「陰影」，常常被人格化為負面的人物。有助於意識與無意識建立關係的意象則常被具象化為異性形象，以男性來說就是「阿妮瑪」，女性則是「阿尼姆斯」（§ 47-48）。代表心靈整體性之潛

在可能的面向，則人格化為自性的意象（§140）。只要這些原型傾向依然是無意識的，它們就有可能被投射到外在世界的人物、情境與組織團體，造成不切實際的敵意、依附與理想化（§140）。有個重要的心理任務，等同於促進意識，那就是去除這些投射（§141）。然而，這是個不可能的任務，因為原型會不斷產生在情感上無法抗拒的意象和經驗。宗教象徵便屬於這些意象和經驗之一，由榮格所謂的宗教功能所引發（§3）。持續的投射、去除投射和象徵化的歷程，導致意識不斷的轉化。對榮格而言，這些轉化為心靈發展的過程所控制透過整合意識與無意識，最終趨於偉大的永恆完整。這便是榮格稱之為個體化的歷程，其目標在於持續增加自性的實現。在這些自性的象徵當中，榮格特別注重曼陀羅以及其他四位一體的象徵。

　　榮格使用這些心理學概念與過程所分析的宗教狀況，可以描繪出一個特徵，當中有著重大的信仰失落感（1938/1940:§148），標誌著上帝的死亡與消失（§149）以及教會的失去權威（§34）。在這樣的狀態下出現過許多嘗試重新導向的企圖——例如物質主義、心理主義（佛洛伊德）、無神論破除迷信（尼采）——但榮格以為這些都不足以勝任而加以拒斥（§142）。榮格自己是從主張直接宗教經驗的純粹自然與重要性而起步的。他提出一個宗教的廣義定義為「一個對展現出『力量』（powers）之特定動力要素的謹慎思考與觀察」（§8）、「一種屬於意識的，被努祕經驗改變的態度」（§9），以及「與最高或者最有力量的價值的關係，不管是正面的或負面的」（§137）。宗教信仰與教條於此是次要的：「使徒信經是經過編撰以及教條化的原始宗教經驗。」（§10）榮

格對於面對現代宗教這個問題的解釋是，它們的象徵以及神話已經脫離經驗，因此無法再召喚出信徒心靈中有生命力的回應。既然心靈具有無法被忽略的宗教功能，若忽略會傷害心理健康，因此榮格支持「心理學途徑」作為「也許是我們唯一的可行之道」（§148）。舉例來說，他主張「天啟是人類靈魂深處最首要的『揭露』，是一種『裸現』（laying bare）；因此本質上這是個心理事件」（§127）。根據他的心理學模型，以及他在「心理學與宗教」講座中透過案例研究所描述的，這種啟示尤其會透過夢境與其他無意識幻想的形式發生。在建構這個觀點時，榮格並非不考慮傳統宗教形式。確實，他承認傳統宗教儀式是溝通意識與無意識的方法，並比較天主教與基督新教優勢與劣勢（§75, 80）。然而，他擔心的是對多數人而言，這些傳統的資源已經不再起作用了。

　　榮格的「心理學與宗教」講座多透過案例研究進行，其中所引介的一個主題之一於此領域的後續作品中一直扮演著重要角色。那就是要承認與理解上帝意象在轉化，且這樣的主要轉化至今仍在繼續進行。因此，在榮格的案例裡，夢者所經歷的四位一體與曼陀羅象徵，透過賦予魔鬼、女性以及肉體一個相應的位置，不由自主地出現了有別於傳統三位一體的神聖的觀點。曼陀羅呈現的是一個整體而非完美的意象，它出現在人類而非神的心中（1938/1940: §136-139）。榮格主張，這不是作夢者心智的特殊產物，而是「在中世紀早期（以煉金術方式），甚至可能更早可追溯到更遠（諾斯替主義）的時代就開始了，且一直在進行著的心靈發展進程」（§159）。

轉化中的宗教／基督教（1938-1961）

在接下來的二十年左右，榮格持續對來自印度、西藏、中國以及日本的東方靈性傳統進行心理學的省思（1939b, 1939/1954, 1943, 1944a, 1950, 1963: 304-311, 348）。然而，1938 年在印度時，他做了一個夢，夢中他一直在尋找代表西方宗教優越性的聖杯，在那之後，他的關注焦點便越來越轉向西方文化，尤其是基督信仰（1963: 311-313）。

在原本於 1941 年艾瑞諾斯論壇發表的〈彌撒中的轉化象徵〉（Transformation Symbolism in the Mass, 1942/1954）一文中，榮格試圖闡述基督教彌撒裡，餅和酒轉化成為基督的身體和血時的核心象徵。他詳細描述這個儀式各個階段與個體化心理過程間的相似之處，他論證兩者都在整合凡塵世間（餅和酒／意識自我－意識）以及永恆宇宙（基督／自性）。

甚至更極端地，榮格在這段時期進一步發展他的概念，主張因為上帝意象（與不可認識的上帝自身有所區別）是個心靈事實，它既有心理研究的可能性，而且容易改變，事實上當前正在經歷甚重大轉化。這在他的〈三位一體神學教義的心理學研究〉（A Psychological Approach to the Dogma of the Trinity）中特別明顯（1943/1948），這是篇從 1940 年艾瑞諾斯講座一場即席演講中逐步發展出來的論文。基於他「一個人絕不可能憑藉經驗分辨自性的象徵與上帝意象的不同」論點的前提（1942/1948: § 231, 289），榮格發現在各種基督教教義中的上帝形象與人類意識發展各階段間有相似之處。他視三位一體教義同時與「在個體中出現的無意識

成熟的過程」以及「持續數世紀的意識覺醒」有關係；更加廣泛地說，它和「作為一個整體的心靈……所漸漸發生的轉化」有關（§287-289）。三位一體中的人物各有其心理方面的相關物。聖父（God the Father）和未分化的無意識認同有關：「在當我們還是孩子時的早期意識狀態……一種順服、未加思考的狀況……沒有智識或者道德的箝制」（§270）。聖子（God the Son）與一種從無意識中分離出來的意識狀態有關：它存在於「有意識地與父親分離（且需要）一個人對自己的個體性有某種認識，沒有道德區辨力是沒辦法獲得的」（§271）。與聖靈（God the Holy Ghost）與分化的意識自我－意識開始與無意識再次連結有關：這涉及「承認無意識」，要同時棄絕對無意識的「幼稚的依附」並「完全獨立」於其外（§273）。

除了這種心理學的詮釋之外，榮格在這篇論文中還基進地主張，三位一體的概念要擴展成四位一體，納入第四位的魔鬼（Lucifer），「人間的王子」（1942/1948: §290）。正如成為實現自性之象徵的心理上的完整性，需要承認陰影及劣勢功能，因此得承認魔鬼是上帝意象的一個面向。就基督這個人物而言，榮格一方面將他視作自性的意象，但另一方面又主張他是不完整的自性意象，因為他一面倒向善的、陽性的以及靈性的。適合用來代表自性的象徵需要將惡魔、陰性以及肉體包含進其整體性裡。在《心理學與煉金術》一書中（1944b），榮格思索基督意象在煉金術中的一些對應物，主張這些是中世紀心智自發地想要補償這種片面性的企圖。

基督的片面性在作為自性意象上的問題，也是《伊雍》

（1951a）一書的主題之一。在該書中，榮格試圖追溯過去二百年間與基督有關之象徵使用發展模式如何改變。他擴大應用假定為類似的事物（supposed parallels）（共時性事件）到基督教世紀以及占星學上的雙魚座時代。尤其是，他把占星術的雙魚符號連結到基督與敵基督這兩位「上帝之子」。當春分點從一隻魚移動到另一隻時，與基督相關的原型象徵作用也開始轉變成與敵基督相關的，而人類意識從全神貫注於靈性超越，轉變成更以人性和大地為核心。榮格堅持敵基督與基督、惡與善是同樣的實在，也讓他批評天主教**善的缺乏**（*privatio boni*）的教義，根據這樣的說法，惡沒有自己的本質，而是善的欠缺或者匱乏。榮格認為這個教條既輕視惡的實存，也無法適切地表達道德判斷的心理實在，於此堅持對立的一面（善），也必然得同樣地維護另一方（惡）。

　　善惡的問題，以及在人類意識發展當中上帝意象與其類似物之轉變的問題，可以在榮格〈答約伯〉（Answer to Job）一文中找到最個人以及最具爭議性的表達（1952a; see also Bishop 2002）。在這篇他形容為「全然主觀反應」的作品中，榮格以其「既愚蠢卻有洞察力，又慈愛也殘酷，具摧毀性的創造力」（1952a: § 560）探索作為一個具生命的本質的「上帝悲劇性的矛盾」（1963: 243）。這樣對立矛盾的本質，在《舊約》裡以耶和華殘酷地對待其忠僕約伯的故事呈現，他為了打賭而容許撒旦糟蹋約伯的生命。榮格認為耶和華比約伯還缺乏道德意識，實際上需要人性以增進其意識。而在《伊雍》當中，榮格從《約伯書》寫作的時代直到現在，回溯上帝概念的發展的不同階段。他認為上帝對約伯做的事促使上帝化身為基督。然而，在上帝成功地以其善的那一面化身基督為人，他惡

的那一面卻持續地被投射到他的創造物身上。因此，當代需要透過接受與整合善惡之對立兩面，以更加完整體現無意識。也就是因為這個理由，榮格對不斷出現的上帝意象（特別是曼陀羅）在傳統三位一體強調善、陽性以及靈性的思想中加入屬於惡、陰性以及肉體的「失落的第四個」（missing fourth）元素。就上帝的陰性面而論，榮格主張，這個象徵出現進入意識表示神性中對立面的整合，是個意味著「上帝自我恢復的渴望」的神聖聯姻（*hieros gamos*）（1952a: §624）。在榮格所描述的猶太－基督教歷史傳統當中，引發這種象徵出現的是舊約箴言裡索菲亞（Sophia；智慧）的概念，「一個同為永恆，且多多少少是在創世以前便存在的陰性本質靈魂的實體化」（§609）；啟示錄中的羔羊婚娶（亦即基督與其教會結合）（§726）；以及在榮格的時代，1950年羅馬教會宣布聖母瑪麗亞肉身升天的憲章（§733, 748-755）。

　　如同先前所提及的，榮格關於宗教議題之著作與其煉金術著作關係密切，且以上整合對立面以及關注整體圓滿的自發性心靈意象等主題，成了榮格後期煉金術作品的重點，特別是《神祕合體》（1955-1956）。榮格將宗教理論運用理解當前社會現象，像是他視為一種除了透過宗教外無法被消除的「群眾意識」（massmindedness）形態之極權主義（Jung 1957），以及廣泛的飛碟目擊事件，在他眼裡，那是因為傳統宗教無法滿足當代心靈整體圓滿需求而補償產生的救世神話（Jung 1958）。

釋義與定義

　　絕大多數涉及榮格宗教心理學的名詞，在先前章節中，特別是在談「心理學與宗教」的小節裡，必然已經有了基本的定義。然而，闡明某些定義，以及建立一些更普遍的論點，也許還是有所助益的。

宗教

　　嚴格來說，榮格的宗教心理學，或事實上整個心理學模式，確實是從解決他經歷過的傳統宗教與世俗現代性的緊張矛盾中浮現的（Homans 1979/1995; Main 2004: 91-114）。因此，榮格如何理解宗教，會影響他如何理解心理學，反之亦然。若審視榮格對宗教的實際定義，會明顯發現他多著重於經驗，而非信仰、儀式或者教會組織（e.g., jung 1938/1940: § 8, 9, 137），強調直接宗教經驗不僅僅如同人們所預期，只優先考慮心理學面向而已。這麼強調也反映了，個人導向可以在養成榮格對的傳統宗教環境內（瑞士改革宗教會）達成超越，儘管榮格對這傳統已然不滿。當然，榮格確實在談到可以辨識出其信仰、修行與機構的傳統時，使用了「宗教」這個字——比如說當前傳統宗教的主流，像基督教和佛教，已經不存在的傳統像密特拉教（Mithraism），或者比較少為人所知的地方性傳統，像是普韋布洛印第安人（Pueblo Indians）的信仰。然而，他常常很快就去證實這些教條、儀式以及組織等宗教傳統的面向有其經驗層面的重大根據。強調經驗，可說讓榮格自己以及之後的分析心理學家，對宗教的討論產生偏差。這也有助於說明榮格一生熱

衷於靈異現象的緣由，因為那也是著重於經驗的（e.g., Jung 1896-1899, 1902, 1920/1948, 1926, 1934, 1963; see alsoCharet 1993；Main 1997）。

　　除了心靈實相、集體無意識、原型、個體化與自性等特殊的心理學概念之外，宗教功能與努祕性，是兩個主導榮格宗教思想發展的重要概念。前者標記著榮格對宗教的重要性、自然性與必要性的感受與日俱增。他說，在「心理學與宗教」講座中所報告的夢境材料就是「證明心靈中存在著真實的宗教功能」（1938/1940: §3）。在《心理學與煉金術》一書中，他斷言「靈魂天生便具有宗教功能」（1944b: § 14）。榮格最少有兩部重要的宗教心理學著作把「宗教功能」這個名詞放進標題（Edinger 1973;Corbett 1996）。海希格雖提醒，榮格在使用這個名詞時，看來並沒有超過「聚焦於宗教有益心靈的正面角色」的意義（Heisig 1979: 158），卻也對這個概念的應用所及之處做了令人印象深刻的說明。他指出，榮格意圖以此名詞表明心靈有種傾向，有著絕對與無條件的定位，而這是確實必要的；這個傾向是藉幻想以釋放古老的天性（換句話說就是原型）為其運作方式；這個過程的本質實際上是一種象徵形成，集體無意識藉此補償意識；而這可區辨出自然的、不由自主的行為，以及嚴守宗教教條之間的不同（Heisig 1979: 35-36）。

　　努祕（numinous）這個概念是由德國神學家與宗教歷史學家魯道夫・奧圖（Rudolf Otto 1917/1950）所提出的。榮格很快地加以採用，藉以表明原型經驗的特殊情緒狀態，而此時它於榮格著作中，已經變成最常使用的名詞之一，甚至在不直接處理宗教面向時也使用。對奧圖而言，這個概念與神聖的非理性層面有關。他將這

概念更完整地描述為「恐怖與迷人的神祕」（*mysterium tremendum et fascinans*）。這暗指了在情感上領悟到上帝是一個全然的他者，令人感到敬畏，排山倒海而來，急迫且迷人。對榮格而言，這個詞彙包含上述大部分內涵，但還有重大的差別。比如說，榮格在某處寫道「在心理上難以想像上帝僅僅是個『全然的他者』，因為一個『全然的他者』永遠沒法成為人類靈魂中最深與最緊密的親密感的一部分——這就是上帝的真面目」（1944: § 11，n. 6）。還有，如同李昂‧史萊姆（Leon Schlamm 1944）曾經指出的，在奧圖強調恰如其分地回應努祕經驗是完全順服的同時，榮格則一貫地強力主張必須保持理智，因為個體化需要意識與努祕的無意識兩者間的結合，不能偏廢任一方（Schlamm 1994: 26-27）。另一個不同是，榮格傾向於視努祕與神聖性為同一，而奧圖則認為神聖性涉及努祕與對神性的理性經驗的結合（Schlamm 1994: 28）。

上帝

要正確領會榮格使用「上帝」（God）這個詞彙的重點，須理解他對原型本身以及原型意象的區別。榮格把上帝描寫成一個原型（1944b: § 15），以及上帝意象就是這個原型（§ 11, 14）。前者，如同所有原型，其自身是無法理解的，榮格因此漸漸不去討論（§ 15）。榮格重視的是上帝意象，即上帝原型曾經在真實經驗當中自我顯現的各種方式，這不可避免地會由特定的個人、社會與文化脈絡所決定。「在西方，」他寫道，「這個原型是由教義裡的基督所表現；而在東方，是以『真實自我』（Purusha）、『靈魂』（Atman）、『梵天』（Hiranyagarbha）、『佛陀』等等示現。」

（§ 20）對榮格而言，這些原型人物中沒有一個可以適切地表現出上帝原型的不確定性。因此，他說，

> 　　我發覺自己不得不給這個相應的原型取一個心理學的名稱「自性」——這是個一方面足以表達人類整體性本質，另一面又能夠夠模糊地表達整體性這種無可形容又不確定的固有質性。（Jung 1944b: § 20）

　　如同先前提過，榮格將自性的原型等同於上帝原型，也因此自性的原型意象等同於上帝意象，這讓他得以把所有從心理學有關自性原型意象的研究工作所得到的洞見，都應用到上帝意象上。這兩種意象都可以變形，自發地朝向更無所不包的整體性去進行變化，特別是引發與被忽略的特質相互遭遇，像是陰影／惡魔、陰性內在／女性特質，以及本能的／物質。把自性意象視同上帝意象也構成榮格認為宗教具普遍性的觀點，但這並不是說他是個永恆主義者（perennialist），他說，「上帝用多種語言自我表達，且以不同形象示現，這些表現皆為**真的**。」（1944b：§ 18；粗體字強調之處為原文所加）

發展、批判、創新

　　有關榮格宗教心理學的第二手研究文獻汗牛充棟，但在此只會提到少數重要的發展、評論與創新之作。無疑地，榮格的一般心理學理論與其宗教心理學是那麼地緊密，以致大概所有對前者的重大

質疑與修改都會涉及到後者。

　　許多已出版的作品單單只是在解釋與闡明榮格的宗教概念。這當中大多數屬榮格學派的實踐應用，特別是那些根本上就是「古典的」取向的作品，如安妮拉・亞菲（1970/1975, 1989）、瑪麗－路薏絲・馮・法蘭茲（1975）以及愛德華・艾丁哲（1973, 1984, 1992）。艾丁哲還特別直率地堅持擁護榮格認為上帝意象從三位一體轉變為四位一體的論點，甚至說榮格的貢獻如同「新天命」（Edinger 1984）。其他著作豐富的榮格宗教心理學倡導者，包括約翰・杜利（John Dourley），他是位天主教神父，其神學理論曾經受榮格心理學途徑深刻影響（Dourley 1981, 1984, 1995），還有安・烏蘭諾（Ann Ulanov），她是位榮格學派分析師，也是宗教研究所以及神學院的教授，她漸漸地樂於將神學與榮格心理學融合在一起（Ulanov 1971, 1997, 1999）。

　　全面性闡述榮格宗教心理學所有面向的是莫瑞・史丹（Murray Stein 1985）。他回顧了針對榮格有關宗教的作品各種普遍性的詮釋：榮格是位把興趣轉向宗教的經驗主義科學家；一位想要把古老宗教傳統的祕義向現代大眾揭露的神學詮釋復興者；一個不是那麼在乎宗教傳統，而更重視受苦於所認同的宗教傳統不能夠回應心理及靈性需求的人的靈魂醫者；或者就是一個企圖解決自己對傳統宗教與世俗現代性兩者緊張狀態的現代人（Stein 1985: 4-17）。然而他認為，榮格與基督教信仰的關係基本上比較是治療性的。根據史丹的說法，榮格意識到他那個時代的基督信仰，特別是他父親所代表的派別，是一種病態的信仰形式。他大量研究基督教的作品，可以看成是對這位病態患者的治療。我們可以看到榮格具體地把不同

時期的治療技術運用到書寫宗教上：回憶與歷史重建（例如，《伊雍》）、心理詮釋（例如，有關三一神學與彌撒的論文），以及最有趣地，使用移情與反移情的關係（例如，《答約伯》）。

　　榮格的宗教心理學曾在不同層面上引來評論。對他批評最多的是他的一般性心理學理論，包括其認識論假設的內涵與方法論（e.g., White 1952, 1960; Heisig 1979; Nagy 1991; Palmer 1997）。其他關心的領域還有榮格對真正宗教的認識，例如對天主教教義（White 1952, 1960）或者東方傳統（Clarke 1994）的理解；源自他的社會文化條件所造成的偏差，比如他對一神論的強調（Hillman 1971, 1975）以及他對家長式制度的假設（Goldenberg 1982；Wehr 1987）；還有他的研究途徑的心理學與社會學動機（Freud 1914; Homans 1979/1995; Noll 1994, 1997）。

　　在榮格有生之年，對他的宗教心理學的評論已經非常豐富。他人生最後的二十年裡，正是他最能老練與善用其成熟模型之際，榮格與許多神學家有所交流，甚至有時候還跟他們公開辯論（1939c, 1973, 1976）。這些內容有許多隨後成書，留下了榮格的概念。它們當中既有新教（Frischknecht 1945; Schaer 1951）也有舊教（White 1952, 1960; Hostie, 1957; Goldbrunner 1964）。無可置疑地，當中最重要的神學評論家是多明我會（Dominican）神父維克多・懷特（Victor White），他與榮格在 1945 年到 1960 年自己過世前的友誼密切，即使有時兩人關係緊張。他們共同期待將「心理學的發現整合進基督教義裡」（Jung 1973: 385）。懷特的兩部著作——《上帝與無意識》（*God and the Unconscious*, 1952）以及《靈魂和心靈》（*Soul and Psyche*, 1960，前者榮格親自作序（1952b），該書對

榮格的宗教心理學深表讚賞，且有連結天主教神學的可能性。然而，懷特對上帝的形而上觀點與榮格的心理學觀點間，仍存在著根本立場不同的緊張狀態。這樣的狀況在討論魔鬼的問題上特別突出，懷特認為榮格在這方面誤解了「善的缺乏」這個教義的意義、上帝為「至善」（*Summum Bonum*）的概念，以及對立面的觀念（see Charet 1990; Cunningham 1992; Lammers 1994）。

猶太哲學家及神學家馬丁・布伯（Martin Buber）對榮格關於上帝的心理學觀點也有類似的不滿。布伯指責榮格是個諾斯替主義者，否定信仰的有效性，以及鼓吹「純粹心靈內在（psyche immanence）的宗教」（1953: 83-84）。榮格（1952c）試圖反駁以及捍衛自己的方法，但效果有限。稍後涉入這場辯論的評論家當中，惠特蒙特（Whitmont 1973）認為布伯與榮格絕大部分狀況下都在各說各話，因此他建議現今榮格學派應藉著使用「象徵概念」的說法，明確而系統化地闡明其心理學對宗教的洞見，以避免重複這樣的誤解，要同時能夠理解宗教陳述不是心理指涉的對象，以及這樣的陳述不可避免地會涉及到心靈（Whitmont 1973）。

海希格（Heisig 1979: 17-100）對榮格特別與上帝意象有關的思想發展所提出的解釋，格外完善、深思熟慮以及兼顧平衡。基於這個解釋，海希格尖銳地評價以及批評榮格寫作宗教議題的風格、方法論以及理論（1979: 103-145）。他提到榮格故意含糊不清的寫作方式有雙重目的：「保存心靈的豐富性，並表明智識永遠達不到最終目標。」（1979: 19頁）然而，榮格的「客觀擴大法」（objective amplification）的方法（搜集原始的材料、尋求其類同處，然後從類同處的啟發解釋材料）並未達到他渴求的科學化，雖

然在治療上可能有效（1979: 140-142）。海希格仔細地解釋，榮格的核心理論不管在實證上，甚至邏輯上，都有問題。榮格對意象的觀念含糊不清；他並未有效地區別投射的源起與功能；他所主張集體無意識假設的論點，並沒有充分消除記憶潛藏（cryptomnesia）與心電感應的可能性；而且他看待原型的方式是把它們的功能混同成邏輯上的普遍現象、認識上的先決條件，以及詮釋的原則（1979: 130-139）。然而，海希格並不是要否定榮格理論的「優越性與廣泛的吸引力」，而是認為應它被視為「一種使用隱喻的模式，屬於詮釋性評論的標準，而非如一般於自然科學中普遍需要驗證的理論」（1979: 144）。

這項結論比麥可·帕梅爾（Michael Palmer 1997）對佛洛伊德與榮格的宗教理論的清晰闡述以及評論，要更為開放與正面。帕梅爾發現榮格對於心靈現實的定義其實是同義反復，因為照那樣去思考的話，所有經驗盡成心靈現象（1997: 169-17）。他從兩個方面質疑榮格訴諸於「共識」來證明上帝原型，一者普遍性並非天生自然，再者，不管怎樣，上帝的存在亦非普遍共識，諸如佛教以及某些印度教教派等悠久的無神論傳統早就存在（1997: 181-184）。帕梅爾認為，榮格的途徑容易被批評成主觀主義，因為它並未對判斷某事為心靈的效果或者是原型的作用提出客觀的方法（1997: 191-192）。他認為，形成榮格證明原型存在的主要證據為類同的形象，這種形象也可以用其他的理論解釋，甚至說得更好，像是以精神分析性的各種理論替代之，它們的推論沒有超越我們的合理經驗之外（1997: 176-180）。他質疑道，就榮格對個體化的領會而言，要圓滿自性是否真的需要有宗教的眼光（1997: 192）。他表明，如

果必須從已潛藏於心靈的結構形式去揭示所有神啟內容，那麼是不可能真正認識天啟的（1997: 191）。最終，帕梅爾同意懷特與布伯的看法，即榮格並未成功回應他一直對上帝進行心理學上的推論的攻擊。榮格的理論已經：

> 過度強調內在上帝（God's immanence）是心靈獨特實存的概念，以致於……令人有所質疑，這樣還有上帝嗎，此外當我們論及宗教時，其中有何特別之處。（Palmer 1997: 196）

榮格的宗教研究也曾因為被察覺到隱隱有將分析心理學變成一種新形式宗教的企圖而遭受批評，其中最嚴厲者來自理查·諾爾（Richard Noll 1994, 1997）。確切來說，諾爾抨擊榮格祕密但存心地將分析心理學建立成一個宗教教派，有其慎重把關的入會組織（1994: 291-292），且榮格自己則是開悟的教派領袖典範，或是「先知楷模」（1994: 284）。在一場為了重新思考分析心理學是否為宗教而舉辦的論壇中，三位與會者——包括精神科醫生安東尼·史都爾（Anthony Storr 1999）、宗教學家羅勃·西格爾（Robert Segal 1999a, 1999b），以及心理史學家索努·山達薩尼（Sonu Shamdasani 1999）——他們三位一致的結論是：不是。可是，山達薩尼儘管在別處卻徹底地反對諾爾的核心論點（Shamdasani 1998），卻強調榮格形容自己的心理學是「誕生中的（*in statu nascendi*）宗教」（1999）。

有趣的是，有些重要的榮格宗教心理學革新企圖，不僅是承認，甚且真心將它當作宗教。譬如，詹姆斯·希爾曼便主張，

分析心理學，或者是他較喜歡稱之為原型心理學，其宗教面向是那麼地具有根本重要性，所以我們不應該說是宗教心理學，而應該叫它「心理宗教學」（religion of psychology）。「把心理學當作宗教，」他寫道，「暗示著把所有的心理事件想像成是眾神（Gods）在靈魂中的作用，且所有與靈魂有關的活動，比如說心理治療，則是跟眾神有關的儀式性操作。」（Hillman 1975: 227）當他以複數形式使用了「眾神」（Gods）這個詞彙，讓人聯想到希爾曼（1971, 1975）也曾經強烈挑戰榮格的一神上帝意象。希爾曼認為，榮格把自性做為心理的核心概念的特徵，恰恰反映出他西方的、基督教的、新教的背景，於是他提出一種沒有唯一支配核心的心靈模型——一種「多神的」（polytheistic）模型（cf. Miller 1974）。

　　儘管榮格在神學上基進地主張女性應該被包括進上帝意象當中，他的理論卻受到女性主義者的抨擊，甚至包括原本相對理解同情分析心理學的人，因為它等於是讓以男性中心去理解女性的理論永垂不朽（see, e.g., Goldenberg 1982）。丹麥瑞斯・維爾（Demaris Wehr）因此訴諸於女性主義神學的洞見，敏銳地揭示女性的形象如何被銘記在父權主義當中，企圖讓女性更能接受榮格心理學，且有益於解放女性（Wehr 1987; cf. Ulanov 1971）。這樣一來，她便接受了布伯認為榮格的心理學是一種主張心靈內在的宗教的看法（Wehr 1987: 78-79, 95）。在神學家當中，布伯（1953: 119）自己認為，榮格將女性涵括進上帝意象裡，是一種諾斯替主義的闡釋，因為這非聖經記載且為異教思想，基督教神學家通常抱持懷疑的態度（see Heisig 1973: 119）。懷特，至少在一開始，接受男女對

立兩面都被包括在作為人類整體性原型的自性裡，但他不願接受原型就是上帝或上帝意象（see Lammers 1994 年：220, 221）。然而，大體上，神學家似乎較不重視榮格把女性涵括進上帝意象，反而比較關心他涵括了惡魔（see Lammers 1994: 215-226; Heisig 1973: 219-221）。郝伍德‧菲力浦（Howard Philp）是關心榮格惡魔問題的人之一，提出質疑道，假如惡魔與女性都被加進三位一體，為何榮格不說五位一體，而講四位一體（see Jung 1944-1957: § 1601）。

認為榮格的宗教心理學將宗教簡化成心理學的觀點，不管被想成正面或是負面的事，都受到羅伯特‧阿濟茲（Robert Aziz）在一個針對榮格晚期共時性理論（Jung 1951 b, 1952d; Aziz 1990; see also Main 2004）的研究中提出質疑。共時性的事件表明，心靈經驗到的意義也能夠從外界以非投射性的方式經驗到。以榮格廣為周知的經驗為例，他的病人在榮格諮商室裡正說著一個夢，夢中有人給她一個貴重的金甲蟲造型珠寶，這時窗邊正巧也來了一隻活生生的金甲蟲，其出現與活動表明了原型透過夢境自我表達的意義不只是內在與主觀的，且會涉及外在的、自然的世界（Jung 1952d: § 843, 845）。那麼，就沒有理由假設以個人的上帝意象表達出來的原型意義僅是內在且主觀的。那個意義也能夠從外在自我表達，不是由個人的心靈所引起或者投射出來的（Aziz 1990: 179-180）。

當前狀況與未來的可能發展

榮格宗教心理學持續和上述許多領域與議題有密切的關係。在不久的將來，特別重要的領域裡，看來包括了正在進行中的性

別研究（Meckel 1990; Capps 1997; Tacey 1997c; Rowland 2002）、後現代主義（Hauke 2000）以及多元文化主義（Adams 1996）等，都提出挑戰；不同信仰間的對話以及宗教與科學間的關係越來越受矚目（Main 2004: 91-143）；以及同時急速成長的宗教基本教義派（religious fundamentalism）（R. Brooke 2000; Zoja and Williams 2002; Beebe 2003）以及另類靈性（alternative spirituality）（Tacey 2001; Main 2004: 144-174）。

　　無可置疑地，分析心理學將會繼續和主要傳統宗教保持密切關聯，不論是西方的宗教（Ryce-Menuhin 1994; Spiegelman 1994），或者是東方的宗教（Coward 1985; Meckel and Moore1992; Clarke 1994; Ritsema and Karcher 1994）。1960 年代中葉以來，宗教研究領域的進展已足以對這些傳統有著更豐富以及更精緻的理解（有關文獻的概述，請參照 Hinnells 1998），因此幾乎所有榮格特有的分析都能夠因最新的研究而被進一步了解。當分析心理學在國際間傳播更加廣泛，並且與西方人熟悉的歐洲與北美脈絡以外的傳統宗教相遇，事件的發展可能就更有趣了。比如說，分析心理學當前似乎正在拉丁美洲快速成長（Kirsch 2000: 194-201）。這可能會跟拉丁美洲的基督教產生某種建設性的互動，這兒不僅比世界其他地區出現更多基督教信仰者，且在某些情況下，也很有趣地已經和原住民的宗教傳統相混合了（Walls 1997: 88-89）。與東正教（Eastern Orthodox Christianity）這個竟然被榮格忽略的傳統教會之間，也可能會產生某些有趣的互動火花（Papadopoulos 2002）。

　　宗教與科學的關係，始終在神學、宗教研究以及科學史間存在重大爭議（Barbour 1998; Segal 1999c; Brooke and Cantor 1998）。

這也是榮格終生關注所在，且在形塑其心理學理論上扮演著重要角色（Main 2004 年）。當代對分析心理學的研究持續探索宗教與科學間的關係，且將觸角擴及到宗教與世俗化之間的關係，既從背景脈絡下手（Homans 1979/1995 年；Main 2004：65-114），也從理論上加以探討（Mansfield 1995）。正因為分析心理學主要是宗教與科學主張之間形成的緊張而生的產物，它可以說同時吸收了兩者的重大內涵，以及它們如何建設性地共存互動的洞察（Main 2003 年）。

有個分析心理學迄今尚未充分處理的領域，那就是宗教的基本教義派（fundamentalism），雖然有跡象顯示已有人對此逐漸開始感興趣（R. Brooke 2000; Zoja and Williams 2002; Beebe 2003）。之所以對此忽略，可能是因為榮格與後進的分析心理學家對宗教經驗面向的重視，遠高於對社會與團體組織的面向。然而，基進的宗教主義是當前社會重要的現象，影響如此重大，以致在文化上有所參與涉入的分析心理學無法不加以重視。更有甚之，因為分析心理學是少數積極鼓吹宗教態度的深度心理學取向之一，較之其他心理學途徑，它可能更能觸及宗教基要派思想的世界（Main, 2003）。

會產生那麼多分析心理學與當代各種形式另類靈性運動間關係的研究，是可理解的，因為這些運動通常會採用榮格的經驗性途徑，且時常受榮格思想直接影響。它跟「新世紀」（New Age）靈性運動的關係特別曖昧複雜。一方面，分析心理學與新世紀間一直密切合作，特別是在美國。因為新世紀的概念受到熱烈歡迎，似乎讓榮格的思想出現重大的社會影響力，與此同時，在文化上享有盛譽的榮格思想，似乎也賦予新世紀概念以知性的背書（R. Brooke

1997: 286）。另一方面，分析心理學也對新世紀運動（New Age Movement）抱持重大疑慮，經常指責其膚淺與商業化（see, e.g., Young-Eisendrath and Miller 2000: 2, 4, 147, 176）。當深度的研究開始展開，也許會有更豐富與平衡的關係呈現（Tacey 1999, 2001; Main 2002, 2004: 144-174）。

　　榮格學派思想也曾跟其他非體制的、去傳統化，以及與隱含靈性（implicit spirituality）等形式的宗教有所連結。巴尼‧修特爾（Bani Shorter 1996）曾經研究包括個人的以及社會認同的儀式，探索儀式的心理性經驗如何提升神聖感。安‧凱斯門（Ann Casement）從她所編輯的後榮格學派論文，尋找它們之間以「靈性經驗與榮格學派對此種經驗的理論化間的關係」（Casement 1998: 11）的「共同思路」（the common thread），發現宗教因素確實沒有包含在內。安德魯‧沙繆斯曾企圖區畫出靈性經驗的整體光譜，有「社會性的靈性、大眾的靈性（democratic spirituality）、同行靈性（craft spirituality）、非宗教的靈性（profane spirituality）以及靈性交際（spiritual sociality）」，可能有助於在靈性、心理治療以及政治之間建立連結性（Samuels 2001: 122, 134）。玻利‧楊－艾森德拉斯與馬文‧米勒（Melvin Miller）（2000年）編輯過一套論文集，企圖系統化出「周延成熟的」或者「不可知論的」靈性，既不把神（像是有神論）也不把人類（如人本主義）放在宇宙的中心。這部論文約有一半的作者明確持榮格學派觀點。榮格宗教心理學強調經驗，也是眾人對它與神祕主義（Schlamm 2000）、超個人心理學（Schlamm 2001）與薩滿信仰（Sandner and Wong 1997; nSmith 1997）的關係持續感興趣的主要因素。

榮格宗教心理學得以與這麼多樣的宗教與靈性運動保持建設性
對話，是它曾極深入貫串此人類經驗裡這個永遠意義重大的領域並
獲致洞見的明證。的確，如何讓對話持續，將取決於宗教與分析心
理學兩者內部如何發展。不管哪個領域，都不可能停滯不前。

藝術

克里斯蒂安 · 蓋拉德（**Christian Gaillard**）

1951-2018，法國畫家
國際分析心理學會（IAAP）前主席

著有《榮格》（*Jung,* 2001）等書

* *本文由蘿拉 • 溫*（*Laura Winn*）
翻譯自法語

唯獨厭惡詩語得以寫詩；只有憎恨音樂方可作樂。

——拉梅茲（Charles Ferdinand Ramuz）

致史特文斯基（Igor Stravinsky）

第一部分：從《尤利西斯》說起

　　本章是經此書編者指定，為榮格學派心理學應用篇所寫作的。我要在一開始便聲明，榮格本人與藝術的關係並非基於其分析心理學理論之應用。不過就另一方面來說，這項關係對昔日的榮格以及今日的我們來說而言，是指他與藝術的關係，對今日的我們來說，則是個質疑、刺激與更新其各階段思想發展的良機，亦是他在臨床實務以及他對無意識概念的根本基礎之一。

　　順著榮格與藝術產生關聯的歷史與發展脈絡敘事，表示要透過他幼年最初受藝術滋養與直接為其衝擊的經驗所啟發而產生的作品發展動力去重讀他的作品。這意味著，重新去感受他和藝術品接連與經常不預期地相遇，因為這標誌了他生命的每一步，也標誌了他自己作品，並且使他與佛洛伊德精神分析有別。就這樣，我們得以在早先或當前環繞著我們的文化多樣性基礎上，依循著他作品的主軸，對他自己在像是性、亂倫、臨床移情或反移情等決定性問題的立場上，有更進一步的發現與發展。而且我們也將追蹤榮格面對當代創作進步——或者說是起伏或倒退——的個人思考，他的追尋，起初是透過試錯，隨之信心漸增，去承認自己的地位且承擔我們文明和文化的遺產和命運。

我們將要看到，榮格是如何與藝術相遇、進行親身練習，最終並以他的方法分析各種藝術形式，這些是再思考與深化他自身作為一個醫生與心理學家的研究的機會。這種研究的重要性是漸漸顯現出來的，且於其後期著作中獲得充分發展。

要分析他在 1930 年代最明確的藝術研究之作，透過與其他當代重要精神分析潮流的相似性和差異性的比較，可以幫助我們找出他在思考這個主題根本、最關鍵，以及不變的特徵。我會把焦點將放在他對詹姆斯‧喬伊斯（James Joyce）的《尤利西斯》（*Ulysses*）一書以及畢卡索作品的分析（Jung 1932a, 1932b。即使在榮格學圈裡，這些作品也被認為是榮格思想中相當薄弱的部分；然而，我們將看到這些文字內容如何帶領我們進入榮格分析創作歷程的核心，由此理解他對無意識的概念和實踐的要點。

我們接著將轉而思考他在 1930 年代前後，與古代藝術和東方藝術、煉金術的圖像和文獻學、基督教藝術以及現代和當代創作的相遇。

最後，我們將探索榮格學派和後榮格學派運動於當前，一些關於藝術及其發展的重要主題的研究。

爭辯的要點

我們在榮格的「自傳」（《回憶‧夢‧省思》，1963）中發現，由於父親是個牧師，他從小生活在充滿古老藝術作品的教會環境裡（Gaillard 2003b）。屋裡眾多畫作中，有一幅令他印象深刻到足以駐足流連數小時之久，那是基度‧雷尼（Guido Reni）原作收藏在羅浮宮中的作品之仿作（Jung 1963: 16）。

這幅巨大油畫（2.2 公尺高 ×1.45 公尺寬）題為《手持歌利亞頭顱的大衛》（*David with the head of Goliath*）。它把聖經裡的大衛描繪成一個以等身高面對觀眾的青年，手擎其髮、舉起巨人歌利亞的斷頭。這幅油畫獨特之處在於，雖然這英雄被畫成兩方中的強者，顯然戰勝了巨人，但同時他也因為年輕，而矛盾地顯得脆弱與不堪一擊。

即使不聯想到年輕卡爾‧古斯塔夫（Carl Gustav）的姓氏——德語中的 jung 意指「年輕」——也就或是喚起稍後與長他十九歲的良師益友佛洛伊德間爭辯的歷史，我們還是會被這個我們將發現的線索觸動：大衛並非摩西（Moses），正如基度‧雷尼不是米開朗基羅（Michelangelo）。

大衛和摩西之間，以及雷尼和與米開朗基羅之間的差異，可能與榮格和佛洛伊德之間的差異是一樣的，至少在他們各自與藝術間的關係是如此，且當然也及於他們個別的精神分析概念和實務。

《尤利西斯》和《摩西》

基度‧雷尼畫筆下的大衛英雄了得，一如出現在荷馬（Homer）史詩及喬伊斯小說裡的那位足智多謀且武藝出眾的英雄，或者也是反英雄的尤利西斯那般，而榮格便是以喬伊斯的小說裡的尤利西斯為主題，在 1932 年寫成一篇他重要的藝術論文。這篇論文以極度的張力與豐富性，揭示了他與形塑我們的文化和傳統，與我們的傳承，以及與透過遺傳還有我們當代世界令人不安的進展如何奮戰。

的確，榮格是這麼寫喬伊斯的《尤利西斯》的：

《尤利西斯》在摧毀維持到今日至今仍保有的對關於美和意義的標準上，實現了不可思議的奇事。它羞辱了我們所有的固有情感，殘酷地讓我們對感覺和具體內涵的預期破滅，它藐視所有現實組合。（Jung 1932a: § 177）

　　他更進一步地說明：

　　我們對《尤利西斯》能咒罵出口的一切，都見證了它的獨特性，因為我們會辱罵，是在對不希望看見神已然慈愛地遮蔽其眼界的非現代人發怒，（因為）只有已經成功從反面去創作藝術——藝術那不遜而根本不想討好的那一面——的現代人，才能讓我們知道我們正是從哪兒出身的，用那些已經開始顛覆舊觀念的現代性先驅（別忘了赫德林〔Hölderlin〕）也感到不妥的冰炭不洽說詞去講話。（Jung 1932a: § 177-178）

　　讀喬伊斯時，我們看見由先人繼承而來的完美典範，往往是我們最珍視的，且亦廣受認同。而榮格步上喬伊斯的後塵，不跟隨傳統，欣然踏上解構的歷程，如同蓄意破壞般地謹慎與極端。
　　更有甚之，他開始攻擊摩西這個人物。思緒持續飛馳使得寫作很快地就脫離解構而變得叛逆，一種於本質上為狂熱的桀驁不遜，且從那時再度開始咆哮，讓他宣稱：「理想不是山頂的指引燈塔，而是工頭和獄卒，一種源自摩西這位專制的煽動者在西奈山所構想出來的超自然警察，然後藉著精心編造的伎倆強加到人的身上。」（§ 182）

這段評論的譴責意味出乎意料且十足強烈。之所以意想不到的是因為，它與榮格總是企圖呈現的形象全然背道而馳，榮格想呈現出智慧老人的形象，全然自制，並透過其論述、書寫與態度，如藝術大師般達到和諧、整合與集大成之境——想想佛洛伊德對聖伯多祿鎖鏈堂（San-Pietro-in-Vincoli）米開朗基羅的摩西塑像的讚嘆——用它們去呈現出至少可以讓人可以看見的完美典範。要注意的是，他所書寫的藝術作品揭露出一個出乎意料、不可預期以及明顯不安的榮格。

這值得注意，因為我們可能熟知無意識運作的概念，與無意識有著真實不虛的的關係，但那不僅極為不同於保證獲得——通常是東方的——智慧和救贖，也不同於帶有最博大精深的、可以從佛洛伊德所提出的基礎論文中找的根源、生命力以及前景的藝術精神分析理論。

善、美與反動

在榮格（1932a）的論文中，令人好奇地，並未提及佛洛伊德寫於 1914 年討論了米開朗基羅的摩西雕像的論文。但榮格提出對藝術影響的破壞性論述，直白地反對因襲而來的觀念，置他於幾乎是完全反對一種創造性歷程概念之地，而這種歷程是希望當中可以出現為特殊的理想性目標奮鬥的衝動，一種佛洛伊德會稱之為「昇華」（sublimation）的目標。儘管未直接引用，榮格抨擊、解構並徹底譴責佛洛伊德學派的關於藝術與昇華的概念。他繼續以同樣的態度評論摩西本人以及以他為名所建立起來的整個情感、思想和行動的架構。

而對那些想聽的人，他就《尤利西斯》的世界說得更明確：

即便世界充滿邪惡且環境惡劣，它們還是遠比從過去流傳至今而影響我們的「善」（good）更有價值，那種「善」在現實中證明自己是無情的暴君，以一種由偏見構成的虛幻系統掠奪生命的豐富性，令其衰弱，且強加最終令人無法忍受的道德強制力。（Jung 1932a: § 182）

榮格如此緊貼喬伊斯的藝術觀——這喬伊斯流離失所，他竭盡所能地讓自己可以逃離極度天主教傳統的愛爾蘭出身——他叛逆地提筆，且以一種強烈若斯的方式寫作，迫使我們去質疑那種藝術，且尤其重要的是，這個行動能夠帶給他對藝術的想法概念。因為這種內在潛藏的暗潮洶湧，並非佛洛伊德學派所持的滿足願望（Wunscherfüullung）以及衝動昇華的理論，反而全然背道而馳：若非是被藝術極度震撼，且顯然引發不安情緒的致命力量吸引，他的專注與熱情是無從出現的。至少，對某些藝術作品是如此。

改變衡量尺度

該放心裡的是，榮格沒有提及古典的作家與藝術家。他所引用的《尤利西斯》內容，便是最佳證據。每當他引用歌德（Goethe）的作品，不會是《威廉‧邁斯特的學習年代》（*Wilhelm Meistre's Apprenticeship*）或者《伊菲吉尼》（*Iphigenia*），而會是《浮士德‧悲劇第二部》（*Faust II*）。這轉而帶他進入回憶的長廊，在他思考隨後我們藝術史所發生的最驚擾事件期間，想起了尼采在《查拉圖

斯特拉如是說》（*Thus Spoke Zarathustra*）和《瞧！這個人》（*Ecce Homo*）裡最具啟示性的警語，那些是榮格在巴塞爾上學啟蒙以來，就已經長期熟悉的文字內容（Gaillard 1996/2001）。他很快地召喚出「阿肯那頓（Ikhnation）[1] 主導下的反傳統變革形式」，連結上在我們的集體歷史當中久遠的效應，他還提醒我們，那是史上第一個鋪墊出一神論之路的行動；「早期基督教沒有意義的羔羊象徵」，烙印在從羅馬帝國到基督教王國建立的歷史道路上；「前拉斐爾派所繪畫的陰鬱人物」[2] 無疑是還沒被呈現出來的肉體之美的真正先驅；以及「被自己的複雜繁瑣扼殺的晚期巴洛克藝術」[3] 用自己的方式預示著科學精神將超越中世紀教條主義。於此處，榮格終於召喚出提波羅（Tiepolo）的畫作，或是更接近我們的梵谷（Van Gogh），在作品當中所冒的風險（§ 175）。藉著這些例子，他認為，即使藝術家的形式創新在他們眼中看來似乎是要毀滅先前的創作呈現模式，他也不能把問題根源簡化成那是因為他們個人生命經歷困頓所帶來的結果。

這些作品的根源，都出自於一個與米開朗基羅以他雕塑的聖伯多祿鎖鏈堂大理石摩西像所建立的權威完全不同的藝術運動。此處

1　【譯註】阿肯那頓是古埃及第十八王朝法老，在位首年便引進太陽神阿頓（Aten）崇拜的宗教改革，可說是創造了世界已知的第一種一神教。但是這場改革過於激烈，早期雖為不否認其他神靈的單一主神教形式，與傳統的埃及宗教並無衝突，但到了後期，就明顯出現原始一神教的色彩，因不符合原本多神信仰民情，以失敗告終。

2　【譯註】前拉斐爾派（Pre-Raphaelite Brotherhood），又常譯為「前拉斐爾兄弟會」，是 1848 年開始的藝術運動，由幾名年輕的英國畫家發起，目的在改革當時繼承拉斐爾時代之後的機械論風格主義藝術潮流，找回古典時代的姿勢和優美的繪畫風格，回歸到十五世紀義大利文藝復興初期的，畫出大量細緻並運用強烈色彩的畫風。

3　【譯註】巴洛克晚期風格常被稱為洛可可（Rococo），經常被定義為徒有華麗外表，內容空虛的裝飾樣式。本文稍後提及的提波羅（Tiepolo）即洛可可時期的義大利畫家。

的問題非關昇華，那是佛洛伊德以他欣賞這件作品的角度進行闡述所持的概念。而我們用一種全然不同的角度看到自我的存在。注意的焦點顯然由頌揚作為典範的、我們在理想上都能成為的摩西，轉移到能夠影響**一整個世界**或至少一個文化的危機。

抗拒

我們可以習慣它。但並非是沒有節制、未帶不安，甚至無有恐懼的。特別時值今日，我們必須質疑，藝術以這種合理──或不合理──的方式進展，危及了最具廣泛共識與普遍認定的正面價值，其危險性令人疑懼。

榮格也提出上述同樣的問題。先是帶著惱怒：「對讀者毫無意義，」他從開卷便沒好聲好氣地批判《尤利西斯》，他說這部讀來不舒服且不知如何歸類的小說，「所有內容都令他感到厭煩，令他讀後瞠目結舌。這本書，總是疏離，對自己不滿，諷刺、嘲弄、尖酸刻薄、輕蔑、悲傷、絕望以及苦澀。它玩弄著讀者的同情心。」（§165）他補充道：「是啊，我承認被耍了。」「喬伊斯激起了我的憎惡感。」（§167）

這是他作為一位臨床醫生的反應。或者更精確地說，是擔任精神病理學家的那當時。榮格最初讀到《尤利西斯》時，面對被引發那種痛苦、混亂與顯然失去理智而髒話連發的一連串失控的狀態，處理方式則是想把那些情緒帶回到臨床實務中所觀察到類似現象去正視。「我是個精神科醫師，」他寫道，「而那表示在看待所有心靈現象的表現時，必然受到專業偏見的影響。」（§172）他進一步說道：

因此，我必須提醒讀者：普通人所經歷的悲歡離合，生命的冷酷陰暗，陰沉乏味的精神虛無，便是我日常的食糧。對我來說，它們好比一台街頭風琴[4]奏出的乏味曲調，了無新意且缺乏吸引力……但其另外一面卻非如此——其中還有症狀學的部分要看！這一切都太熟悉了，那些口裡不住喃喃著瘋言瘋語的精神病患，他們就是意識渙散，且因全然喪失判斷力與所有價值觀都在萎縮而持續受苦。（Jung 1932a: § 172-173）

　　因此，「即使是外行也不難連想到《尤利西斯》與精神疾病的心理間的類似之處」。而看來這就該結案了：「人們確實會因其相似性而產生懷疑，因此憤慨的讀者可能便很容易因斷定其為『精神疾病』，而將書本闔上丟棄。」（§ 173）

　　然而，榮格總結認為，這種診斷方式顯然至今仍非常具吸引力，不過在討論我們的疑惑與爭執時，也就是我們面對大量當代藝術時意見分歧與憤恨不滿之際，這些情況是不適用的。

　　他至少基於三個理由而得出這個結論——本文將全部呈現此三個理由，但開展程度不一——這會帶著我們逐步擴展檢視他藝術著作的視野。

這些著作的一些特色與顯著影響

　　首先，榮格注意到在喬伊斯的作品中，就算今日許多類似的例

4　【譯註】街頭風琴出現在歐洲中部大約兩百年了，使用自動機械氣動的結構，早期的街頭風琴使用木滾筒，只能演奏滾筒上固定的十首樂曲，現代新式街頭風琴改用打洞紙捲，或是折頁式紙卡，曲目數量上便不受限制了。榮格以其時代的街頭風琴為喻，取其單調之意。

子也如此，都缺少了一個精神疾病獨有的特徵：刻板的模式。他指出

　　也許《尤利西斯》沒有什麼了不起，但肯定不是無聊地一再重複……其行文敘事一致且流暢，所有東西都在運動著，沒有什麼是固定不變的。全書被一股有著專注目標與精確選擇的生命暗流所推動，該兩者無疑在證明個人意志和明確意圖有個統整性的存在。（Jung 1932a: § 173）

　　當然，我們還必須再檢視這股「生命暗流」（subterranean current of life），因為那樣好像是在說其文神祕兮兮地帶有隱喻一般。我們將會明白，這實際上是榮格藝術的核心運作概念，因為那是他操練無意識的重點所在。我們將探討其所有「集體的」面向：非個人的，或超個人的，因而是跨世代的，甚至是超越歷史的，不然就是跨越文化的；我們也將思及衡量如此這般實存的不尋常尺度，以及榮格稱之為其「目的意圖」的東西。
　　但讓我們現在來看喬伊斯《尤利西斯》的第二項明確特徵，根據榮格的說法，這個特徵是那些形式上類似的作品所共有的，它們透過在被普遍接受的意義與美的標準當中引發種種衝擊，將我們推向全然不合理的痛苦、無法容忍的拘限之中：

　　它們是強烈的淨化劑，如果沒遇到旗鼓相當的頑強抵抗，影響就全然無效。它們是種心理的特效藥，只在必須對付最困難和最棘手的材料時有用。（Jung 1932a: § 179）

他以淨化劑和心理特效藥為喻。也就是說，考量了我們對這些作品的抗拒的因素，才能決定他對藝術的想法。這顯然是分析師的想法，因為這裡真正所指的是我們抗拒的是一個我們內心其實寧可對之一無所知實存，抗拒一種自行其是的無意識，它有自己的節奏和時間尺度、強度與意義，執意堅持自己想怎樣就怎樣。

榮格指出，事實上這些藝術作品不避諱消極、看來冷靜且寬容客觀，打擊著我們豐沛的情感與多愁善感的狀態。這種具絕對破壞性的影響就是這類作品想創造的。1932 年，在世人對第一次世界大戰記憶猶新之際，他寫道：

> 許多證據都顯示，我們實際上涉入的是一場巨大的情感騙局。想想戰時所瀰漫著的傷感其實在做什麼！想想我們所謂的人道主義！精神科醫師太清楚我們每個人是如何變成因自怨自艾而成為無助的，卻非可憐的受害者。（Jung 1932a: § 184）

榮格的結論，幾乎是喬伊斯式的，鑑於當時德國 [5] 的計畫如炸彈突襲而至，所引發的事件比歐洲與整個世界所曾經歷過的更恐怖：「殘酷的上層結構正是多愁善感」（§ 184）。

另一個角度

雖然心理學家甚至分析師，很難估算這些藝術作品的影響，但這些作品的第三個決定性特徵在於，它們躲避，甚至強烈抗拒所有

5　【譯註】這裡應該是在說希特勒 1933 年開始掌權，德國復興後，一連串擴張行動導致全世界陷入大戰的災難性歷史。

心理傳記學式的分析[6]（§186）。

　　無庸置疑地，其「小說」（novel）頁頁，甚至每個人物角色，無不斑斑染有作者詹姆斯・喬伊斯本人的身影色彩。但是，榮格寫道：

　　意識自我拜倒在它們腳下，全然遁形。它不知不覺中自我背叛，不經判斷、毫不憐憫，甚至用不到任何的擬人說法。創造這些人物的意識自我不會被發現的。就彷彿它已經消融到《尤利西斯》裡的無數角色當中了。（Jung 1932a: §188）

　　因此，透過他與藝術的邂逅和對之質疑，我們明白榮格已經放棄了佛洛伊德在〈米開朗基羅的摩西〉（The Moses of Michelangelo）一文中「願望滿足」和昇華的概念，而改換了相反的立場。更有甚之，他已毫不眷戀地丟棄他運用心理傳記學這個工具的取向，這個工具自佛洛伊德的《李奧納多・達文西及其童年回憶》（*Leonardo da Vinci and a Memory of his Childhood*, 1910）起，一直以來，且仍然是藝術精神分析最廣泛使用的研究法。這個方法從作者的童年經驗裡尋找一件藝術作品的意義，如果可能的話，最好追溯到搖籃時期。這個藝術精神分析法不適用於喬伊斯的書，因為如榮格所指出的，其作品本身無從理解。

　　然而迄至 1932 年，榮格必然已經知道詹姆斯・喬伊斯，或者最少於蘇黎世時，也聽過喬伊斯在 1910 年代結束前所遭遇過的磨

6　【譯註】心理傳記學（psychobiography）是通過心理學理論和研究的應用來了解具有歷史意義重要人物的方法。

難[7]。喬伊斯的贊助人伊迪斯・梅克科米克（Edith McCormick），是約翰・洛克斐勒（John Rockefeller）的女兒，而她也是一位與榮格學圈交往密切的支持者，她突然對喬伊斯停止在那之前長期給予的資助。喬伊斯當時甚至可能懷疑，榮格與他資助者的決定不能說全然無關（Salza 1987: 189-190, n. 7 and 191, n. 11; Ellmann 1959: 714-715）。我們也知道在評論《尤利西斯》的文章發表兩年後的1934年，喬伊斯找上榮格治療他的女兒露西（Lucy）。起初的治療頗有進展，但榮格不相信她真的康復了。最終治療無效的消息傳出，最顯而易見的原因就在於喬伊斯女兒與其父間的連結從未被真正打破（Salza 1987: 189-190, n. 7 and 191, n. 11; Ellmann 1959: 684）。

但在榮格評《尤利西斯》的論文裡，我們找不出任何有關喬伊斯生活資料的蛛絲馬跡。榮格根本沒有使用這方面的資料。他一點都不想把精神放在「瘋狂分析」詹姆斯・喬伊斯上，不管是在這文章裡，或者更廣泛地，在他於藝術精神分析上可做出的任何其他進展，都是如此。在任何其他時刻，他彈精竭力地致力於描繪尤利西斯這位本書的英雄，或者更精確地說，是反英雄的「心理」肖像上。

這顯然不是榮格藝術研究方法的重點。對一件藝術作品作分析，在任何時刻都不能拿來作為他變成作者的醫生或是作品角色心理師的藉口。他不用這種角度工作。其重點在於集體：

---

7   【譯註】喬伊斯於 1904 年左右離開故土愛爾蘭，第一站落腳於蘇黎世，但求職不順，遂即離開，轉至奧地利，仍舊生活困頓，以教授英文維生。

那麼，尤利西斯是什麼人？毫無疑問，他象徵著使所有在《尤利西斯》裡登場的人、物全部整個──布魯姆（Bloom）先生、史蒂芬（Stephen）、布魯姆太太，以及其他的角色，包含喬伊斯先生本人──形成一個整體性、單一性的東西。試著想像有個東西，不僅僅是個無色聚合的靈魂，由不計其數隨意混搭以及相對立的個別靈魂組成，也包括房子、街景、教堂、利菲河（Liffey；流經都柏林的河流）、幾家煙花院，以及一張流向大海途中的破皺紙條──而控制佔據著有個能知可言的意識！（Jung 1932a: § 198）

　　《尤利西斯》以一種相當奇特的方式，看待我們的世界以及我們每一個人。從他處，從不同的角度和觀點審視。因此它促使我們從另一種多元與多重的角度自我觀待以及照看日常。這個角度必然是多元的，而且如此毫不寬貸，以至於可以鐵面無私、公正客觀。榮格寫道，《尤利西斯》「想成為月兒的一隻眼，一個與被觀察對象無涉的意識，不為諸神支配也不耽溺於聲色犬馬，無愛也無恨，不拘執信念亦不愚頑偏頗。」（§ 186）他勇於：

　　踏出脫離意識而不執著於客體的那一步；他讓自己擺脫依附、糾纏以及妄想，回頭因而是岸。他意不在於只是傳達給我們他個人的主觀意見，因為創造的天賦從不止於一端，而是所在多有，他平靜地把這些話說給眾人的靈魂聽，而他所體現出來的眾人的意義和運命，實不亞於藝術家自身的意義和命運。（§ 193）

夢與創造

　　榮格處理和分析藝術與面對夢的態度都一樣。夢事實上遠遠不是像佛洛伊德認定為「滿足願望的偽裝」那麼簡單。當榮格說一個夢時，即使是最微小的夢，因為意識不會實施任何審查，所以他也不懷疑其中有所扭曲。他這個靈感是從清醒的那一刻經驗到的**驚喜**所獲得的，那是當我們發現自己被不期而至的感覺所攫取，我們無法否認對所產生的那些反應與情緒是連貫的與持續的，而那很明顯地就是我們當前所關注事物的顯現，清楚地成為它們，或者從某種角度上來說又有點不像，即使如此，我們可能對它們還是一無所知。

　　夢當然是難以理解的，而藝術作品更加如此。但這種難以理解的東西，通常是對我們無從以任何其他方式表達或經驗的某物的最佳可能表達。就此而言，夢是在質問，是個挑釁的角色。它刺激我們去面對它，對其表現方式與表達內容加以思考與反應。我們不僅被驚嚇，也常陷入困惑和震驚，除非我們能接受這些被強行置入的**衝突**。榮格評論《尤利西斯》的論文證明了這個衝突，也證明了殘忍但重要的自我質疑，而這可以透過詮釋的工作來達到。

　　「一件偉大的藝術品，」榮格早在 1930 年便寫道，

　　如夢；因為它全然坦白，它對自己本身不多加解釋，所以總是令人摸不著頭緒。夢從不說「你應該」或者「這就是真的」。它呈現出一個意象，就好似自然放任一株植物生長的方式一樣，且任由我們自行結論。（Jung 1930: § 161）

這裡出現混亂。但讓我們把注意力放在植物生生不息這種有機的、帶有自然天性的隱喻上。如同以地底暗流為喻，這是榮格世界觀常出現的隱喻。它讓我們把注意力放到一個表達與發展的動作上，也就是它在運作著，而這可以被觀察、被研究，以便標定它不同的瞬間、步驟，或許甚至是規律。

於此，我們處於藝術問題的，更極端地來說，也是到達無意識本身的核心。這也是一種關於觀點翻轉的核心，一場革命的核心要義所在，立即關乎到認識論與臨床工作，那些是榮格經由自己對無意識的概念與操作，或更精確地說，是與無意識的關係，而在精神分析上應用的成果。

多元活力的經驗

佛洛伊德早已領悟到，意識自我「不是自家的主人」（Freud 1917: 143）：它既被質疑，也遭剝奪所有自稱具主宰力、擁有普遍概念、是理想性的代表以及價值等等那些經由傳承獲得或者建構而成的東西的權力。佛洛伊德確實是第一位談到與夢工作有關的**退化**、**戲劇化**以及**象徵化**等概念的人，這始於他在《夢的解析》（*Traumdeutung*）中所述。但榮格早在遇見佛洛伊德之前，就已經在蘇黎世運用自我診療（auto-clinical）與臨床的經驗主持自己的研究，削弱了佛洛伊德學派理論的基礎，威脅到佛洛伊德極度耐心地，而且必須說是極度容不下競爭對手地建構起來的理論體系（Gaillard 2003a）。

隨著榮格和他所打開的心理分析道路，我們不再只能透過性慾潛抑，尤其是嬰兒期的性慾，或者原初潛抑，才能夠到達無意識。

在驚訝的狀態下，無意識可以被接收到、被觀察到，以及最重要的被實行出來，這意味著適應、與之共處，最終則是正面對決。因為無意識先於意識，它是最初的，且持續更新復原，高度自主且徹底為原生的，也就是說，不論我們怎麼做，它都照自己的意圖與方式自顧自地活躍著。

榮格揭示了無意識天生就是那樣，會以自己的方式表現。這工作一直在持續，在自己的道路上前進，且自訂時間表，可以涵蓋個人的過去，從生命的一個階段到另一個，或者跨越世代，或涉及更廣泛的面向，甚至是一個文化世代（Gaillard 2001, 2003a）。因此，榮格學派分析師的工作會聚焦在使所有上述那些層面都**變得更具意識**（becoming-conscious），而非僅關注每位個體的生命史，一意從中尋求某些衝動和表現為何與如何因潛抑而成為無意識的原由。

這種透過一件藝術品或一個夢而與無意識建立關係的概念和做法，自然是**動力的**（dynamic）和**辯證的**（dialectic）。這個角度，是基於內在權力角力來看的，起初我們一般會出現具暫時妥協性的精神官能症，然後進入到非理性的爆發，那時最常見的就是精神疾病了。這是意識自我在進行自我防衛。它竭盡可能地奮戰。而且當然它會努力想佔上風，如同我們在榮格論文中看到的那樣，與喬伊斯那排山倒海而來又令人難以忍受的小說相拮抗時，他起初是試著以病理學角度，將此作歸類為眾人熟悉的病症，精神分裂症表現。

但經常親近這類藝術作品，也可能意味著對它們所激發的各種論辯開始有所偏好。此外，如同該文所示，一個人可以尖銳質疑這種藝術作品所尋找與發掘出來的東西是什麼。一個人能夠養成對這

種多元性的、活潑的、不安的以及不尋常的實存的愛好，雖然看來似乎不合人性，會溢出意識自我畫出的界線、標準與典型的範圍，但那樣的結果將會因為在不可預期的生命力引領下轉而變得豐富與生動，它於當下自我表達，從我們自身中最疏遠、陌生的部分要求被實現，帶來前所未見的經驗。

觀點單一與片面的意識自我，對這種藝術作品所經驗到的關係就是威脅與危險，感受有如一場殘忍的暴動。但這也能走向另一邊，顯現出多元活力，並得以經驗之，站在反對將摩西塑造成龐大獨斷建造物的立場展開想法，也就是不接受佛洛伊德所大力讚揚的米開朗基羅摩西雕像的觀點，卻走出我們學到得以欣然接受的新發展方向，就其採取的形式加入我們自己的想法。

歷程與結構

接下來我們仍然必須要問我們自己，我們選了的這條路是要走到哪去，以及我們該如何前進。有份在這篇探討喬伊斯《尤利西斯》論文基礎上，再進一步發展出來的研究，加上幾個月後榮格受到同年在蘇黎世舉辦的回顧展啟發（Jung 1932 b）所寫的另一篇討論畢卡索作品的論文，將會告訴我們何去何從。

我們知道，榮格寫作研究喬伊斯的書的論文時，起初是帶著怒氣的，甚且幾至有攻擊意味。只有努力地站在精神病理學家的立場，與自己理智的自我充分進行論辯後，榮格才開始改變他的立場，然後幾乎是不由自主地被驅使，在那時反而變得熱切地，甚或是狂熱地閱讀，幾乎偶有若預言般地，就在那時，他藝術精神分析的主要觀點被勾勒出現了，且逐漸變得更加確定。

實際上，榮格藉這篇論文，試圖盡可能不過度著墨理論，卻在看到這樣的一件藝術品，就文化傳統所認定的價值應該是無庸置疑的，但在全然個人心理層面以下、或者說是超越於其上的無意識運作裡，又出現了令人不知所措的陌生感時，得以表達出那種既接受這些傳統價值，又對它們施以檢驗，然後會破壞它們，這種矛盾所產生的張力。

　　討論畢卡索作品的論文風格更是緊湊，且行文愈見游刃有餘。這會兒，榮格沒讓自己被左右，或者受誘惑。他以分析師與心理學家的克制、經驗以及嚴謹考量的態度，謹慎向前，自我挑戰也自我質疑，但他也見過更糟的狀況，所以非常小心不被他所看到的動靜引入歧途。所以為了得以明確，他對這些藝術內涵的思考變得更精確，斷然地引入更多理論性的陳述。

意識自我與無意識間常見的辯證

　　這回榮格寫畢卡索繪畫藝術的論文時，他顯然沒忘記自己當初對喬伊斯小說感到惱怒和煩躁的反應，

　　沒一樣符合看書人的需求，所有東西都討厭他；即使偶而觸及了美，看來只是退縮時出現不可原諒的遲疑……無論如何，如此晦澀底下，實際上一無所有，如漫蔽荒原的冷霧；此事全然不值一哂，猶若無人聞問的奇觀異景。（Jung 1932b: § 209）

　　關於這兩個案例，就在他努力到差不多可以理解畢卡索大作或者喬伊斯鴻文之際，他立即明白這對讀者或觀眾非常不公平。

因此他作出結論，**意識自我**顯然在受折磨，且如此嚴重，因為它被這件藝術作品排除在外、被拒絕且被虐待。意識自我偏愛的掌控感，尤其是透過思想去控制的權力受到了剝奪，而榮格特別強調它的努力是多麼徒勞，儘管那是被溫和地剝奪，且通常手段正當並可以理解。這不容質疑，必得接受。

如果榮格會堅持這種觀察厄運降臨意識自我的方式，那是因為他對喬伊斯小說和畢卡索繪畫的思索，讓他有機會明確地盡可能就方法論，然後進一步到理論上，以他自己的方式向我們傳達，在面對這類藝術作品時，更多關於他發現自己如我們一樣也會出現的質疑辯駁。

就這樣，我們被帶進到**介於意識自我與無意識間的關係**裡頭，碰觸到古典精神分析中所謂「後設心理學」（metapsychology）的問題。但榮格不喜歡扮演後設心理學家的角色。他對這個問題的思考只被精心設計用來回應他的發現與遭遇，且依它們所激起的衝突的步調和節奏前進。他在臨床工作中，天天都有機會遇到這些狀況，但他在藝術上的發現通常存有機遇的成分，甚至具有決定性的意義。

這是榮格分析喬伊斯和畢卡索作品的方式。然而，在他冗長地說明自己對《尤利西斯》或畢卡索繪畫所產生的明顯負向反應之後，他的立場改變了。焦點核心很快地便轉向客體，就這些作品的形式採取正式且精確的觀察與描述，並且嘗試性地去探索它們所呈現的世界。一個截然不同的世界，一個異在的世界，一個他方彼處。為了呈現出更完整的理論性理解，我們對那個世界可以知道與講說些什麼？

這個世界起初讓意識自我感到陌生，且抗拒意識到一定的程度時，我們就稱它為無意識，它表現出幾乎是不受控的瘋狂，以如此黑暗、陰沉、冷酷、破碎、混亂、絕望以及悲慘的形式對榮格示現，儘管如此，他被吸引進其中後，明白了那不過是現實以人們不熟悉的形態化身顯現，他再清楚不過了，就是出現精神分裂。

　　然而我們看見他接下來還是就他思考《尤利西斯》這部作品的節奏持續深入，隨寫作本身的步調前進。他以一個如真似幻的（quasi-visual）方式描寫喬伊斯的《尤利西斯》，亦即「用最深刻的意義來說，那就是『立體派』（cubist），因為它把現實的圖像分解成為一幅極其複雜的畫作，其主調就是抽象客觀性的愁思」（§ 174）。榮格注意到畢卡索畫作中支離破碎的線條，色彩與形式的內在衝突幾乎是即生即滅，違反美與善惡的理想典範，而以怪誕的圖形出現，有著因其殘酷性而呈現出類似新石器時代冷漠與駭人他者的原始性，或者流洩出由遠古汲取而來的酒神[8]幽魂（§ 208 and 212）。

　　以榮格與佛洛伊德各自對藝術的關係而言，能顯現他們各自在有關無意識的概念以及最根本的操作實踐差異之處，就在這裡。佛洛伊德以潛抑的概念看待無意識——潛抑性慾，尤指嬰幼兒期性慾，以及原初的潛抑，如我們已知的那樣——而對榮格來說，無意識是意識的起源，它不斷更新，與意識只是部分地與暫時地斷裂與分離；它是一種總是存在和高度非個人的原始狀態——我們

8　【譯註】尼采拿古希臘神話的「酒神」（Dionysus）與「太陽神」（Apollo）當作一組二元對立的精神範式典型，分別代表迷亂的醉境與光明夢境。酒神精神源自古希臘的酒神祭，參與的人們放縱慾望，是一種痛苦與狂喜交織的非理性狀態。

這裡以更詳盡的模式所找到的，便是先前所說過的「生命潛流」（subterranean current of life）——可時時刻刻以最出人意表且通常是無可預期的方式控制我們生活中最不起眼的林林總總：我們可能意外地，或者態度慎重地，尤其在面對藝術或親身參與創造性歷程時，都常常會夢迴舊時，且亦重歷其境。

這便是榮格力比多概念的出處，出自於他在 1911 到 1912 年出版的《力比多的轉化與象徵》（*Wandlungen und Symbole der Libido*）一書，這置他於反對佛洛伊德學派性慾理論的立場上。根據榮格的觀點（1911-1912），儘管力比多是具體分化出來的各種衝動，因此也及於每一個對客體的選擇，這所謂的力比多可以經由親身體驗到那種有機的與最古老的脈動，強而有力地的自我展現著一貫如此生動的、多態的[9]、初級的和感官的樣貌。

佛洛伊德持續地關注童年，這是他的強項。作為一位臨床醫生，他試圖在移情的條件下，盡可能地於情境上與情緒上，尋找並重現從童年伊始，且從那之後，在我們不管哪個階段的生命，都會在心靈中留下印記、形塑以及改造我們的那些時刻。然後他開始就我們都發生過的性慾發展過程，提出理論性的「階段」說。他的藝術精神分析以同樣的回溯角度進行建構。這是他偏好心理自傳法的緣由，而他重建過去可能發生過什麼的解釋，多多少少帶有假設，就如他在《李奧納多·達文西及其童年回憶》（*Leonardo da Vinci and a Memory of his Childhood*）一書，和他分析聖伯多祿鎖鏈堂《摩西》雕像所呈現的那樣。

9　【譯註】多態性變態（Polymorphous perversity）是一種精神分析的概念，佛洛伊德所首創提出，意指在社會規範的性行為之外獲得性滿足的能力。

至於榮格，他就自己臨床實務與理論思考，表明他比較是個處於當下的人。一個正在發展的當下，讓他可以尋求從童年最早期就延續下來的枷鎖，以及更重要地，也把他從試著想追索的那種童年期張力與常見的可能性裡解放出來。從我們現正研討的這兩篇藝術精神分析論文裡，便清楚地看到這一點。它們各自揭示出榮格在方法與想法上的不同面向。

從聚焦反移情到引進「功能」

　　在他的喬伊斯《尤利西斯》研究中，榮格不僅接受閱讀後所感到的震驚與喪失穩定，甚且將這些反應清楚地傳達出來，因為如果棄之不顧、任其四處流竄的話，很可能輕易就使他排斥這件以及所有與其相似的作品。他將注意力刻意放在這擄獲他又激發他的、生氣勃勃且兇猛強烈反移情上，驅使出身中上階層、接受古典人文教育，同時又是可迅速分辨識精神疾病卻不執著於病症的精神科醫生的他，調整其思考反應。同時，他也以同樣的反移情方式調整想法感受，包括最負面的反應。自我防衛、自我保護與排斥的想法，都會因為他隨之所感受到的威脅而更加劇烈，那樣所危及的，不僅於他個人教養，還有學習傳承到的文化，也包括他最熟悉，也就是他所偏好並承諾信守以獲得平靜與內在平和、幸福和諧的價值觀。

　　此外，在寫作當中，榮格被帶進一個越來越精準的狀態，因為喬伊斯的書全然不偏不倚，既沒讓他趨向思考，也不要他側重情感，而是更偏向於運用感知，或者更精確地說，是感官的那一面，不管是他的博覽群書與藝術修為、接受知性訓練而普遍預期獲得的知識，以及他的道德和美學的價值等等，都同樣無法讓他達到理解

的境地。

受到自己身為讀者的反應所啟發，榮格（1932a）說喬伊斯表現出來的是「一個重度受制於大腦活動以及囿限於其覺知運作，而內心深處的想法卻得以發聲的案例」（§166）。且藉這種方式閱讀這位作者時，「人們會全然臣服於喬伊斯駕馭感官領域的技巧：他所見、所聽、所嚐、所嗅、所碰觸，不論是內在或外在的，都超越可以想像的範圍。」（ibid.）

因此榮格此刻對這部作品讚譽有加，就如同他為它所引發的無言與惱怒的程度是一樣的。但他是如何去協調這種矛盾心理，且如小說本身一樣向前邁進？因為直覺的引導，他開始深化他的探索以及思考。他被直覺力邀去超越並且阻絕反移情反應，為此他也先備好空間以迎接那些立即的反移情反應，以便對它們更加覺察。這可讓他如同親履其境，甚至欣然去探索他對自己、他人以及這個世界的經驗裡不熟悉的地帶、領域與樣貌。

他不顧其過去對當代文學已造成衝擊，甚且影響至今猶在，努力突顯這部作品的重要性，這種直覺便會於文中自行運作顯現（§181）。而且更直接地，因為是他的壞脾氣激發他的思考（§168）。尤其重要的是，因為他或多或少明白自己身處陰影當中，正等著一個能帶給讀者那種感受的文本內容出現，他將盡可能追隨這個《尤利西斯》，無論他找到的伊薩卡（Ithaca）[10] 為何（§

10　【譯註】尤利西斯是奧德修斯（Odysseus）的拉丁語名。他是古希臘時代的希臘半島西部伊薩卡島之王，特洛伊戰後，經歷了十年漫長的海上旅程，歷盡艱險後終於返回家鄉伊薩卡島，與親人團聚。荷馬史詩《奧德賽》（Odyssey）的內容就是在講述這段故事，主角奧德修斯在海上迭遭險惡，但仍一心返家，不過真的回到家以前，他也沒有把握家鄉是否依舊如故？包括親情、愛情、權力、地位⋯⋯等現況，都在未知之天。

191）。

　　榮格學派讀者或許早已在這裡明白看到榮格心理學的「意識定向功能」：思考、情感、感官以及直覺。榮格早在 1916 年便提綱挈領地講述過這種心理學，於他早期重要著作之一，1921 年出版的《心理類型》中，已經非常詳盡地加以申論。所以我們或許該訝異了。為什麼榮格未引用該書？何以他不自我引用？為什麼，在論喬伊斯的論文裡，他對這個他用以發展自己「後設心理學」的方法之一的「功能」（functions）理論，不僅未說，甚至連附帶一提也沒有？

　　比起訴諸或者引用理論，甚至是用自己的理論，榮格還有其他更重要的事要做。對於他在方法論以及理論上的心得，他無意炫耀，甚至也無意稍微提及。榮格一心回歸工作，一步步地一再調整與修改他的想法，即使他必須對自己在某段時間裡最有把握的工作成果，以截然不同的模式進行再修正與重新構思。實際上，這是閱讀榮格著作，也是教授他的分析心理學時，會持續遭遇到的諸多困難之一，尤其是在大學裡的教學。

　　榮格如實地在就當下的條件處理他的文稿和自身。於是，我們必須對這些他在建構研究文本過程中的研究發現和工具進行檢定、定位與更新。採取這種邏輯立場所得到的第一個結論是關於他的藝術研究取向，從「應用精神分析」前角度出發，精神分析中慣見所謂的誘惑，對他而言卻是那麼陌生。

　　第二個結論是，對榮格及其追隨者來說，介於受苦且捍衛自身的意識自我和帶來威脅的無意識之間所顯現出來的張力，尤其是在面對藝術作品或病人時透過我們的反移情反應而顯現的張力，並未

讓榮格像佛洛伊德的第一個「地形學」（topography）模型所可能做的那樣，去直接處理「自我保護的衝動」和「性衝動」之間的對立問題，也就是藉由理論以及臨床上對個人生命史盡可能溯至童年的發現，來予以辨認。

榮格的方法轉了另一個彎。它提供另一個掌握這種張力與矛盾的方法，那是就感知上，也在理論上，從意識自我與無意識間，所更加即時呈現的不同辯證與動力的關係的角度所引申出來的。這是他將引導我們意識的「功能」加以納入的概念與實務操作的緣由。

從他面對喬伊斯之作產生的辯駁質疑，我們看到了榮格的進展。起初他經驗到的想法其實是被高度誤導的，由於自以為是的推論、思想範疇以及預期等，因而產生震驚，情感出現了受挫的反應，這才發現原本珍視、接受與讚揚的價值觀都被篡奪了，因此得去尋找屬於自己的評價方式。接著，感覺被動員，不時地會透過最基本的味、觸、香等感受而愈形敏銳，讓他最終得以不經感官，而去延伸身心覺受。

由於受到喬伊斯之筆的啟發和導引而開始逐步調整自己的寫作，同時，也因自己臨床實務與先前從分析心理學所習得的知識，榮格回應了現代性——或者後現代性——最顯而易見，卻也是最令人頭疼的主要問題之一，就是在尋求透過感官而活化感覺之餘，無法避免抵觸到我們的文化傳統，或者對之產生強烈衝擊。

塵世之下的意象

我們很難轉移自己對一件藝術品的核心，以及伴隨因它而起種種感受的關注焦點，甚至考慮到應用榮格學派在臨床上操作無意識

關係的實務也一樣。必須要找到一種方式，透過以感官為主要軸線去調動所有感覺，以執行從一個功能轉換到另一個的遷移過程。這些研究喬伊斯和畢卡索的論文可以告訴我們該如何做。

我們的讀者將會明白，一旦認定追隨的是榮格藝術精神分析的腳步，那就無法變成另一種應用的精神分析。但對一位精於榮格著作與榮格學派文獻的讀者而言，可能就會一直想問，榮格的途徑不僅在思考與情感間、直覺和感官間，還有外傾態度與內傾態度間的互補的、補償的且甚至是對立矛盾的活動中，扮演著什麼樣的角色。這些活動是榮格思考我們日常對外在世界和自身內在世界的關係，並提出解釋理論的另一條軸線。

榮格在這些論文中明確地使用他的心理功能理論，比提及他互補性、補償性和對立性的概念要來得多。他不考慮他的方法，而是觀察它。他在自我觀察，而他明白到什麼？在一連串抵抗、搏鬥與堅持後，讀到喬伊斯那部巨著的第 135 頁時，他忽地倦睡了過去。事出突然，但並非無法精確指出何時，讓睡眠打斷了他對這本小說的質問：在他的論文中，他煞費苦心地指出狀況出現的那一頁。此外，他在一個註解中引用的句子是這麼寫的「讓我意識陷入停頓的幻劑，**激發了一系列意識只會加以阻擋的、依然屬於無意識的思想**」（§ 165, n. 5，粗體字強調之處為本文作者所加）。這句話在說的是什麼？它描述「一個靈活應戰的人：頭帶石角、面發石鬚、心即頑石……那人形的神靈石像在響徹的寒酷樂音當中，長著角，令人畏懼，是智慧和預言能力的永恆象徵。」我們可以立即看出這個形象：那就是摩西！摩西，榮格在同一個註解中明確指出，「那個拒絕屈服於埃及強權的人」。

而榮格在這篇曾冠以「獨白」為副標題的、討論《尤利西斯》的文章從這裡起，內容事實上開始出現兩種聲音。在開頭那幾頁裡，第一種聲音說的是他最初被激起的憤怒反應。從這個註解之後，彷彿換成了左手書寫，出現來自遠方的第二種聲音，從他陌生的內在自我而來，在他進入沉睡之際，摩西這個標誌性的人物出現，摩西無疑地就是他對《尤利西斯》產生矛盾心理的根源所在。

　　榮格強烈質疑這部作品，且及於當代藝術所有部分，這種態度當然還會繼續。但從這裡開始，在他讀喬伊斯時突然出現摩西的形象後，論辯的形式即將改變。榮格現在可以緊緊跟上喬伊斯的腳步，以他厭惡和對傳統思想、道德與美學的革命性態度，去理解他，且伴同起舞。對喬伊斯而言，這些是承襲亞里斯多德學派思想的托馬斯主義者（Thomist）以及愛爾蘭天主教徒；對於榮格這樣一個在脫離他父執輩的宗教信仰之後必須忘掉維也納的人來說——如同喬伊斯從都柏林被流放——這些是他與佛洛伊德學派精神分析，以及對佛洛伊德本人爭論的核心價值觀，摩西的形象高大偉岸在這裡出現，且越發地清晰起來。

　　冒著看似拉岡學派的風險，在這裡必須注意與強調的是，榮格與喬伊斯的《尤利西斯》進行的爭辯，其背景是由佛洛伊德盛讚米開朗基羅的《摩西》所構成。此外——怎麼可能沒人這樣看或者聽到有人這麼說，即使是榮格自己，顯然也沒有提過這件事？——佛洛伊德（Freud）的名字在德語裡，與喬伊斯（Joyce）的名字於英文中，兩者意義重疊，關係至切，一個寓藏另一個；兩者可以疊加

使用，甚或是相互表意[11]。榮格很明顯地是用這個方式，明與喬伊斯的爭辯，同時亦劍指佛洛伊德、佛洛伊德學派精神分析以及特別是佛洛伊德學派藝術精神分析。

但他是以一位精神分析師的身分與之對抗和論辯。當然，是用他自己的方式。此法顯然也自動地會充滿象徵性。摩西的形象體現了榮格對《尤利西斯》的論辯，且讓他得以獲得進展。特別當一個人從這裡開始，去檢視一連串支持、涵容與滋長榮格思想的形象化描述，就明白了。

榮格（1932a）最初寫道，《尤利西斯》在他看來就如「塵垢粃糠」，像是「驚天動地生出之地獄怪獸」（§165）。接著他說，這部「小說」可以倒著讀，因為每個片語都自成一體，自說自話，甚至即使在句子中間停下來，「前半段光靠自己，便已足以達意，或至少看來如此」。他繼續使用這種感覺上的隱喻，甚或讓它活脫地像有自己的生命：「整本書就像隻蠕蟲，砍成兩半，還能視需求再長新頭或續新尾。」（§165）然後，他補充道：

> 我們從它那看到的是，和他腦袋無關的冷血，看來是出自他內在的蜥蜴腦，或是出自更下面的地方——與其肚腸的對話——一個石頭人，頭生石角、石鬚、鐵石心腸，摩西，石頭般的無情，拋棄埃及的榮華富貴與諸神，也不顧讀者，因此傷害了讀者的善意情感。（Jung 1932a: §168）

11　【譯註】Freud 出自德語 freude，中文意為「快樂」、「歡美」；而 Joyce 源於英語 joy，中文「歡笑」、「欣喜」之意幾無異於德語的 frude。

最後，這

難以言喻的豐富與璀璨多面的語言在行進間自我開展，如條蟲般蠕蠕前行，極其無聊也單調乏味，但就是它的它這異常的無聊和單調到達了史詩般壯闊的程度，令本書成為這五濁惡世的《摩訶婆羅多》（Mahabharata）。（§ 194）

就這樣，喬伊斯用筆激發出一個滿佈石塊、魔獸與蜥蜴的地獄意象，以及那些圍繞著令人敬畏的石頭先知來回打轉與一再適應的孤獨可憐蟲的樣貌。這些意象帶領他近距離去認知到一個作家去嗅、去嚐、去聽、去看、去感受的藝術，而得以筆耕與譜寫出他的「小說」，創造出一部極其出色的空前巨著，帶給人真正的原初震撼。透過這一系列起初晦澀、累贅、失當、擺明在搞亂、顯然老掉牙，而且總是與喬伊斯的書寫緊密相連的意象，經過慢慢理解後，榮格一開始所未察覺到書中的智慧終於出現了，終於就如同他所寫的那樣，領悟到作者妙意。

這種試錯法的過程，一個帶著象徵性的、預言的與類於幻見的途徑——雖然起初是在午夜夢迴，且總感到沮喪——讓我們知道，榮格的方法與佛洛伊德面對聖伯多祿鎖鏈堂摩西像所採取的回溯重建法之間，對比如此鮮明。榮格蓄意讓自己入夢；這是他就方法論上追求其思想的起點，而以出自其夜夢暗處的意象為依歸，找到他自己的方法調性，也就漸漸地掌握住客觀性。

這種陌生的運作方式，既令人不可思議，刻意戲劇化且充滿冒險性，破壞了佛洛伊德學派的規章，為精神分析另闢蹊徑。誠然，

這對慣於只求可作為最佳指引與支持關乎無意識工作理論的臨床醫生來說，似乎並不意外，但此舉卻可能令擔憂其理解結構的學者陷入嚴重迷惘。特別是因為榮格學派的想法，也就是榮格及其追隨者所實際運用的「分析心理學」那樣，其本身必然受到這種操作方式的影響。

榮格思想以如此方式發展，其帶有象徵性與戲劇化的特徵，明顯地是經過深思熟慮而出現的，特別在他面對藝術時更是如此。而這也是我們在他引導下思索我們自身的方式。

人與非人

榮格討論畢卡索作品的論文會讓我們更精準深入地理解他與藝術建立關係的方式。在這篇論文當中，榮格對這些畫作，起初也出現和面對喬伊斯時一樣負面的迷惑感覺。但這裡也是他感到趣味的所在。

他的關注是從一位臨床醫生的立場出發的。1932 年他在畢卡索持續不懈的工作中想要觀察的是什麼？畢卡索第一個作畫階段的主要色彩，正如在蘇黎世市立美術館（Kunsthaus in Zurich）裡的作品所呈現的那樣，是藍色的。事實上，是一種午夜藍。人們看到暗夜步步進逼。

因此，那裡有許多值得注意的地方。至少對藝術家來說是如此，如果他不是身為分析師的話，分析師透過他自己的實務而非常清楚知道，一旦我們允許出自最黑暗內在深處的經驗與表現浮出，我們就有失去光明，同時亦失去方向感與觀點的危險。分析師也知道，一旦我們踏上這個歷程，且接受了它，這個過程可能在很長一

榮格心理學指南：理論、實踐與當代應用

段時期內，都會以極其緩慢的步調反覆重來。

但榮格的觀察和反省依然持續。榮格（1932b）強調這種藍不可思議地近似於「埃及冥界的地獄藍（Tuat-blue）」（§210），也強調畫家的作品中令人不安的人物自我呈現所帶來的感覺。首先，我們看見一個顯然發狂的婦人好像在看著我們，她將孩子抱擁懷中；然後是一個年輕妓女，明顯罹患癆病與梅毒。很快地兩個人物不敵大量的「斷片、裂痕、被丟棄的碎料、殘骸、碎條，以及瓦解的單元」（§210），最後現身的則是悲劇性的丑角。丑角有時以全身呈現，但被強迫性地拆解成一塊一塊，有時僅僅會存在於這兒或在那兒，藉由他特有的，以一瓶酒或者一把魯特琴來表現圖形，或者還更古怪地畫上「他的弄臣服裝上的鮮豔菱形花紋」（§212），從一幅畫讓人聯想到另一幅。

這令榮格感到驚悚。他懷疑在這之中怎可能沒人看出來，就如喬伊斯小說裡寫的那樣，一切都與精神分裂患者常為之所苦的支離破碎圖像，是多麼相像呀。換成畢卡索，像他這樣一個常用多種簡直是被肢解的人物與形式，如此絕望致命的斷垣與殘壁的人，他的作品來看會是怎樣？

榮格的途徑會變成心理自傳式的，與我們直到現在已經知道的方式不同嗎？當然不會。因為他在文中一點兒都沒提及這位藝術家的生活、他童年的磨難與苦惱，或者他那些冒險時刻，尤其是與年輕的瑪麗－特蕾瑟・華特（Marie-Thérèse Walter）的相遇。正如他評論喬伊斯小說的論文一樣，通篇未顧及其生平。榮格所看到的東西與詮釋都沒有就這個方向去發展。

相反地，讓他驚艷的是在看到作品透過自己清楚與真實表達

出來的東西，特別是人物的呈現與再呈現時所出現的動力。他知道意象的力量所在，它讓一個人發現自己身處這樣一個世界，如此黑暗、寒冷、極度哀傷與原始的世界裡，經歷崩解瀕死的危機。他甚至從中領會到自己的導引準則（參考《回憶・夢・省思》第七章），而身為一個治療師，他容許意象成形，包括像這樣的意象，它們可以成為一個方法的基礎，有助於涵容極端危險和具威脅性的分裂（§207），同時令意識自我得以面對它們，並更深入理解它正在處理的東西是什麼。

隨著他首次觀察到「感覺調性情結」（feeling tone complexes）和**意象**（*imagos*）之後，發覺到與無意識的關係竟然可以戲劇性地具體成形，使得榮格提出的概念也是具象徵性的、充滿誇張戲劇化的，甚至——令人訝異地，還有——性別的概念。這些概念包括**陰影、阿妮瑪、阿尼姆斯**以及**自性**等，它們以如此多種**他者的形象**自我呈現；它們可以提供臨床治療者，甚或若有需要也及於被分析者，在對抗無意識時所出現的不同狀態與階段，一個堅實、靈敏的支持（Gaillard 2003a）。

在這些藝術論文裡，榮格鮮少提及他這些分析心理學的概念。他不多陳述，而是實際使用這些概念。它們變成他努力探索藝術作品時，用來仔細觀察的研究方法，這些藝術作品在他人生及工作的不同時刻進入他生命。更有甚之，正如我們將進一步看見的，就最完整的意義上來說，這種思考的方式是一直進行**想像**（imaging），將他發展的每個階段的特徵描繪出來，同時也提供榮格學派臨床工作者在施行精神分析治療的過程中，使用描繪、塗畫、雕刻或者模塑，將意象表現出來。更加普遍地，這種想法在許

多當代的藝術治療方法中也能夠找到。

　　我們將回頭談這種藝術與治療間的密切互動，但現在讓我們先回到榮格與藝術的關係上。我們必須了解，這是他先在臨床實務中獲得的經驗，然後以他的理論支持著這些經由進入積極想像而出現的人與非人的意義，它們不僅可以具象，甚至還可發出聲音，如果我們如其所是地加以接受，且若有必要，也參與到它們所表現出來的場景，以及可能的演進變化裡的一部分的話。

　　這是對以夢、幻想或者藝術作品形式表達起初是從無意識運作本身形成的**人格化意象**（personification）的關注，而甚至以精神分析理論來看，這顯而易見地是由被分析者的個人經驗開始進行的，且同時也是經由因為無意識自發的能力，將經常隱而不發的內容自身表達出來，如同在榮格之後的杭士基（Chomsky）[12] 會證明的那樣。

　　此外，如果一個人想要以這種模式發展，他首先必須學習從展望未來的觀點看事情，這在實務上意味著必須考慮去學習繪畫、雕塑、或者任何形式的藝術創作——或對此作個夢——不當作一個精確、孤立的事件去單獨詮釋，而是作為一個結論仍不明的**過程中的**

12　【譯註】諾姆・杭士基（Avram Noam Chomsky）為當代美國語言學家、哲學家、認識學家、邏輯學家、政治評論家。他是麻省理工學院語言學的榮譽退休教授，其生成語法的理論對二十世紀理論語言學研究具重大貢獻。他研究語言的方法三個基本思想包括，首先，頭腦是「認知的」，或者說頭腦中包含精神狀況、看法、疑惑等等。他相信通常的看法一定是正確的，即頭腦中包含看法甚至無意識的精神狀態。其次，杭士基認為成年人的大部分智力活動都是「先天的」。儘管兒童並不是一生下來就會說某種語言，所有兒童都天生具有很強的「語言學習」能力，這種能力使他們得以在最初幾年中很快吸收幾種語言。後來的心理學家將這一論斷廣泛應用於語言問題之外。最後，杭士基將「模塊化」作為頭腦認知結構的關鍵特徵。他認為頭腦是由一系列相互作用、各司其職的次系統所組成的，彼此間進行有限的交流。（參考維基百科）

一個瞬間（*a moment in a process*），然而種種顯現需要被重視，且與它們有時是緩慢的轉變符節合拍地耐心相隨。

進行共同的工作

把一件藝術品放進一**系列**在它之前與隨之而來的作品當中進行考量，這種做法是這些藝術論文教會我們最重要的課程之一。我們知道，榮格學派取向與各門各派的藝術精神分析涇渭分明，相反地，卻沿用佛洛伊德首創，要留意口舌流露蛛絲馬跡的做法，且對當代拉岡學派分析師詮釋整個生命的關鍵符號的工作興趣不減，而傾向於不顧事件結果、甚或是重大變故事件，彷彿就其自身及因其自身就能夠得到意義。

至於進行這樣的工作所產生的結果經常是不確定的，榮格在被喬伊斯的《尤利西斯》與畢卡索的畫作淹沒時，如我們所見，便出現了擔憂。他的擔憂是真實的。他懷疑，我們朝內在自我最古老以及最危險的破碎地帶向下探索，究竟可以走多遠，且將付出什麼代價。

在這裡說的是，精神分析師此處所關注的事是關乎道德的。就此而言，榮格的藝術精神分析說的是，當他看到那些清楚出現的東西與自己的關係如此緊密，令他感到自己不僅需要參與其中進行觀察，且甚至身為臨床工作者，也應該負責地擔任起這個觀察者。榮格掌握藝術分析歷程核心議題的理解力，與一個孤獨的人——生命歷盡滄桑的藝術家——相當不同，此刻於是對他的藝術分析產生完全的衝擊。

如同他所寫的畢卡索畫作論文，我們看到，榮格一方面堅定

地以作為心理病理學家和精神分析師身分去看待他經驗的同時，也同時再次透過通靈術（*nekyia*）沉降至地底世界探索，其結構形式與荷馬、歌德或甚至是尼采的作品中所描述的相似。經過他將閱讀《尤利西斯》與看待畢卡索畫作的方式結合，他現在以更加強烈的堅持，重申當對立矛盾產生時，就有另一個動力會尋求嘗試出現的可能，有必要無情地推翻各個古老世界的信念和審美觀。他考量歷經變化而成形的過程所需代價是具雙重性的。

他指出，唯有對立面的衝突，才能讓復甦過程展開，這就是為何我們必須願意，或至少需要在面對總是高高在上而有些脫離現實的心智而產生張力時，有意識地去啟動我們最原始的、天然古老的、原始獸性最薄弱的所在——而喬伊斯自是熟知如何善用之！榮格也強調，尋求完成統一性或者整體性的嘗試，不可能經由一個理想的、完美平衡的個體實現，而只能是在一個經眾人同意的不同的、多樣的意識的影響下，在變動中朝向一個多元分化的世界運行。

我們在這裡再一次遭遇到榮格學派精神分析擴展了無意識範疇的問題。確實，如果榮格可以讓自己與喬伊斯小說或者畢卡索畫作所出現的那些主題，和在許多其他藝術創作或全然不同的文化領域裡所看到的人與非人等，相互對照比擬，這是因為這些主題被作家或畫家不由自主地創作產生，且看來是一再重複的，類似激動人心的活動無盡反覆。

它們事實上是**典型的**。也就是說，它們不僅是在許多時代和地方能一再被看到的作品表現，也是普遍存在的**有機結構體**（*structural organisation*）的代表性標誌，它從心靈最古老的區域出

現的，也是各種心靈表達的形式。這也是為什麼榮格從 1910 年代晚期以來，就稱它們為原型。

然而，在這些討論藝術精神分析的論文中，榮格從未就這個主題多加發揮，也沒有對他的心理學發展出其他的主要關鍵要點。這再次顯示，主導任何理論建構的，是與這些他所關切的作品以最恰當的方式共處，即便對他自己的理論來說亦然。

從伴隨焦慮到默認接受

本著這種面對作品時，不耽溺於伴隨出現的種種感受，但卻有意地對其敞開胸懷的精神，榮格對畢卡索繪畫作品評論道，他很少、也許甚至從未在他病人裡見過「不回到新石器時代藝術形式，或者不召喚出酒神狂歡而陶醉其中」（§ 212）的案例。而且，我們確實在畢卡索的繪畫中看到了一派歡慶喜樂，起初是黑色，但也漸漸被小丑服裝既有的顏色所表現出來的調性逐漸轉變，那是從曾經接近死亡邊緣，或者離地獄只差臨門一腳的苦難中所誕生的。榮格在他兩篇論文的最後說道，自己經驗過那個他形容為酒神狂歡的喜樂，最重要的一個就是來自於喬伊斯的那篇（容我在此說明，那場慶典當中的歡笑與喜樂的根源就出自作者的名字！）。「啊，尤利西斯，」於文末他最後寫道，

你真是那些為客體所迷惑、被客體所束縛的白人的靈性指引書！你是靈性的修煉、一部修行指南、一項苦行儀式、一段神祕歷程，十八個煉金蒸餾瓶層層堆疊，就在充滿了酸液、毒氣以及火與冰的環境裡頭，鍛鍊出一個具嶄新的、萬能的意識的生命體

（homunculus）[13]！（Jung 1932a: § 201）

　　一個嶄新的萬能宇宙意識？這是個新奇與廣闊的觀點，或許就是個我們可以幻想的期盼。但要注意的是，我們所討論的這種操作絕非簡單或者平淡無奇的。問題的核心就在於其結果會出現的試煉、危機與不確定性。對此，榮格自己也筆述加以證實。

　　更重要的是，榮格可能成功地創造出一個十分遠大的願景（Gaillard 2000b: 146），他仍然全神貫注在參與此歷程的藝術家的經驗與痛苦。他對畢卡索的命運的憂心，通篇貫串在討論其藝術的專論裡。他寫道：

　　對畢卡索的未來，我不忍預想，因為這種內在冒險有若玩火，隨時都能令人陷入癱瘓，或者導致矛盾對立的結合體突然發生災難性的崩解。（Jung 1932b: § 214）

　　榮格無法真的預知巴布羅・畢卡索的命運為何。但讓我們順便注意一下，時間不會證明他錯了，因為畫家在 1932 年之後有段苦於自身危機而出現生產力缺乏的困頓時刻，直到他讓自己投入一系列盲眼米諾陶斯（Minotaur）[14] 的蝕刻版畫創作為止。

　　當然，榮格的注意力主要是集中於藝術作品創作的過程。但，與此同時，藝術家必須付出的代價，也就是導致論畢卡索之作的論文結尾處所公開標示的矛盾感，那也是榮格所掛心在意的部分。榮

13　【譯註】這裡的生命體（homunculus）是指煉金師透過煉金術所創造出來的一種人工生命。

14　【譯註】希臘神話中克里特島皇后因愛上一隻公牛而生下的牛頭怪物。

格不知道在進行觀察與分析的過程中，能否滿足自己的興趣，或者他是否應該更直接去關注藝術家的艱難處境。

論《尤利西斯》的論文在這方面則更往前一步。該文結尾的寫作風格越來越明快生動並充滿力量，而那就證明榮格轉而堅決贊同喬伊斯小說以「是的」（*yes*）作結的想法。那是一個榮格自己在他的論文中完全援引的「是的」，我們於此無法不加引用，與之同喜：

啊還有海這洋面深紅有時如火且似落日餘暉壯麗又像艾拉美黛（Alameda）莊園的無花果樹是的所有困窘的窄巷座落或粉或藍或黃的屋舍以及玫瑰園與茉莉花和天竺葵和仙人掌而直布羅陀（Gibraltar）如一位少女我便是生長在那兒的一朵山花是呀當我像安達魯西亞（Andalusian）少女那樣將玫瑰花插上髮梢那我就該搭配紅衫就是那樣而他在摩爾人（Moorish）的牆下會如何親吻我我滿懷期盼如他而別人也是然後我問他用眼神再問一遍是了於是他問我可願說是我的山花而我寧願伸出雙臂抱他是的然後拉他倒向我這樣他就能感覺我的乳香芬芳是的他的心在狂跳而是的我說是我真的願意。（Jung 1932a: § 200）

這是一位女性的諾許。有可能是伴隨創作過程而生的感受，榮格亟欲我們能夠領會，需要摩西幾乎沒體驗過的感官和身體韻律的認可、同意以及參與。但尤利西斯，他與眾不同的靈活與善於創造，讓他知道如何建造出自己終於得以返家的道路，因此在他不顧名聲地與女性邂逅周旋中及時行樂，是可以為我們指出路徑的。

第二部分：藝術與分析心理學的成形

因此，榮格對藝術的關注，不因指望支配性的傳統意見以及昇華的驅動力而退卻，反而轉向可能會出現的，明顯令人不安的狀況，由此將逐漸消損幾乎從來未被質疑且廣受歡迎的傳統，最根深蒂固的價值，以及被最普遍認定的美與意義的標準。

他藝術精神分析的概念與實踐是基於對無意識的關係而產生的，在崩解、非難與顛倒退縮的動力影響下，持續地去努力獲得一個合理的正面作用，且不至於在危機、失序、毀壞甚或混亂的可能性之前退轉。

更有甚之，他看待創作的概念的範圍直接遠遠超越個人層級。榮格當然能把自己的精神貫注在藝術家個人生命史上，如我們所看到的畢卡索例子，但就藝術而言，最重要的事發生在其他地方。它們至少是超越世代的，也就是說，整個藝術的長期轉變與文化的前進與倒退有關，從一個世代到另一個，而且節奏韻律與時間尺度都與個人生命所體現的大不相同。

如此一來，必然的結果之一就是，他的藝術精神分析幾乎不會出現變成心理自傳學的風險。比起想以藝術家自幼年起的生活滄桑史去詮釋藝術作品的說明方式，榮格的途徑意味著在面對這些藝術作品時，與釋夢一樣，他都採取同樣的接納與分析的態度。根據榮格的想法，我們考量無意識在藝術與夢境中所擔任的角色時，該注意的是它如何影響當下。其主要的影響之一是無意識以引誘或者挑釁的方式，開啟我們看待日常生活裡各種實存的另一種多元的或者至少是具遠景的觀點。

面對當代的創作時，這種引誘所引發的，較少是令人感到驚異的，更多的是抗拒、防衛甚或是無禮的反應。榮格自己在 1930 年代對喬伊斯及畢卡索的作品所進行的思考，就證實了這一點。

這種有時是粗糙與激烈的思考模式，不是求助於某個現成可用的理論的知識以平緩思緒的。反而是就想法與情感，去考量我們稱之為反移情的盛怒與防衛的反應。然後，我們便能開始注意並體察到這些意象、人物以及神鬼形象，它們有時可能從我們最古老的心靈深處浮現出來，以幫助我們在辨認那些起初令人不安的事件時能夠找到方向，並獲得支持和滋養。

事實上，經由在心裡千折百迴地思索喬伊斯小說和畢卡索畫作，榮格重新發現，或者更精確地說是重複組合創造出想像性思考的優點。他一定高度熟悉這種思考模式，因為他自己的心理學論述，即使是最理論性的，也採取這種行進途徑。且身為一位治療師，他知道一旦嘗試打開進入情緒、感官或直覺之道時，這是有用的方式，事情就會變得特別吸引人且令人耽溺著魔，因為它們沒有表情或形式可循。

但這裡他是從另一個層面，亦即文學和繪畫，發掘出這個思考模式。他就此發現，身為心理學家、心理治療師與分析師的思考模式，與藝術理論的發展，有著內在與密切的關係。他發現藝術和精神分析的核心問題如此接近，以致他可以在藝術品與創造的過程中，看到他自己面對無意識所產生的關係的經驗。

遇見一個又一個

我們從榮格 1930 年代的兩篇重要藝術專論裡，析論出這些立

場態度，現在就讓我們探索它們在 1930 年代前後是如何形成、發展與轉變的。我們將就此方式開始更廣泛地思考他接下去探索古代藝術、東方藝術，以及探究基督教藝術、西方煉金術的圖像和文獻，然後則是與現代與當代創作的邂逅。

古代藝術

榮格在 1909 年偶拾兩首詩作，勾引起他熱情誦讀，那是在近於入眠狀態時寫下的一種劇作，內容包括種種幻想以及簡短的眉批，為一位家境富裕且頗有教養的年輕美國女子所創作，她是十九歲的米勒小姐。

這位年輕女子是日內瓦的福魯諾醫生（Dr. Flournoy）的病人。隨著探索自己的愛情煩惱，她同時說出對母親的依賴以及童年過往，她引用自己閱讀拜倫（Byron）、朗費羅（Longfellow）以及米爾頓（Milton）等人的詩文，對醫生坦白了自己最煩惱與曖昧不明的感情。

榮格與她素未謀面，亦無意深究其生平。他從沒想如佛洛伊德忠實追隨者那樣，將詮釋她作品的基礎放在她可能的童年生活上。值得記住的是，榮格在佛洛伊德《夢的解析》甫出版時即注意到該書，且在面對一個不只是謹慎沉默的精神醫學時，立即成為其辯護者；1907 年時，他滿懷熱情地與佛洛伊德在維也納見面，且在精神分析運動中，幾乎馬上取得明顯與榮耀的地位。最重要的是，佛洛伊德的《性學三論》（*Three Essays on the Theory of Sexuality*）在前一年已經出版了。

但是，榮格不採用福魯諾醫生公開出版的資料作為研究方向，

以免自己對米勒小姐的看法受侷限。他從閱讀這位年輕女士的藝文小品與其他文稿開始，敞開自己的心胸和寫作，迎向帶著怪誕、久遠、不可思議等形式的神話、儀式和故事洶湧浪潮的新體驗。米勒小姐所寫的主題，經常涉及暴烈色彩的故事，它們也可一起被歸入文化的整體之中，但大部分都沒有被其他人在生活裡意識到，而最終在 1911 到 1912 年，他將這些寫成第一版的《轉化的象徵》（*Symbols of Transformation*）。1952 年，在首版的基礎上進行重大修改的第二版發行了，書中僅僅指出這位年輕美國女子是怎麼提出疑問的，接著榮格自己還會進行廣泛的研究，這後來幾乎是貫穿了他的一生與工作。

而現在，我們在這標誌他與佛洛伊德決裂以及隨後著作基礎的書的核心之中，發現的是什麼？他所有研究的準則主軸為何？一件雕塑，經常以形形色色古代樣式為本重新創作的作品。它再現出密特拉神教（Mithra）獻祭公牛的情形，今天在羅馬梵蒂岡博物館（Vatican Museum）可以看到一件樣品（Gaillard 1998: 25）。

榮格用這種高度表現英雄與獻祭動物爭鬥的激烈象徵，以反對佛洛伊德的性學理論。他提出自己對此加以思考的概念，有時是場全面開戰的爭鬥，每個人都帶著一種力比多能量參與其中，那超越了其特殊性與分化了的強烈驅動力，依然受到當中一種身體記憶所困擾，在概念上是無來由的，就與母親結合的古老遺緒，甚至更強烈地是與自然結合的概念而言，基本上是具亂倫性質的。

榮格也說明，在獻祭公牛時，英雄——在此是心懷矛盾地獻出自己的一大部分的密特拉，是如何將他野蠻殘忍的行為轉化成一種微帶病態的感傷，這在古代雕像的臉上便可以看到，且一定程度

榮格心理學指南：理論、實踐與當代應用

上，最早是羅馬基督教文化，將其轉變成有利於自己的條件。採取這般的途逕並非一帆風順，那是得讓無意識解除立場或者傾向上對英雄或動物非此即彼的認同，以便於內在接受矛盾對立和它們的緊密關係間的張力，並盡量讓其浮上意識。

《轉化的象徵》這本書通篇穿插著其他有關古代藝術品的文獻資料，那些轉載的複製圖片通常就編排在正文旁邊，這要感謝瑪麗－路薏絲‧馮‧法蘭茲，她提供了自己的古典知識給榮格。比如說，榮格召喚出了**人面獅身斯芬克斯**（Sphinxes）和**蛇女拉米亞斯**（Lamias），它們的形象可以回溯到公元 500 年前（Gaillard 1998: 68, 70, 72）[15]，榮格藉此協助自己及其讀者判斷在面對母親的力量時，我們所能感受到的恐懼事實上是屬原型性質的，且遠遠超過真實的母親的實存所帶來的恐懼。再次地，當他想讓我們注意到「神聖」和最古老的獸性之間奇妙、怪誕的相似性，他向我們展示埃及文化的藝術或者吉爾伽美什（Gilgamesh）史詩人物恩帝庫（Endiku）的形象（Gaillard 1998: 70, 71）[16]。而思及力比多具有可以同時前進和倒退的雙重與矛盾傾向，他便讓我們去看看或者再次細察義大利維洛納古蹟博物館（Verona Museum of Antiquities）的

15　【譯註】斯芬克斯是希臘傳說中的獅身人面怪獸，牠盤踞往底比斯王國（Thebes）路上，向過往行人提出謎語，如果無法解答，便會被牠撕裂吞食。後來伊底帕斯（Oedipus）解開謎題，拯救了底比斯城，因此可獲得王位並娶了國王的遺孀為妻。可是原來底比斯國王和皇后其實是伊底帕斯的親生父母，因此他也就犯了弒父亂倫的大罪。而拉米亞斯則是因為成為宙斯（Zeus）的情婦，天后希拉（Hera）發現後，把拉米亞斯所生的孩子全都擄走並加以殺害，並向拉米亞斯施咒變成半人半蛇的蛇妖。拉米亞斯傷心欲絕又憶子成狂，不可自抑地到處殘殺及吞食孩童報復，自此活在仇恨與哀痛之中，讓其他母親也感受到跟她一樣的悲痛。

16　【譯註】《吉爾伽美什史詩》是公元前 2600 年左右描述美索不達米亞神話的文學作品，恩帝庫是作品裡的主角人物，大約相當於基督教神話的人類男性始祖亞當，故事遭遇也多有可類比之處。

普里阿普斯（Priapus）[17]，他的手指正指向一隻在啃食他陽具的蛇（Gaillard 1998: 79）。

《轉化的象徵》首版發行九年後，《心理類型》出版，他於當中建立與發展他的態度類型概念，分為外傾的與內傾的，以及引導意識方向的不同功能——思考、感覺、直覺和感官。他於此再度借鏡為數眾多的古代藝術品與文學，協助他循著他研讀席勒（Schiller）與尼采的美學理論，去詳述他的想法。

事實上，這本對榮格建立分析心理學意義甚為重大的書，也給了他一個建立運用繪畫、雕塑和舞蹈理論的機會。1916 年以來，他就一直認為這些就是賦予佔據我們內在，並且需要被表達出來的形式（他稱之以**完形**〔gestalten〕）的媒介，而且使用它們可以避免想加以理解（verstehen）的欲望的不適當介入，以免造成象徵性的生命力枯竭。

這些完全是基於與無意識有關的實用性考量。它們明顯是榮格自己在童年玩雕刻遊戲時首度爆發的（見「我的故事」〔*Ma vie*〕）[18]，然後接著再出自他在書法、描繪與作畫方面的經驗。他之所以重拾雕塑，是在與佛洛伊德決裂後，不得不回去與他內心最幽遠的活力產生聯繫，而那是他自己尚未尋獲得以表達的語言的感覺。

榮格從他最早的那些回顧古代藝術的著作裡，找到甚至早在童

17　【譯註】普里阿普斯是希臘神話中的生殖之神，他的名字是「陰莖異常勃起」（Priapism）一詞的詞源。由於其母美神艾芙蘿黛蒂（Aphrodite）懷孕時遭到了天后希拉的詛咒，將來各種器官會碩大無比且醜陋異常，其中就包括巨大無比且持續勃起的生殖器。

18　【譯註】榮格自傳《回憶‧夢‧省思》的法文版標題為《我的故事》（*Ma vie*）。

年時期創作發現的事物以**格式塔完形**表現的機會。就榮格的作品，我們可以隨著這種如實地想像思緒歷程的發展，去了解到如何駕馭意象的力量，藉以將極度個人的經驗放回到藝術家通常比較知道如何去表達的，那些屬於眾人所共有的脈絡裡的認知，漸漸加以辨認和轉化。

在榮格與希臘文化研究學者卡爾‧凱倫依（Karl Kérényi）合著《神話科學論集》（*Essays on a Science of Mythology*）時，他回到古代的，特別是希臘和羅馬時期的藝術，讓我們盡可能地藉著重新檢視與再次經歷狄密特（Demeter）與其女考麗（Kore）的關係[19]，而認清出我們日常生活中的戲劇化事件，如同厄琉息斯祕儀（Eleusinian Mysteries）裡所生動傳達的，以及被雕刻成古希臘石像的那樣。

整體而言，榮格和古代藝術的對話，既拓寬也壯大了他的心理學，將我們每個人的個人生活銘記於集體歷史的運轉同時，也因此載於歷史的連續性（continuity）之中了，這樣的一個主題將逐漸成為他研究的主要對象之一。

此外，這是個讓他的讀者覺察到退化的好處跟危險所在的特殊機會，退化通常是必要的，可以引導我們去開闢出通往我們最古老的，那些從未停止誘惑、驚嚇與困擾我們的經驗之道路。

19　【譯註】Kore 為希臘語「少女」之意，這裡指的冥間之后波瑟芬妮（Persephone）。波瑟芬妮為大地女神狄密特與天神宙斯的私生女，被陰間之主黑底斯（Hades）劫虜至地獄為妻。古希臘人因為害怕陰間的黑暗力量，甚至不敢直諱其名，而常以「少女」代之。狄密特司大地農作，失去女兒後，哀莫大於心死，世界也因此失去生機。在宙斯的協調下，黑底斯同意讓波瑟芬妮每年有一半時間（或也有三個或四個月等說法）回陽間與其母團聚，這時也就是狄密特恢復生氣，萬物獲得成長活力的時節。

東方藝術

1938 年的春天，榮格錫蘭之旅的回程上，這趟旅途他從可倫坡（Colombo）遊歷到康提（Kandy）這兩個陽光明媚也雨大翻盆的城市。他駐船孟買（Bombay）港。但是，他並未進城，選擇留在船上，繼續專注閱讀十七世紀早期作家格拉杜斯·多尼斯（Gerardus Dorneus）的文集，當年這位作家幾乎無人知曉，而榮格卻想去探索和分析他的思想。

他在自傳裡寫道：

迎春在即，我啟程回鄉，行旅匆匆，浮光掠影，目不暇給，而我卻一點兒都不想離船去親近孟買。反而，我埋首於我的拉丁文煉金術祕本。（榮格補充：）但是印度並非船過水無痕；它留下引領我從一個壯麗大地走向另一個無窮境界的道路線索。（Jung 1963: 284）

這是個表裡相左帶有雙重性運動內涵的縮影，如此的關係今後將持續成為他與東方傳統、藝術和生活方式的特點。一方面，榮格發現到一個有關印象、身體覺受與內在經驗和想法的整體世界，讓他幾乎覺得在那兒自在如家。然而，僅僅是幾乎而已。因為另一方面，他必須保持一定的距離，在面對他的發現以及他所遇到的多樣性時，他必須有找出以及找回自己觀點的空間。他意識到這個觀點所看到的歷史由來不同以往，而那可能就全然不同的遠景觀點，開啟新的理解。

榮格對現在涉足的領域並非全然陌生（Maillard 1996）。他

已長期研讀東方典籍,且自 1921 年起便加以引用。他最熟悉的是《易經》,略涉《奧義書》(*Upanishads*)、《阿闍婆吠陀》(*Athara-Veda*)以及《西藏度亡經》(*Tibetan Book of the Dead*)。且 1938 年前,他也多次與東方學者相遇,特別是在瑞士阿斯科納(Ascona)的艾瑞諾斯學圈(Eranos Circle)中。

最重要的是,1928 年,他印度之旅十年前,漢學家衛禮賢送他一部道教法本的譯本《金花的祕密》。就在他的心理學看來太倚賴他自己的經驗,而在設想那是如何運作的問題遭遇困難時,於此之際發現這本書幾乎如同天啟。他在自傳中寫道:「那件事首度打破了我的孤立狀態。我開始理解到一種緊密性(affinity);我可以與某件事或某個人建立關係。」(Jung 1963: 197)

而這件事之所以令榮格更加震驚,是因為他才剛完成一幅看似無法理解的曼陀羅,部分借用了他自青少年時期就熟知的沃邦(Vauban)堡壘建築的形式,但那卻又帶有明顯的中國風。

發現這部道書如同榮格拾獲的至寶,他差不多馬上寫了一篇對這本中國修煉手冊的〈歐洲評論〉(European Commentary),那是討論東方傳統與其藝術表達方式的一長系列研究作品的開端(Jung *CW* 11)。他將會探討許多不同的曼陀羅,從那些自 1916 年起他自己描繪的開始,隨後是他病人所繪製的,最後且最特別的則是東方的曼陀羅。

他指出,這些東方曼陀羅,主要是屬於怛特羅密教的(tantric),它們彼此間差異甚大。有些會將小公雞、蛇或豬置於同心圓結構中央,代表由身、口、意對應的貪、瞋、癡三毒所組

成的核心角色 [20]。然而，第三種曼陀羅系統 [21] 所奉行的原則，是能夠被轉化成為一種正方形結構，其中心空置，且創造出可容納一顆鑽石的空間。在東方傳統中，這些正方形的曼陀羅被認為是最完美的，而正中的鑽石為人稱頌，被譽為「極樂世界」、「黃金城」（golden castle）、「妙意」（celestial heart）或者「盡虛空、遍法界」（land without frontiers）。

多麼動人的遠景呀！我們但願自己可以被引領，甚至信服。我們需要的只是起信。但是，榮格帶著明顯的遺憾寫道，我們必須放棄這條道路。放棄這種來自東方的生動的形而上說法（Jung 1950）。而且我們還得更徹底地放棄想走上創造我們自己的冥思與智慧之路的欲望，因為它們是如此傾向完全脫「俗」（ten thousand things），脫離歷史的束縛，以及從所有內在矛盾中徹底解脫，直到個體消解進入太一的永恆虛空中為止。

當他找到《金花的祕密》時，榮格（1929）對東方藝術所表現的願景幾乎是著了迷。然而，他已經將這部道書的〈歐洲評論〉重點放在陰影的部分，指出當我們放開自我完全地讓雙手引導去描、繪與雕塑時，不可能不與自我遭遇。

榮格（1935/1953）在他〈《西藏度亡經》的心理學評論〉

20　【譯註】怛特羅（Tantra）密教大約於公元五世紀出現，重視宗教儀式與冥想，但沒有嚴格的教團組織，所以也有人不認為它是個宗教。其思想以師徒相傳為主，經典被稱為「密續」，對佛教與印度教的影響很大。佛教常見的十二因緣流轉圖中央也多以雞、蛇與豬代表貪、嗔、癡三毒，對應身、口、意。此句原文用字為 sensuality、jealousy、unconsciousness，比較傾向於「身、口、意」之意，為了讓讀者比較能夠在文化脈絡中理解文意，故將對應的「貪、嗔、癡」譯入。

21　【譯註】如上一段所提到的，第一種是榮格所繪，第二種為他的病人畫的，第三種就指東方曼陀羅。

（Psychological Commentary on the *Tibetan Book of the Dead*）這篇論文中加強了一段旅程的必要性，我們可以在那裡認識到自己最野性的衝動，就此，他將「受生中陰」（*Sidpa Bardo*）[22] 與一個分析之中最屬於佛洛伊德學派觀點間明顯相似之處突顯出來。

最後，在〈《西藏度亡經》的心理學評論〉以及 1939 年的〈序鈴木《佛教禪宗入門》〉（Forward to Suzuki's *Introduction to Zen Buddhism*）中，他把自己詮釋的核心焦點放在無意識自發性表現的不可避免，且著重在其中經常帶有的衝突意味。

因此，榮格對東方藝術的長期仔細研究，幫助他慢慢地重新調整他所提出來的意識自我與自性關係的概念，同時也能有更好的表達以及定義的方式。在印度的桑吉（Sanchi）遺址所看到的浮屠（*stupas*），當下令他感到神乎其神，差不多便傾倒於其完美的和諧。這讓他得以掌握佛教意旨更勝過往，特別是對佛陀這位塑像隨處可見的理想化歷史人物的理解。但是，他再一次提出他對所觀察到的東西的看法，認為我們對宇宙及其起源的意識知覺中，總得給最貼近我們以及關係密切的張力與矛盾騰出空間來。

榮格在 1950 年時，曾夢迴到 1930 年代末拜訪過的印度北方一個歷史名鎮勝利宮（Fathepur Sikri）的樞密廳（Divan-I-Kaas）[23]。這次旅行或許最能表現出一位西方分析師與東方藝術的關係。這幢建築整個以蘇丹王（sultan）為中心而建造，他端坐於高處，

22　【編註】根據鄭振煌教授所譯的《西藏生死書》指出，受生中陰是死亡的第三個階段，其最明顯特徵為「心」扮演主要角色，此時心非常清明，也具有無限活動力，但它的移動方向完全受到過去業力的習氣所左右。

23　【譯註】此處 Fathepur Sikri 多作 Fatehpur Sikri，Divan-I-Kaas 多作 Diwan-i-Khas，因為是音譯，取音近者，而致字母拼法落差。

四周環繞著他的議員與學者（Gaillard 1998: 100-101）。但在榮格的夢中卻出現另一個實權人物，權力甚至超越蘇丹。那是烏利亞（Uriah）將軍，根據基督教舊約聖經的記載，他被他的主子大衛王不道德地背叛並遭犧牲，大衛王想予以翦除且染指他美麗的妻子拔示巴（Bathstheba）。所以說，人無完人、事無完美，即使表面上最為人稱頌的國王亦是。雖然位高權重結果還是成了遭遺棄且被犧牲的軍人。然後我們知道在這個夢之後，榮格（1952）寫下他的《答約伯》。

榮格在他自傳裡講了另一個 1937 到 1938 年時，在印度旅行期間所作的夢，將他召回到研究自己的文化與傳承的道路上：「我被帶離了印度的世界，而這提醒了我，印度不關我的事，那不過是行旅中的吉光片羽罷了——但無可否認地，那仍是個重大經驗，得以帶著我更接近我的目的地。」（Jung 1963: 282）

基督教藝術

1887 年，榮格仍當十二弱歲之齡，他趕回克萊恩－許寧恩（Klein-Hüningen）的長老會神學院吃午餐時，看到萊茵河對岸巴塞爾大教堂的彩繪磁磚在陽光下閃閃動人，他被這般美景深深打動：

我為眼前風光旖旎傾倒，不禁想著：「江山如此多嬌，聖堂何等美麗，上帝創造了這一切，他遙處藍天之上，端坐他的黃金寶座。」（Jung 1963: 36）

這片刻的眼花雀亂，讓他回想起幼年記憶，當時對於自然之美和生之喜悅，也有過同樣迷人的經驗與感受（Jung 1963: 6-7）。這讓我們明白了他為何會決定在蘇黎世湖畔的庫斯納特（Kusnacht）造屋，且於附近遺世獨立並同樣濱湖的波林根（Bollingen）建起自己「塔樓」，打算未來要長期在那裡避靜，生活在那時時刻刻處於變遷卻又長保靜諧的瑞士大地上，全心投入孤獨的石雕與壁畫創作中（Hannah 1976: ch. 1）。而榮格手繪的水彩風景畫，就是他享受此地的明證（Gaillard 1998: 207）。

　　正當他十二歲時所看到的，地處萊茵河畔，巴塞爾大教堂灑滿陽光，斯地斯景可被視為基督教藝術想表達的理想典範的縮影，特別是透過中世紀的雕塑、彩繪玻璃以及繪畫去表現，而這些都是榮格所熟悉的（Jung et al. 1964: 7）。

　　然而，便如榮格的讀者就將知道的，那次看著巴塞爾大教堂半夢半真的印象並未長久延續，反而很快地變了調。儘管那男孩想努力保留原本的純真印象，但災難性的幻景隨之出現，有個可怕的景況不期而至：從他的寶座，遠在天上，落下一團巨大的糞便，掉到大教堂屋頂，將其摧毀。神殿倒塌了。

　　這幅景象讓我們了解榮格思考基督教藝術的大部分方向。問題在於，在這個世界中喜悅實存的，以及某些時刻感到萬物和諧的活生生經驗的基礎上，我們得去知道或者思考，有什麼是被排除在如此完整美好狀態之外的，如此險惡地要摧毀這一切的，又是什麼。

　　榮格為尼采所困擾，尼采表現出來的命運如同自己研究的悲劇性反例；榮格身上帶有理想化的歌德的特質，而他喜歡稱其為自己傳說中的先祖；同樣地，基督教人物裡，榮格擁有最多與之特徵

相似的，是十五世紀神祕主義者與瑞士守護聖者，弗呂的尼古拉斯（Nicolas de Flüe）。為什麼呢？因為這位修行者，拋妻棄子，與世隔絕，獨身隱居，在幻境中見到上帝，是一位具靈視能力者。閉關回來後，他設法調停同胞間因內鬥而暴力分裂，使得內戰一觸即發的態勢。

這位聖潔的隱士讓自己經歷了可能導致混亂的緊張與矛盾，而他也歷經了一種重整過程，得以令新生的和諧狀態被創造出來。在他閉關退修期間，曾出現過暴力的靈視，那場景可怕到讓他跌仆在地，甚至他的臉也扭曲變形。他對這種暴力無以名之，也不能賦予意義，直到他或許因為想起了啟示錄（Apocalypse）的基督，才終於認識到他所處時代的教義所解釋的神聖三位一體（Holy Trinity）。接著他才能夠自己或委託他人將他的靈視畫在村裡教堂的牆上，但畫面卻是寧靜、清明與重新組合的，如同一幅以頌揚永恆之愛為要旨的基督教曼陀羅（Jung 1934/1954: § 1-18）。

所有的這一切再度顯示，透過藝術對我們無法掌握的，或者是另一種我們無法承受的東西賦予形式（完形），意謂著我們可以面對它，以它為定位的基準，甚至可以從中找到新的力量。這也示範了基督教藝術該如何在《新約》愛的福音與《舊約》耶和華任意施展暴力兩者間，以及更積極地，甚至是在善法欲與惡念執之間，找到最佳平衡的可能性。

榮格接著滿懷熱情地投入觀察三位一體的畫像，以及伴隨而來的神學闡述。為什麼這個需要他是無罪的基督的完美化現，與此同時他的故事要以化身呈現，且象徵他的符號主要顯現為十字架？

此外，他指出基督教三位一體的教義依然堅守陽性的立場。而

這是不顧許多中世紀的曼陀羅顯然試圖將聖母瑪利亞含括進去的事實（Gaillard 1998: 170）。也就是說基督教藝術想要糾正與補償一個普遍存在的無視和壓抑，但徒勞無功。

這些藝術作品可滋養思想。對精神如此重要，以致於榮格對這種拒絕藉著最終得承認惡的以及陰性的實存，以超越其三元邏輯，進入到一個四個面向形式的基督教義，展開嚴厲的批判。不久之後，他也用一個「個體化歷程」的說法去闡述和釐清他自己的概念，因此那是一種「自我實現」（self-realisation; Selbsverwirklichung），完全了解這種在文化上的以及個人上的轉化，來自於現實與強迫的驅力——大部分是之前壓抑的、不知道的，或因遺忘而荒廢等，而成為無意識。

西方煉金術圖像與文學

1939 年的某夜，此時榮格正依他所準備的羅耀拉的聖依納爵（Saint Ignatius of Loyola）之作《神操》（*Spiritual Exercises*）之研討課程的指引而靜心專注，《神操》顯然是以基督精神化身的基礎為中心的眾多冥想法之一，此時他在自己的床尾看見一個金綠色的基督，寶相莊嚴但卻叫人驚恐，他開始意識到，他需要藉重煉金師的思想和經驗，完備與更新自己對基督教義以及基督這個人物的想法。

這種金綠色，類似於自然和有機的綠色生命力（*viriditas*）（由於綠色植物的關係）[24]，對那些具靈視能力的研究學者而言是

24　【譯註】Viriditas 表示活力、繁殖力、茂盛、翠綠或者生長，用以象徵精神和身體健康，通常用以反映神的話語，或者代表神的本性。

如此地熟悉，那是用來表達他們對救世主的概念，這救世主並非純粹屬於精神上的，而是真實地在金屬或者石頭中出現，甚至以物質形式存活。

1939 年，榮格已經祕密研究煉金術手稿的圖文，且有四、五年的時間遭遇些許困境。有些手稿是慕尼黑的內行書商寄給他的，其他是他自己在蘇黎世和聖加侖（Saint Gall）的圖書館中所找到乏人聞問的存本。榮格之所以祕密進行工作，是因為這些現在以各種學科面貌出現的出版品和研究，在當時被認為是動機可疑的魔法書，且徹徹底底地就是無用的前科學之作。榮格自己認為它們深奧、怪誕且明顯不合邏輯。因此他對它們感到厭煩。但極其緩慢地，帶著工筆畫家的耐心與辭書編撰者的極度專注，他開始在反覆出現的角色形象以及煉金師用語當中，看出他自己在與無意識的關係裡頭所經歷過的感受，以及他的病人經常向他說過的一樣話語。

榮格一直以來是透過活躍的感官知覺與世界建立關係。他總慣於經過他的書齋或者諮詢室走去花園，他會在湖岸邊那裡快樂地劈材或者雕石，就像是煉金師從他們的禱告室走到實驗室去一樣。他被如此生動清晰的人物角色與神鬼精怪打動，於是設法與它們對話，而他的想法與煉金術意象最鮮明的主調並非無所關聯（參見積極想像）。

榮格看見這個可怕的綠色基督時，他不用基督教藝術品的角度去看待——比如他當然知曉的十五世紀德國畫家格呂內華德（Grünewald）在伊森海姆市（Isenheim）修道院所繪的《耶穌受難》（*Crucifixion*）祭壇畫——而是採相對應於基督教的，時常被認為是不入流異端的西方煉金術觀點。這意謂著，雖然他所研究的

煉金圖像的怪異謎團裡頭，有著學問龐雜混亂的問題，主要是因文獻特性而來的，但其最大的優點是引導他，從 1935 到 1936 年直到他生命終結期間，去修訂他心理學的原則概念，同時深化與拓展它們的範疇。

他在找到煉金師們的形容方式，以**黑化**（nigredo）（黑期）的說法表述他們第一階段的工作，當中經常談及**死亡**（mortificatio）這種可翻譯成被處死這種晦澀與難解的東西時，他首先更新的，就是他關於**陰影**的心理學（Gaillard 1998: 151）。

煉金師形容此階段便如同身處不見指引的黑夜，且看來遙遙無期、脫身無望，研究者被留在那裡，成為伺機撕碎他們的野獸的獵物，或者必須承受煉製到最沉鬱的黑鉛與最幽暗的水銀所出現的煙霧。透過閱讀他們的魔法書，榮格更加理解到，意識自我為了理解其精神官能症，必須在那種羞慚，甚且是挫敗、猛烈的（*Zerstukelung*）、長期反覆的死亡中受苦過活，甚或更糟的是即便想逃跑，還是會被擄獲而扣留在那裡，直到它最後終於接受了得以運用自性的新平衡狀態與途徑。

他明白，這是個不可免的**歷程**，以便下個階段可以擺脫災難，而成為建立這個新的可能性的基地。而且這個歷程並不確定會出現什麼損害，因為最困難的考驗常常就正好在抵達旅程的終點時到來，就好像到目前為止所努力獲得的都必須再度失去、破碎、摧毀，回復到它們初始的混亂狀態，或者甚至受到蓄意攻擊——這正是煉金師所說的**分離**（*separatio*）、**淨化**（*putrefacio*）、**鍛燒**（*calcinatio*）、**焚化**（*incineratio*）。讀者將會注意到，這樣一種經驗的表達方式，與榮格在他開始研究煉金術的三、四年前所寫的

《尤利西斯》和畢卡索畫作的評論間的相似性。

　　他從事煉金術的研究也讓他對基督教的批判分析更具客觀性和歷史價值的份量。對榮格來說，煉金師反對基督教拒絕去思考以及承認其生命活力的兩個詞語——邪惡以及陰性，不將它們納入論述的態度。他們將以研究物質的方式探討靈性，風險就得概括承受，往往於教會統治的地方，只能在嚴厲的教條陰影底下孤獨地工作。他們在我們的歷史長河中，以及在我們文化的結構動力裡，扮演著一個補償的角色。而現今，精神分析師於煉金師所述說的實驗裡頭，看出他們自己的臨床工作在古時候的一種前期操作方式。

　　就如同榮格為寫作《轉化的象徵》而廣泛蒐羅與犧牲和亂倫有關的神話及儀式的證據時，從未把年輕的米勒小姐放在一旁一樣，為了更進一步構思出更好的臨床工作架構而引領實務，他在離世前最後十餘年，幾乎是埋首於西方煉金術的圖文研究當中。

　　因此，《移情心理學》（*The Psychology of Transference*）這本書顯然頁頁都在談精神分析臨床實務的狀況並非偶然，它借用十六世紀《哲人玫瑰園》的煉金術祕冊裡頭的版畫，並從中汲取養分。在他對煉金師圖文的研究裡，特別是他們對實驗操作中必需的**煉金瓶**（*bene clausum*）的表述裡，為了建立身為一位分析師與其被分析者間正確關係的規則，榮格找到了支持與釐清他的經驗的工具。在煉金師對自己工作目標的表述中，榮格採取一位臨床工作者的角度，找到去幫助探討他還有什麼想法是可繼續深入的材料，而這些明顯帶有性的本質的表述，也提供他另一個去思辨佛洛伊德對性慾所持立場的機會。

現代時期與當代創作

以比喻表達、擬人化以及戲劇化，是榮格思想及其臨床精神分析實務的核心要件，所以他對現代與當前創作的轉化、變形以及抽象等概念會如何反應呢？榮格的作品用三個步驟，或更準確地說，是從三個不同的角度，來回應這個問題。

首先，在基督教以不受本能和對自然產生任何迷戀而招來攻擊的威脅為由，進行幾個世紀的嚴密控制後，他自 1911 年到 1912 年以來，稱頌文藝復興再度重視自然與感官，且熱情地發表評論。他指出，從之後理性主義愚蠢地傾向於反對承認靈魂為實存的態度，影響之大直至如今，無意識心理學所說的還是很難被聽進去。但至少我們已經有能力自主思考，不再退回到不經大腦地如古時候神話與儀式中所見的那種頌揚泉水、樹木和山丘等自然力的時代。在現代時期開啟之初，我們是可以重新去發掘那道心靈幽徑，以獲得我們對內在與這世界的喜悅，而那些是基督教義長久以來處心積慮加以排斥的本質狀態。

榮格找出一個充滿歡慶氣息的例證，那就是義大利畫家提香（Titian）的《鄉村音樂會》（*Country Concert*），說到底，畫面以象徵性的方式表現出來的生活狀態，所呈現的意象已脫離教條的束縛，但卻沒有受到相近的寫實主義或者對自然力量的直接經驗所控制。一個內在的空間被創造出來了，特別是以繪畫的形式創造而成，我們以不同的感情與覺知的規律去感受體驗，得出一整個全新的世界圖像，且在這當下展現出令人驚訝的、加速的轉化能力（Gaillard 1998: 180-181）。

這讓我們能夠理解到榮格為何於 1930 年代初，在喬伊斯的文

學發展到與二十世紀愛爾蘭的中世紀沉重遺風奮戰之際，對其作品變得著迷，或者也耽溺於畢卡索那種可能危及自身的進展，在他透過最古典的古代藝術所表現出來的常見歡樂，以及形式上大膽地冒險之間，呈現出一種強而有力的創造性思考力的畫風，那也許是當代藝術最具冒險性的行動。

事實上，剛好就在這些研究喬伊斯與畢卡索的論文之前，1920年代間，榮格已經明顯地跳出從藝術轉化看問題的角度，之所以如此，是因為他想更全面地思考藝術創造，而他就以兩篇論文精心闡述了我們所特別感興趣的主題。1922 年他所寫的第一篇，題為〈論分析心理學與詩的關係〉（On the Relation of Analytical Psychology to Poetry），第二篇是 1930 年的〈心理學與文學〉（Psychology and Literature）。

這兩篇論文都明確地不以任何因果關係去解釋藝術品，而代以現象學的途徑，將藝術品看作一個徹底不可解的事實存在，它們用自己的扮相面對大眾，它超越藝術家的意圖，遵循的是結構和成形過程所給予的激發，多半不受藝術家的決定所影響，因此具有高度自主性。

榮格因此寫下於今對藝術精神分析非常具啟發性的概念，對**心理自傳**的具體對象與研究方法間進行了區別，前者是**分析藝術品**，而後者在於**分析創作歷程**（Gaillard 1984b）。

為了更容易被理解，以及讓自己更了解自己想法的重要性，榮格在兩篇論文中都找出並引用了包括但丁（Dante）的作品、法蘭西斯科・柯隆納（Francesco Colonna）的《尋愛綺夢》（*Hypnerotomachia*）、歌德的《浮士德》第二部、尼采的

《查拉圖斯特拉如是說》、華格納（Wagner）的歌劇《帕西法爾》（*Parsifal*）、史匹特勒（Spitteler）的小說、威廉‧布萊克（William Blake）的畫作、雅各布‧波姆（Jacob Boehme）的作品，以及 E. T. A.‧霍夫曼（E. T. A. Hoffmann）的故事集等。他稱這些作品如幻似真，而反對將它們歸入那些他稱之為心理學的類別。一部脫離現實的幻想作品，顯然不會是從我們一般的人類經驗滋養生出的。如果這樣一種作品所產生的震撼效果，到了它看來是難以理解的，且完全不想被理解的程度，這是因為經由「奇異的、邪惡的、怪誕的與反常的角色形象的增長廣大」，作品就像是「混沌深淵的驚人揭露」（Jung 1930: § 144, 146）。

榮格指出，這些混沌深淵對我們現代，且尤其是當代階段，是如何地排斥。我們顯然無法控制這些出自於黑暗的苦惱以及混亂，但卻有個強而有力的抗拒力量可以抵禦。這個防衛力量並非無來由，因為有證據顯示，過去與今日最惡劣的毀滅者和惡魔都是從那裡進出的，成為流行的事態，表現得淋漓盡致，包含政治事件。

但藝術家仍然不時會注意到：

　　夜底世界出現的人物角色有——鬼魂、魔鬼與諸神；他感到人類命運的神祕胎動是由一個超越人類的力量所設計的；⋯⋯他稍微觸及那讓原始人類恐懼但同時也給他最大希望的心靈世界，且嘗試賦予其具體形式。（§ 149）

這裡，我們所採用的區別標準，是回到榮格先前制定，而於1916 年重新啟用且再修訂過的版本，它所針對的，是分辨我們發

現自己既想冒著變得抽象的風險去理解，同時又想要對我們所經歷到的即使是最不尋常的經驗賦予形式，以便能夠加以涵容的雙重需求（他在 1916 年便已使用理解〔verstehen〕和完形的用語）。

閱讀榮格，我們特別認識到，無意識的這種結構，同時具有高度的情緒性，那種影響不僅是個人壓抑所致，而事實上大部分是屬非個人的：透過藝術家在直接的心理焦慮以及與帶給他激發的創作熱情之間揮灑，一整個時代都在面臨不想遇到以及不明瞭的事物，而它們既令人著迷然又極度險惡，不過實際上卻是生氣勃勃且帶有補償性的。

因此，閱讀榮格者找出在 1950 年代後期，已經年逾七十五古稀的他，在一篇看似與這個主題全然無關的作品裡再度對現代與當代的藝術創作進行思辯，就不會感到驚訝了，因為它看似起於那些天空出現飛碟的流言，一般被認為是不重要的，也引發不了多大興趣（Jung 1958）。

榮格當然對這些傳言感興趣，正因為它們難以置信：今天誰會將它們的出現或要說是奇蹟示現，歸結到神或魔？我們可以聲稱外星人存在，而且有些人也真的這樣做。然而它們存在與否的證據，並不比神或魔更為確鑿，所以現今誰能相信？儘管如此，這個如真似假的謠言持續流傳著。它從自身的遺緒中重生，而想被注意到。我們該如何聽它要說的？我們從中可以看到什麼？我們面對它，能做些什麼？榮格對這些問題持開放的態度。

他回到歷史中，在蘇黎世中央圖書館十六世紀版畫與故事的收藏裡頭，找到了這類型幻視所見的東西。他甚至於正好在德國剛出版的，賓根的賀德佳（Hildegarde de Bingen）的《魯博斯堡手

稿》（*Rupersberg Codex*）當中，找到一個十二世紀的例子。他指出，所有這些文獻，都與我們集體歷史中特別艱難的時刻息息相關（Gaillard 1998: 173）。

細察我們當代藝術之餘，他在繪畫中找到這種表現形式，當中特別受矚目的是法國超現實主義畫家伊夫・唐吉（Yves Tanguy）的作品，我們在當中看到有機形式組織的樣態生生滅滅，就如同一個宇宙的生或死一般，而那必然就是時間的開端或者結束，人類的意識在這種在任何細微之處都如此陌生的地方，是會感到驚恐的。我們在許多照片裡正巧看到，這位藝術家的一幅畫作在榮格的圖書館裡已經保存很長一段時間了（Jaffé 1989: 146-147）。

再回來看這個令他困擾至斯的幻視流言，榮格不僅強調並且重申，出於原則，就物理現實而言，他無法對此現象存在與否表達立場，如同在寫作宗教經驗的議題時，他不能就神的超越性存在做出判斷。他感興趣的是伴隨著這種流言而生的那些充滿高度情緒張力的經驗以及典型論述；是這些引發他的探索與分析。而現時，他懷抱著失衡的、困惑的，甚至更徹底地說，是帶著**痛苦**（*distress*）的調性在思考這個問題。**痛苦**，是在他為此書收筆作結的最後一個字。一個尋常的苦惱，卻是在對事件以及完全不可預期的樂趣都抱持開放之時所產生的感覺。

從這個時刻開始，他就將注意力遍及於查閱到的文獻中所論及的形式與圖像：洞、圓、球等被組合安排成抽象與扭曲的樣貌，包括一種實際上難以想像，但卻鮮明存在的「第四維度」的表現。於此突現、顯露或者消失的無以名之的生物或者非生物，在形式上是不完整的、不確定的，甚至坦白說是可悲的（「飛碟」！）。如果

我們接受這些都是在表達一種**成形的過程**（becoming），是草圖或者沒被注意到的片段，這一切就不會那麼難以理解了，而且這些不過僅僅是開始的樣貌，仍為非正式的，幾乎還沒開始，至今尚未被覺察。

榮格因此再接續上，或者更確切地說，超前了安東・埃倫茨維希（Anton Ehrenzweig）在英國這個當代藝術精神分析重鎮的研究。埃倫茨維希對創作歷程著迷，因為我們能夠學會在一件藝術品，或者一系列的作品中去感受到這些歷程。他還認為最難表達清楚的、最未分化的狀態，儘管它們顯然很混亂，卻表現出一種「藝術的祕藏秩序」（Ehrenzweig 1967）。

榮格的途徑也與法國的迪迪埃・安齊厄（Didier Anzieu）類似，儘管表達的語言概念迥異。兩個人都告訴我們，創造性作品與解構的活動是如此地密切相近，至少在舊形式必須被丟棄才能獲得新的表達形式時是如此（Anzieu 1981）。

正如我們迄今所看到的，榮格所實踐與思考的對象，是起始和歷程，而非成果，儘管有些人還是會說他研究的是完成的結果。他研究現代與當代創作的方式，以及更普遍地對超前我們時代的藝術的研究，都是對此的明證。確實，因此，他著作裡通篇行文用字，尋求著對一種於其內在、與他人、與世界企圖連結在一起的整體感所帶來的驚異與變動的最佳表達方式同時，卻一貫拒絕以整體性的用語表示。**完整性**（*Totalität*）這個特定用語──是德語表示無所遺漏或者不會掛一漏萬的一個整體──幾乎完全沒出現過。同時，在談運行過程中的一種完整性時，持續與堅持使用**整體**（*Ganzheit*）、**成為整體**（*Ganzwerdung*）或者**變得完**

整（*ganzwerden*）等詞語，以及使用**完整**（*Vollstandigkeit*）這個詞去表達一種齊步朝完善境地邁進，期待盡善盡美，但非**完美無缺**（*Vollkommenheit*）的景況。

這就是榮格處理、分析以及討論藝術的方式。事實上，他研究這個主題的方式與他從事臨床實務工作的方式是一樣的。他總是關注補償與矛盾的動力，那最後可能變成不僅是單純的令人不安而已，而是排山倒海，甚至帶來毀滅，然而，在藝術來說卻可能帶來新的動能。

他讓我們知道，藝術，特別是當代藝術，如何盡其所能地，從我們最古老以及原始的元素出發，更能吸引我們去對抗當下所確立的信念。而與此同時，它們也引導了我們。就榮格本身及其研究而言，從事藝術研究經常令他得以證明，特別是可以去修補、深化與恢復他對無意識關係的想法。

面對如此明顯且必然同時與解構和成形有關的創造性工作，我們可能會焦慮，甚至崩潰。這是為了讓情況變得更好，因為，榮格寫道，「痛苦為文明而生」（anguish aspires to culture）（Jung 1931）。

時至今日？

很清楚地，眾多榮格學派與後榮格學派運動當前持續的研究，是在延續那些自始便追隨榮格，被稱作第一代榮格學者的學生的工作。

略舉瑪麗－路薏絲・馮・法蘭茲、安妮拉・亞菲、約蘭德・雅科比（Jolande Jacobi）以及約瑟夫・韓德森這四位的作品為例，其

特徵在於，與藝術的相遇支持、滋養與「擴大」（amplifying）了他們所認識到的與無意識的，特別是透過他們自己的分析經驗和臨床實務而理解的個體化歷程。最能呈現這種與藝術的關係的重要作品是《人及其象徵》（*Man and his Symbols*），於榮格逝世四年後的1964年出版，並翻譯成多種語言廣泛流傳。艾瑞旭·諾伊曼一度與榮格非常親近，但兩人漸行漸遠，尤其在他移居以色列之後，許多榮格學派學者一貫且持續留有他的作品的影子，他對藝術作品的分析，包含對李奧納多·達文西（Leonardo da Vinci）的創作，以及他對我們集體歷史的詮釋之廣度，都對他們有所影響。

許多研究路線已經從這種至今活力依然十足的雙重基礎之中建立起來，並且分化出了不少支派。有時候這些研究路線彼此互不聞問，就好像近期榮格學派與後榮格學派運動在其他主題的發展方向一樣（Samuels 1985）。如我們將看到的，它們其實是阡陌縱橫、彼此交錯的。很明顯地，以下的綜觀概述，遠不能為迄今已出版的作品提供完整的或者系統性的樣貌，僅用以突顯藝術精神分析中當前某些特別典型的進展。為了保持內容文字更流暢可讀，我沒有在內文之中放進參考文獻。但我將所引用的這些作者的書籍或者論文列在參考書目中。參考書目也有助於更廣泛的閱讀，以及再延伸找到其他作者。

因美而生的寫作與出版

榮格學派作者裡，可以把藝術創作與分析心理學的緊密關係整合進自己的生活方式與工作裡的，法藍西斯科·唐法藍西斯可（Francesco Donfrancesco）允為其中翹楚。在忙於臨床工作的同

時，他還投注大量時間到那些他密切關注其藝術作品，以及經常拜訪他們工作室的藝術家身上。事實上，他想作的是，以分析師的眼光去檢視藝術的經驗，反過來也以藝術家的角度去看分析的經驗。且總是近距離觀察，一種真的很不尋常的私密相遇。

這是把寫作當作一種活動，可以著手參與、理解以及實踐，而成為的一種歷程，之所以特別，是在於通過使用意象，尋求將個體的與萬物的，主體的和客體的，心理的與靈性的融合在一起。因為這種寫作之美確實便是所有藝術的目的。但這不是一種因循好品味舊習的美。那是一種透過激發一件藝術品中神話意義上的愛神愛洛斯元素之美，包括最當代的創作，因此得以進行美學情感的交流。

他身為一位作家，也當編輯。我們除了必須注意他編輯的期刊《阿妮瑪》（*Anima*）在形式上與感覺上的特質，還要注意其內容，他也積極參與由義大利出版社莫雷帝與維塔利（Moretti e Vitali）[25] 出版社所出版卡拉‧斯特洛帕（Carla Stroppa）的選集，他也因此與她合作，斯特洛帕既是臨床醫生，也是作家、編輯。她在這三個領域的作品，尋求以意象去感受與表達出在記憶與成長過程間緊密交織的樣貌。她強調這些意象如何能用它們自己的藝術語言去訴說最嚴重的人類創傷，同時讓情感得以發洩，而出現療癒的機會。

這兩位作家都經常提及亨利‧柯賓與詹姆斯‧希爾曼。由希爾曼發起的國際性聚會是他們倆在義大利一起組織的，他們在精選出版作品具關聯性的作家上密切合作，即使那些作者個別的研究

25　【編註】莫雷帝與維塔利出版社創立於 1989 年，以出版與榮格思想有關的著作為主。

途徑相差懸殊，諸如：彼得·安曼（Peter Amman）或英格利·里德爾（Ingrid Riedel），以及阿圖羅·施瓦茨（Arturo Schwartz）、巴斯里歐·雷耶（Basileo Reale）、奧古斯多·羅馬諾（Augusto Romano）、路易吉·佐雅（Luigi Zoja）或者我自己、威廉·威爾福特（William Willeford）、保羅·庫格勒（Paul Kugler）和唐納·卡爾謝（Donald Kalsched）。

為藝術家服務的分析師

　　瑪麗·多爾蒂（Mary Dougherty）同樣堅信藝術創作與精神分析是有關聯的，因為我們都在處理兩者的象徵化的運作歷程。她所抱持的想法是，一件藝術品的功能之一，是讓原屬個人的思辯，轉成一個更具共同性的意義。但她的研究主軸在於協助遭遇創作起伏的藝術家。對她而言，很明顯地，藝術家無法只處理意識的意圖，或者任由無意識活動擺佈。這會引起以美學為藉口而逃避的風險，創造出一種為了對抗未發展完成的嬰兒期情感的狂熱防衛，或者是無條件地認同無意識運作。

　　因此，她對那些想要相信依他們自己意志進行創作會有治療價值的人提出批判，且就一位治療師的身份，她強調的反而是適切的良好人際關係的重要性，以及針對讓藝術家得以將個人經驗與他人分享的藝術語言加以詳細闡述。

　　她從榮格的著作起步，特別是《轉化的象徵》以及《心理類型》，同時也使用了海因茲·寇哈特（Heinz Kohut）、瑪麗恩·米爾納（Marion Milner）、卡爾謝（Kalsched）和諾伊曼（Neumann）等人的作品。她最顯赫的前輩是約瑟夫·韓德森，半

世紀前，他曾陪伴美國抽象表現主義畫家傑克森·波洛克（Jackson Pollock）度過在創作中出現的興衰起落。

服務於治療的藝術

於今，無論一對一，或者是團體治療中，有許多榮格學派分析師與榮格取向治療師都以一種或多或少精巧複雜且獨門的方式，運用繪畫、雕塑、素描、舞蹈與音樂來支持並滋養他們的臨床實務。許多代表大會和研討會都投入這類的團體實務，提供與會分析師和治療師寶貴的機會，去經歷一種與自己和他人都更具有情感的關係，還可以交換彼此的經驗和想法。

巴西的奈瑟·達·希爾維拉（Nise da Silveira）是這方面的先驅。1940 年代開始，她設計了許多針對有嚴重精神問題傾向病人的工作坊，讓他們自由地運用各種媒材自我表達，而陪伴他們的人卻不會試圖提出任何詮釋。奈瑟·達·希爾維拉不喜歡「藝術治療」這術語，或者甚至更糟的「精神病理藝術」（psychopathological art）的說法，1950 年代初，她於里約熱內盧創建了「無意識圖像博物館」（Museu de Imagens do Inconsciente），用以保存她帶領的工作坊所創作出來的作品，並介紹給大眾認識，尤其在葡萄牙的帕爾梅拉斯（Casa das Palmeiras）這所她創立的日間照護診所，特別鼓勵病人透過繪畫、素描和雕塑等方式進行表達。她在 1950 年代後期前往蘇黎世，在那裡遇見了榮格。她也熟悉巴舍拉（Bachelard）的作品，且與「原生藝術」（*art brut*）[26]

26　【譯註】維基百科將之譯為「非主流藝術」，根據其中資料，非主流藝術指的是以刻意迴避正統訓練的主流思想而進行創作或收藏。尚·杜布菲（1901-1985）是第一個意識到被社會排

的法國演說者與倡導者們有所接觸，特別是尚・杜布菲（Jean Dubuffet）。她的作品與收藏越來越為人所知，且受到賞識。

英國的艾琳・錢柏諾（Irene Chapernowne）曾接受過榮格的分析，也是他的朋友，是精神病患社區治療取向的先驅，主要的工作方式是運用藝術與創造性媒材；她這種基於榮格學派理論的工作方式，在英國被認為是具開創性的（Stevens 1991）。

在舞蹈治療師中，瓊・丘德羅因為她自己的積極參與，以及學生遍佈各國，已經享譽全球。她實務與教學的養分來自於正統榮格學派的積極想像，以及她專注於煉金師意象的研究。

喬伊・席弗里恩（Joy Schaverien）因出版了在治療中使用繪畫與素描的書籍，以及於大學裡的教學成果，而受到矚目。她的書和論文內容主要與臨床個案（精神病、厭食症、憂鬱或性侵受害病人）有關，且經常引用他們在治療期間所創作的素描和畫作。她運用多種不同理論取向，深思熟慮地彼此對照；她探索以藝術表達為重點的治療環境與節奏、治療師性別與其反移情反應的重要性，以及特定的跨世代持久性創傷，特別是大屠殺之後的猶太後裔案例。喬伊・席弗里恩時常引用榮格的《移情心理學》、溫尼考特和博拉斯（Bollas），除此之外也參照卡希爾（Cassirere）、佛洛伊德與拉

斥者自發創作的作品具有藝術價值的人，他在精神病醫院、監獄等地方，與這些自學成才的藝術家相處，搜集了許多作品，1971 年，他將這些作品贈送給瑞士洛桑市，成立「原生藝術館」（Collection de l'Art Brut）。這個概念一般指的是符合所描述的理想，他主張藝術應該是具創造力的，非遵循舊規的，未經加工的，自然流露的，隔絕於所有社會與文化影響之外，「未經雕琢的」，沒有考慮到名或利，基於自主靈感創作出來，完全對立於傳統的或正式的有關藝術活動的刻板印象。杜布菲追求的作品，一如精神病患與其他被囚禁隔離者的作品，這類藝術一般有別於未經正式訓練的藝術家所創作的「素人藝術」（naive art）；通常也和根據特定文化的原則與傳統所創作的「民間藝術」（folk art）有所區別。

岡，以及她採後女性主義近期發展觀點的作品。

從透過藝術治療到詮釋藝術作品

　　有些將藝術運用於臨床的治療師，也寫作詮釋藝術品的論文。英格利・里德爾（Ingrid Riedel）便是如此。她著有多部討論以繪畫為工具的書籍，且特別著重於在治療裡從色彩可以捕獲的意義。她一般將重點放在系列性的圖像上，以突顯個人心理治療上或者團體演變上的轉變。與此同時，她也分析了當代藝術作品，比如說夏卡爾（Chagall）、保羅・克利（Paul Klee）以及露易絲・布爾喬亞（Louise Bourgeois）等人的作品。她的著作廣受歡迎，如同維蕾娜・卡斯特一樣，卡斯特也從她身為治療師的工作，談論透過素描或者彩繪來表達所產生的效果。事實上，有一大批榮格學派作者的德文著作，特色便在於採用正統的原型途徑去探索與分析現代或當代的創作，從探索高更（Gauguin）、夏卡爾與里爾克（Rilke）作品的漢斯・迪克曼（Hans Dieckmann），到考察芙烈達・卡蘿（Frida Kahlo）的凱瑟琳・艾斯普（Katherin Asper）都是。[27]

　　確實，這種從研究在治療中運用彩繪、素描或者雕塑的活動，也可能延伸到詮釋藝術作品，於是分析師就變成了藝術家。詹姆斯・維利（James Wyly）允為一例；在出版了研究畢卡索和林布蘭

27　【編註】此段提及的藝術家：夏卡爾是俄法藝術家，其夢幻、象徵性的畫風被稱為「超現實派」；保羅・克利為瑞士畫家，善以色塊、點線呈現，論者稱其中帶有強烈的音樂感；露易絲・布爾喬亞為法裔美國藝術家，作品以雕刻為主，其青銅雕塑《蜘蛛》創下女性雕塑家作品最高拍賣紀錄；高更為法國印象派畫家，其描繪大溪地人物的畫作最為人熟悉；里爾克為出生於捷克布拉格、以德語創作的詩人；芙烈達・卡蘿為墨西哥畫家，其作品被認為屬於超現實主義及魔幻寫實主義。

（Rembrandt）作品的論文後，他逐漸脫離臨床工作，轉而投身繪畫，特別是致力於大鍵琴演奏的藝術。用這種方式實踐藝術，是一種選擇，榮格自己決定獻身心理學，而非更刻意地投入繪畫、雕塑，或甚至在寫了《對亡者的七次佈道》之後，也避開了從事文學創作的路。

如此徹底的生命抉擇仍屬罕見。我們在榮格社群裡更普遍看到的是，特別留心以象徵性生活進行表達的臨床工作者，隨著他們臨床或者理論性作品的產出，間或會產出一、兩篇討論讓他們特別感動或著迷的藝術品或藝術家的論文，一如同在精神分析運動的其他傳統裡看到的那樣。就這樣，莫瑞‧史丹曾研究過畫家林布蘭；拉斐爾‧羅培茲－佩德拉薩（Rafael Lopez-Pedraza）和瑪麗‧威爾斯‧巴倫（Mary Wells Barron）則研究畫家兼雕塑家基弗（Anselm Kiefer）；莫尼克‧薩爾茲曼（Monique Salzmann）探討的是雕塑家傑克梅弟（Giacometti），與此同時，比佛莉‧查布里斯基（Beverley Zabriskie）則一直專注於創作歷程的分析。

我們還看到電影也受到一些著作所啟發，尤其是埃米‧阿格尼爾（Aimé Agnel）、約翰‧畢比和克里斯多福‧豪克等人的作品，而音樂在榮格學派和後榮格學派的論文中受到的探討仍有不足，一如我們的佛洛伊德學派同儕所給予的對待一樣，而埃米‧阿格尼爾（Aimé Agnel）、亞瑟‧科爾曼（Arthur Colman）、保羅‧紐漢（Paul Newham）、喬艾爾‧萊斯－曼紐因（Joel Ryce-Menuhin）、恩里克‧帕爾多（Enrique Pardo）、奧古斯多‧羅馬諾（Augusto Romano）、約格‧拉舍（Jörg Rasche）、派翠西亞‧史卡爾（Patricia Skar）或卡爾林‧沃德（Karlyn Ward）等人雖有作

品產出，但看似尚嫌曲高和寡。

另一種時間尺度

　　以榮格學派研究法產出的藝術分析作品，也可以放進我們集體歷史視野的脈絡裡觀察。這需要的不僅是去密切注意從一位藝術家生命韻律的角度所看到的創作演變，還需要觀察和分析好幾個世代在形式上與結構上的轉變，綿延一整個世紀，或者從一段時期觀看到另一段時期。這種藝術的分析需要一種於內在具備足夠一致性的方法論的論述，以適用於每個被研究的藝術作品。同樣地，研究必須聚焦在一個具代表性的主題或結構，才能從一件作品到另一件當中看到它的演變。

　　這便是我如何從在巴黎國立高等美術學院（Ecole Nationale Superieure des Beaux-Arts de Paris）教授藝術精神分析以及我的出版作品，開始去研究特定羅馬畫作的，我起初猶豫，但接著以一種更周全和有組織的態度工作，從國際哥德式與義大利文藝復興的作品起，如卡拉瓦喬（Caravaggio）、杜勒（Durer）、克拉那許（Cranach）、庫爾貝（Courbet）、波洛克（Pollock）、安塞爾姆・基弗等人的作品，到更近期的蕾貝卡・霍恩（Rebecca Horn）、珍妮・霍爾澤（Jenny Holzer）和傑拉德・加魯斯特（Gerard Garouste）等。我並未順著他們在我們藝術史出現的順序著手，而是偏好依照他們之間顯然沒有任何關聯，且明顯時序紊亂，但卻相遇的道路追尋。只能慢慢地，才有可能出現一種如同我們文化歷史的秩序，而這只因為這些作品逐漸開始明顯地——或至少它們裡頭的大部分——出現一個在歷史長河裡代表女性的主題

的轉化，它帶有一種在中世紀時期稱之為「封閉的花園」（*hortus conclusus*，法文是 *jardin clos*）的共同結構性有機系統組織。

因此，我的重點就此立刻專注於轉化的歷程，以及貫注在這種共同的結構性有機系統組織上。無庸置疑地，以這種方式分析藝術，與我的工作發展並非無所關聯，而我所做的，便是在他一個階段到另一個階段所創作的作品的內在動力當中，且就他在我們文化歷史中所處的地位，以及和其他精神分析出現過的潮流裡頭的連結與差異之處，尋求可以更了解與更能呈現榮格的方式。

除了榮格自己的著作之外——特別是那些自 1935 年以來的——採取這種取向的著作，我可以援引的包括彼得·霍曼（Peter Homan）的《脈絡中的榮格》（*Jung in Context*），以及卡林·巴納比（Karin Barnaby）和佩萊格里諾·達西爾諾（Pellegrino d'Acierno）主導編輯出版的《榮格與人文》（*C. G. Jung and the Humanities*）。

後現代關注的所在

克里斯多福·豪克也對影響我們文化的巨大轉變提出質疑。他將他分析的焦點放在，尤其是自在 1980 年代以來，我們稱之為後現代主義的現象的出現之上，特別是關於建築方面。美國建築師法蘭克·蓋瑞（Frank Gehry）的設計所根據的，顯然是沒有現成結構或者主導思想的新發展，與我們所謂「現代的」建築非常不同，讓豪克重新檢討榮格與歷史以及與他自身文化傳統的關係。他重新思考了榮格與喬伊斯《尤利西斯》的複雜關係，藉以表達榮格在這個處境上，以及在波林根建造實體塔樓，完全不是想抱殘守缺，而

是以寫作或者玩石，在生活裡實現一種對話，因此對他命中固有的遺緒再度生出興趣，接著繼續令現今的創造力甦醒。用這同樣的方式，但不像佛洛伊德，他並沒有去創建一門心理學，當然也不是後設心理學（metapsychology），而是創作出生動的概念以粉碎意識的僵化，且有個與無意識活生生具多元多變的瞬間與面向的關係伴隨而生。

對於約翰·畢比來說也是如此，當代創作主要挑戰之一，是從榮格當然沒有預想到的極簡抽象藝術美學的現代藝術，轉向經常以犯天下之不韙為手段的後現代性。他說，這個運動可以用榮格學派所謂的一段旅程的術語分析，通向意識自我與無意識的一個新關係。長久以來，這個關係一直在超個人客體性的層次上起作用；例如米羅（Miro）的作品中依然如此。基弗最近的作品與猶太詩人策蘭（Celan）所寫關於集中營的詩語，彼此本質密切，可作為某種程度上是新發現的歷史傷口或者痛苦，那遠遠超越個人的，且痛在身上的證據，已經到了分裂與混亂的程度。

畢比透過重新閱讀榮格寫於 1916 年的《對亡者的七次佈道》展開分析，並堅持把重點放在旅程的意義上，那實際上是發自理想化的自性（Self）——普羅若麻（*pleroma*）[28]——而走到成為一個日常裡更獨特的自我——受造者／克瑞圖拉（*creatura*）。他也演示了，從當今藝術堅持運用最簡單的媒材，以及堅持對陰性和面質邪惡加以關注，便可看出煉金師對基督教義所排除之物賦予生命活力的工作，以及這項工作如何獲得實現。他指出，馬克思·恩斯特

28　【譯註】pleroma 是希臘字「完滿」的意思，出於柏拉圖的宇宙論，在基督教新約聖經裡出現多次，但其起源與被判為基督教異端的諾斯替主義關係密切。

（Max Ernst）與施維特斯（Schwitters）的作品便表現了這個再發現，以及煉金師關注的事物獲得了實現。

畢比提到，如果現代藝術揭示了尼采將太陽神與酒神間分析地如此透徹的張力，那麼當代藝術試圖做的，就是讓我們那些尋求活化這種感受力，在情感上也能感受到赫密士（Hermes）調皮搗蛋與赫斯提亞（Hestia）賢淑靜雅的召喚間的張力。後一種張力總迴避我們日常是否能安住自在的問題，如同我們在葛哈德·李希特（Gerhard Richter）的風景畫與肖像畫中所看到的那樣（私人通訊，2003 年春季）。

他曾經特別研究阿弗瑞德·希區考克（Alfred Hitchcock）、史提芬·史匹柏（Steven Spielberg）和史派克·李（Spike Lee）的電影，羅伯·阿尼森（Robert Arneson）的雕塑，以及更廣泛地探討藝術中搗蛋鬼的形象。他擔任《舊金山榮格學院圖書館期刊》（*San Francisco Jung Institute Library Journal*）編輯一職多年，致力於評介書籍、影片與其他文化事件的工作。

因著赫密士與搗蛋鬼，我們被帶回到《尤利西斯》，它在開卷導言處導引我們進入本文。而隨著後現代性的挑釁與發展，我們思緒比以往更加清明地回到那個混亂的狀態，卻也柳暗花明，發現我們與無意識的關係卻更豐碩，挑戰也更多，我們對書頁裡的那所有部分都印象深刻。因為當今榮格學派作者逐步形成的藝術分析與實作，雖然多元且具差異性，卻都在榮格精神分析的指引下被銘記，如同他經常流連於對他產生影響的藝術品一般。

當前這個工作引發了一些重要問題。在治療中善用藝術與造型表達，並不同於和美與不快或者邪惡之間的關係。然而，最重要的

問題之一是無意識運作歷程的時間尺度，因為它們藉藝術品自我顯現，成為一段文化史的標誌。這些問題佔據榮格著作的核心，且持續在榮格學派以及目前後榮格學派的作品中一再出現。這是仍在進行中的工作，會在我們當代藝術的發展裡頭被密切注意，當然我們多樣多變的質疑也會一直出現。

致謝

由於慷慨提供予我資訊、想法與建議，對於約翰・畢比、法藍西斯科・唐法藍西斯可、瑪麗・多爾蒂、喬治・拉希、英格利・里德爾、喬伊・莎維瑞恩、卡拉・斯特洛帕、詹姆斯・維利、比佛利勒・扎布斯基，與特別是雷諾斯・帕巴多博洛斯等諸位，我於此致以衷心的感謝。

| 附錄一 |
譯詞對照

一、術語

A

a priori　先驗

active fantasy　積極幻想（積極想像）

active imagination　積極想像

active phantasying　積極空想（積極想像）

albedo　白化期

alchemical psychology　煉金式心理學 *CH12*

alchemy of soul　靈魂的煉金術 *CH12*

alchemy of spirit　心靈的煉金術 *CH12*

alternative spirituality　另類靈性

an alchemical way of psychologising　心理學化的煉金術之路 *CH12*

analytical method of psychotherapy　分析性的心理療法

anima mundi　世界靈魂

anima　阿妮瑪／ animu　阿尼姆斯

Anticipated Whole Other　預期中的完整他者

anti-hierarchical　反階級（沙謬斯〔Samuels〕） *CH7*

aperspectival consciousness　整然的意識

Apocalypse　啟示錄

archetypal dreamscape　原型夢境 *CH11*

Archetypal Fathers　原型父親

archetypal parallels　原型對應 *CH11*

archetypal shadow　原型陰影 *CH4*

archetype of Deit　神聖原型

archetype　原型

archetype-as-such　就是那樣的原型／如其所是的原型

art brut　原生藝術

Atman　靈魂

aurora　黎明

aurum non vulgi　非世俗的黃金

aurum philosophicum　哲學意義上的黃金

auto-clinical　自我診療

axial system　晶軸系統 *CH3*

B

bene clausum　煉金瓶

biogrammar　生物語法（福克斯與泰格〔Fox & Tiger〕） *CH3*

bipolar assumption　雙極假設（心理類型）

bipolar disorder　雙極性疾患

blackness　黑化

body-Self　身體的自性

bourgeoisie　布爾喬亞

C

calcinatio　鍛燒

culeinatio　鍛燒／ *solutio*　熔解／ *coagulatio*　融合／ *sublimatio*　昇華／ *mortilicatio*　死亡／ *separatio*　分離／ *coniunctio*　合體（艾丁哲〔Edinger〕） *CH12*

cauda pavonis　孔雀尾巴

causal instinct　追根究柢的本能

causal-reductive　因果還原

celestial heart　妙意

centraility 核心性質

Central Meaner　核心意義者

centre of psyche　心靈的核心（自性定義要素之一）

centrifugal　離心的／centripetal　向心的

characterology　人物學 CH6

charlatan shadow　江湖騙子陰影 CH4

chemical wedding　化學的結合

children as individuals　小孩就是個體（福德罕〔Fordham〕）CH7

classical-symbolic-synthetic approach　古典－象徵－綜合法（沙繆斯〔Samuels〕）CH10

coincidentia oppositorum　矛盾的統一 CH7

Collective Structures of Meaning, CSM 意義的集體結構

collective shadow　集體陰影

collective unconscious　集體無意識

coming to selfhood　企及個性

commedia dell'arte　義大利即興喜劇 CH4

complex　情結

complexio oppositorum　對立複合體 CH7

complexity　複雜性理論 CH1

coniuncrio　結合

conscious　意識

consensus gentium　共識

constellations　聚集體／情意叢

contrasexuality　雙性共生 CH5

cosmological dualism　宇宙論式二元論

countertransference　反向移情

craft spirituality　同行靈性 CH13

creative illness　創造性疾患

creative imagination　創造性想像

Creatura　克瑞圖拉 CH1、CH14

creature per se　本質上便是那樣的生物

Cybernetic　模控學 CH1

D

Daimonic　代蒙

deficit model　缺失模型（韋恩〔Wynne〕）CH5

deintegrate　去整合體（福德罕〔Fordham〕）CH7

dementia praecox　早發性失智症

democratic spirituality　大眾的靈性 CH13

Demonic　惡魔

double-bind theory　雙束理論 CH1

DSM-IV　《精神疾病診斷與統計手冊第四版》CH6

E

Eastern Orthodox Christianity　東正教

efficient causality　動力因 CH1

ego　自我／意識自我

ego-consciousness　智識／自我意識／自我的意識感

ego-personality　自我人格

ego-Self axis　意識自我－自性軸

elementary ideas　原初觀念

embodied countertransference　具象性的反移情 CH8

empirical　經驗的

epigenesis　後生說 CH7

epiphenomenalism　副現象主義

episteme　認識

epistemological contextualism　認識脈絡論

eros　愛洛斯／logos　邏各斯

erklären　解釋 CH1

essentialist　本質論者 CH1

ethical consciousness　倫理意識 CH1

ethnic ideas　族群意識

evolved psychological mechanisms　演化而來的心理機制（布斯〔Buss〕）CH3

extra-sensory perception, ESP　超感知覺 CH11

extravert 外傾／introvert 內傾

F

facultas praeformandi 先驗形式

falsification of type 偽類型

fantasy thinking 幻想型思考／directed thinking 導向型思考

father fixation 父情固著

feeling tone complexes 感覺調性情結

fermeniatio 醞釀期

field approach 場域途徑

fiery magma 熾熱熔岩

filius macro cosmi 偉大的宇宙之子

final causality 目的因 *CH1*

finality 決定性 *CH1*

focal conflict theory 焦點衝突理論（夢）

free association 自由聯想

free associations 自由聯想

free-floating anima 失控的阿妮瑪 *CH5*

G

Ganzheit 整體

ganzwerden 變得完整

Ganzwerdung 成為整體

genetically transmitted response strategies 基因傳遞的回應策略（溫尼格拉特〔Wenegrat〕）*CH3*

Germanic soul 日耳曼精神

gestalt therapy 完形療法

Gnostic knowledge 諾斯替靈知 *CH1*

God the Father 聖父／God the Son 聖子／God the Holy Ghost 聖靈

God-image 上帝意象

God's immanence 內在上帝

Gods 眾神

golden castle 黃金城

grand narratives 大論述

Great Mother Goddesses 大母神

group transference 群體移情

guide spirit 指導靈

H

hedonic 快樂模式／agonic 無偏差模式（錢斯〔Chance〕）*CH3*

hierosgamos 聖婚／神聖聯姻

Hiranyagarbha 梵天

Holy Trinity 三位一體

homuncular fantasy 幻想小人兒

homunculus 生命體（煉金術）

hortus conclusus / jardin clos 封閉的花園 *CH14*

humanistic 人道主義

hypostasis 本質概念上的實體

I

id 本我

ideae principals 理型原則

ideas 理型（柏拉圖）

image 意象

imaginal psychology 意象的心理學

imago of the parents 父母無意識意象

imagos 意象

in statu nascendi 誕生中的

incineratio 焚化

incarnatint the archetypal image 具體化原型意象（普勞特〔Plaut〕）*CH8*

individual amplifications 個體的廣延 *CH11*

individualism 個人主義

Individuality 個體性

individuation 個體化

innate releasing mechanisms 先天釋放機制（廷貝亨與洛倫茲〔Tinbergen & Lorenz〕）*CH3*

innate releasing mechanisms 天生放鬆機制 *CH2*

inner ideas 內在理型（克卜勒〔Kepler〕）*CH3*

inner voice 內在聲音（亨伯特

〔Humbert〕）*CH7*

inspiring effect　啟發效應（雷德費恩〔Redfearn〕）*CH7*

introspection　內省（積極想像）

J

Jung always sai　言必稱榮格

Jungian spirituality　榮格學派靈性

K

Know Thyself　了解你自己

L

laboratorium　工坊

Lamarckism　拉馬克主義 *CH3*

land without frontiers　盡虛空、遍法界

language acquisition device　學習語言機制（杭士基〔Chomsky〕）*CH3*

lapis　原石

larger Mind　更廣大的心智

law of of contiguity　接近律

law of similarity　相似律

leukosis　轉白

libido　力比多

logos of episteme　認識的邏各斯 *CH1*

logos　邏各斯

Lucifer　魔鬼

Luna　月亮

M

maieutic　產婆法

mana　神力

massa confirsa　消除混沌

massmindedness　群眾意識

master programmes　主問題（加德納〔Gardner〕）*CH3*

matrix　母體

matter　物質（煉金術）

Myers-Briggs Type Indicator　邁爾－布里格斯性格分類指標

MBTI types　MBTI 類型 *CH6*

medial practitioners　居中實踐者（沙謬斯〔Samuels〕）*CH10*

medication-complex　藥物情結

mentalities　心理狀態（吉爾伯特〔Gilbert〕）*CH3*

metapsychology　後設心理學

mid-point between conscious and unconscious　意識與無意識的中心點（自性定義要素之一）

mirror stage　鏡像階段（拉岡〔Lacan〕）*CH8*

missing fourth　失落的第四個

Mithraism　密特拉教

mortificatio　死亡

mortificatio　淨化期

Mr. Hyde side　邪惡的那一面

multiple intelligences　多元智能

multiple mental modules　多重心理模組（科斯米德斯與托比〔Cosmides and Tooby〕）*CH3*

mysterium tremendum et fascinans　恐怖與迷人的神祕

mysterium tremendum　令人敬畏的神祕感受

mythological motifs　神話母題

N

nekyia　通靈術

Neo-PI　《新人格量表》*CH6*

neuropsychic propensities　神經精神現象

New Age　新世紀

New Age Movement　新世紀運動

nigredo　黑化

nigredo　黑化期

nonmetrical more dimensional scaling, NMDS　非度量多維標度分析 *CH5*

non-self　非自我

no-self　無我

Not-I　非我

noumenon　本體
numinous　努祕的

O

objective psyche　客觀心靈
objectivity　客觀性
Occam's Razor　奧卡姆剃刀原則
one-person psychology　一人心理學
opposing Personality　對立人格
opus magnum　大功業 *CH12*
oratorium　祈禱室
organizing principle　組織原則（自性定義要素之一）
otherness　他者的性質
outward attitude　外向態度／inward attitude　內向態度

P

Pan-epistemeion　大學 *CH1*
parental imago　父母原型意象
pari passu　與之等同
pars pro toto　整體的一部分
participation mystique　神祕參與
part-self　部分自性（福德罕〔Fordham〕）*CH7*
Perennialist　永恆主義者
persona　人格面具
personal equation　人為誤差
personal shadow　個人陰影
personification　人格化意象
philosophical premises　哲學前提
philosophy of nature　自然哲學
pictorial form of thinking　思想的圖畫形式
Pleroma　普蕾若麻 *CH1*、*CH14*
Poly-techneion　技術學院 *CH1*
Popperian　波普式 *CH4*
positive shadow　正向陰影
precognitive　預知性（夢）
prepared tendencies　預備好的傾向（內

瑟〔Nesse〕）*CH3*
pre-sciences　前科學
prima materia　原始材料（積極想像）
primary process　初級歷程
primary self　原初自性（福德罕〔Fordham〕）*CH7*
primordial images　原初意象
primordial thoughts　原始思維
privatio boni　善的缺乏
problematic of the other　關於另一個實存的難題
profane spirituality　非宗教的靈性 *CH13*
propensity states　習性狀態（加德納〔Gardner〕）*CH3*
prospective　展望性（夢）
Pseudo-Dionysius　偽丟尼修斯 *CH3*
psyche immanence　純粹心靈內在
psychic infection　心靈感染
psychodrama　心理劇
psychoanalysis　精神分析／心理分析
psychoid　類心靈
psychology of alchemy　心靈煉金
psychopathological art　精神病理藝術
puer aeternus　永恆少年／puella aeterna　永恆少女
Purusha　真實自我
putrefacio　淨化

Q

quasi-visual　如真似幻的 *CH14*

R

real relationship　真實的關係
reductive　還原
reflective countertransference　反射性的反移情 *CH8*
relatedness-Self　關係性的自性
religion of psychology　心理宗教學 *CH13*
religious fundamentalism　宗教基本教義派

repressed 潛抑
reptilian brain 爬蟲類腦 *CH2*
revolution from above 上層革命 *CH1*
rites of passage 通過儀式
Rosarium Philosophorum 《哲人玫瑰園》
rubedo 紅化期

super-ego 超我
superior 優勢功能／auxiliary 輔助功能（心理類型）
supraordinate personality 超人格
synchronicit 共時性
syzygy 對立事物整合 *CH5*

S

sacred marriage 聖婚
schizophrenia 精神分裂
self psychology 自體心理學 *CH8*
self-consciousness 自我意識
self-organising 自組織
self-realisation／Selbsverwirklichung 自我實現
semi-structured interviews 半結構化訪談 *CH5*
Senex 老人
sense of purpose 使命感
sense of self 自性感 *CH7*
separatio 分離
sexual chemistry 性化學作用
sexual misconduct 性偏差行為
shadow 陰影
simulacrum 擬仿
Socratic ignorance 蘇格拉底式無知 *CH1*
Sol Niger 黑太陽
Sol 太陽
Sophia 索菲亞
spiritual sociality 靈性交際 *CH13*
stages of life 生命階段
Standard Social Science Model, SSSM 標準社會科學模式 *CH3*
stone 寶石（煉金術）
structural organisation 有機結構體
structuralist 結構主義
stupas 浮屠
sub-conscious 下意識
sublimation 昇華
supraordinate personality 超人格 *CH7*

T

talking cure 談話治療
tantric 怛特羅密教
technique of differentiation and exercises 辨識與儀式操練法（積極想像）
technique of the descent 沉降法／technique of introversion 內向法（積極想像）
telepathic 心電感應（夢）
telos 終極面貌
terrible Mothers 恐怖母親
the Cartesian Theatre 笛卡爾劇場（丹尼特〔Dennett〕）*CH7*
the countertransference revolution 反移情革命 *CH8*
the divine child 聖童
the emergence of the spiritual embryo 元神出現 *CH12*
The Great Godness 大母神／大地女神
the individual 個體世界／the collective 集體世界
the knower 知者
the meditation complex 默想情結 *CH12*
the philosopher's stone 哲人石／黃金
the self 自性
thinking 思考／feeling 情感／sensation 感官／intuition 直覺（心理類型）
Thomist 托馬斯主義者
thou 汝
Totalität 完整性
totality of psyche 心靈的整體性（自性定義要素之一）

totality　整體性／整體
tough-minded　鐵漢／tender-minded
　柔情（威廉・詹姆斯〔William
　James〕）CH4
transcendent function　超越功能
transference-coutertransference　移情－反
　移情
transference neurosis　移情精神官能症
transferred　轉移
translate　轉化（積極想像）
transpersonal　超個人
treatment alliance　治療的聯盟
Trickster　搗蛋鬼
turning the light around　迴光返照 CH12
type profile　類型簡圖（心理類型）

U

Übermensch　超人說 CH4
unconscious　潛意識／無意識
union of opposites　對立的統合（自性定
　義要素之一）
universalist　普世主義者 CH1
unus mundus　世界一體／一元世界

V

vas hermeticum　密閉細頸瓶
verstehen　理解 CH1
viriditas　綠色生命力 CH14
visioning　幻視（積極想像）
vitalistic　生命論
Vollkommenheit　完美無缺
Vollstandigkeit　完整

W

wholeness　圓滿（自性定義要素之一）
window to eternity　通往永恆之窗
witch　女巫
Word Association Test　字詞聯想測驗
world technique　世界技法（沙遊）
　CH10

wounded healer　受傷治療師
wunscherfüullung　滿足願望

Z

zeitgeist　時代精神

二、人名（含神話人物、神祇）

二～四劃

大衛・皮特　David Peat
大衛・戴西　David Tacey
大衛・羅森　David Rosen
山姆・奈斐　Sam Naifeh
丹尼爾・丹尼特　Daniel Dennett
丹麥瑞斯・維爾　Demaris Wehr
太陽神阿頓　Aten
太陽神荷魯斯　Horus
尤金・布魯勒　E ugen Bleuler
巴尼・修特爾　Bani Shorter
巴尼斯　H. G. Baynes
巴舍拉　Bachelard
巴哈　Bach
巴斯里歐・雷耶　Basileo Reale
比佛利・查布里斯基　Beverley Zabriskie

五劃

以利亞　Elijah
加爾頓　Galton
卡拉・斯特洛帕　Carla Stroppa
卡拉瓦喬　Caravaggio
卡林・巴納比　Karin Barnaby
卡林・伍德　Karlyn Ward
卡洛・麥克蕾　Carol McRae
卡洛琳・格蘭特・費伊　Carolyn Grant
　Fay
卡琳・沃德　Karlyn Ward
卡爾・凱倫依　Karl Kerenyi
卡爾林・沃德　Karlyn Ward
卡魯斯　C. G. Carus

古斯多・羅馬諾　Augusto Romano
古斯塔夫・阿斯查芬伯格　Gustav
　Aschaffenburg
史匹特勒　Spitteler
史坦頓・馬蘭　Stanton Marian
史派克・李　Spike Lee
史特文斯基　Igor Stravinsky
史提芬・史匹柏　Steven Spielberg
尼古拉斯・廷貝亨　Niko Tinbergen
尼克・廷波吉　Niko Tinbergen
尼采　Friedrich Nietzsche
布瑞爾　A. A. Brill
布魯爾　Breuer
弗呂的尼古拉斯　Nicolas de Flüe
弗里茨・波爾斯　Fritz Perls
田中康裕　Yasuhiro Tanaka

六劃

伊夫・唐吉　Yves Tanguy
伊西絲　Isis
伊迪斯・梅克科米克　Edith McCormick
伊莎貝爾・布里格斯・邁爾斯　Isabel
　Briggs Myers
伊森海姆市　Isenheim
列維—布留爾　Levy-Bruhl
列維納斯　Levinas
吉格里希　Giegerich
吉爾伽美什　Gilgamesh
多蘿西・戴維遜　Dorothy Davidson
安・烏蘭諾　Ann Ulanov
安・康瑞德・拉莫斯　Ann Conrad
　Lammers
安・凱思門　Ann Casement
安吉羅・史波托　Angelo Spoto
安妮・斯普林格　Anne Springer
安妮・墨菲・保羅　Annie Murphy Paul
安妮拉・亞菲　Aniela Jaffé
安妮塔・格林　Anita Greene
安東・埃倫茨維希　Anton Ehrenzweig
安東尼・史都爾　Anthony Storr

安東尼・史提芬斯　Anthony Stevens
安娜・歐　Anna O.
安塞爾姆・基弗　Anselm Kiefer
安德魯・沙繆斯　Andrew Samuels
托妮・沃爾夫　Toni Wolff
托馬斯・里德　Thomas Reid
朵拉・卡爾夫　Dora Kalff
米勒小姐　Miss Miller
米開朗基羅　Michelangelo
米歇爾・朱維特　Michel Jouvet
米察・諾伊曼　Micha Neumann
米爾頓　Milton
米羅　Miro
考麗　Kore
艾文尼斯　Ivenes
艾立・亨伯特　Elie Humbert
艾米・敏德爾　Amy Mindell
艾迪斯・華勒士　Edith Wallace
艾倫・海因克　Ellen Heinke
艾莉卡・弗洛姆　Erika Fromm
艾斯・哈丁　Esther Harding
艾琳・嘉德　Irene Gad
艾琳・錢柏諾　Irene Chapernowne
艾瑞旭・弗洛姆　Erich Fromm
艾瑞旭・諾伊曼　Erich Neumann
艾瑞克・博吉林　Eric Voegelin
艾瑪・榮格　Emma Jung
艾瑪・福斯特博士　Dr. Emma Fürst
艾德蒙・胡塞爾　Edmund Husserl

七劃

亨利・柏格森　Henri Bergson
亨利・科賓　Henry Corbin
但丁　Dante
佛里德里希・馮・謝林　Friedrich von
　Schelling
佛洛伊德　Sigmund Freud
克里斯多福・豪克　Christopher Hauke
克里斯提安・羅森克魯茲　Christian
　Rosencreutz

克里斯蒂安・馮・沃爾夫　Christian von Wolff

克里斯蒂安・蓋拉德　Christian Gaillard

克拉那許　Cranach

克勞德・李維－史陀　Claude Levy-Strauss

呂內華德　Grünewald

呂西安・列維－布留爾　Lucien Levy-Bruhl

希亞忒塔斯　Theaetetus

希拉　Hera

希波克拉提斯　Hippocrates

希奧多・阿伯特　Theodor Abt

希奧多・福魯諾　Theodore Flournoy

李奧波德・卡里格　Leopold Caligor

李奧納・泰格　Lionel Tiger

李奧納多・達文西　Leonardo da Vinci

杜勒　Durer

沃夫岡・包立　Wolfgang Pauli

沃夫岡・吉格里希　Wolfgang Giegerich

沃夫岡・科勒　Wolfgang Köhler

狄密特　Demeter

肖恩・麥克尼夫　Shaun McNiff

貝托・阿薩吉歐力　Robert Assagioli

里克斯・韋弗　Rix Weaver

里爾克　Rilke

里歐・貝克　Leo Baeck

八劃

亞略巴古的丟尼修斯　Dionysius the Areopagite

亞瑟・科爾曼　Arthur Colman

佩特里・皮耶帝凱寧　Petteri Pietikäinen

佩萊格里諾・達西爾諾　Pellegrino d'Acierno

叔本華　Arthur Schopenhauer

奈瑟・達・希爾維拉　Nise da Silveira

姆斯・維利　James Wyly

宙斯　Zeus

尚・杜布菲　Jean Dubuffet

尚・蓋普瑟　Jean Gebser

帕拉塞爾蘇斯　Paracelsus

帕爾梅拉斯　Casa das Palmeiras

彼得・安曼　Peter Amman

彼得・阿曼　Peter Amman

彼得・霍曼　Peter Homan

拉米亞斯　Lamias

拉岡　Lacan

拉梅茲　Charles Ferdinand Ramuz

拉斐爾・羅培茲－佩德拉薩　Rafael Lopez-Pedraza

拔示巴　Bathsheba

林布蘭　Rembrandt

河合隼雄　Hayao Kawai

法藍西斯科・唐法藍西斯可　Francesco Donfrancesco

法蘭西斯・加爾頓爵士　Sir Francis Galton

法蘭西斯科・柯隆納　Francesco Colonna

法蘭茲・瑞克林　Franz Riklin

波比・惠特克姆　Bobbi Whitcombe

波瑟芬妮　Persephone

芙烈達・卡蘿　Frida Kahlo

芭芭拉・史蒂文斯・沙利文　Barbara Stevens Sullivan

芭芭拉・漢娜　Barbara Hannah

阿弗列德・阿德勒　Alfred Adler

阿弗瑞德・希區考克　Alfred Hitchcock

阿佛瑞德・沃爾夫松　Alfred Wolfsohn

阿芙蘿黛蒂　Aphrodite

阿肯那頓　Ikhnation

阿特密斯　Artemis

阿道夫・巴斯蒂安　Adolf Bastian

阿道夫・古根博－克雷格　Adolf Guggenbühl-Craig

阿圖羅・施瓦茨　Arturo Schwartz

阿爾布雷赫特・立敕爾　Albrecht Ritschl

九劃

保羅・克利　Paul Klee

保羅・拉丁　Paul Radin

保羅・庫格勒　Paul Kugler
保羅・紐漢　Paul Newham
保羅・馬可林　Paul Maclean
哈洛德・希爾斯　Harold Searles
哈洛德・科瓦德　Harold Coward
威廉・布萊克　William Blake
威廉・威爾佛德　William Willeford
威廉・詹姆斯　William James
威爾海姆・簡森　wilhelm Jensen
威福爾德・馬德隆　Wilferd Madelung
拜倫　Byron
施密特－蓋森　Hans Schmid-Guisan
查理士・史都華　Charles Stewart
查爾斯・卡德　Charles Card
查爾斯・達爾文　Charles Darwin
派屈克・馬克高蘭　Patrick McGoveran
派翠西亞・史卡　Patricia Skar
派翠西亞・史卡爾　Patricia Skar
派翠西亞・溫明　Patricia Warming
珍・威爾萊特　Jane Wheelwright
珍妮・阿克特伯格　Jeanne Achterberg
珍妮・霍爾澤　Jenny Holzer
約格・拉舍　Jörg Rasche
約瑟夫・康拉德　Joseph Conrad
約瑟夫・韓德森　Joseph Henderson
約瑟夫・韓德森　Joseph Henderson
約翰・布魯勒　John Buehler
約翰・吉亞尼　John Giannini
約翰・杜利　John Dourley
約翰・阿倫　John Allan
約翰・洛克　John Locke
約翰・洛克斐勒　John Rockefeller
約翰・特瑞尼克　John Trinick
約翰・畢比　John Beebe
約翰・鮑比　John Bowlby
約翰尼斯・克卜勒　Johannes Kepler
約翰・弗立門　John Freeman
約蘭德・雅科比　Jolande Jacobi
胡伯特與莫斯　Hubert and Mauss
英格利・里德爾　Ingrid Riedel

迪迪埃・安齊厄　Didier Anzieu

十劃

唐納・卡爾謝　Donald Kalsched
埃及人索席摩斯　Zosimos of Panopolis
埃米・阿格尼爾　Aimé Agnel
埃絲特・哈定　Esther Harding
夏卡爾　Chagall
夏可　Charcot
夏克緹　Shakti
娜歐蜜・洛溫斯基　Naomi Lowinsky
席勒　Schiller
庫格勒　Kugler
庫爾貝　Courbet
恩・韋恩　Brian Wynne
恩里克・帕爾多　Enrique Pardo
恩帝庫　Endiku
恩斯特・邁爾　Ernst Mayr
朗費羅　Longfellow
格拉杜斯・多尼斯　Gerardus Dorneus
格雷戈里・貝特森　Gregory Bateson
桑納托斯　Thanatos
海因茲・寇哈特　Heinz Kohut
海倫・布里斯克　Helene Preiswerk
烏利希・慈運理　Ulrich Zwingli
烏利亞　Uriah
烏那・湯馬斯　Una Thomas
特倫斯・道森　Terence Dawson
班傑明・保羅　Benjamin Paul
索努・山達薩尼　Sonu Shamdasani
索倫・葉克斯托姆　Soren Ekstrom
茨威格和沃爾夫　Zweig and Wolf
郝伍德・菲力浦　Howard Philp
馬丁・布伯　Martin Buber
馬文・米勒　Melvin Miller
馬文・斯比格曼　Marvin Spiegelman
馬克思・恩斯特　Max Ernst
馬提雅斯・戈林　Matthias Göring
馬瑞歐・賈科比　Mario Jacoby
高更　Gauguin

斯芬克斯　Sphinxes

十一劃

基度・雷尼　Guido Reni
康拉德・洛倫茲　Konrad Lorenz
康德　Kant
曼佛瑞德・漢寧森　Manfred Henningsen
梅塔・波斯　Medard Boss
梅蘭妮・克萊恩　Melanie Klein
梵谷　Van Gogh
理查・史丹　Richard Stein
理查・諾爾　Richard Noll
理解　verstehen
笛卡爾　René Descartes
笛克曼　Dieckmann
荷馬　Homer
荷爾慕特・巴茲　Helmut Barz
莉莉安・海爾曼　Lillian Hellman
莎賓娜・史碧爾埃　Sabina Spielrein
莎樂美　Salome
莫尼克・薩爾茲曼　Monique Salzmann
莫札特　Mozart
莫里斯・梅洛－龐蒂　Maurice Merleau-Ponty
莫瑞・史丹　Murray Stein
莫德・克斯　Maud Oakes
雪拉・鮑威爾　Sheila Powell
麥可・帕梅爾　Michael Palmer
麥可・福德罕　Michael Fordham
麥克・懷恩　Michael Whan
麥克拉杉　McGlashan

十二劃

傑佛瑞・卡克斯　Geoffrey Cocks
傑佛瑞・芮夫　Jeffrey Raff
傑克梅第　Giacometti
傑克森・波洛克　Jackson Pollock
傑拉德・加魯斯特　Gerard Garouste
傑拉德・多恩　Gerhard Dorn
傑哈德・阿德勒　Gerhard Adler

凱庫勒　Friedrich August Kekulé
凱特・多諾　Kate Donohue
凱瑟琳・牛頓　Kathleen Newton
凱瑟琳・布里格斯　Katherine Briggs
凱瑟琳・艾斯普　Katherin Asper
喬・坎伯瑞　Joe Cambray
喬・威爾萊特　Jo Wheelwright
喬伊・席弗里恩　Joy Schaverien
喬艾爾・萊斯－曼紐因　Joel Ryce-Menuhin
喬治・哈格森　George Hogenson
喬瑟琳・詹姆斯　Jocelyne James
惠特蒙特　Whitmont
惠曼－麥克金提　Wyman-McGinty
提波羅　Tiepolo
提香　Titian
普里阿普斯　Priapus
湯瑪士・克許　Thomas Kirsch
湯瑪斯・法蘭奇　Thomas French
湯瑪斯・阿奎那　Thomas Aquinas
湯瑪斯・曼　Thomas Mann
策蘭　Celan
腓力門　Philemon
華倫・科爾曼　Warren Colman
華格納　Wagner
華特・歐岱尼克　Walter Odajnyk
華納・海森堡　Werner Heisenberg
菲利浦・李　Philip J. Lee
賀德佳　Hildegarde de Bingen
雅各布・波姆　Jacob Boehme
雅各布・莫雷諾　Jacob Moreno
雅克伯・布克哈特　Jakob Burckhardt
馮・德・哈門　van der Hammen
馮特　Wundt

十三劃

奧卡姆的威廉　William of Occam
奧古斯多・羅馬諾　Augusto Romano
奧德修斯　Odysseus
愛任紐　Irenaeus

愛洛斯　Eros
愛德華・艾丁哲　Edward Edinger
愛德華・馮・哈特曼　Eduard von Hartmann
楊－艾森德拉斯　Polly Young-Eisendrath
楊－艾森德拉斯與威德曼　Young-Eisendrath and Wiedemann
溫尼考特　Winnicott
瑞內特・阿庇可費爾　Renate Oppikofer
瑟吉維克　Sedgwick
聖母瑪麗亞　Virgin Mary
聖依納爵　Saint Ignatius of Loyola
聖奧古斯丁　St. Augustine
葛哈德・李希特　Gerhard Richter
蒂娜・凱勒　Tina Keller
詹姆斯・史崔屈　James Strachey
詹姆斯與湯瑪士・克許　James and Thomas Kirsch
詹姆斯・希爾曼　James Hillman
詹姆斯・喬伊斯　James Joyce
詹姆斯・弗雷澤　James Frazer
詹姆斯・海希格　James Heisig
賈克・莫諾　Jacques Monod
路易士・史都華　Louis Stewart
路易吉・佐雅　Luigi Zoja
路易斯・史蒂文森　Robert Louis Stevenson
達瑞爾・夏普　Daryl Sharp
雷德費恩　Redfearn
雷諾斯・帕巴多博洛斯　Renos K. Papadopoulos

十四劃

歌德　Goethe
漢斯・迪克曼　Hans Dieckmann
漢斯・喬那思　Hans Jonas
瑪格麗特・蒂勒　Margaret Tilly
瑪格麗特・羅雲菲爾德　Margaret Lowenfeld
瑪莉・史塔克斯・懷特豪斯　Mary Starks Whitehouse

瑪莉・瓦特金斯　Mary Watkins
瑪莉・琳・基特森　Mary Lynn Kittelson
瑪麗・多爾蒂　Mary Dougherty
瑪麗・安・馬頓　Mary Ann Mattoon
瑪麗・威爾斯・巴倫　Mary Wells Barron
瑪麗・魯米斯　Mary Loomis
瑪麗恩・伍德曼　Marion Woodman
瑪麗恩・米爾納　Marion Milner
瑪麗－特蕾瑟・華特　Marie-Thérèse Walter
瑪麗－路薏絲・馮・法蘭茲　Marie-Louise von Franz
福魯諾醫生　Dr. Flournoy
維克多・懷特神父　Father Victor White
維茨斯圖布　Weisstub
維瑞納・卡斯特　Verena Kast
蓋恩斯維爾　Gainesville
赫密士　Hermes
赫曼・赫塞　Hermann Hesse
赫斯金森　Huskinson
赫斯提亞　Hestia
齊格菲　Siegfried

十五～十六劃

墨丘利　Mercurius
德希達　Derrida
德興　Dehing
摩西　Moses
衛禮賢　Richard Wilhelm
魯道夫・奧圖　Rudolf Otto
魯賓・福克斯　Robin Fox
穆罕默德・伊本・烏梅爾　Muhammad ibn Umail
諾姆・杭士基　Noam Chomsky
諾拉・摩爾　Norah Moore
霍夫曼　E. T. A. Hoffmann
霍里斯・葛雷　Horace Gray

四、其他（機構、組織、地名、群體等）

作者誌 [1]

＊以下依作者姓氏字母順序排列

約翰·畢比（John Beebe）

醫學博士，舊金山榮格學院（C.G. Jung Institute of San Francisco）前院長，長於人格與性格問題。著有《深度完整》（*Integrity in Depth*, 1992），編有《恐怖、暴力與毀滅衝動：分析心理學面面觀》（*Terror, Violence and the Impulse to Destroy: Perspectives from Analytical Psychology*, 2003）。《舊金山榮格學院圖書館期刊》（*San Francisco Jung Institute Library Journal*）創刊編者，《分析心理學期刊》（*Journal of Analytical Psychology*）的首任美國編輯，並持續擔任這兩份期刊以及《榮格理論與實踐期刊》（*Journal of Jungian Theory and Practice*）的資深顧問。

安·凱思門（Ann Casement）

英國皇家人類學會會員（FRAI）、英國皇家醫學會會員（FRSM），倫敦榮格精神分析師協會（Association of Jungian Analysts, London）的訓練分析師，並代表該協會擔任國際分析心理

1　【編註】本附錄譯自本書原文書上的作者誌，為 2006 年出版時的資料。作者較新近的動向或著作，擇要摘錄於各章的章名頁。

學會（International Association for Analytical Psychology, IAAP）執行委員。她是國際腦神經－精神分析學會（International Neuro-Psychoanalysis Society）的創始會員。目前在倫敦大學主持法規的研究。她為《經濟學人》（*The Economist*）撰述文章，並於專業期刊上發表作品，且擔任《分析心理學期刊》（*Journal of Analytical Psychology*）的助理編輯。她最新出版的專書是《誰擁有精神分析？》（*Who Owns Psychoanalysis?*, 2004）。

瓊‧丘德羅（Joan Chodorow）

博士，舊金山榮格學院分析師與研究員。她巡迴世界各地以及美國進行演講與教學。曾擔任美國舞蹈治療協會（American Dance Therapy Association）主席，著有《舞蹈治療與深度心理學：移動的想像》（*Dance Therapy and Depth Psychology: The Moving Imagination*, 1991），並擔任《榮格論積極想像》（*Jung on Active Imagination*, 1997）的編者。她的早期論文收錄於《真實性運動：瑪麗‧惠特豪斯、珍妮特‧阿德勒以及瓊‧丘德羅論文集》（*Authentic Movement: Essays by Mary Whitehouse, Janet Adler, and Joan Chodorow*, 1999），而新著《積極想像：從內在療癒》（*Active Imagination: Healing from Within*）則出版在即。除了以英語發表的論文與書籍外，其著作也被翻譯成其他多種語言，包括保加利亞語、捷克語、丹麥語、荷蘭語、法語、德語、希伯來語、義大利語、日語、韓語、波蘭語、俄語以及西班牙語等。

華倫・科爾曼（Warren Colman）

分析心理學學會（Society of Analytical Psychology）與英國心理治療師協會（British Association of Psychotherapists）的訓練分析師，以及婚姻精神分析心理治療師協會（Society of Couple Psychoanalytic Psychotherapists）的專任會員。他在英國、瑞典、波蘭與俄羅斯各地演講、教學與督導，並於英國的聖阿本斯（St Albans）私人診所執業。他擔任《分析心理學期刊》助理編輯，曾發表多篇不同領域議題的論文，當中有數篇探討的主題為自性。

克里斯蒂安・蓋拉德（Christian Gaillard）

國際分析心理學會（IAAP）前主席。他擁有心理學博士學位，是法國分析心理學學會（French Society of Analytical Psychology）訓練分析師，且擔任過該會主席。他是巴黎國立高等美術學院（Ecole National Superieure des Beaux-Arts in Paris）教授，以及笛卡爾大學（University René Descartes）和巴黎榮格學院（Institut C.G. Jung in Paris）的講師。他過去曾創辦並主持《藝術與文化心理學雜誌》（*Cahiers de Psychologie de l'Art et de la Culture*），並長期擔任《榮格學派精神分析雜誌》（*Cahiers Jungiens de Psychanalyse*）共同主編，目前則是《分析心理學期刊》、《收穫：國際榮格學派研究期刊》（*Harvest: International Journal for Jungian Studies*）與《阿妮瑪》（*Anima*）的國際編輯小組成員。他發表過多篇論文以及被收入專書成章的專文。他所著《榮格》一書第三版（*Jung*, 2001）已被翻譯成多種語言；其他著作包括《卡爾・古斯塔夫・榮格的想像世界》（*Le Musée imaginaire de Carl Gustav Jung*, 1998）、《身體與象徵

性生命的證據》（*Les Evidences du corps et la vie symbolique*, 2000）以及《綜觀轉化》（*Donne in mutazione*, 2000）。

克里斯多福・豪克（Christopher Hauke）

　　榮格分析師，於倫敦執業。他是倫敦大學金匠學院（Goldsmiths College, University of London）教授精神分析研究的講師。他與伊恩・阿利斯特（Ian Alister）合編有《榮格與電影：後榮格學派探究移動影像》（*Jung and Film: Post- Jungian Takes on the Moving Image*, 2001）以及《當代榮格精神分析》（*Contemporary Jungian Analysis*, 1988），著有《榮格與後現代：實相解析》（*Jung and the Postmodern: The Interpretation of Realities*, 2000）與《人之為人：文化與靈魂》（*Human being Human: Culture and the Soul*, 2005）等書。他現正參與和他下一本書《電影如何成真？：無意識與電影製作人》（*What Makes Movies Work? Unconscious Process and the Film-maker's Craft*）有關的影片製作。

維蕾娜・卡斯特（Verena Kast）

　　榮格學派訓練分析師，擔任過國際分析心理學會與瑞士分析心理學協會（Swiss Association for Analytical Psychology）的主席。擁有蘇黎世大學（University of Zurich）心理學博士學位。現任蘇黎世大學心理學教授，以及蘇黎世榮格學院（C.G. Jung Institute of Zurich）講師與訓練分析師。她已經出版了十八本德文著作，其中三部——《愛的本質》（*The Nature of Loving*）、《哀悼的時刻》（*A Time to Mourn*）以及《創造性的飛躍》（*The Creative*

Leap）──被翻譯成英文。多部作品也已經被翻譯成中文、捷克文、丹麥文、荷蘭文、希臘文、匈牙利文、義大利文、日文、立陶宛文、葡萄牙文、西班牙文以及瑞典文。《歡樂、啟發與希望》（*Joy, Inspiration, and Hope*, 1991）是她第一本以英文寫作的書籍。

羅德里克・緬因（Roderick Main）

博士，於艾賽克大學（University of Essex）擔任精神分析研究課程講師。他編有《榮格論共時性與超自然現象》（*Jung on Synchronicity and the Paranormal*, 1997）一書，出版著作為《時間的斷裂：共時性與榮格對西方文化的批判》（*The Rupture of Time: Synchronicitv and Jung's Critique of Modern Western Culture*, 2004），還有許多探討榮格心理學與宗教研究的專文被收錄於專書中。

史坦頓・馬蘭（Stanton Marlan）

博士，美國專業心理學委員會（American Board of Professional Psychology, ABPP）會員，私人開業的榮格學派分析師，並於跨區榮格分析師學會（Inter-Regional Society of Jungian Analysts）擔任訓練與教學分析師。他是匹茲堡榮格分析師學會（Pittsburgh Society of Jungian Analysts）主席，且是紐約分析心理學協會（New York Association for Analytical Psychology）會員。於杜肯大學（Duquesne University）擔任心理學臨床組副教授，同時擁有美國專業心理學委員會臨床心理師與精神分析師執照。他是精神分析研究學會（Academy of Psychoanalysis）會員，並擔任監事會主席，也任職於美國精神分析鑑定委員會理事會（Board of Directors of the American

Board for Accreditation in Psychoanalysis）。他是《榮格理論與實踐期刊》（*Journal of Jungian Theory and Practice*）編輯，並著有《黑太陽：煉金術與黑暗藝術》（*The Black Sun: The Alchemy and Art of Darkness,* 2005）一書，此前還編有兩部煉金術主題書籍。曾周遊美國、歐洲與亞洲各地演講。他的學術興趣包括原型心理學、煉金術哲學，煉金術與卡巴拉（Kabbalah）、批判理論、歐陸哲學與亞洲宗教。

瑪麗・安・馬頓（Mary Ann Mattoon）

自蘇黎世榮格學院畢業後，於美國明尼蘇達州明尼亞波里市以榮格學派分析師身分執業。獲得博士學位後，也在明尼蘇達大學（University of Minnesota）教授榮格心理學，且參與創辦明尼蘇達榮格學會（Minnesota Jung Association）。她的出版作品包括編輯多卷國際分析心理學會會議（Congresses of the International Association for Analytical Psychology）論文集。

雷諾斯・帕巴多博洛斯（Renos K. Papadopoulos）

博士，艾賽克斯大學分析心理學教授，米德薩克斯大學（Middlesex University）訪問教授，英國心理學學會（British Psychological Society）副研究員，獨立分析心理學分析師團體（Independent Group of Analytical Psychologists）訓練分析師。他是塔維斯托克診療中心（Tavistock Clinic）的諮商臨床心理師，以及系統取向家族治療訓練師。擔任《收穫：國際榮格研究期刊》編輯，曾是國際分析心理學會的學術小組首席代表，以及國際榮格

學派研究協會（International Association for Jungian Studies）創始會員。他的出版作品主題包括分析心理學、家庭治療、臨床心理學，也是一位難民研究專家。作為聯合國與其他組織的顧問，他一直在世界各地與政治暴力受難者一起工作。

安德魯・沙繆斯（**Andrew Samuels**）

　　艾賽克斯大學分析心理學教授，倫敦大學金匠學院精神分析研究訪問教授，羅漢普頓大學（Roehampton University）心理學與治療研究榮譽教授，以及分析心理學協會訓練分析師。他的書被翻譯成十九種語言，包括《榮格與後榮格學派》（*Jung and the Post-Jungians*, 1985）、《父親：當代榮格學派的觀點》（*The Father: Contemporary Jungian Perspectives*, 1985）、《榮格學派分析評論詞典》（*A Critical Dictionary of Jungian Analysis*, 1986；與巴尼・修德爾〔Bani Shorter〕、弗瑞德・普勞特〔Fred Plaut〕合著）、《多元心靈：人格、道德與父親》（*The Plural Psyche: Personality, Morality and the Father*, 1989）、《精神病理學：當代榮格學派的觀點》（*Psychopathology: Contemporary Jungian Perspectives*, 1989）、《政治心靈》（*The Political Psyche*, 1993），以及《診療椅上的政治：如何成為更有自覺的公民》（*Politics on the Couch: Citizenship and the Internal Life*, 2001）。

莫瑞・史丹（**Murray Stein**）

　　博士，蘇黎世國際分析心理學學院（International School of Analytical Psychology in Zurich.）訓練分析師。他是跨區榮格分析

師學會與芝加哥榮格學派分析師協會（Chicago Society of Jungian Analysts）創始會員，且自 2001 年至 2004 年擔任國際分析心理學協會主席。他著有數部專書，包括《榮格論基督教》（*Jung's Treatment of Christianity*, 1985）、《中年之旅》（*In MidLife*, 1983）與《榮格心靈地圖》（*Jung's Map of the Soul*, 1998）。他是《榮格精神分析》（*Jungian Analysis*；公開法庭出版社〔Open Court〕）的編者，也是凱龍出版社（Chiron Publications）發行人，編輯過一套「凱龍臨床治療系列叢書」（Chiron Clinical Series）。

安東尼・史蒂芬斯（Anthony Stevens）

獨立分析心理學分析師團體以及英國皇家精神科醫學院（Royal College of Psychiatrists）的會員。他除了醫學學位（牛津，1963 年）外，還擁有兩個實驗心理學的榮譽學位（瑞汀〔Reading〕，1955 年；牛津，1959 年），以及一個在約翰・鮑比（John Bowlby）博士指導下研究希臘孤兒情感依附行為的醫學博士學位（牛津，1973 年）。他著有十二部專書，最後一本是《再探原型：自性的自然史新況》（*Archetype Revisited: An Updated Natural History of the Self*, 2002）。

| 附錄三 |

參考文獻

●

第一章

References

Adler, A. (1912) *The Neurotic Character*. San Francisco, CA: Alfred Adler Institute, 2002.

Annis, D. (1978) 'A contextual theory of epistemic justification'. *American Philosophical Quarterly*, 15: 213–219.

Barratt, B.B. (1984) *Psychic Reality and Psychoanalytic Knowing*. London: Analytic Press.

Bateson, G. (1956) 'Toward a theory of schizophrenia', in G. Bateson (1972) *Steps to an Ecology of Mind*. New York: Ballantine.

—— (1972) *Steps to an Ecology of Mind*. New York: Ballantine.

—— (1979) *Mind and Nature: A Necessary Unity*. New York: Dutton.

Bateson, G. and Bateson, M.C. (1987) *Angels Fear*. New York: Macmillan.

Becvar, D.S. and Becvar, R.J. (2003) *Family Therapy: A Systemic Integration*, 5th edn. Boston, MA: Allyn and Bacon.

Bernasconi, R. and Critchley, S. (eds) (1989) *Re-Reading Levinas*. Bloomington, IN: Indiana University Press.

Brenner, E.M. (1990) 'Gnosticism and psychology: Jung's *Septem Sermones ad Mortuos*'. *Journal of Analytical Psychology*, 35(4): 397–419.

Brewer, M. (1996) 'Jung's interpretation of Gnostic myths in the light of Nag Hammadi'. *Harvest: Journal for Jungian Studies*, 42(2): 93–116.

Brill, A.A. (1946) *Lectures on Psychoanalytic Psychiatry*. New York: Knopf.

Brooke, R. (1991) *Jung and Phenomenology*. London: Routledge.

Christou, E. (1963) *The Logos of the Soul*. Vienna: Dunquin Press.

Clark, S. and Wright, C. (eds) (1986) *Psychoanalysis, Mind and Science*. Oxford: Basil Blackwell.

Cohen, R.A. (ed.) (1986) *Face-to-Face with Levinas*. Albany, NY: State University of New York Press.

Cohen, S. (1998) 'Contextualist solutions to epistemological problems'. *Australasian Journal of Philosophy*, 76: 289–306.

Coulter, J. (1995) *The Social Construction of the Mind*. New York: Macmillan.

Crowden, A. (2003) 'Ethically sensitive mental health care: is there a need for a unique ethics for psychiatry?' *Australian and New Zealand Journal of Psychiatry*,

37(2): 143–149.

Dehing, J. (1990) 'Jung and knowledge: from gnosis to praxis'. *Journal of Analytical Psychology*, 35(4): 377–396.

de Shaser, S. (1982) *Patterns of Brief Family Therapy: An Ecosystemic Approach*. New York: Guilford.

Dieckmann, H. (1991) *Methods in Analytical Psychology: An Introduction*. Wilmette, IL: Chiron.

Fodor, N. (1964) 'Jung's sermons to the dead'. *Psychoanalytic Review*, 51: 74–78.

Freud, S. (1910) 'The future prospects of psycho-analytic therapy', in *Standard Edition* 11. London: Hogarth Press.

Fulford, B., Morris, K., Sadler, J. and Stanghellini, G. (eds) (2003) *Nature and Narrative: An Introduction to the New Philosophy of Psychiatry*. Oxford: Oxford University Press.

Garnett, R.L. (1993) 'Family resemblance'. *Harvest: Journal for Jungian Studies*, 39: 97–113.

Gergen, K.J. and Davis, K.E. (eds) (1985) *The Social Construction of the Person*. New York: Springer Verlag.

Gergen, M. and Gergen, K.J. (2003) *Social Construction: A Reader*. London: Sage.

Giannoni, M. (2004) 'Epistemological premise, developmental idea, main motivation in Jung's and Kohut's psychoanalysis: looking for some analogies'. *Journal of Analytical Psychology*, 49(2): 161–175.

Glaser, B.G. and Strauss, A.L. (1967) *The Discovery of Grounded Theory: Strategies for Qualitative Research*. Chicago, IL: Aldine/Atherton.

Goldberg, A. (1988) *A Fresh Look at Psychoanalysis: The View from Self Psychology*. Hillsdale, NJ: Analytic Press.

Grünbaum, A. (1984) *The Foundations of Psychoanalysis*. Berkeley, CA: University of California Press.

Haule, J.R. (1984) 'From somnambulism to the archetypes: the French roots of Jung's split with Freud'. *Psychoanalytic Review*, 71(4): 635–659.

Haynal, A. (1993) *Psychoanalysis and the Sciences: Epistemology – History*. London: Karnac.

Heisig, J. (1972) 'The VII Sermones: play and theory'. *Spring*: 206–218.

Henningsen, M. (1999) *Eric Voegelin: Modernity without Restraint: The Political Religions, the New Science of Politics, and Science, Politics, and Gnosticism* (Collected Works of Eric Voegelin). Columbia, MO: University of Missouri Press.

Hermans, H.J.M. and Hermans-Jansen, E. (1995) *Self-narratives: The Construction of Meaning in Psychotherapy*. New York: Guilford.

Hillman, J. (1974) 'Archetypal theory: C.G. Jung', in J. Hillman (1978) *Loose Ends: Primary Papers in Archetypal Psychology*. Dallas, TX: Spring.

Hoeller, S.A. (1982) *The Gnostic Jung and the Seven Sermons to the Dead*. Wheaton, IL: Theosophical.

Hogenson, G. (2004) 'Archetypes: emergence and the psyche's deep structure', in J. Cambray and L. Carter (eds) *Analytical Psychology: Contemporary Perspectives in Jungian Analysis*. London: Routledge.

Horne, M. (2002) 'Aristotle's ontogenesis: a theory of individuation which integrates the classical and developmental perspectives'. *Journal of Analytical Psychology*, 47(4): 613–628.

Hubback, J. (1966) 'VII Sermones ad Mortuos'. *Journal of Analytical Psychology*, 11(2): 95–112.

Jaffé, A. (1972) *The Creative Phases of Jung's Life*. Dallas, TX: Spring.

Jaspers, K. (1923/1963) *General Psychopathology*. Manchester: Manchester University Press.

Jonas, H. (1963/1992) *The Gnostic Religion*. London: Routledge.

Jones, A.M. (2002) 'Teleology and the hermeneutics of hope: Jungian interpretation in light of the work of Paul Ricoeur'. *Journal of Jungian Theory and Practice*, 4(2): 45–55.

Jung, C.G. (1896–1899) *The Zofingia Lectures*, in *The Collected Works of C.G. Jung*, ed. Sir Herbert Read, Michael Fordham and Gerhard Adler, executive ed. William McGuire, trans. R.F.C. Hull, 21 volumes (hereafter *CW*). Supplementary Volume A. London: Routledge and Kegan Paul; Princeton, NJ: Princeton University Press, 1983.

—— (1902) 'On the psychology and pathology of the so-called occult phenomena', in *CW* 1: pars. 1–165.

—— (1907) 'Associations d'idées familiales'. *Archives de Psychologie*, 7(26): 160–168.

—— (1909) 'The family constellation', in *CW* 2: 466–479.

—— (1911) 'On the doctrine of complexes', in *CW* 2: 598–604.

—— (1912) 'New paths in psychology', in *CW* 7: pars. 407–441.

—— (1913) 'The theory of psychoanalysis', in *CW* 4: pars. 203–522.

—— (1914) 'On psychological understanding', in *CW* 3: pars. 388–424.

—— (1913/1916) *Septem Sermones ad Mortuos*, in S.A. Hoeller (1982) *The Gnostic Jung and the Seven Sermons to the Dead*. Wheaton, IL: Theosophical.

—— (1916/1948) 'General aspects of dream psychology', in *CW* 8: pars. 443–529.

—— (1917) 'Prefaces to *Collected Papers on Analytical Psychology*', in *CW* 4: pars. 670–692.

—— (1921) *Psychological Types*. *CW* 6.

—— (1932a) '"Ulysses": a monologue', in *CW* 15: pars. 163–203.

—— (1932b) 'Psychotherapists or the clergy', in *CW* 11: par. 497.

—— (1934a) 'The practical use of dream analysis', in *CW* 16: pars. 294–352.

—— (1934b) 'The soul and death', in *CW* 8: pars. 796–815.

—— (1935a) 'Editorial for Zentralblatt 8:1', in *CW* 10: par. 548.

—— (1935b) 'The Tavistock Lectures', in *CW* 18: pars. 1–415.

—— (1938/1940) 'Psychology and religion', in *CW* 11: pars. 1–168.

Jung, C.G. (1940) 'The psychology of the child archetype', in *CW* 9i: pars. 259–305.

—— (1943) 'On the psychology of the unconscious', in *CW* 7: pars. 1–201.

—— (1944) *Psychology and Alchemy*. *CW* 12.

—— (1945) 'Psychotherapy today', in *CW* 16: pars. 212–229.

—— (1947) 'On the nature of the psyche', in *CW* 8: pars. 343–442.

—— (1948) 'On the nature of dreams', in *CW* 8: pars. 530–569.

— (1949) 'Foreword to Neumann: *Depth Psychology and a New Ethic*', in *CW* 18: pars. 1408–1420.

— (1952a) 'Religion and psychology: a reply to Martin Buber', in *CW* 18: pars. 1499–1513.

— (1952b) 'Answer to Job', in *CW* 11: pars. 553–758.

— (1952c) 'Foreword to Fr. Victor White's *God and the Unconscious* and Werblowsky's *Lucifer and Prometheus*', in *CW* 11: 449–467.

— (1954) 'On the nature of the psyche', in *CW* 8: pars. 343–442.

— (1958) 'Flying saucers: a modern myth', in *CW* 10: pars. 589–824.

— (1961/1995) *Memories, Dreams, Reflections*. London: Fontana.

Jung, C.G. and Riklin, F. (1904) 'The associations of normal subjects', in *CW* 2: 3–196.

Keeney, B.P. (1983) *Aesthetics of Change*. London: Guilford.

Knorr Cetina, K. (1981) *The Manufacture of Knowledge: An Essay on the Constructivist and Contextual Nature of Science*. Oxford: Pergamon.

— (1999) *Epistemic Cultures: How the Sciences Make Knowledge*. Cambridge, MA: Harvard University Press.

Lee, P.J. (1987) *Against the Protestant Gnostics*. Oxford: Oxford University Press.

Levinas, E. (1984) 'Ethics as first philosophy', in S. Hand (ed.) (1989) *The Levinas Reader*. London: Blackwell.

Liddell, H.G. and Scott, R. (1869) *A Greek–English Lexicon*. Oxford: Clarendon Press.

Mackay, N. (1989) *Motivation and Explanation: An Essay on Freud's Philosophy of Science*. Madison, WI: International Universities Press.

McFarland Solomon, H. and Twyman, M. (2003) *The Ethical Attitude in Analytical Practice*. London: Free Association.

McGuire, W. (ed.) (1974) *The Freud/Jung Letters*. London: Hogarth Press and Routledge and Kegan Paul.

McGuire, W. and Hull, R.F.C. (1977) *C.G. Jung Speaking: Interviews and Encounters*. London: Thames and Hudson.

Maeder, A. (1913) 'Über das Traumproblem'. *Jahrbuch für psychoanalytische und psychopathologische Forschungen*, 5: 647–686.

Mathers, D. (2001) *An Introduction to Meaning and Purpose in Analytical Psychology*. London: Routledge.

Mills, J. (2004) *Psychoanalysis at the Limit: Epistemology, Mind, and the Question of Science*. Albany, NY: State University of New York Press.

Nagy, M. (1991) *Philosophical Issues in the Psychology of C.G. Jung*. Albany, NY: State University of New York Press.

Neil, J. and Kniskern, D. (eds) (1982) *From Psyche to System: The Evolving Therapy of Carl Whitaker*. New York: Guilford.

Orange, D.M. (1995) *Emotional Understanding: Studies in Psychoanalytic Epistemology*. London: Guilford.

Papadopoulos, R.K. (1980) 'The dialectic of the Other in the psychology of C.G. Jung: a metatheoretical investigation', PhD thesis, University of Cape Town.

— (1984) 'Jung and the concept of the Other', in R.K. Papadopoulos and G.S.

榮格心理學指南：理論、實踐與當代應用

Saayman (eds) *Jung in Modern Perspective*. London: Wildwood.

—— (1996) 'Archetypal family therapy: developing a Jungian approach to working with families', in L. Dodson and T. Gibson (eds) *Psyche and Family*. Wilmette, IL: Chiron.

—— (1997) 'Is teaching Jung within university possible? A response to David Tacey'. *Journal of Analytical Psychology*, 42(2): 297–301.

—— (1998) 'Jungian perspectives in new contexts', in A. Casement (ed.) *The Jungians Today*. London and New York: Routledge.

—— (2002) 'The other other: when the exotic other subjugates the familiar other'. *Journal of Analytical Psychology*, 47(2): 163–188.

—— (2005) 'Political violence, trauma and mental health interventions', in D. Kalmanowitz and B. Lloyd (eds) *Art Therapy and Political Violence: With Art, Without Illusion*. London: Brunner-Routledge.

Papadopoulos, R.K. and Saayman, G.S. (1989) 'Towards a Jungian approach to family therapy'. *Harvest: Journal for Jungian Studies*, 35: 95–120.

Penna, E. (2004) 'Methodological perspectives in Jung's *Collected Works*'. *Harvest: International Journal for Jungian Studies*, 50(1): 100–119.

Phillips, J. (1996) 'Key concepts: hermeneutics'. *Philosophy, Psychiatry, and Psychology*, 3(1): 61–69.

Rauhala, L. (1984) 'The basic views of C.G. Jung in the light of hermeneutic metascience', in R.K. Papadopoulos and G.S. Saayman (eds) *Jung in Modern Perspective*. London: Wildwood.

Relph, A. (1987) 'A Jung–Bateson correspondence'. *Australian and New Zealand Journal of Family Therapy*, 8(1): 1–5.

Ricoeur, P. (1970) *Freud and Philosophy*. New Haven, CT: Yale University Press.

—— (1981) *Hermeneutics and the Human Sciences*. New York: Cambridge University Press.

Rorty, R. (1991) *Objectivity, Relativism and Truth*. Cambridge: Cambridge University Press.

Rychlak, J.F. (1968) *A Philosophy of Science of Personality Theory*. Boston, MA: Houghton Mifflin.

—— (1973) *Introduction to Personality and Psychotherapy: A Theory Construction Approach*. Boston, MA: Houghton Mifflin.

—— (1984) 'Jung as dialectician and teleologist', in R.K. Papadopoulos and G.S. Saayman (eds) *Jung in Modern Perspective*. London: Wildwood.

Sarbin, T.R. (ed.) (1986) *Narrative Psychology: The Storied Nature of Human Conduct*. New York: Praeger.

Segal, R.A. (1992) *The Gnostic Jung*. London: Routledge.

—— (1995) 'The allure of Gnosticism for Jung'. *Harvest: Journal for Jungian Studies*, 41(1): 78–88.

(1998) 'Jung and Gnosticism: a reply to Matthew Brewer'. *Harvest: Journal for Jungian Studies*, 44(1): 113–136.

Selvini-Palazzoli, M., Cecchin, G., Prata, G. and Boscolo, L. (1978) *Paradox and Counterparadox*. New York: Jason Aronson.

Shamdasani, S. (2003) *Jung and the Making of Modern Psychology: The Dream of a Science.* Cambridge: Cambridge University Press.

Shelburne, W.A. (1988) *Mythos and Logos in the Thought of Carl Jung.* Albany, NY: State University of New York Press.

Sosa, E. and Kim, J. (2000a) 'Epistemic contextualism', in E. Sosa and J. Kim (eds) *Epistemology: An Anthology.* Oxford: Blackwell.

—— (eds) (2000b) *Epistemology: An Anthology.* Oxford: Blackwell.

Spence, D. (1982) *Narrative Truth and Historical Truth.* New York: Norton.

Strenger, C. (1991) *Between Hermeneutics and Science: An Essay on the Epistemology of Psychoanalysis* (Psychological Issues, Monograph 59). New York: International Universities Press.

Taylor, E.I. (1998) 'Jung before Freud, not Freud before Jung: Jung's influence in American psychotherapeutic circles before 1909'. *Journal of Analytical Psychology*, 43(1): 97–114.

Voegelin, E. (1968/2005) *Science, Politics, and Gnosticism.* Wilmington, DE: ISI Books.

von Franz, M.-L. (1975) *C.G. Jung: His Myth in our Time.* New York: C.G. Jung Foundation for Analytical Psychology.

—— (1983) 'Introduction to Jung, C.G. (1896–99) *The Zofingia Lectures*'. *CW* Supplementary Volume A. London: Routledge and Kegan Paul.

von Wright, G.H. (1971) *Explanation and Understanding.* London: Routledge and Kegan Paul.

Watzlawick, P., Weakland, J. and Fisch, R. (1974) *Change: Principles of Problem Formation and Problem Resolution. New York: W.W. Norton.*

Whan, M. (1987) 'On the nature of practice'. *Spring: An Annual of Archetypal Psychology and Jungian Thought*: 77–86.

Williams, M. (2001) 'Contextualism, externalism and epistemic standards'. *Philosophical Studies*, 103: 1–23.

Young, G. (1997) *Adult Development, Therapy, and Culture: A Postmodern Synthesis.* New York: Plenum Press.

第二章

References

Carus, C.G. (1846/1975) *Psyche.* Darmstadt: Wissenschaftliche Buchgesellschaft.

Cosmides, L. (1985) 'Deduction of Darwinian algorithms? An explanation of the "elusive" content effect on the Wason selection task', doctoral dissertation, Department of Psychology and Social Relations, Harvard University.

Ekstrom, S. (2004) 'The mind beyond our immediate awareness: Freudian, Jungian and cognitive models of the unconscious'. *Journal of Analytical Psychology*, 49(5): 657–682.

Ellenberger, H. (1970/1994) *The Discovery of the Unconscious: The History and Evolution of Dynamic Psychiatry.* London: Fontana.

Frazer, J.G. (1890–1915) *The Golden Bough: A Study in Comparative Religion,* twelve volumes. London: Macmillan.

Freud, S. (1912–1913/1983) *Totem and Taboo*. London: Ark/Routledge and Kegan Paul.

Hartmann, E. von (1869/1931) *Philosophy of the Unconscious*, trans. W. Coupland. London: Kegan Paul.

Hauke, C. (2000) *Jung and the Postmodern: The Interpretation of Realities*. London: Routledge.

Haynes, J. and Shearer, A. (eds) (1998) *When a Princess Dies: Reflections from Jungian Analysts*. London: Harvest.

Hunt, R. (ed.) (1967) *Personalities and Cultures: Readings in Psychological Anthropology*. New York: Natural History Press.

Jouvet, M. (1975) 'The function of dreaming: a neurophysiologist's point of view', in M.S. Gazzaniga and C. Blakemore (eds) *Handbook of Psychobiology*. New York: Academic Press.

Jung, C.G. citations: except where a different publication or translation is noted below, all references in the text are to the hardback edition of *The Collected Works of C.G. Jung*, ed. Sir Herbert Read, Michael Fordham and Gerhard Adler, trans. R.F.C. Hull, 21 volumes (*CW*). London: Routledge and Kegan Paul.

Jung, C.G. (1906a) 'Psychoanalysis and association experiments', in *CW* 2: pars. 660–727.

—— (1906b) 'Association, dream and hysterical symptom', in *CW* 2: pars. 793–862.

—— (1909) 'The association method', in *CW* 2: pars. 939–998.

—— (1912/1916/1952) *The Psychology of the Unconscious*. *CW* 5.

—— (1913) 'The theory of psychoanalysis', in *CW* 4: pars. 203–522.

—— (1927) 'The structure of the psyche', in *CW* 8: pars. 283–342.

—— (1935/1977) 'The Tavistock Lectures: Lecture 1', in *CW* 18: pars. 1–73.

—— (1936) 'The concept of the collective unconscious', in *CW* 9i: pars. 87–110.

—— (1939) 'Conscious, unconscious and individuation', in *CW* 9i: pars. 489–524.

—— (1946) 'On the nature of the psyche', in *CW* 8: pars. 343–442.

—— (1950) 'The shadow', ch. 2 in *Aion*. *CW* 9ii: pars. 13–19.

—— (1956) 'Foreword to the fourth Swiss edition', in *CW* 5: xxiv.

Jung, C.G. (1963/1983) *Memories, Dreams, Reflections*. London: Fontana.

Lakoff, G. and Johnson, M. (1999) *Philosophy in the Flesh: The Embodied Mind and its Challenge to Western Thought*. New York: Basic Books.

Maclean, P.D. (1976) 'Sensory and perceptive factors in emotional function of the triune brain', in R.G. Genell and S. Gabay (eds) *Biological Foundations of Psychiatry*, Volume 1. New York: Raven.

Malik, K. (2000) *Man, Beast and Zombie: What Science Can and Cannot Tell Us about Human Nature*. London: Weidenfeld and Nicolson/Phoenix.

Nietzsche, F. (1878) *Human, All Too Human*, trans. H. Zimmern and P.V. Cohn, quoted in Jung, *CW* 5: par. 27.

Paul, B. (1953) 'Mental disorder and self-regulating processes in culture: a Guatemalan illustration', in R. Hunt (ed.) (1967) *Personalities and Culture*. New York: Natural History Press.

Samuels, A. (1995) *The Political Psyche*. London: Routledge.

—— (2001) *Politics on the Couch: Citizenship and the Internal Life*. London: Profile.
Schopenhauer, A. (1819/1958) *The World as Will and Representation*, trans. E.F.J. Payne, two volumes. Indian Hills, CO: Falcon's Wing Press.
Stevens, A. (1995) 'Jungian psychology, the body, and the future'. *Journal of Analytical Psychology*, 40: 353–364.
Walters, S. (1994) 'Algorithms and archetypes: evolutionary psychology and Carl Jung's theory of the collective unconscious'. *Journal of Social and Evolutionary Systems*, 17(3): 287–306.
Whyte, L.L. (1960) *The Unconscious before Freud*. New York: Basic Books.

第三章

References

Booker, C. (2004) *The Seven Basic Plots*. London and New York: Continuum.
Brown, D.E. (1991) *Human Universals*. New York: McGraw-Hill.
Buss, B.M. (1995) 'Evolutionary psychology, a new paradigm for psychological science'. *Psychological Enquiry*, 6(1): 1-30.
Card, C.R. (1991a) 'The archetypal view of C.G. Jung and Wolfgang Pauli, part I'. *Psychological Perspectives*, 24: 19–33.
—— (1991b) 'The archetypal view of C.G. Jung and Wolfgang Pauli, part II: the relevance of the archetypal hypothesis to physics'. *Psychological Perspectives*, 25: 52-69.
—— (2000) 'The emergence of archetypes in present-day science and their significance for a contemporary philosophy of nature', in B. Goertzel, A. Coombs and M. Germine (eds) *Mind in Time*. Creskoll, NJ: Hampton Press.
Chance, M.R.A. (1988) 'Introduction', in M.R.A. Chance (ed.) *Social Fabric of the Mind*. Hillsdale, NJ: Erlbaum.
Chomsky, N. (1965) *Aspects of the Theory of Syntax*. Cambridge, MA: MIT Press.
Cohen, E.D. (1975) *C.G. Jung and the Scientific Attitude*. New York: Philosophical Library.
Cosmides, L. and Tooby, J. (1989) 'Evolutionary psychology and the generation of culture, Part II. Case study: a computational theory of social exchange'. *Ethology and Sociobiology*, 10: 51–97.
Darwin, C. (1859) *The Origin of Species by Means of Natural Selection*. London: John Murray.
Eibl-Eibesfeldt, I. (1971) *Love and Hate*. London: Methuen.
Ekman, P. (1973) 'Cross-cultural studies of facial expression', in P. Ekman (ed.) *Darwin and Facial Expression: A Century of Research in Review*. New York: Academic Press.
Fox, R. (1975) *Encounter with Anthropology*. London: Peregrine.
Gardner, R. (1988) 'Psychiatric syndromes as infrastructure for intra-specific communication', in M.R.A. Chance (ed.) *Social Fabrics of the Mind*. Hillsdale, NJ: Erlbaum.
Gilbert, P. (1997) 'The evolution of social attractiveness and its role in shame,

humiliation, guilt and therapy'. *British Journal of Medical Psychology*, 70: 113–148.

Gray, R.M. (1996) *Archetypal Explorations: An Integrative Approach to Human Behaviour*. London and New York: Routledge.

Hall, C.S. and Domhoff, B. (1963) 'A ubiquitous sex difference in dreams'. *Journal of Abnormal and Social Psychology*, 66(3): 278–280.

Hall, C.S. and Nordby, V.J. (1972) *The Individual and his Dreams*. New York: New American Library.

Hogenson, G. (1999) 'Evolution, psychology and the emergence of the psyche', presentation at the National Conference of Jungian Analysts in Santa Fe, New Mexico, October.

Hubert, H. and Mauss, M. (1909) *Mélanges d'histoire des religions*. Paris: Alcan.

Jacobi, J. (1959) *Complex, Archetype, Symbol*. London: Routledge and Kegan Paul.

Jarret, J. (1981) 'Schopenhauer and Jung'. *Spring*: 201.

Jung, C.G. (1911 1912) 'The battle for deliverance from the mother', in *CW* 5ii.

    (1916) 'The structure of the unconscious', in *CW* 7: pars. 442–521.

    (1919/1929) 'Instinct and the unconscious', in *CW* 8: pars. 263–283.

    (1927/1931a) 'The structure of the psyche', in *CW* 8: pars. 283–342.

    (1927/1931b) 'Mind and earth', in *CW* 10: pars. 49 103.

Jung, C.G. (1928) 'The relations between the ego and the unconscious', in *CW* 7: pars. 202 406.

—— (1928/1931) 'Analytical psychology and *Weltanschauung*', in *CW* 8: pars. 689–741.

—— (1934/1954) 'Archetypes of the collective unconscious', in *CW* 9i: pars. 1–86.

—— (1936) 'The concept of the collective unconscious', in *CW* 9i: pars. 87–110.

—— (1936/1954) 'Concerning the archetypes, with special reference to the anima concept', in *CW* 9i: pars. 111–147.

—— (1938/1940) 'Psychology and religion', in *CW* 11: pars. 1–168.

—— (1938/1954) 'Psychological aspects of the mother archetype', in *CW* 9i: pars. 148–198.

—— (1947/1954) 'On the nature of the psyche', in *CW* 8: pars. 343–442.

—— (1949) 'Foreword to Harding: "Woman's Mysteries"', in *CW* 18: par. 1949.

—— (1952) 'Synchronicity: an acausal connecting principle', in *CW* 8: pars. 816–968.

—— (1956) 'Foreword', in *CW* 5. London: Routledge and Kegan Paul.

—— (1961) 'Healing the split', in *CW* 18.

—— (1963) *Memories, Dreams, Reflections*. London: Routledge and Kegan Paul; New York: Random House.

Jung, C.G. and von Franz, M.-L. (eds) (1964) *Man and his Symbols*. London: Aldus.

Kepler, J. (1619) *Harmonices Mundi*, Book IV. Augsburg.

McDowell, M.J. (1999) 'Relating to the mystery: a biological view of analytical psychology'. *Quadrant: Journal of the C.G. Jung Foundation for Analytical Psychology*, 29(1): 12–32.

MacLennan, B.J. (2005) 'Evolution, Jung, and theurgy: their role in modern neoplatonism', in J.F. Finamore and R. Berchman (eds) *Plato Redivivus: History of Platonism*. New Orleans, LA: University Press of the South.

Macmillan, M. (1997) *Freud Evaluated: The Completed Arc*. Cambridge, MA and London: MIT Press.

Maloney, A. (1999) 'Darwin and Jung in a new psychiatry'. *San Francisco Jung Institute Library Journal*, 18: 11–22.

Mayr, E. (1974) 'Behavior programs and evolutionary strategies'. *American Scientist*, 62(6): 650–659.

Monod, J. (1971) *Chance and Necessity*. New York: Alfred A. Knopf.

Murdock, G.P. (1945) 'The common denominator of culture', in R. Linton (ed.) *The Science of Man in the World Crisis*. New York: Columbia University Press.

Nagy, M. (1991) *Philosophical Issues in the Psychology of C.G. Jung*. Albany, NY: State University of New York Press.

Nesse, R.M. (1987) 'An evolutionary perspective on panic disorder and agoraphobia'. *Ethology and Sociobiology*, 8(3): 73–84.

Otto, R. (1917/1950) *The Idea of the Holy*. Oxford: Oxford University Press.

Pauli, W. (1955) 'The influence of archetypal ideas on the scientific theories of Kepler', in C.G. Jung and W. Pauli, *The Interpretation of Nature and the Psyche*. London: Routledge and Kegan Paul.

Peat, F.D. (1987) *Synchronicity: The Bridge between Matter and Mind*. New York: Bantam.

Pietikainen, P. (1998) 'Archetypes as symbolic forms'. *Journal of Analytical Psychology*, 43(3): 325–343.

Robertson, R. (1995) *Jungian Archetypes: Jung, Gödel, and the History of Archetypes*. York Beach, ME: Nicolas Hays.

Routh, V. (1981) 'Jungian psychology and evolutionary theory: an enquiry into the relation of psyche to phylogenesis', unpublished dissertation, Brunel University, Uxbridge, Middlesex.

Sabini, M. (2000) 'The bones in the cave: phylogenetic foundations of analytical psychology'. *Journal of Jungian Theory and Practice*, 2: 17–33.

Shelburne, W.A. (1988) *Mythos and Logos in the Thought of Carl Jung*. Albany, NY: State University of New York Press.

Stevens, A. (1982) *Archetype: A Natural History of the Self*. London: Routledge and Kegan Paul; New York: William Morrow.

– – (1986) 'Thoughts on the psychobiology of religion and the neurobiology of archetypal experience'. *Zygon*, 21(1): 9–29.

– – (1995) *Private Myths: Dreams and Dreaming*. London: Hamish Hamilton.

—— (1998a) *Ariadne's Clue: A Guide to the Symbols of Humankind*. London: Allen Lane.

– – (1998b) 'Response to P. Pietikainen'. *Journal of Analytical Psychology*, 43(3): 345–355.

—— (2002) *Archetype Revisited: An Updated Natural History of the Self*. London: Brunner-Routledge; (2003) Toronto: Inner City.

—— (2004) *The Roots of War and Terror*. London and New York: Continuum.

Stevens, A. and Price, J. (2000a) *Evolutionary Psychiatry: A New Beginning*, 2nd edn. London: Routledge.

—— (2000b) *Prophets, Cults, and Madness.* London: Duckworth.

Tiger, L. and Fox, R. (1972) *Imperial Animal.* London: Secker and Warburg.

van der Hammen, L. (1981) 'Type-concept, higher classification and evolution'. *Acta Biotheoretica*, 30: 5.

von Franz, M.-L. (1974) *Number and Time.* Evanston, IL: Northwestern University Press.

Walters, S. (1994) 'Archetypes and algorithms: evolutionary psychology and Carl Jung's theory of the collective unconscious', unpublished paper, Department of Psychology, Simon Fraser University, Burnaby, British Columbia.

Webster, R. (1995) *Why Freud was Wrong: Sin, Science, and Psychoanalysis.* London: HarperCollins.

Wenegrat, B. (1984) *Sociobiology and Mental Disorder.* Menlo Park, CA: Addison-Wesley.

第四章

References

Adler, G. (ed.) (1976) *C.G. Jung Letters.* London: Routledge and Kegan Paul.

Casement, A. (1995) 'A brief history of Jungian splits in the United Kingdom'. *Journal of Analytical Psychology*, 40(3): 327–342.

—— (2001) *Carl Gustav Jung.* London: Sage.

—— (2003) 'Encountering the shadow in rites of passage: a study in activations'. *Journal of Analytical Psychology*, 48(1): 29–46.

Cocks, G. (1997) *Psychotherapy in the Third Reich: The Göring Institute.* New Brunswick, NJ: Transaction.

Ellenberger, H.F. (1970) *The Discovery of the Unconscious: The History and Evolution of Dynamic Psychiatry.* New York: Basic Books.

Guggenbühl-Craig, A. (1971) *Power in the Helping Professions.* Dallas, TX: Spring.

Huskinson, L. (2004) *Nietzsche and Jung: The Whole Self in the Union of Opposites.* Hove, UK: Brunner-Routledge.

James, J. (2000) 'The shadow: a critical enquiry into the significance of the concept of the shadow in analytical psychology', unpublished MA thesis, Essex University.

Jung, C.G. (1953a) *Psychology and Alchemy.* London: Routledge and Kegan Paul.

—— (1953b) *Two Essays on Analytical Psychology.* Princeton, NJ: Princeton University Press.

—— (1954) *The Practice of Psychotherapy: Essays on the Psychology of the Transference and Other Subjects.* London: Routledge and Kegan Paul.

—— (1956) *Symbols of Transformation: An Analysis of the Prelude to a Case of Schizophrenia.* Princeton, NJ: Princeton University Press.

—— (1958a) *Psychology and Religion: West and East.* London: Routledge and Kegan Paul.

—— (1958b) *Answer to Job.* Bollingen Foundation New York. Princeton, NJ: Princeton University Press.

.—— (1959a) *Aion: Researches into the Phenomenology of the Self*. Princeton, NJ: Princeton University Press.

.—— (1959b) *The Archetypes and the Collective Unconscious. Part One*. London: Routledge and Kegan Paul.

.—— (1963) *Mysterium Coniunctionis*. London: Routledge and Kegan Paul.

—— (1963/1983) *Memories, Dreams, Reflections*. London: Fontana.

.—— (1964) *Civilization in Transition*. London: Routledge and Kegan Paul.

.— (1967) *Alchemical Studies*. London: Routledge and Kegan Paul.

- (1971) *Psychological Types*. London: Routledge and Kegan Paul.

Kirsch, T. (2000) *The Jungians: A Comparative and Historical Perspective*. London: Routledge.

Lammers, A.C. (1994) *In God's Shadow: The Collaboration of Victor White and C.G. Jung*. New York: Paulist Press.

McGuire, W. (ed.) (1974) *The Freud/Jung Letters*. London: Hogarth Press.

Maidenbaum, A. and Martin, A. (1991) *Lingering Shadows: Jungians, Freudians, and Anti-Semitism*. Boston, MA: Shambala.

Radin, P. (1956) *The Trickster: A Study in American Indian Mythologies. With Commentaries by Karl Kerényi and C.G. Jung*. London: Routledge and Kegan Paul.

Samuels, A. (1993) *The Political Psyche*. London: Routledge and Kegan Paul.

White, V. (1982) *God and the Unconscious*. Dallas, TX: Spring.

Zweig, C. and Wolf, S. (1997) *Romancing the Shadow: How to Access the Hidden Power in your Dark Side*. London: Thorsons; New York: Ballantine.

Recommended further reading

Berry, P. (1982) 'The training of shadow and the shadow in training', in P. Berry, *Echo's Subtle Body: Contributions to an Archetypal Psychology*. Dallas, TX: Spring.

Bly, R. (1988) *A Little Book on the Human Shadow*, ed. W. Booth. New York: HarperCollins.

—— (1989) *The Human Shadow*. Lecture in New York (audio video). New York: Sound Horizons.

Brinton Perera, S. (1986) *The Scapegoat Complex: Toward a Mythology of Shadow and Guilt*. Toronto: Inner City.

Conger, J. (1988) *Jung and Reich: The Body as Shadow*. Berkeley, CA: North Atlantic Books.

Dalal, F. (1988) *Jung: A Racist*. Dallas, TX: Spring.

De Shong Meador, B. (1992) *Uncursing the Dark: Treasures from the Underworld*. Wilmette, IL: Chiron.

Edinger, E. (1986) *Encounter with the Self*. Toronto: Inner City.

Eliade, M. (1990) *The Symbolism of Shadows in Archaic Religions*, in D. Apostolos-Cappodona (ed.) *Symbolism, the Sacred, and the Arts*. New York: Crossroad.

Fechner, G. (1991) *The Shadow is Alive*. Dallas, TX: Spring.

Giegerich, W. (1991) *The Advent of the Guest: Shadow Integration and the Rise of Psychology*. Dallas, TX: Spring.

Guggenbühl-Craig, A. (1970) *Must Analysis Fail through its Destructive Aspect?* New York: Spring.

—— (1971) *Power in the Helping Professions*. New York: Spring.

Henderson, J. (1990) *Shadow and Self: Selected Papers in Analytical Psychology*. Wilmette, IL: Chiron.

Hillman, J. (1964) *Suicide and the Soul*. Dallas, TX: Spring.

—— (1979) *The Dream and the Underworld*. New York: Harper Row.

Hollis, J. (1996) *Swamplands of the Soul: New Life in Dismal Places*. Toronto: Inner City.

Johnson, R. (1991) *Owning your Own Shadow: Understanding the Dark Side of the Psyche*. New York: HarperCollins.

Mattoon, M.A. (ed.) (1987) *The Archetype of Shadow in a Split World. Proceedings of the Tenth International Congress for Analytical Psychology*. Einsiedeln, Switzerland: Daimon Verlag.

Scott Peck, M. (1983) *People of the Lie: The Hope for Healing Human Evil*. London: Arrow.

Stein, M. (1995) *Jung on Evil*. London: Routledge.

von Franz, M.-L. (1991) 'The realisation of the shadow in dreams', in C. Zweig and J. Abrams (eds) *Meeting the Shadow*. New York: Tarcher/Putnam.

—— (1995) *Shadow and Evil in Fairytales*. Boston, MA: Shambala.

Whitmont, E. (1991) 'The evolution of the shadow', in C. Zweig and J. Abrams (eds) *Meeting the Shadow*. New York: Tarcher/Putnam.

Zweig, C. and Abrams, J. (eds) (1991) *Meeting the Shadow: The Hidden Power of the Dark Side of Human Nature*. New York: Tarcher/Putnam.

第五章

References

Braun, C. and Wilke, H.-J. (2001) 'Bye-bye anima'. *Analytical Psychology*, 32: 53–65.

Christopher, E. (2000) 'Gender issues: anima and animus', in E. Christopher and H. McFarland Solomon (eds) *Jungian Thought in the Modern World*. London: Free Association.

Damasio, A.R. (1999) *The Feeling of What Happens: Body and Emotion in the Making of Consciousness*. New York: Harcourt Brace.

Giegerich, W. (1994) *Animus-Psychologie*. Frankfurt a/M, Germany: Lang.

Gilligan, C. (1982) *In a Different Voice: Psychological Theory and Woman's Development*. Cambridge, MA: Harvard University Press.

Gordon, R. (1993) *Bridges*. London: Karnac.

Harding, E. (1932) *The Way of all Women*. New York: Longmans, Green.

Heinke, E. (2000) 'Das Animus-Konzept C.G. Jungs aus der Sicht Analytischer

Psychologinnen und Psychologen. Eine empirische Untersuchung', unpublished thesis, University of Zürich.

Heisig, D. (1996) *Die Anima: Der Archetyp des Lebendigen*. Zürich and Düsseldorf: Walter.

Hillman, J. (1985) *Anima: An Anatomy of a Personified Notion*. Dallas, TX: Spring.

Hopcke, R. (1989) *Jung, Jungians and Homosexuality*. Boston, MA: Shambhala.

Jung, C.G. (1919/1966) 'The structure of the unconscious', in *CW* 7: pars. 442–521.

—— (1925/1972) 'Marriage as a psychological relationship', in *CW* 17: pars. 324–345.

—— (1927/1974) 'Mind and earth', in *CW* 10: pars. 71–76.

—— (1928/1966) 'The relations between the ego and the unconscious', in *CW* 7: pars. 202–406.

—— (1934/1976) 'Archetypes of the collective unconscious', in *CW* 9i: pars. 1–86.

—— (1935) 'The Tavistock Lectures', in *CW* 18: pars. 1–415.

—— (1936/1976) 'Concerning the archetypes and the anima concept', in *CW* 9i: pars. 111–147.

—— (1946/1971) 'The psychology of the transference', in *CW* 16: pars. 353–539.

—— (1949/1976) 'The psychological aspects of the Kore', in *CW* 9i: pars. 306–383.

—— (1950/1976) *Aion. CW* 9ii.

—— (1954/1968a) *Mysterium Coniunctionis. CW* 14i.

—— (1954/1968b) *Mysterium Coniunctionis. CW* 14ii.

—— (1957/1971) 'Synchronicity: an acausal connecting principle', in *CW* 8: pars. 816–968.

—— (1961) *Memories, Dreams, Reflections*. New York: Random House.

Jung, E. (1967) *Animus und Anima*. Zürich: Rascher.

Kast, V. (1984) *Paare: Wie Götter sich in Menschen spiegeln*. Stuttgart: Kreuz, trans. (1986) *The Nature of Loving: Patterns of Human Relationship*. Wilmette, IL: Chiron.

—— (1993) 'Animus and anima: spiritual growth and separation'. *Harvest*, 39: 5–15.

—— (1997) *Father–Daughter, Mother–Son: Freeing Ourselves from the Complexes that Bind Us*. Shaftesbury: Element.

Samuels, A. (1989) *The Plural Psyche*. London: Routledge.

Springer, A. (2000) 'Überlegungen zur weiblichen Homosexualität'. *Analytical Psychology*, 31: 26–38.

Stein, M. (1998) *Jung's Map of the Soul*. La Salle, IL: Open Court.

von Franz, M.-L. (1968) 'The process of individuation', in C.G. Jung (ed.) *Man and his Symbols*. Garden City, NY: Doubleday.

Young-Eisendrath, P. and Wiedemann, F. (1987) *Female Authority: Empowering Women through Psychotherapy*. New York: Guilford.

第六章

Bibliography

Arraj, J. and Arraj, T. (1988) *Tracking the Elusive Human*, Volume I. Chiloquin, OR: Inner Growth.

Beebe, J. (1984) 'Psychological types in transference, countertransference, and the therapeutic interaction', in N. Schwartz-Salant and M. Stein (eds) *Transference/ Countertransference*. Wilmette, IL: Chiron.

—— (1992) *Integrity in Depth*. College Station, TX: Texas A&M University Press.

—— (1998a) 'Toward a Jungian analysis of character', in A. Casement (ed.) *Post-Jungians Today*. London: Routledge.

—— (1998b) 'Review of Donald Kalsched's *The Inner World of Trauma: Archetypal Defenses of the Personal Spirit*'. *Quadrant*, 28(1): 92–96.

—— (2004) 'Understanding consciousness through the theory of psychological types', in J. Cambray and L. Carter (eds) *Analytical Psychology*. Hove, UK: Brunner-Routledge.

Benziger, K. (1995) *Falsification of Type*. Dillon, CO: KBA.

Berens, L. (1998) *Understanding Yourself and Others: An Introduction to Temperament*. Huntington Beach, CA: Temperament Research Institute.

Binet, A. (1903) *L'Etude expérimental de l'intelligence*. Paris: Schleicher.

Brachfeld, O. (1954) 'Gelenkte Tagträume als Hilfsmittel der Psychotherapie'. *Zeitschrift für Psychotherapie*, 4: 79–93.

Bradway, K. and Detloff, W. (1976) 'Incidence of psychological types among Jungian analysts, classified by self and by test'. *Journal of Analytical Psychology*, 21(2): 134–146.

Bradway, K. and Wheelwright, J. (1978) 'The psychological type of the analyst and its relation to analytical practice'. *Journal of Analytical Psychology*, 23(3): 211–225.

Brownsword, A. (1988) *Psychological Type: An Introduction*. Nicasio, CA: Human Resources Management Press.

Burleson, B. (2001) *Pathways to Integrity: Ethics and Psychological Type*. Gainesville, FL: Center for Applications of Psychological Type.

Clark, P. (2000) 'Work and the Eight Function Model'. *Bulletin of Psychological Type*, 23(7).

Costa, P. and McCrae, R. (1985) *The NEO Personality Inventory Manual*. Odessa, FL: Psychological Assessment Resources.

Ekstrom, S. (1988) 'Jung's typology and DSM-III personality disorders: a comparison of two systems of classification'. *Journal of Analytical Psychology*, 33(4): 329–344.

Ellenberger, H. (1970) *The Discovery of the Unconscious: The History and Evolution of Dynamic Psychiatry*. New York: Basic Books.

Fay, C. (1996) *At the Threshold* (video cassette). Houston, TX: C.G. Jung Educational Center.

Gardner, H. (1983) *Frames of Mind*. New York: Basic Books.

Geldart, W. (1998) 'Katharine Downing Myers and whole MBTI type – an interview'. *The Enneagram and the MBTI: An Electronic Journal* http://tap3x.net/ EMBTI/journal.html (February 1998).

Giannini, J. (2004) *Compass of the Soul: Archetypal Guides to a Fuller Life*. Gainesville, FL: Center for Applications of Psychological Type.

Goleman, D. (1995) *Emotional Intelligence*. New York: Bantam.

Grant, W.H., Thompson, M.M. and Clarke, T.E. (1983) *From Image to Likeness: A Jungian Path in the Gospel Journey*. Ramsey, NJ: Paulist Press.

Groesbeck, C. (1978) 'Psychological types in the analysis of the transference'. *Journal of Analytical Psychology*, 23(1): 23–53.

Haas, L., McAlpine, R. and Hartzler, M. (2001) *Journey of Understanding: MBTI* Interpretation Using the Eight Jungian Functions. Palo Alto, CA: Consulting Psychologists Press.

Harris, A. (1996) *Living with Paradox: An Introduction to Jungian Psychology* Pacific Grove, CA: Brooks/Cole.

Henderson, J. (1970) 'Inner perception in terms of depth psychology'. *Annals of the New York Academy of Sciences*, 169: 664–672.

Hill, G. (1998) 'Men, the anima, and the feminine'. *San Francisco Jung Institute Library Journal*, 17(3): 49–61.

Hillman, J. (1971/1998) 'The feeling function', in M.-L. von Franz and J. Hillman, *Lectures on Jung's Typology*. Woodstock, CT: Spring.

Jung, C.G. (1912) *Wandlungen und Symbole der Libido*. Leipzig and Vienna: Franz Deuticke.

—— (1921) *Psychologische Typen*. Zurich: Rascher.

—— (1923) *Psychological Types, or, The Psychology of Individuation*, trans. H.G. Baynes. New York: Harcourt Brace.

—— (1968) *Analytical Psychology: Its Theory and Practice*. New York: Pantheon.

—— (1971) *Psychological Types*, trans. R.F.C. Hull. Princeton, NJ: Princeton University Press.

—— (1973) *Experimental Researches*, trans. L. Stein and D. Riviere. Princeton, NJ: Princeton University Press.

Kagan, J. (1994) *Galen's Prophecy: Temperament in Human Nature*. New York: Basic Books.

—— (1998) *Three Seductive Ideas*. Cambridge, MA: Harvard University Press.

Karesh, D.M., Pieper, W.A. and Holland, C.L. (1994) 'Comparing the MBTI, the Jungian type survey, and the Singer-Loomis Inventory of Personality'. *Journal of Psychological Type*, 30: 30–38.

Keirsey, D. and Bates, M. (1984) *Please Understand Me: Character and Temperament Types*. Del Mar, CA: Prometheus Nemesis Books.

Kirsch, T. (1980) 'Dreams and psychological types', in I. Baker (ed.) *Methods of Treatment in Analytical Psychology*. Stuttgart, Germany: Bonz Verlag.

Lavin, T. (1995) 'The art of practicing Jung's psychological types in analysis', in M. Stein (ed.) *Jungian Analysis*. La Salle, IL: Open Court.

Loomis, M. (1982) 'A new perspective for Jung's typology: the Singer-Loomis Inventory of Personality'. *Journal of Analytical Psychology*, 27(1): 59–70.

McCrae, R. and Costa, P. (1989) 'Reinterpreting the Myers-Briggs Type Indicator from the perspective of the Five-Factor Model of Personality'. *Journal of Personality*, 57: 17–40.

Mann, H., Siegler, M. and Osmond, H. (1968) 'The many worlds of time'. *Journal of Analytical Psychology*, 13(1): 33–56.

Marshall, I. (1968) 'The four functions: a conceptual analysis'. *Journal of Analytical Psychology*, 13(1): 1–32.

Mattoon, M. and Davis, M. (1995) 'The Gray-Wheelwrights Jungian type survey: development and history'. *Journal of Analytical Psychology*, 40(2): 205–234.

Meier, C. (1959) 'Projection, transference, and the subject-object relation'. *Journal of Analytical Psychology*, 4(1): 21–34.

Myers, I. and Myers, P. (1980) *Gifts Differing: Understanding Personality Type*. Palo Alto, CA: Consulting Psychologists Press.

Myers, K. and Kirby, L. (2000) *Introduction to Type Dynamics and Development*. Palo Alto, CA: Consulting Psychologists Press.

Papadopoulos, R. (ed.) (1992) *Carl Gustav Jung: Critical Assessments*. London: Routledge.

Paul, A.M. (2004) *The Cult of Personality*. New York: Free Press.

Plaut, F. (1972) 'Analytical psychologists and psychological types: comment on replies to a survey'. *Journal of Analytical Psychology*, 17(2): 137–151.

Quenk, N. (1993) *Beside Ourselves: Our Hidden Personality in Everyday Life*. Palo Alto, CA: Consulting Psychologists Press.

Quenk, N. (2000) *Essentials of Myers-Briggs Type Indicator Assessment*. New York: John Wiley.

Ross, C. (1992) 'The intuitive function and religious orientation'. *Journal of Analytical Psychology*, 37(1): 83–103.

Sabini, M. (1988) 'The therapist's inferior function'. *Journal of Analytical Psychology*, 3(4): 373–394.

Sandner, D. and Beebe, J. (1995) 'Psychopathology and analysis', in M. Stein (ed.) *Jungian Analysis*. La Salle, IL: Open Court.

Scanlon, S. (ed.) (1999) 'The MBTI and other personality theories: Part 2 – "The Big Five" and the NEO-PI'. *The Type Reporter*, 72.

Shamdasani, S. (2003) *Jung and the Making of Modern Psychology: The Dream of a Science*. Cambridge: Cambridge University Press.

Shapiro, K. and Alexander, I. (1975) *The Experience of Introversion: An Integration of Phenomenological, Empirical, and Jungian Approaches*. Durham, NC: Duke University Press.

Sharp, D. (1987) *Personality Types: Jung's Model of Typology*. Toronto: Inner City.

Singer, J. and Loomis, M. (n.d.) *The Singer-Loomis Inventory of Personality: Experimental Edition* (booklet). Palo Alto, CA: Consulting Psychologists Press.

Spoto, A. (1995) *Jung's Typology in Perspective*. Wilmette, IL: Chiron.

Thompson, H. (1996) *Jung's Function-Attitudes Explained*. Watkinsville, GA: Wormhole.

Thompson, K. (1985) 'Cognitive and analytical psychology'. *San Francisco Jung Institute Library Journal*, 5(4): 40–64.

Von der Heydt, V. (1975) 'A session with Jung', *Harvest*, 21: 108–110.

von Franz, M.-L. (1971/1998) 'The inferior function', in M.-L. von Franz and J. Hillman, *Lectures on Jung's Typology*. Woodstock, CT: Spring.

Wheelwright, J.B. (1982) 'Psychological types', in J.B. Wheelwright, *Saint George and the Dandelion*. San Francisco, CA: C.G. Jung Institute of San Francisco.

Wiggins, J. (ed.) (1996) *The Five-Factor Model of Personality: Theoretical Perspectives*. New York: Guilford.

Willeford, W. (1975) 'Toward a dynamic concept of feeling'. *Journal of Analytical Psychology*, 20(1): 18–40.

—— (1976) 'The primacy of feeling (Part I)'. *Journal of Analytical Psychology*, 21(2): 115–133.

—— (1977) 'The primacy of feeling (Part II)'. *Journal of Analytical Psychology*, 22(1): 1–16.

第七章

References

Adams, M.V. (1997) 'The archetypal school', in P. Young-Eisendrath and T. Dawson (eds) *The Cambridge Companion to Jung*. Cambridge: Cambridge University Press.

Bair, D. (2004) *Jung: A Biography*. London: Little, Brown.

Beebe, J. (1988) 'Primary ambivalence towards the self: its nature and treatment', in N. Schwartz-Salant and M. Stein (eds) *The Borderline Personality in Analysis*. Wilmette, IL: Chiron.

Colman, W. (1999) 'Creation and discovery: finding and making the self'. *Harvest*, 45(1): 52–69.

—— (2000) 'Models of the self in Jungian thought', in E. Christopher and H. McFarland Solomon (eds) *Jungian Thought in the Modern World*. London: Free Association.

Dennett, D. (1991) *Consciousness Explained*. London: Penguin.

Edinger, E. (1960) 'The ego-self paradox'. *Journal of Analytical Psychology*, 5(1): 3–18.

—— (1987) *The Christian Archetype: A Jungian Commentary on the Life of Christ*. Toronto: Inner City.

—— (1996) *The Aion Lectures: Exploring the Self in C.G. Jung's 'Aion'*. Toronto: Inner City.

Fordham, M. (1963) 'The empirical foundation and theories of the self in Jung's works', in M. Fordham (1980) *Analytical Psychology: A Modern Science*. London: Academic Press; revised version in M. Fordham (1985) *Explorations into the Self*. London: Academic Press.

—— (1969) *Children as Individuals*. London: Hodder and Stoughton.

—— (1971) 'Maturation of ego and self in infancy', in M. Fordham (1980) *Analytical Psychology: A Modern Science*. London: Academic Press.

榮格心理學指南：理論、實踐與當代應用 ├─

— (1985) *Explorations into the Self*. London: Academic Press.

Gordon, R. (1985) 'Big self and little self'. *Journal of Analytical Psychology*, 30(3) 261–271.

Harré, R. (1979) *Social Being: Theory for Social Psychology*. Oxford: Blackwell.

Hillman, J. (1981) 'Psychology: monotheistic or polytheistic', in D. Miller (ed.) *The New Polytheism*. Dallas, TX: Spring.

Hogenson, G.B. (1998) 'Response to Pietikainen and Stevens'. *Journal of Analytical Psychology*, 43(3): 357–372.

— (2001) 'The Baldwin effect: a neglected influence on C.G. Jung's evolutionary thinking'. *Journal of Analytical Psychology*, 46(4): 591–611.

Humbert, E. (1980) 'The self and narcissism'. *Journal of Analytical Psychology*, 25(3): 237–246.

Huskinson, L. (2002) 'The Self as a violent Other'. *Journal of Analytical Psychology*, 47(3): 437–458.

Jung, C.G. (1916) 'The structure of the unconscious', in *CW* 7: pars. 442–521.

— (1921/1950) *Psychological Types. CW* 6.

— (1928) 'The relations between the ego and the unconscious', in *CW* 7: pars. 202–406.

— (1935) *Analytical Psychology: Its Theory and Practice. The Tavistock Lectures*. London: Routledge and Kegan Paul, 1968.

— (1935/1944) 'Individual dream symbolism in relation to alchemy', in *Psychology and Alchemy, CW* 12: pars. 44–331.

— (1938/1940) 'Psychology and religion', in *CW* 11: pars. 1–168.

— (1940) 'Conscious, unconscious and individuation', in *CW* 9i: pars. 489–524.

— (1940/1954) 'Transformation symbolism in the Mass', in *CW* 11: pars. 296–448.

— (1942/1948) 'A psychological approach to the dogma of the Trinity', in *CW* 11: pars. 169–295.

— (1944) 'Introduction to the religious and psychological problems of alchemy', in *Psychology and Alchemy, CW* 12: pars. 1–43.

— (1946/1954) 'On the nature of the psyche', in *CW* 8: pars. 343–442.

— (1951) *Aion. CW* 9ii.

— (1952) 'Answer to Job', in *CW* 11: pars. 553–758.

— (1954) *Mysterium Coniunctionis. CW* 14.

— (1958) 'Flying saucers: a modern myth', in *CW* 10: pars. 589–824.

— (1963) *Memories, Dreams, Reflections*. London: Routledge and Kegan Paul.

Kalsched, D. (1996) *The Inner World of Trauma: Archetypal Defenses of the Personal Spirit*. London and New York: Routledge.

McDowell, M.J. (1999) 'Relating to the mystery: a biological view of analytical psychology'. *Quadrant: Journal of the C.G. Jung Foundation of Analytical Psychology*, 29(1): 12–32 (also available online as 'Jungian analysis and biology' in *Cogprints*).

— (2001) 'Principle of organisation: a dynamic-systems view of the archetype-as-such'. *Journal of Analytical Psychology*, 46(4): 637–654.

McGlashan, R. (1997) 'Comment on Eli Weisstub's "Self as the feminine principle"'. *Journal of Analytical Psychology*, 42(3): 453–455.

Maturana, H.R. and Varela, F.J. (1980) *Autopoiesis and Cognition: The Realization of the Living*. Dordrecht: Kluwer Academic.

Neumann, E. (1949/1954) *The Origins and History of Consciousness*. London: Routledge and Kegan Paul.

——— (1959) 'The significance of the genetic aspect for analytical psychology'. *Journal of Analytical Psychology*, 4(2): 125–137.

——— (1973) *The Child: Structure and Dynamics of the Nascent Personality*. London: Hodder and Stoughton.

Redfearn, J. (1977) 'The self and individuation'. *Journal of Analytical Psychology*, 22(2): 125–141.

——— (1985) *My Self, My Many Selves*. London: Academic Press.

Salman, S. (1999) 'Dissociation and the Self in the magical pre-Oedipal field'. *Journal of Analytical Psychology*, 44(1): 69–86.

Samuels, A. (1985) *Jung and the Post-Jungians*. London: Routledge and Kegan Paul.

——— (1989) *The Plural Psyche*. London: Routledge.

Saunders, P. and Skar, P. (2001) 'Archetypes, complexes and self-organisation'. *Journal of Analytical Psychology*, 46(2): 305–323.

Serrano, M. (1966) *C.G. Jung and Herman Hesse: A Record of Two Friendships*. New York: Schocken.

Stevens, A. (1982) *Archetype: A Natural History of the Self*. London: Routledge.

Tresan, D.L. (1996) 'Jungian metapsychology and neurobiological theory'. *Journal of Analytical Psychology*, 41(3): 399–436.

Weisstub, E. (1997) 'Self as the feminine principle'. *Journal of Analytical Psychology*, 42(3): 425–452.

Whitmont, E.C. (1969) *The Symbolic Quest: Basic Concepts of Analytical Psychology*. Princeton, NJ: Princeton University Press.

Willeford, W. (1987) *Feeling, Imagination and the Self: Transformations of the Mother–Infant Relationship*. Evanston, IL: Northwestern University Press.

Young-Eisendrath, P. (1997a) 'The self in analysis'. *Journal of Analytical Psychology*, 42(1): 157–166.

——— (1997b) *Gender and Desire: Uncursing Pandora*. College Station, TX: Texas A&M University Press.

Young-Eisendrath, P. and Hall, J. (1991) *Jung's Self-Psychology: A Constructivist Perspective*. London and New York: Guilford.

Zinkin, L. (1987) 'The hologram as a model for analytical psychology', in H. Zinkin, R. Gordon and J. Haynes (eds) (1988) *The Place of Dialogue in the Analytic Setting: The Selected Papers of Louis Zinkin*. London and Philadelphia, PA: Jessica Kingsley.

——— (1991) 'Your self: did you find it or did you make it', unpublished paper for discussion at the Analytic Group of the Society of Analytical Psychology, 4 November.

第八章

References

Dieckmann, H. (1974) 'The constellation of the countertransference', in G. Adler (ed.) *Success and Failure in Analysis*. New York: G.P. Putnam's Sons.

Fordham, M. (1978) *Jungian Psychotherapy: A Study in Analytical Psychology*. Chichester: John Wiley.

—— (1979) 'The self as an imaginative construct'. *Journal of Analytical Psychology*, 24(1): 18–30.

Freud, S. (1900) *The Interpretation of Dreams. Standard Edition* 4 and 5. London: Hogarth Press.

—— (1910) 'The future prospects of psycho-analytic therapy', in *Standard Edition* 8. London: Hogarth Press.

—— (1912) 'Recommendations to physicians practising psycho-analysis', in *Standard Edition* 12. London: Hogarth Press.

—— (1913) 'The disposition to obsessional neurosis', in *Standard Edition* 12. London: Hogarth Press.

—— (1925) *An Autobiographical Study*, in *Standard Edition* 20. London: Hogarth Press.

Hauke, C. (1996) 'The child: development, archetype, and analytic practice'. *San Francisco Jung Institute Library Journal*, 15(1): 17–38.

Hobson, R. (1985) *Forms of Feeling: The Heart of Psychotherapy*. London and New York: Tavistock.

Kirsch, J. (1995) 'Transference', in M. Stein (ed.) *Jungian Analysis*. La Salle, IL: Open Court.

Kohut, H. (1971) *The Analysis of the Self*. New York: International Universities Press.

Lacan, J. (1949/1977) 'The mirror stage as formative of the function of the I as revealed in psychoanalytic experience', in *Ecrits*, trans. A. Sheridan. London: Tavistock.

Mattinson, J. (1975) *The Reflection Process in Casework Supervision*. London: Institute of Marital Studies.

Moore, B. and Fine, B. (eds) (1990) *Psychoanalytic Terms and Concepts*. New Haven, CT and London: Yale University Press.

Papadopoulos, R. (1984) 'Jung and the concept of the Other', in R. Papadopoulos and G. Saayman (eds) *Jung in Modern Perspective*. London: Wildwood.

—— (1998) 'Jungian perspectives in new contexts', in A. Casement (ed.) *Post-Jungians Today: Key Papers in Contemporary Analytical Psychology*. London and New York: Routledge.

—— (2002) 'The other other: when the exotic other subjugates the familiar other'. *Journal of Analytical Psychology*, 47(2): 163–188.

Perry, C. (1997) 'Transference', in P. Young-Eisendrath and T. Dawson (eds) *The Cambridge Companion to Jung*. Cambridge: Cambridge University Press.

Peters, R. (1991) 'Transference as a fetish'. *Free Associations*, 35: 56 67.

Plaut, A. (1956) 'The transference in analytical psychology', in M. Fordham with others (eds) (1974) *Technique in Jungian Analysis*. London: Heinemann.

Plaut, A. (1970) 'Comment: on not incarnating the archetype', in M. Fordham with others (eds) (1974) *Technique in Jungian Analysis*. London: Heinemann.

Rowland, S. (2002) *Jung: A Feminist Revision*. Cambridge: Polity.

Rutter, P. (1989) *Sex in the Forbidden Zone*. London: Unwin.

Samuels, A. (1980) 'Fragmentary vision: a central training aim'. *Spring*: 215–225.

—— (1985) *Jung and the Post-Jungians*. London and Boston, MA: Routledge and Kegan Paul.

—— (1989) *The Plural Psyche: Personality, Morality and the Father*. London and New York: Routledge.

—— (1993) *The Political Psyche*. London and New York: Routledge.

— (2001) *Politics on the Couch: Citizenship and the Internal Life*. London: Profile; New York: Other Press.

Schwartz-Salant, N. (1984) 'Archetypal factors underlying sexual acting-out in the transference/countertransference process'. in N. Schwartz-Salant and M. Stein (eds) *Transference/countertransference*. Wilmette, IL: Chiron.

— (1995) 'Introduction', in N. Schwartz-Salant (ed.) *C.G. Jung on Alchemy*. London: Routledge; Princeton, NJ: Princeton University Press.

Searles, H. (1975) 'The patient as therapist to his analyst', in H. Searles (1979) *Collected Papers on Countertransference and Related Subjects*. New York: International Universities Press.

Sedgwick, D. (1994) *The Wounded Healer: Countertransference from a Jungian Perspective*. London and New York: Routledge.

Solomon, H. (2000) 'The ethical self', in E. Christopher and H. Solomon (eds) *Jungian Thought in the Modern World*. London: Free Association.

Strachey, J. (1934) 'The nature of the therapeutic action of psychoanalysis'. *International Journal of Psycho-Analysis*, 15: 127–159.

Symington, N. (1986) *The Analytic Experience: Lectures from the Tavistock*. London: Free Association.

Totton, N. (2000) *Psychotherapy and Politics*. London: Sage.

Ulanov, A. (1995) 'Spiritual aspects of clinical work', in M. Stein (ed.) *Jungian Analysis*. La Salle, IL: Open Court.

Williams, M. (1963) 'The indivisibility of the personal and collective unconscious', in M. Fordham with others (eds) (1973) *Analytical Psychology: A Modern Science*. London: Heinemann.

Winnicott, D. (1967) 'Mirror role of mother and family in child development', in D. Winnicott (1971) *Playing and Reality*. London: Tavistock.

Young-Eisendrath, P. and Dawson, T. (eds) (1997) *The Cambridge Companion to Jung*. Cambridge: Cambridge University Press.

第九章

Bibliography

Adler, G. (1961) *The Living Symbol: A Case Study in the Process of Individuation.* Toronto: McClelland and Stewart.

American Psychiatric Association (APA) (2000) *Diagnostic and Statistical Manual of Mental Disorders,* 4th edn revised (DSM-IV-TR). Washington, DC: APA.

Beebe, J. (1992) *Integrity in Depth.* College Station, TX: Texas A&M University Press.

Edinger, E. (1972) *Ego and Archetype: Individuation and the Religious Function of the Psyche.* New York: G.P. Putnam's Sons.

Erikson, E.H. (1950) *Childhood and Society.* New York: Norton.

Fordham, M. (1969) *Children as Individuals.* London: Hodder and Stoughton.

Henderson, J. (1967) *Thresholds of Initiation.* Middletown, CT: Wesleyan University Press.

Hillman, J. (1977) *Revisioning Psychology.* New York: Colophon.

Jacobi, J. (1967) *The Way of Individuation.* London: Hodder and Stoughton.

Jacoby, M. (1985) *The Longing for Paradise.* Santa Monica, CA: Sigo Press.

—— (2000) *Jungian Psychotherapy and Contemporary Infant Research.* London: Routledge.

Jung, C.G. (1966) *Two Essays on Analytical Psychology.* Princeton, NJ: Princeton University Press.

—— (1967) *Symbols of Transformation.* Princeton, NJ: Princeton University Press.

—— (1968) 'A study in the process of individuation', in *CW* 9i: 290–354. Princeton, NJ: Princeton University Press.

—— (1984) *Dream Analysis: Notes of the Seminar Given in 1928–1930,* ed. W. McGuire. Princeton, NJ: Princeton University Press.

(1988) *Nietzsche's* Zarathustra: *Notes of the Seminar Given in 1934–1939,* ed. J.L. Jarrett. Princeton, NJ: Princeton University Press.

(1989) *Analytical Psychology: Notes of the Seminar Given in 1925,* ed. W. McGuire. Princeton, NJ: Princeton University Press.

(1997) *Visions: Notes of the Seminar Given in 1930–1934,* ed. C. Douglas. Princeton, NJ: Princeton University Press.

Kalsched, D. (1996) *The Inner World of Trauma.* London: Routledge.

Lévy-Bruhl, L. (1910/1925) *How Natives Think,* trans. L.A. Clare. New York: A.A. Knopf (original French title *Les Fonctions mentales dans les sociétés Inférieures*).

Neumann, E. (1954) *The Origins and History of Consciousness.* London: Routledge and Kegan Paul.

(1955) *The Great Mother: Analysis of an Archetype.* London: Routledge and Kegan Paul.

Papadopoulos, R.K. (ed.) (1992) *C.G. Jung: Critical Assessments,* four volumes. London and New York: Routledge.

Samuels, A. (1993) *The Political Psyche.* London: Routledge.

Schwartz-Salant, N. (1989) *The Borderline Personality.* Wilmette, IL: Chiron.

Stein, M. (1983) *In Midlife*. Dallas, TX: Spring.

—— (1998a) *Jung's Map of the Soul*. La Salle, IL: Open Court.

—— (1998b) *Transformation: Emergence of the Self*. College Station, TX: Texas A&M University Press.

von Franz, M.-L. (1964) 'The process of individuation', in C.G. Jung and M.-L. von Franz, *Man and his Symbols*. Garden City, NY: Doubleday.

—— (1977) *Individuation in Fairy Tales*. Dallas, TX: Spring.

第十章

Bibliography

Achterberg, J. (1985) *Imagery in Healing: Shamanism and Modern Medicine*. Boston, MA and London: Shambhala.

Adler, G. (1948) *Studies in Analytical Psychology*. New York: W.W. Norton.

Adler, J. (1972–1994) 'Janet Adler Papers', in P. Pallaro (ed.) (1999) *Authentic Movement: Essays by Mary Starks Whitehouse, Janet Adler and Joan Chodorow*. London: Jessica Kingsley.

Adorisio, A. (2005) 'Bellezza Orsini and creativity: images of body and soul from a sixteenth century prison'. *Spring*, 72 (special issue on Body and Soul honouring Marion Woodman): 281–297.

Allan, J. (1988) *Inscapes of the Child's World*. Dallas, TX: Spring.

Amman, P. (1972) *Sandspiel* (16 mm film), directed and produced by Peter Amman. Videotaped 1985, available from C.G. Jung Institute of Los Angeles, CA.

Amman, R. (1991) *Healing and Transformation in Sandplay*. La Salle, IL: Open Court.

Assagioli, R. (1965) *Psychosynthesis*. New York: Viking.

Barz, H. (1993) 'The transcendent function and psychodrama', in M.A. Mattoon (ed.) *The Transcendent Function*. Einsiedeln, Switzerland: Daimon Verlag.

Bosnak, R. (1986) *A Little Course in Dreams*. Boston, MA: Shambhala.

Bradway, K. and McCoard, B. (1997) *Sandplay: Silent Workshop of the Psyche*. London: Routledge.

Bradway, K., Signell, K., Stewart, C.T., Stewart, L.H. and Thompson, C. (1981) *Sandplay Studies: Origins, Theory, Practice*. San Francisco, CA: C.G. Jung Institute.

Cambray, J. (2001) 'Enactments and amplification'. *Journal of Analytical Psychology*, 46(2): 275–303.

Charlton, R.S. (1986) 'Free association and Jungian analytical technique'. *Journal of Analytical Psychology*, 31(2): 153–171.

Chodorow, J. (1974–1991) 'Joan Chodorow Papers', in P. Pallaro (ed.) (1999) *Authentic Movement: Essays by Mary Starks Whitehouse, Janet Adler and Joan Chodorow*. London: Jessica Kingsley.

(1991) *Dance Therapy and Depth Psychology: The Moving Imagination*. London: Routledge.

(2000) 'The moving imagination'. *American Journal of Dance Therapy*, 22(1): 5 27.

(2005) 'Multi-sensory imagination'. *Spring*, 72 (special issue on Body and Soul honouring Marion Woodman): 159–166.

Cwik, A. (1995) 'Active imagination: synthesis in analysis', in M. Stein (ed.) *Jungian Analysis*, 2nd edn. La Salle, IL: Open Court.

Dallett, J. (1982) 'Active imagination in practice', in M. Stein (ed.) *Jungian Analysis*. Peru, IL: Open Court.

Damasio, A. (1999) *The Feeling of What Happens*. New York: Harcourt.

Davidson, D. (1966) 'Transference as a form of active imagination'. *Journal of Analytical Psychology*, 11(2):135–146.

Dehing, J. (1993) 'The transcendent function: a critical re-evaluation', in M.A. Mattoon (ed.) *Proceedings of the Twelfth International Congress for Analytical Psychology*. Einsiedeln, Switzerland: Daimon Verlag.

Donohue, K. (2001) 'A transcendent journey through the motherline: a voyage with Helen Hardin, southwest artist'. *The Arts in Psychotherapy*, 28(1): 19 30.

Dougherty, M. (1998) 'Duccio's prayer', in M.A. Mattoon (ed.) *Proceedings of the Fourteenth International Congress for Analytical Psychology*. Einsiedeln, Switzerland: Daimon Verlag.

Douglas, C. (1993) *Translate this Darkness: The Life of Christiana Morgan*. New York: Simon and Schuster.

Ellenberger, H.F. (1970) *The Discovery of the Unconscious*. New York: Basic Books.

Fay, C.G. (1996) *At the Threshold: A Journey to the Sacred through the Integration of the Psychology of C.G. Jung and the Expressive Arts, with Carolyn Grant Fay* (videotape). Boston, MA: Bushy Theater.

Fordham, M. (1956) 'Active imagination and imaginative activity'. *Journal of Analytical Psychology*, 1(2): 207–208,

—— (1958) 'Problems of active imagination', in M. Fordham, *The Objective Psyche*. London: Routledge.

Fry, R.T. (1974) 'Teaching active imagination meditation', doctoral dissertation, Laurence University.

Gerson, J. (2005) 'Wounded instincts, weeping soul: working with embodied countertransference'. *Spring*, 72 (special issue on Body and Soul honouring Marion Woodman): 205–217.

Greene, A. (2001) 'Conscious mind – conscious body'. *Journal of Analytical Psychology*, 46(4): 565–590.

—— (2003) 'Embodied active imagination', in M.A. Mattoon (ed.) *Proceedings of the Fifteenth International Congress for Analytical Psychology*. Einsiedeln, Switzerland: Daimon Verlag.

Hannah, B. (1953) 'Some remarks on active imagination'. *Spring*: 38–58.

Henderson, J. (1962) 'The archetype of culture', in *The Archetype: Proceedings of the Second International Congress of Psychology, Zurich*. New York: S. Karger.

—— (1973) 'The picture method in Jungian psychotherapy'. *Art Psychotherapy*, 1: 135–140.

—— (1984) *Cultural Attitudes in Psychological Perspective*. Toronto: Inner City.

Henderson, J. and Sherwood, D. (2003) *Transformation of the Psyche: The Symbolic Alchemy of the Splendor Solis*. London: Routledge.

Hillman, J. (1960/1972/1992) *Emotion: A Comprehensive Phenomenology of Theories and their Meanings for Therapy*. Evanston, IL: Northwestern University Press.

Humbert, E. (1971) 'Active imagination: theory and practice'. *Spring*: 101–114.

Johnson, R.A. (1986) *Inner Work: Using Dreams and Active Imagination for Personal Growth*. San Francisco, CA: Harper and Row.

Jung, C.G. (1902) 'On the psychology and pathology of so-called occult phenomena', in *Collected Works* (*CW*) 1: pars. 1–165. Princeton, NJ: Princeton University Press, 1975.

—— (1904–1909) 'Studies in word association', in *CW* 2: pp. 1–580, pars. 1–1311. Princeton, NJ: Princeton University Press, 1973.

—— (1907) 'The psychology of Dementia Praecox', in *CW* 3: pp. 1–151, foreword and pars. 1–316. Princeton, NJ: Princeton University Press, 1960.

—— (1912) *Symbols of Transformation*. *CW* 5. Princeton, NJ: Princeton University Press, 1967.

—— (1912/forthcoming) *C.G. Jung's Red Book*, ed. S. Shamdasani. Zurich: Niedieck Linder, literary agent.

—— (1913/1955) 'The theory of psychoanalysis', in *CW* 4: 83–226, historical note, forewords and pars. 203–339. Princeton, NJ: Princeton University Press, 1961.

—— (1914) 'On psychological understanding', in *CW* 3: pars. 388–424. Princeton, NJ: Princeton University Press, 1960.

Jung, C.G. (1916/1925/1961) 'The seven sermons to the dead', trans. H.G. Baynes. Appendix V, in C.G. Jung, *Memories, Dreams, Reflections*. New York: Random House/Vintage, 1965.

—— (1916/1957) *The Transcendent Function* (booklet), trans. A.R. Pope. Zurich: privately printed for the Students' Association, C.G. Jung Institute.

—— (1916/1958) 'The transcendent function', in *CW* 8, 'Prefatory note' and pars. 131–193. Princeton, NJ: Princeton University Press, 1975.

—— (1921) *Psychological Types*. *CW* 6. Princeton, NJ: Princeton University Press, 1971/1974.

—— (1925) *Analytical Psychology: Notes on the Seminar Given in 1925*, ed. W. McGuire. Princeton, NJ: Princeton University Press, 1989.

—— (1928) 'The technique of differentiation between the ego and the figures of the unconscious', in *CW* 7: pars. 341–373. Princeton, NJ: Princeton University Press, 1953/1966/1975.

—— (1928–1930) *Dream Analysis: Notes of the Seminar*, ed. W. McGuire. Princeton, NJ: Princeton University Press, 1984.

—— (1929) 'Commentary on *The Secret of the Golden Flower*', in *CW* 13: pars. 17–45. Princeton, NJ: Princeton University Press, 1976.

—— (1930–1934) *The Visions Seminars*, ed. C. Douglas, vols 1 and 2. Princeton, NJ: Princeton University Press, 1997.

—— (1931) 'The aims of psychotherapy', in *CW* 16: pars. 66–113. Princeton, NJ: Princeton University Press, 2nd edn 1966, 3rd printing with corrections 1975.

—— (1933/1950) 'A study in the process of individuation', in *CW* 9i: pars. 525–626.

Princeton, NJ: Princeton University Press, 2nd edn 1968.

— (1935) 'The Tavistock Lectures', in *CW* 18: pars. 1–415. Princeton, NJ: Princeton University Press, 1976.

— (1939/1954) 'Psychological commentary on *The Tibetan Book of the Great Liberation*', in *CW* 11: pars. 759–830. Princeton, NJ: Princeton University Press, 1958.

(1947) 'On the nature of the psyche', in *CW* 8: pars. 343–442. Princeton, NJ: Princeton University Press.

(1955) *Mysterium Coniunctionis*. *CW* 14. Princeton, NJ: Princeton University Press, 1974.

(1961/1965) *Memories, Dreams, Reflections*. New York: Random House/Vintage.

(1975) *Letters, Volume Two, 1951–1961*. Princeton, NJ: Princeton University Press.

(1997) *Jung on Active Imagination: Key Essays Selected and Introduced by Joan Chodorow*. London: Routledge.

Kalff, D. (1980) *Sandplay*. Santa Monica, CA: Sigo Press.

Kast, V. (1991) *Joy, Inspiration, and Hope*. College Station, TX: Texas A&M University Press.

Keller, T. (1972) *Wege inneren Wachstums: Aus meinen erinnerungen an C.G. Jung*. Erlenbach, Switzerland: Bircher-Benner Verlag.

(1982) 'Beginnings of active imagination: analysis with C.G. Jung and Toni Wolff, 1915 1928', in J. Hillman (ed.) *Spring*: 279 294.

Kirsch, J. (1955) '"Journey to the Moon": a study in active imagination', in *Studien zur analytichen psychologie C.G. Jung*, Volume I. Zurich: Rascher.

Kittelson, M.L. (1996) 'Auditory imagery: the acoustic vessel', in M.A. Mattoon (ed.) *Proceedings of the Thirteenth International Congress for Analytical Psychology, Zurich 1995*. Einsiedeln, Switzerland: Daimon Verlag.

Lorentz, E. (1998) 'Movement as active imagination', diploma thesis, Inter-Regional Society of Jungian Analysts.

Lowenfeld, M. (1939) 'The world pictures of children: a method of recording and studying them'. *British Journal of Medical Psychology*, 18: 65–101.

—— (1979) *The World Technique*. London: George Allen and Unwin.

Lowinsky, N. (1999) 'How Eurydice tells it'. *Psychological Perspectives*: 38: 86–104.

McNiff, S. (1998) *Art-Based Research*. London: Jessica Kingsley.

McRae, C. (1997) 'Learning to listen: a snake calls me to a shamanic path', in D. Sandner and S. Wong (eds) *The Sacred Heritage*. London: Routledge.

Middlekoop, P. (1985) *The Wise Old Man: Healing through Inner Images*. Boston, MA: Shambhala.

Miller, J. (2004) *The Transcendent Function: Jung's Model of Psychological Growth through Dialogue with the Unconscious*. Foreword by Joan Chodorow. Albany, NY: State University of New York Press.

Mindell, A. (1985) *Working with the Dreambody*. Boston, MA: Routledge and Kegan Paul.

Mitchell, R.R. and Friedman, H.S. (1994) *Sandplay: Past, Present, and Future*. London: Routledge.

Moore, N. (1975) 'The transcendent function and the forming ego'. *Journal of Analytical Psychology*, 20(2): 164–182.

—— (1986) 'Amplification, transference analysis and the analyst's inner process'. *Journal of Analytical Psychology*, 31(2): 113–133.

Naifeh, S. (1993) 'Experiencing the self'. *San Francisco Library Journal*, 12(1): 5–27.

—— (2001) 'Images in psychiatry: Carl Gustav Jung, M.D., 1875–1961'. *American Journal of Psychiatry*, 158(12): 1973.

Newham, P. (1992) 'Jung and Alfred Wolfsohn'. *Journal of Analytical Psychology*, 37: 323–336.

Perera, S.B. (1981) *Descent to the Goddess*. Toronto: Inner City.

Pert, C. (1997) *Molecules of Emotion*. New York: Scribner.

Powell, S. (1985) 'A bridge to understanding: the transcendent function in the analyst'. *Journal of Analytical Psychology*, 30: 29–45.

Robertson, R. (1998) 'Active imagination in practice'. *Gnosis Magazine*, Fall: 44–48.

Samuels, A. (1985) *Jung and the Post-Jungians*. London: Routledge.

Sandner, D. (1992) 'The transcendent function: response to Jef Dehing', in M.A. Mattoon (ed.) *Proceedings of the Twelfth International Congress for Analytical Psychology*. Einsiedeln, Switzerland: Daimon Verlag.

Schaverien, J. (1992) *The Revealing Image*. London: Routledge.

Schwartz-Salant, N. (1982) *Narcissism and Character Transformation*. Toronto: Inner City.

Searle, Y. and Streng, I. (eds) (2001) *Where Analysis Meets the Arts*. London: Karnac.

Shamdasani, S. (1990) 'A woman called Frank'. *Spring*, 50: 26–56.

Singer, J. (1972) 'Dreaming the dream onward: active imagination', in J. Singer (1994) *Boundaries of the Soul*. Garden City, NY: Doubleday.

Skar, P. (1997) 'Music and analysis, contrapuntal reflections', in *Proceedings of the Thirteenth International Congress for Analytical Psychology, Zurich 1995*. Einsiedeln, Switzerland: Daimon Verlag.

Spitzer, S. (2003) 'Embodied implicit memory', in *Proceedings of the Fifteenth International Congress for Analytical Psychology*. Einsiedeln, Switzerland: Daimon Verlag.

Stein, M. (1998) *Jung's Map of the Soul*. La Salle, IL: Open Court.

—— (2000) *Four Pillars of a Jungian Approach to Psychotherapy* (audiotapes #448, 2 cassettes). Atlanta, GA: Jung Society of Atlanta, www.jungatlanta.com

Stein, R. (1992) 'The transcendent function as revealed in unconscious drawings', unpublished paper with slides given at the Twelfth International Congress for Analytical Psychology, Chicago.

Stevens, A. (1986) *Withymead: A Jungian Community for the Healing Arts*. London: Coventure.

Stewart, C.T. (2001) *The Symbolic Impetus: How Creative Fantasy Motivates Development*. London: Free Association.

Stewart, L.H. (1985–1986) 'Work in progress: affect and archetype', in N. Schwartz-

Salant and M. Stein (eds) *The Body in Analysis*. Wilmette, IL: Chiron.

— (1987) 'Affect and archetype in analysis', in N. Schwartz-Salant and M. Stein (eds) *Archetypal Processes in Psychotherapy*. Wilmette, IL: Chiron.

Stromsted, T. (2001) 'Reinhabiting the female body'. *The Arts in Psychotherapy*, 28(1): 39–55.

Tilly, M. (1982) 'Margaret Tilly remembering a musical visit with Jung', in F. Jensen (ed.) *C.G. Jung, Emma Jung and Toni Wolff: A Collection of Remembrances*. San Francisco, CA: Analytical Psychology Club.

van Löben Sels, R. (2003) *A Dream in the World: Poetics of Soul in Two Women, Modern and Medieval*. London: Routledge.

von Franz, M.-L. (1980) 'On active imagination', in M.F. Keyes (ed.) (1983) *Inward Journey: Art as Therapy*. La Salle, IL: Open Court.

Wallace, E. (1975) 'For C.G. Jung's one hundredth birthday: creativity and Jungian thought'. *Art Psychotherapy*, 2: 181–187.

Ward, K.H. (1992) 'Music, affect and imagery: a cross cultural exploration'. *Journal of the Association for Music and Imagery*, 1: 19–31.

Warming, P. (1992) 'Psyche and sound: the use of music in Jungian analysis', in D. Campbell (ed.) *Music and Miracles*. London and Wheaton, IL: Quest.

Watkins, M. (1976) *Waking Dreams*. New York: Harper and Row.

Weaver, R. (1973/1991) *The Old Wise Woman: A Study of Active Imagination*. Boston, MA: Shambhala.

Weinribb, E. (1983) *Images of the Self*. Boston, MA: Sigo Press.

Whitehouse, M. (1954–1979) 'Mary Whitehouse Papers', in P. Pallaro (ed.) (1999) *Authentic Movement: Essays by Mary Starks Whitehouse, Janet Adler and Joan Chodorow*. London: Jessica Kingsley.

Woodman, M. (1982) *Addiction to Perfection*. Toronto: Inner City.

— (2000) *Bone*. New York: Viking.

Wyman-McGinty, W. (1998) 'The body in analysis: authentic movement and witnessing in analytic practice'. *Journal of Analytical Psychology*, 43(2): 239–260.

Wyman-McGinty, W. (2002) 'Authentic movement and witnessing in psychotherapy', in P. Camic and L. Wilson (eds) *Bulletin of Psychology and the Arts*, 2(2): 90–92.

Zinkin, L. (1969) 'Flexibility in analytic technique'. *Journal of Analytical Psychology*, 14(2): 119–132.

第十一章

Recommended reading

Freud, S. (1901) *On Dreams. Standard Edition* 5: 633–686.

Mattoon, M.A. (1984) *Understanding Dreams*. Dallas, TX: Spring.

Noone, R. and Holman, D. (1972) *In Search of the Dream People*. New York: William Morrow.

Whitmont, E.C. and Perera, S. (1989) *Dreams: A Portal to the Source*. London and New York: Routledge.

Woods, R.L. and Greenhouse, H.B. (1974) *The New World of Dreams*. New York: Macmillan.

References

Freud, S. (1900) *The Interpretation of Dreams. Standard Edition* 4 and 5. London: Hogarth Press.

Hellman, L. (1973) *The Little Foxes* and *Another Part of the Forest: Two Plays*. New York: Viking.

Jung, C.G. (1933) 'The meaning of psychology for modern man', in *CW* 10: pars. 276 332.

Jung, C.G. and von Franz, M.-L. et al. (eds) (1964) *Man and his Symbols*. London: Aldus.

第十二章

References

Cleary, T. (1991) *The Secret of the Golden Flower*. San Francisco, CA: Harper.

Coward, H. (1985) *Jung and Eastern Thought*. Albany: NY: State University of New York Press.

Edinger, E.F. (1978a) 'Psychotherapy and alchemy: introduction and *Calcinatio*'. *Quadrant: Journal of the C.G. Jung Foundation for Analytical Psychology*, 2(1) (summer).

Edinger, E.F. (1978b) 'Psychotherapy and alchemy: *Solutio*'. *Quadrant*, 3(1) (winter).

(1979) 'Psychotherapy and alchemy: *Coagulatio*'. *Quadrant*, 4 (summer).

(1980) 'Psychotherapy and alchemy: *Sublimatio*'. *Quadrant* 5 (spring).

(1981a) 'Psychotherapy and alchemy: *Mortificatio*'. *Quadrant*, 6 (spring).

(1981b) 'Psychotherapy and alchemy: *Separatio*'. *Quadrant*, 7 (fall).

(1982) 'Psychotherapy and alchemy: *Coniunctio*'. *Quadrant*, 8 (spring).

(1985) *Anatomy of the Psyche: Alchemical Symbolism in Psychotherapy*. LaSalle, IL: Open Court.

(1994) *The Mystery of the Coniunctio: Alchemical Image of Individuation*. Toronto: Inner City.

(1995) *The Mysterium Lectures: A Journey through C.G. Jung's Mysterium Coniunctionis*, ed. J. Dexter Blackmer. Toronto: Inner City.

(1996a) *The Aion Lectures: Exploring the Self in C.G. Jung's Aion*, ed. D.A. Wesley. Toronto: Inner City.

(1996b) *The New God-Image: A Study of Jung's Key Letters Concerning the Evolution of the Western God-Image*. Wilmette, IL: Chiron.

Fordham, M. (1960) 'The relevance of analytical theory to alchemy, mysticism and theology'. *Journal of Analytical Psychology*, 5(2): 113–128.

Gad, I. (1999) 'Alchemy: the language of the soul'. *Psychological Perspectives*, 39: 92 101.

Giegerich, W. (1998/2001) *The Soul's Logical Life*. Frankfurt: Peter Lang.

Grinnel, R. (1973) *Alchemy in a Modern Woman*. Zurich: Spring.

Henderson, J.L. (1978) 'Practical application of alchemical theory'. *Journal of Analytical Psychology*, 23(3): 248.

The Splendor Solis (video). Monaco Video, 234 Ninth Street, San Francisco. CA 94103.

Henderson, J.L. and Sherwood, D.N. (2003) *Transformation of the Psyche: The Symbolic Alchemy of the Splendor Solis*. Hove, UK: Brunner-Routledge.

Hillman, J. (1970) 'On senex consciousness [Lead and Saturn]'. *Spring*: 146–165.

(1978) 'The therapeutic value of alchemical language', in R. Sardello (ed.) *Dragonflies: Studies of Imaginal Psychology*. Irving, TX: University of Dallas.

(1979) *The Dream and the Underworld*. New York: Harper and Row.

(1980) 'Silver and the white earth, Part I'. *Spring*: 21–48

(1981a) 'Silver and the white earth, Part II'. *Spring*: 21–66.

(1981b) 'Alchemical blue and the *unio mentalis*', in C. Eshleman (ed.) *Sulfur*, 1: 33 50.

(1981c) 'The imagination of air and the collapse of alchemy'. *Eranos Yearbook*, 50: 273 333.

(1981d) 'Salt: a chapter in alchemical psychology', in J. Stroud and G. Thomas (eds) *Images of the Untouched*. Dallas, TX: Dallas Institute of Humanities. Also in S. Marlan (ed.) (1995) *Salt and the Alchemical Soul*. Dallas, TX: Spring.

(1983) *Healing Fictions*. Barrytown, NY: Station Hill.

(1986) 'Notes on white supremacy: the alchemy of racism'. *Spring*, 46: 29 58.

(1989a) 'The yellowing of the work', in M.A. Mattoon (ed.) *Proceedings of the Eleventh International Congress of Analytical Psychology, Paris*. Zurich: Daimon Verlag.

Hillman, J. (1989b) *A Blue Fire*, introduced and edited by T. Moore. New York: Harper and Row.

—— (1990) *Concerning the Stone: Alchemical Images of the Goal. Eranos Yearbook*. Ascona, Switzerland.

—— (1997) 'The seduction of black', in S. Marlan (ed.) *Fire in the Stone*. Wilmette, IL: Chiron.

— (2003) 'A note for Stanton Marlan'. *Journal of Jungian Theory and Practice*, 5(2): 102–103.

—— (2004) 'The azure vault: the caelum as experience'. Keynote address at the Sixteenth International Congress for Analytical Psychology, Barcelona.

Holt, D. (1973) 'Jung and Marx'. *Spring*: 52–66.

— (1987–1988) 'Alchemy: Jung and the historians of science'. *Harvest*, 33: 40–61.

Jacoby, M. (1984) *The Analytic Encounter: Transference and Human Relationships*. Toronto: Inner City.

Jaffé, A. (1967) 'The influence of alchemy on the work of C.G. Jung'. *Spring*: 7–26.

Jung, C.G. (1921) *Psychological Types. CW* 6.

—— (1928) 'The relations between the ego and the unconscious', in *CW* 7: pars. 202–406.

—— (1929) 'Commentary on *The Secret of the Golden Flower*', in *CW* 13: pars. 17–45.

—— (1937) *Psychology and Religion. CW* 11.

—— (1942) 'Paracelsus as a spiritual phenomenon', in *CW* 13: 189.

—— (1944) *Psychology and Alchemy. CW* 12.

—— (1946) 'Psychology of the transference', in *CW* 16: pars. 353–539.

—— (1951) *Aion. CW* 9ii.

—— (1953) *Psychology and Alchemy CW* 12.

—— (1955–1956) *Mysterium Coniunctionis. CW* 14.

—— (1958) *Psychology and Religion: West and East. CW* 11.

—— (1959) 'Flying Saucers', in *CW* 10: pars. 589–824.

—— (1963) *Memories, Dreams, Reflections.* New York: Pantheon.

—— (1979) *General Bibliography. CW* 19.

—— (1979) *General Index. CW* 20.

Kawai, H. (1996) *Buddhism and the Art of Psychotherapy.* College Station, TX: Texas A&M University Press.

Kirsch, J. (1995) 'Transference', in M. Stein (ed.) *Jungian Analysis*, 2nd edn. La Salle, IL: Open Court.

Kirsch, T.B. (2000) *The Jungians: A Comparative and Historical Perspective.* London and Philadelphia, PA: Routledge.

Kugler, P. (1983) *The Alchemy of Discourse: An Archetypal Approach to Language.* Lewisburgh, PA: Bucknell University Press.

McGoveran, P. (1981) 'An application of an alchemical model for milieu functioning'. *Journal of Analytical Psychology*, 26(3): 249–267.

McGuire, W. and Hull, R.F.C. (eds) (1977) *C.G. Jung Speaking: Interviews and Encounters.* Bollingen Series XCVII. Princeton, NJ: Princeton University Press.

Marlan, S. (1995) 'Introduction to salt and the alchemical soul', in S. Marlan (ed.) *Salt and the Alchemical Soul.* Woodstock, CT: Spring.

Marlan, S. (1997a) 'Fire in the stone: an inquiry into the alchemy of soul-making', in S. Marlan (ed.) *Fire in the Stone.* Wilmette, IL: Chiron.

—— (1997b) *Fire in the Stone: The Alchemy of Desire.* Wilmette, IL: Chiron.

—— (1999) 'A review of *A Dictionary of Alchemical Imagery* by Lyndy Abraham'. *Harvest*, 45(2).

—— (2000a) 'The metaphor of light and its deconstruction in Jung's alchemical vision', in R. Brooke (ed.) *Pathways into the Jungian World.* London and New York: Routledge.

—— (2000b) 'The black sun: archetypal image of the non-self', unpublished paper presented at the International Symposium of Archetypal Psychology.

—— (2001) 'The metaphor of light and renewal in Taoist alchemy and Jungian analysis'. *Quadrant*, summer.

—— (2005) *The Black Sun: The Alchemy and Art of Darkness.* College Station, TX: Texas A&M University Press.

Meier, C.A. (ed.) (2000) *Atom and Archetype: The Pauli/Jung Letters, 1932–1958.* Princeton, NJ: Princeton University Press.

Newman, K.D. (1981) 'The riddle of the Vas Bene Clausum'. *Journal of Analytical Psychology,* 16(3): 229–243.

Odajnyk, V.W. (1993) *Gathering the Light: A Psychology of Meditation.* Boston, MA and London: Shambhala.

Raff, J. (2000) *Jung and the Alchemical Imagination.* York Beach, ME: Nicolas-Hays.

Raff, J. and Vocatura, L.B. (2002) *Healing the Wounded God: Finding your Personal Guide to Individuation and Beyond.* York Beach, ME: Nicolas-Hays.

Robertson, R. (1999) 'A guide to the writings of Edward F. Edinger'. *Psychological Perspective,* 39(summer): 47–62.

Samuels, A. (1989) *The Plural Psyche: Personality, Morality and the Father.* London and New York: Routledge.

Schwartz-Salant, N. (1993) 'Jung, madness and sexuality: reflections on psychotic transference and countertransference', in M. Stein (ed.) *Mad Parts of Sane People in Analysis.* Wilmette, IL: Chiron.

(1995) 'Introduction to Jung on alchemy', in N. Schwartz-Salant (ed.) *Jung on Alchemy.* London: Routledge.

(1998) *The Mystery of the Human Relationship: Alchemy and the Trans-formation of Self.* London and New York: Routledge.

Sharp, D. (1999) 'Tribute for E. Edinger'. *Psychological Perspectives,* 39(summer): 17 18.

Spiegelman, J.M. and Miyuki, M. (1985) *Buddhism and Jungian Psychology.* Phoenix, AZ: Falcon Press.

Stein, M. (1985) *Jung's Treatment of Christianity: The Psychotherapy of a Religious Tradition.* Wilmette, IL: Chiron.

(1992) *Understanding the Meaning of Alchemy: Jung's Metaphor of Transformative Process* (audiotape). Chicago, IL: C.G. Jung Institute of Chicago.

Sullivan, B.S. (1989) *Psychotherapy Grounded in the Feminine Principle.* Wilmette, IL.: Chiron.

Tanaka, Y. (2000) 'The alchemical images and logic in analytical psychology', in H. Kawai (ed.) *Lectures on Psychotherapy Volume 3: Psychotherapy and Images.* Tokyo: Inwanami-Shoten.

von Franz, M.-L. (1966) *Aurora Consurgens.* New York: Pantheon.

—— (1979) *Alchemical Active Imagination.* Dallas, TX: Spring.

—— (1980) *Alchemy: An Introduction to the Symbolism and the Psychology.* Toronto: Inner City.

—— (1992) *Psyche and Matter.* Boston, MA: Shambhala.

—— (1999) *Muhammad ibn Umail's Hall ar-Rumuz ('Clearing of Enigmas'): Historical Introduction and Psychological Comment,* by Dr Theodore Abt, printed at Fotorotar AG. CH-8132 Egg/Switzerland.

Wagner, S. (1998–1999) 'A conversation with Marie-Louise von Franz'. *Psychological Perspectives,* 38(winter): 12–42.

Wilhelm, R. (1931/1962) *The Secret of the Golden Flower: A Chinese Book of Life,* trans. and explained by R. Wilhelm with a foreword and commentary by C.G. Jung. New York: Harcourt, Brace and World.

Zabriskie, B.D. (1995a) 'Jung and Pauli: a subtle asymmetry'. *Journal of Analytical Psychology*, 40: 531–553.

—— (1995b) 'Exiles and orphans: Jung, Paracelsus, and the healing images of alchemy'. *Quadrant*, 26(1 and 2).

—— (1996a) 'The matter of psyche'. *San Francisco Library Journal*, 14(4).

—— (1996b) 'Fermentation in alchemical practice', in M.A. Mattoon (ed.) *Proceedings of the Thirteenth International Congress for Analytical Psychology, Zurich 1995*. Einsiedeln, Switzerland: Daimon Verlag.

—— (1999) 'Review of *Fire in the Stone: The Alchemy of Desire*, ed. S. Marlan'. *Roundtable Review*, 6(3), Jan/Feb.

——(2001) 'Jung and Pauli: a meeting of rare minds', Introduction in C.A. Meier (ed.) *Atom and Archetype: The Pauli/Jung Letters, 1932–1958*. Princeton, NJ: Princeton University Press.

第十三章

References

Adams, M.V. (1996) *The Multicultural Imagination: 'Race', Colour and the Unconscious*. London and New York: Routledge.

Aziz, R. (1990) *C.G. Jung's Psychology of Religion and Synchronicity*. Albany, NY: State University of New York Press.

Barbour, I. (1998) *Religion and Science: Historical and Contemporary Issues*. London: SCM Press.

Beebe, J. (ed.) (2003) *Terror, Violence, and the Impulse to Destroy*. Einsiedeln, Switzerland: Daimon.

Bishop, P. (2002) *Jung's Answer to Job: A Commentary*. Hove, UK and New York: Brunner-Routledge.

Brooke, J. and Cantor, G. (1998) *Reconstructing Nature: The Engagement of Science and Religion*. Edinburgh: T and T Clark.

Brooke, R. (1997) 'Jung in the academy: a response to David Tacey'. *Journal of Analytical Psychology*, 42: 285–296.

—— (2000) 'Emissaries from the underworld: psychotherapy's challenge to Christian fundamentalism', in P. Young-Eisendrath and M.E. Miller (eds) *The Psychology of Mature Spirituality: Integrity, Wisdom, Transcendence*. London and Philadelphia, PA: Routledge.

Buber, M. (1953) *The Eclipse of God: Studies in the Relation between Religion and Philosophy*. London: Victor Gollancz.

Capps, D. (1997) *Men, Religion, and Melancholia: James, Otto, Jung, and Erikson*. New Haven, CT and London: Yale University Press.

Casement, A. (ed.) (1998) *Post-Jungians Today: Key Papers in Contemporary Analytical Psychology*. London and New York: Routledge.

Charet, F.X. (1990) 'A dialogue between psychology and theology: the correspondence of C.G. Jung and Victor White'. *Journal of Analytical Psychology*, 35: 421 441.

(1993) *Spiritualism and the Foundations of C.G. Jung's Psychology*. Albany, NY: State University of New York Press.

Clarke, J.J. (1994) *Jung and Eastern Thought: A Dialogue with the Orient*. London: Routledge.

Corbett, L. (1996) *The Religious Function of the Psyche*. London and New York: Routledge.

Coward, H. (1985) *Jung and Eastern Thought*. Albany, NY: State University of New York Press.

Cunningham, A. (1992) 'Victor White, John Layard and C.G. Jung'. *Harvest: Journal for Jungian Studies*, 38: 44–57.

Dourley, J. (1981) *C.G. Jung and Paul Tillich: The Psyche as Sacrament*. Toronto: Inner City.

- (1984) *The Illness that We Are: A Jungian Critique of Christianity*. Toronto: Inner City.

-- (1995) 'The religious implications of Jung's psychology'. *Journal of Analytical Psychology*, 40: 177–203.

Edinger, E. (1973) *Ego and Archetype: Individuation and the Religious Function of the Psyche*. New York: Penguin.

(1984) *The Creation of Consciousness: Jung's Myth for Modern Man*. Toronto: Inner City.

(1992) *Transformation of the God Image: An Elucidation of Jung's* Answer to Job. Toronto: Inner City.

Freud, S. (1907/1990) 'Obsessive acts and religious practices', in The Pelican Freud Library, Volume 13, *The Origins of Religion*, translated from the German under the general editorship of James Strachey. London: Penguin.

(1914/1993) 'On the history of the psychoanalytic movement', in The Pelican Freud Library, Volume 15, *Historical and Expository Works on Psychoanalysis*, translated from the German under the general editorship of James Strachey. London: Penguin.

Frischknecht, M. (1945) *Die Religion in der Psychologie C.G. Jungs*. Bern: Paul Haupt.

Goldbrunner, J. (1964) *Individuation: A Study of the Depth Psychology of Carl Gustav Jung*. Notre Dame, IN: University of Notre Dame Press.

Goldenberg, N. (1982) *The End of God: Important Directions for a Feminist Critique of Religion in the Works of Sigmund Freud and Carl Jung*. Ottawa, Ont.: University of Ottawa Press.

Hauke, C. (2000) *Jung and the Postmodern: The Interpretation of Realities*. London and New York: Routledge.

Hayman, R. (1999) *A Life of Jung*. London: Bloomsbury.

Heisig, J. (1972) 'The *VII Sermones*: play and theory'. *Spring: An Annual of Archetypal Psychology and Jungian Thought*: 206–218.

(1973) 'Jung and theology: a bibliographical essay'. *Spring*: 204–255.

(1979) *Imago Dei: A Study of Jung's Psychology of Religion*. Lewisburg, PA:

Bucknell University Press.

Hillman, J. (1971) 'Psychology: monotheistic or polytheistic?'. *Spring*: 193–208.

— (1975) *Re-Visioning Psychology*. New York: Harper and Row.

Hinnells, J. (ed.) (1998) *A New Handbook of Living Religions*. London: Penguin

Homans, P. (1979/1995) *Jung in Context: Modernity and the Making of a Psychology*, 2nd edn. Chicago, IL: University of Chicago Press.

Hostie, R. (1957) *Religion and the Psychology of Jung*. London: Sheer and Ward

Jaffé, A. (1970/1975) *The Myth of Meaning: Jung and the Expansion of Con sciousness*, trans. R.F.C. Hull New York and Baltimore, MD: Penguin

Jaffé, A. (1984) 'Details about C.G. Jung's Family'. *Spring*, 45: 35–43.

— (1989) *Was C.G. Jung a Mystic?* Zurich: Daimon Verlag.

Jung, C.G. (1896–1899) *The Zofingia Lectures*, in *The Collected Works of C.G. Jung*, ed. Sir Herbert Read, Michael Fordham and Gerhard Adler, executive ed. William McGuire, trans. R.F.C. Hull, 21 volumes (hereafter *CW*). London: Routledge and Kegan Paul; Princeton, NJ: Princeton University Press, 1983.

— (1902) 'On the psychology and pathology of so-called occult phenomena', in *CW* 1: pars. 1–150. London: Routledge and Kegan Paul, 1970.

— (1909/1949) 'The significance of the father in the destiny of the individual', in *CW* 4: pars. 693–744. London: Routledge and Kegan Paul, 1961.

— (1911–1912) *The Psychology of the Unconscious: A Study of the Transformations and Symbolisms of the Libido*, trans. B. Hinkle. New York: Moffat, Yard, 1916.

— (1911–1912/1952) *Symbols of Transformation*. *CW* 5. London: Routledge, 1995.

— (1916) '*Septem Sermones ad Mortuos*', in R. Segal (ed.) (1992) *The Gnostic Jung*. Princeton, NJ: Princeton University Press.

— (1920/1948) 'The psychological foundations of belief in spirits', in *CW* 8: pars. 570–600. London: Routledge, 1991.

— (1921) *Psychological Types*. *CW* 6. London: Routledge, 1991.

— (1925) *Analytical Psychology: Notes of the Seminar given in 1925*, ed. W. McGuire. Princeton, NJ: Princeton University Press; London: Routledge, 1989.

— (1926) 'Spirit and life', in *CW* 8: pars. 601–648. London: Routledge, 1991.

— (1928–1930) *Dream Analysis: Notes of the Seminar Given in 1928–1930*, ed. W. McGuire. London: Routledge and Kegan Paul, 1984.

— (1928/1931) 'The spiritual problem of modern man', in *CW* 10: pars. 148–196. London: Routledge and Kegan Paul, 1981.

— (1928–1954) *Psychology and Religion: West and East*. *CW* 11. London: Routledge and Kegan Paul, 1986.

— (1929) 'Commentary on *The Secret of the Golden Flower*', in *CW* 13: pars. 1–84. London: Routledge and Kegan Paul, 1967.

— (1930) 'Richard Wilhelm: in memoriam', in *CW* 15: pars. 74–96. London: Routledge and Kegan Paul, 1984.

— (1930–1934) *Visions: Notes of the Seminar Given in 1930–1934*, ed. C. Douglas, 2 volumes. London: Routledge, 1998.

— (1932) *The Psychology of Kundalini Yoga: Notes of the Seminar given in 1932*, ed. S. Shamdasani. Princeton, NJ: Princeton University Press; London: Routledge, 1996.

— (1934) 'The soul and death', in *CW* 8: pars. 796–815. London: Routledge, 1991.

– (1934–1939) *The Seminars: Volume 2: Nietzsche's 'Zarathustra'*, ed. J. Jarrett, 2 volumes. Princeton, NJ: Princeton University Press, 1988.

(1935/1953) 'Psychological commentary on *The Tibetan Book of the Dead*', in *CW* 11: pars. 831–858. London: Routledge and Kegan Paul, 1986.

(1936a) 'Wotan', in *CW* 10: pars. 371–399. London: Routledge and Kegan Paul, 1981.

(1936b) 'Yoga and the West', in *CW* 11: pars. 859–876. London: Routledge and Kegan Paul, 1986.

Jung, C.G. (1938/1940) 'Psychology and religion', in *CW* 11: pars. 1–168. London: Routledge and Kegan Paul, 1986.

— (1939a) '*Exercitia Spiritualia* of St Ignatius of Loyola: notes on lectures'. *Spring*, 1977: 183–200; 1978: 28–36.

– (1939b) 'Foreword to Suzuki's *Introduction to Zen Buddhism*', in *CW* 11: pars. 877–907. London: Routledge and Kegan Paul, 1986.

– (1939c) 'The symbolic life', in *CW* 18: pars. 608–696. London: Routledge. 1993.

(1939/1954) 'Psychological commentary on *The Tibetan Book of the Great Liberation*', in *CW* 11: pars. 759–830. London: Routledge and Kegan Paul, 1986.

(1942/1948) 'A psychological approach to the dogma of the Trinity', in *CW* 11: pars. 169–295. London: Routledge and Kegan Paul, 1986.

(1942/1954) 'Transformation symbolism in the Mass', in *CW* 11: pars. 296–448. London: Routledge and Kegan Paul, 1986.

(1943) 'The psychology of eastern meditation', in *CW* 11: pars. 908–949. London: Routledge and Kegan Paul, 1986.

(1944a) 'The holy men of India: introduction to Zimmer's *Der Weg zum Selbst*', in *CW* 11: pars. 950–963. London: Routledge and Kegan Paul, 1986.

(1944b) *Psychology and Alchemy*. *CW* 12. London: Routledge, 1989.

(1944–1957) 'Psychology and religion', in *CW* 18: pars. 1466–1690. London: Routledge, 1993.

(1945/1948) 'The phenomenology of the spirit in fairytales', in *CW* 9i: pars. 384–455. London: Routledge, 1991.

(1950) 'Foreword to the *I Ching*', in *CW* 11: pars. 964–1018. London: Routledge and Kegan Paul, 1986.

(1951a) *Aion: Researches into the Phenomenology of the Self*. *CW* 9ii. London: Routledge, 1991.

(1951b) 'On synchronicity', in *CW* 8: pars. 969–997. London: Routledge, 1991.

(1952a) 'Answer to Job', in *CW* 11: pars. 553–758. London: Routledge and Kegan Paul, 1986.

(1952b) 'Foreword to White's *God and the Unconscious*', in *CW* 11: pars. 449–467. London: Routledge and Kegan Paul, 1986.

(1952c) 'Religion and psychology: a reply to Martin Buber', in *CW* 18: pars

1499 1513. London: Routledge, 1993.

(1952d) 'Synchronicity: an acausal connecting principle', in *CW* 8: pars. 816 968. London: Routledge, 1991.

(1955 1956) *Mysterium Coniunctionis: An Inquiry into the Separation and Synthesis of Psychic Opposites in Alchemy*. *CW* 14. London: Routledge and Kegan Paul, 1963.

(1957) 'The undiscovered self (present and future)', in *CW* 10: pars. 488 588 London: Routledge and Kegan Paul, 1981.

(1958) 'Flying saucers: a modern myth of things seen in the skies', in *CW* 10 pars. 589 824. London: Routledge and Kegan Paul, 1981.

(1961) 'The function of religious symbols', in *CW* 18: pars. 560 577.

(1963) *Memories, Dreams, Reflections*, recorded and edited by A. Jaffé, trans R. Winston and C. Winston. London: Fontana, 1995.

(1973) *Letters 1: 1906 50*, selected and edited by G. Adler with A. Jaffé, trans R.F.C. Hull. London: Routledge and Kegan Paul.

Jung, C.G. (1976) *Letters 2: 1951–61*, selected and edited by G. Adler with A. Jaffé, trans. R.F.C. Hull. London: Routledge and Kegan Paul.

Kirsch, T.B. (2000) *The Jungians: A Comparative and Historical Perspective*. London and Philadelphia, PA: Routledge.

Lammers, A.C. (1994) *In God's Shadow: The Collaboration between Victor White and C.G. Jung*. New York: Paulist Press.

McGuire, W. (ed.) (1974) *The Freud/Jung Letters: The Correspondence between Sigmund Freud and C.G. Jung*, trans. R. Manheim and R.F.C. Hull. Princeton, NJ: Princeton University Press.

McGuire, W. and Hull, R.F.C. (eds) (1978) *C.G. Jung Speaking: Interviews and Encounters*. London: Thames and Hudson.

Main, R. (ed.) (1997) *Jung on Synchronicity and the Paranormal*. London: Routledge; Princeton, NJ: Princeton University Press.

—— (2002) 'Religion, science, and the new age', in J. Pearson (ed.) *Belief Beyond Boundaries*. Aldershot: Ashgate; Milton Keynes: The Open University.

—— (2003) 'Analytical psychology, religion, and the academy', in R. Withers (ed.) *Controversies in Analytical Psychology*. London: Brunner-Routledge.

—— (2004) *The Rupture of Time: Synchronicity and Jung's Critique of Modern Western Culture*. Hove, UK and New York: Brunner-Routledge.

Mansfield, V. (1995) *Synchronicity, Science, and Soul-Making: Understanding Jungian Synchronicity through Physics, Buddhism, and Philosophy*. La Salle, IL: Open Court.

Meckel, D. (1990) *Jung and Christianity in Dialogue: Faith, Feminism, and Hermeneutics*. New York: Paulist Press.

Meckel, D. and Moore, R. (eds) (1992) *Self and Liberation: The Jung–Buddhism Dialogue*. New York: Paulist Press.

Miller, D. (1974) *The New Polytheism*. New York: Harper and Row.

Nagy, M. (1991) *Philosophical Issues in the Psychology of C.G. Jung*. Albany, NY: State University of New York Press.

榮格心理學指南：理論、實踐與當代應用

Noll, R. (1994) *The Jung Cult: The Origins of a Charismatic Movement*. Princeton, NJ: Princeton University Press.

—— (1997) *The Aryan Christ: The Secret Life of Carl Jung*. New York: Random House.

Otto, R. (1917/1950) *The Idea of the Holy*, trans. J. Harvey. Oxford: Oxford University Press.

Palmer, M. (1997) *Freud and Jung on Religion*. London and New York: Routledge.

Papadopoulos, R. (2002) 'The other other: when the exotic other subjugates the familiar other'. *Journal of Analytical Psychology*, 47: 163–188.

Ritsema, R. and Karcher, S. (trans.) (1994) *I Ching: The Classic Chinese Oracle of Change*. Shaftesbury: Element.

Rowland, S. (2002) *Jung: A Feminist Revision*. Cambridge: Polity.

Ryce-Menuhin, J. (ed.) (1994) *Jung and the Monotheisms: Judaism, Christianity and Islam*. London and New York: Routledge.

Samuels, A. (2001) *Politics on the Couch: Citizenship and the Internal Life*. London: Profile.

Sandner, D. and Wong, S. (eds) (1997) *The Sacred Heritage: The Influence of Shamanism on Analytical Psychology*. London and New York: Routledge.

Schaer, H. (1951) *Religion and the Cure of Souls in Jung's Psychology*. London: Routledge and Kegan Paul.

Schlamm, L. (1994) 'The holy: a meeting-point between analytical psychology and religion', in J. Ryce-Menuhin (ed.) *Jung and the Monotheisms: Judaism, Christianity and Islam*. London and New York: Routledge.

—— (2000) 'C.G. Jung, mystical experience and inflation'. *Harvest: Journal for Jungian Studies*, 46(2): 108–128.

—— (2001) 'Ken Wilber's spectrum model: identifying alternative soteriological perspectives'. *Religion*, 31(1): 19–39.

Segal, R. (1999a) 'Comments on Storr's and Shamdasani's articles'. *Journal of Analytical Psychology*, 44(4): 561–562.

—— (1999b) 'Rationalist and romantic approaches to religion and modernity'. *Journal of Analytical Psychology*, 44(4): 547–560.

—— (1999c) *Theorizing about Myth*. Amherst, MA: University of Massachusetts Press.

Shamdasani, S. (1995) 'Memories, dreams, omissions'. *Spring: Journal of Archetype and Culture*, 57: 115–137.

—— (1998) *Cult Fictions: C.G. Jung and the Founding of Analytical Psychology*. London and New York: Routledge.

—— (1999) '*In statu nascendi*'. *Journal of Analytical Psychology*, 44(4): 539–546.

Shorter, B. (1996) *Susceptible to the Sacred: The Psychological Experience of Ritual*. London and New York: Routledge.

Smith, M. (1997) *Jung and Shamanism in Dialogue: Retrieving the Soul/Retrieving the Sacred*. New York: Paulist Press.

Spiegelman, J.M. (1994) *Catholicism and Jungian Psychology*. Las Vegas, AZ: New Falcon.

Stein, M. (1985) *Jung's Treatment of Christianity: The Psychology of a Religious Tradition*. Wilmette, IL: Chiron.

Storr, A. (1999) 'Jung's search for a substitute for a lost faith'. *Journal of Analytical Psychology*, 44(4): 531–538.

Tacey, D. (1997a) 'Jung in the academy: devotions and resistances'. *Journal of Analytical Psychology*, 42(2): 269–283.

(1997b) 'Reply to responses'. *Journal of Analytical Psychology*, 42(2): 313–316

(1997c) *Remaking Men: Jung, Spirituality and Social Change*. London and New York: Routledge.

(1999) 'Why Jung would doubt the New Age', in S. Greenberg (ed.) *Therapy on the Couch: A Shrinking Future*. London: Camden Press.

(2001) *Jung and the New Age*. Hove, UK and Philadelphia, PA: Brunner Routledge.

Tambiah, S. (1990) *Magic, Science, Religion, and the Scope of Rationality* Cambridge: Cambridge University Press.

Ulanov, A. (1971) *The Feminine in Jungian Psychology and in Christian Theology* Evanston, IL: Northwestern University Press.

(1997) 'Teaching Jung in a theological seminary and a graduate school of religion: a response to David Tacey'. *Journal of Analytical Psychology*, 42(2) 303–311.

(1999) *Religion and the Spiritual in Carl Jung*. New York: Paulist Press.

von Franz, M.-L. (1975) *C.G. Jung: His Myth in our Time*. London: Hodder and Stoughton.

Walls, A. (1997) 'Christianity', in J. Hinnells (ed.) (1998) *A New Handbook of Living Religions*. London: Penguin.

Wehr, D. (1987) *Jung and Feminism: Liberating Archetypes*. Boston, MA: Beacon.

White, V. (1952) *God and the Unconscious*. London: Collins.

— (1960) *Soul and Psyche: An Enquiry into the Relationship of Psychotherapy and Religion*. London: Collins.

Whitmont, E. (1973) 'Prefatory remarks to Jung's "Reply to Buber"'. *Spring: An Annual of Archetypal Psychology and Jungian Thought*: 188–195.

Young-Eisendrath, P. and Miller, M. (eds) (2000) *The Psychology of Mature Spirituality: Integrity, Wisdom, Transcendence*. London and Philadelphia, PA: Routledge.

Zoja, L. and Williams, D. (2002) *Jungian Reflections on September 11: A Global Nightmare*. Einsiedeln, Switzerland: Daimon.

第十四章

Bibliography

Adams, M.V. (2001) *The Mythological Unconscious*. New York and London: Other Press.

Agnel, A. (1999) 'L'ombre et le soi dans la musique contemporaine'. *Cahiers*

Jungiens de Psychanalyse, 96.

—— (2002) *L'Homme au tablier: le jeu des contraires dans les films de Ford*. Rennes, France: La Part Commune.

Alister, I. and Hauke, C. (eds) (1998) *Contemporary Jungian Analysis: Post-Jungian Perspectives from the Society of Analytical Psychology*. London: Routledge.

—— (2001) *Jung and Film: Post-Jungian Takes on the Moving Image*. London: Routledge.

Ammann, P. (1999) 'Music and melancholy', in M.A. Mattoon (ed.) *Destruction and Creation: Personal and Cultural Implications. Proceedings of the Fourteenth International Congress for Analytical Psychology*. Einsiedeln, Switzerland: Daimon Verlag.

Ammann, P., Riedel, I. and Dougherty, M. (1999) *Fra destructione e creazione*. Bergamo, Italy: Moretti e Vitali.

Anzieu, D. (1981) *Le Corps de l'oeuvre*. Paris: Gallimard.

Aulbach-Reichert, B. (1995) *Annette von Droste-Hülshoff. Der Spiritus Familiaris des Rosstäuschers: Ein Deutungsversuch auf der Grundlage des Analytischen psychologie von C.G. Jung*. Münster, Germany: Rüschhaus Verlag.

Barnaby, K. and D'Acierno, P. (eds) (1990) *C.G. Jung and the Humanities: Toward a Hermeneutic of Culture*. London: Routledge.

Barron, M.W. (1998) 'Breaking the vessels', in M.A. Mattoon (ed.) *Destruction and Creation: Personal and Cultural Transformations. Proceedings of the Fourteenth International Congress for Analytical Psychology*. Einsiedeln, Switzerland: Daimon Verlag.

Beebe, J. (1980) '*The Shining* by Stanley Kubrick and Diane Johnson'. *San Francisco Jung Institute Library Journal*, 1(4).

(1981a) 'The trickster in the arts'. *San Francisco Jung Institute Library Journal*, 2(2): 48.

(1981b) '*Blow Up* by Brian de Palma'. *San Francisco Jung Institute Library Journal*, 2(4).

(1987) *The Ante has Gone Up: The Conscience of the Post-modern Artist*. Chicago, IL: private printing.

(1989) 'Do the right thing, by Spike Lee'. *San Francisco Jung Institute Library Journal*, 8(4).

(1990) 'The notorious post-war psyche'. *Journal of Popular Film and Television*, 18(1).

(1992) *Integrity in Depth*. College Station, TX: Texas A&M University.

(1995) 'L'anima dans les films'. *Cahiers Jungiens de Psychanalyse*, 83.

(2001) '*A.I.* by Steven Spielberg'. *San Francisco Jung Institute Library Journal*, 2(4).

Bruschi, R. (2001) *Il tempio buddista e la via del Sè: una lettura junghiana del simbolismo di Borobudur*. Milan: Vivarium.

Carotenuto, A. (1999) 'E se fosse vero?'. *Rivista di Psicologia Analitica*, 59.

Casement, A. (ed.) (1998) *Post-Jungians Today: Key Papers in Contemporary Analytical Psychology*. London: Routledge.

Chodorow, J. (1986) 'The body as symbol: dance/movement in analysis', in N.

Schwartz-Salant and M. Stein (eds) *The Body in Analysis*. Wilmette, IL: Chiron.

   (1991) *Dance Therapy and Depth Psychology*. London: Routledge.

   (1997) *Jung on Active Imagination: Key Readings*. London and New York: Routledge.

Christopher, E. and Solomon, H. (eds) (1999) *Jungian Thought in the Modern World*. London: Free Association.

Colman, A. (2003) 'Music and the psychology of pacifism: Benjamin Britten's *War Requiem*', in J. Beebe (ed.) *Terror, Violence and the Impulse of Destroy: Papers from the 2002 North American Conference of Jungian Analysts and Candidates* Einsiedeln, Switzerland: Daimon Verlag.

Colonna, M.L. (1994) 'La fonction transcendante à l'oeuvre dans *Les Fleurs du Mal*'. *Cahiers Jungiens de Psychanalyse*, 79.

Cosso, S. (1992) *Significato e corrispondenza delle teorie sulla negatività in Freud e in Jung*. Pisa, Italy: Tipografica Editrice Pisana.

Daniel, R. (1993) *Archetypische Signaturen in unbewussten Malprozess*. Fellbach, Germany: Bonz.

Da Silveira, N. (1981) *Imagens do inconsciente*. Rio de Janeiro: Alhambra.

   (1992) *Omundo das imagens*. Sao Paulo: Atica.

Dieckmann, H. (1981) *Archetypische Symbolik in der modernen Kunst*. Hildesheim, Germany: Gerstenberg Verlag.

Donfrancesco, F. (1996) *Nello spechio'di psiche*. Bergamo, Italy: Moretti e Vitali.

   (1998) *L'Artefice silenziosa e la ricostruzione di uno spazio interirore*. Bergamo, Italy: Moretti e Vitali.

   (2000) 'Life inside death: through the art of Zoran Music'. *Harvest*, 46(1).

   (2001) *Una poetica dell'analisi*. Bergamo, Italy: Moretti e Vitali.

   (2003) 'The care of art', in *Proceedings of the Fifteenth International Congress for Analytical Psychology, Cambridge 2001*. Einsiedeln, Switzerland: Daimon Verlag.

Dougherty, M. (1999) 'Duccio's prayer', in M.A. Mattoon (ed.) *Destruction and Creation: Personal and Cultural Implications. Proceedings of the Fourteenth Congress for Analytical Psychology*. Einsiedeln, Switzerland: Daimon Verlag.

Dyer, D.R. (1991) *Cross-currents of Jungian Thought*. Boston, MA and London: Shambhala.

Edinger, E.F. (1978) *Melville's Moby Dick: A Jungian Commentary*. New York: New Directions.

   (1986) *Encounter with the Self: Commentary on Blake's Illustrations of the Book of Job*. Toronto: Inner City.

   (2000) *The Psyche on Stage: Individuations Motivs in Shakespeare and Sophocles*. Toronto: Inner City.

Ehrenzweig, A. (1967) *The Hidden Order of Art*. London: Weidenfeld and Nicolson.

Ellmann, R. (1959) *James Joyce*. New York: Oxford University Press.

Falcone, S. (1998) *Francis Bacon*. Milan: Vivarium.

Fay, C.G. (1996) *At the Threshold: A Journey to the Sacred through the Integration of Jungian Psychology and the Expressive Arts* (video). Houston, TX: C.G. Jung

Education Center of Houston, Texas.

Freud, S., *Gesammelte Werke*. London: Imago. *Standard Edition*. London: Hogarth Press.

—— (1917) 'A difficulty in the path of psycho-analysis', in *Standard Edition* 17.

Furth, G.M. (2001) *The Secret World of Drawings: A Jungian Approach to Healing through Art*. Toronto: Inner City.

Gaillard, C. (1977) 'Notes sur deux contributions germaniques à la psychologie de l'art et de la culture. Première partie: T.W. Adorno. Deuxième partie: C.G. Jung'. *Cahiers de psychologie de l'art et de la culture*, 1 and 2.

—— (1978) 'Ulysse et Moïse'. *Cahiers de psychologie de l'art et de la culture*, 3 and 5.

—— (1980) 'L'étrange histoire d'un petit pétersbourgeois: une lecture du *Double* de Dostoïevski'. *Cahiers de Psychologie Jungienne*, 26.

—— (1984a) 'Alchimie et modernité', in *Carl Gustav Jung*. Paris: L'Herne.

—— (1984b) Psychanalyse à l'Ecole?, in J. Gatard (ed.) *La Mémoire de l'art*. Paris: Sgraffite/Ministère de la Culture.

(1985) 'Propos croisés sur la Villa des Mystères à Pompéi', avec G. Sauron, *Cahiers de psychologie de l'art et de la culture*, 11.

Gaillard, C. (1986) 'Espace pictural et espace intérieur', *Cahiers de Psychologie Jungienne*, 50.

—— (1987) 'Ovid's Narcissus and Caravaggio's Narcissus', in M.A. Mattoon (ed.) *The Archetype of Shadow in a Split World: Proceedings of the Tenth International Congress for Analytical Psychology*. Einsiedeln, Switzerland: Daimon Verlag.

—— (1990) 'La palette d'Anselm Kiefer'. *Corps Ecrit*, 32.

—— (1991) 'Yesterday's myths to today's creation: genesis of a work' (on Anselm Kiefer), in M.A. Mattoon (ed.) *Personal and Archetypal Dynamics in the Analytical Relationship: Proceedings of the Eleventh International Congress for Analytical Psychology*. Einsiedeln, Switzerland: Daimon Verlag.

—— (1993) 'Leonardo's mother revisited', in M.A. Mattoon (ed.) *The Transcendent Function: Individual and Collective Aspects: Proceedings of the Twelfth International Congress for Analytical Psychology*, Einsiedeln, Switzerland: Daimon Verlag.

(1996/2001) *Jung*. Paris: Presses Universitaires de France (the book has been translated into several languages).

Gaillard, C. with others (1997a) *Les Evidences du corps et la vie symbolique*. Paris: Ecole nationale supérieure des Beaux-arts.

(1997b) 'Whatever happened to Paradise?', *San Francisco Jung Institute Library Journal*, 16(2).

(1998) *Le Musée imaginaire de Carl Gustav Jung*. Paris: Stock; (2003) *Il museo imaginario di Carl Gustav Jung*. Bergamo, Italy: Moretti e Vitali.

(2000a) *Donne in mutazione: Saggi di psicoanalisi dell'arte*. Bergamo, Italy: Moretti e Vitali.

(2000b) 'Otherness in the present'. *Harvest*, 46(2).

(2001) 'Amplification et pensée après Jung'. *Topique: Revue Freudienne*, 76.

Gaillard, C. with Bourreille, C. and Henry-Séjourné, M. (2002) 'Autour de *La Lumière Bleue* de Leni Riefenstahl'. *Cahiers Jungiens de Psychanalyse*, 104.

(2003a) 'La psychanalyse jungienne', in M. Elkaïm (ed.) *A quel psy se vouer?* *Psychanalyses, psychothérapies: les principales approches.* Paris: Le Seuil.

(2003b) 'On defining words, some scenarios and vectors in the "auto-biography" of C.G. Jung'. *Journal of Analytical Psychology*, 48(5).

(2003c) 'Don Quixote in the analyst's consulting room', in H. Solomon (ed.) *The Ethical Attitude in Analytical Practice.* London: Free Association.

Gaillard, C. Gagnebin, M. (eds) (1995) *A corps perdu.* Paris: Revue d'Esthétique/ Jean Michel Place.

Galimberti, U. (ed.) (1987) *Il linguagio simbolico.* Modena, Italy: Mucchi editore.

Giegerich, W. (1987) 'Die *Exercitia Spiritualia* des Ignatius von Loyola und die Unterschiede zwischen einer "theologischen" und einer "psychologischen" Einstellung zur religiösen Erfahrung'. *Analytische Psychologie*, 18.

Goldstein, R. (ed) (1999) *Images, Meanings and Connections: Essays in Memory of Suzan Bach.* Einsiedeln Switzerland: Daimon Verlag.

Grabenhorst-Randall, T. (1990) 'Jung and abstract expressionism', in C.G. Jung and the Humanities: Toward a Hermeneutic of Culture. London: Routledge.

Guggenbühl-Craig, A. (1992) *The Old Fool and the Corruption of Myth.* Dallas, TX. Spring.

Hall, J. and Howell, P. (2003) *Self Through Art and Science.* Bloomington, IN: First Books.

Hannah, B. (1976) *Jung: His Life and Work.* New York: Putnam.

Hauke, C. (2003) 'Jung and the post-modern', in *Proceedings of the Fifteenth International Congress for Analytical Psychology, Cambridge 2001.* Einsiedeln, Switzerland: Daimon Verlag;

Henderson, J. (1956) 'Stages of psychological development exemplified in the poetical works of T.S. Eliot'. *Journal of Analytical Psychology*, 1(2).

—— (1967) *Thresholds of Initiation.* Middletown, CT: Wesleyan University Press.

Hillmann, J. (1975) *Revisioning Psychology.* New York: Harper and Row.

—— (1992) *The Thought of the Heart and the Soul of the World.* Dallas, TX: Spring.

—— (1999) *Politica della bellezza.* Bergamo, Italy: Moretti e Vitali.

Hollis, J. (2002) *The Archetypal Imagination.* College Station, TX: Texas A&M University Press.

Homans, P. (1995) *Jung in Context: Modernity and the Making of a Psychology.* Chicago, IL: University of Chicago Press.

Humbert, E.G. (1987) *C.G. Jung: The Fundamentals of Theory and Practice.* Wilmette, IL: Chiron; (2004) *Jung.* Paris: Hachette Litératures.

Jaffé, A. (ed.) (1979) *C.G. Jung: Word and Image*, Princeton, NJ: Princeton University Press.

—— (1989) *From the Work and Life of C.G. Jung.* Einsiedeln, Switzerland: Daimon Verlag.

Jung, C.G. *Gesammelte Werke.* Zürich and Stuttgart: Walter Verlag; *Collected Works.* Princeton, NJ: Princeton University Press.

—— (1963) *Memories, Dreams, Reflections.* New York: Pantheon.

Jung, C.G., Henderson, J. von Franz, M.-L. and Jacobi, J. (1964) *Man and his Symbols.* London: Aldus.

Kast, V. (1991) *Sisyphus: A Jungian Approach to Middle Crisis.* Einsiedeln, Switzerland: Daimon Verlag.

Kirsch, T. (2000) *The Jungians: A Comparative and Historical Perspective.* London and Philadelphia, PA: Routledge.

Krapp, M. (1989) 'Gestaltungtherapie als Beitrag zur Psychotherapie psuchotisher Patienten'. *Analytische Psychologie,* 20.

Lopez-Pedraza, R. (1989) *Hermes and his Children.* Einsiedeln, Switzerland: Daimon Verlag.

— (1991) 'Picasso's Belle Epoque and Blue period', in M.A. Mattoon (ed.) *Personal and Archetypal Dynamics in the Analytical Relationship: Proceedings of the Eleventh International Congress for Analytical Psychology.* Einsiedeln, Switzerland: Daimon Verlag.

—– (1996) *Anselm Kiefer: After the Catastrophe.* London: Thames and Hudson.

— (2000) *Dionysus in Exile.* Wilmette, IL: Chiron.

Lowinski, N.R. (2000) *Red Clay is Talking.* Oakland, CA: Scarlet Tanager Books.

— (2003) 'The poet and the analyst', in *Proceedings of the Fifteenth International Congress for Analytical Psychology, Cambridge 2001.* Einsiedeln, Switzerland: Daimon Verlag.

Maffei, G. (1986) *I linguagi della psyche.* Milan: Bompiani.

- — (2001) *Le metafore fanno avanzare la conoscenza?* Milan: Vivarium.

Maillard, C. (1996) 'L'apport de l'Inde à la pensée de Carl Gustav Jung', in M. Hulin and C. Maillard (eds) *L'Inde inspiratrice.* Strasbourg: Presses Universitaires de Strasbourg.

Marlan, S. (ed.) (1995) *Salt and the Alchemical Soul. Essays by Ernest Jones, C.G. Jung and James Hillman.* Woodstock, CT: Spring.

– (1997) *Fire in the Stone: The Alchemy of Desire.* Wilmette, IL: Chiron.

Martin, S.A. (1990) 'Meaning in art', in K. Barnaby and P. D'Acierno (eds) *C.G. Jung and the Humanities: Toward a Hermeneutic of Culture.* London: Routledge.

Mattoon, M.A. (ed.) (1999) *Destruction and Creation.* Einsiedeln, Switzerland: Daimon Verlag.

Mazzarella, A. (2001) *In Search of Beatrice: Dante's Journey and Modern Man.* Milan: Vivarium.

Neumann, E. (1959a) *Art and the Creative Unconscious.* Princeton, NJ: Princeton University Press.

(1959b) *The Archetypal World of Henry Moore.* Princeton, NJ: Princeton University Press.

Newham, P. (1994) *The Singing Cure: Introduction to Voice Movement Therapy,* foreword by Andrew Samuels. Boston, MA: Shambhala.

O'Neill, T.R. (1979) *The Individuated Hobbit: Jung, Tolkien and the Archetypes of Middle-earth.* Boston, MA: Houghton Mifflin.

Pallaro, P. (ed.) (1999) *Authentic Movement: Essays by Mary Starks Whitehouse, Janet Adler and Joan Chodorow.* London and Philadelphia, PA: Jessica Kingsley.

Papadopoulos, R.K. (2002) 'The other other: when the exotic other subjugates the familiar other'. *Journal of Analytical Psychology,* 47(2): 163–188.

Pardo, E. (1984) 'Dis-membering Dionysos: image and theatre'. *Spring.*

(1988) 'The theatres of boredom and depression: two gateways to imagination'. *Spring.*

Philipson, M. (1963) *Outline of a Jungian Esthetics.* Evanston, IL: Northwestern University Press.

Pignatelli, M. (1999) 'Ritagli psicodinamici nella disposizione artistica'. *Rivista di Psicologia Analitica,* 59.

Raff, J. (2000) *Jung and the Alchemical Imagination.* York Beach, ME: Nicolas-Hays.

Rasche, J. (1991) 'Die späte Klaviersonaten von Ludwig von Beethoven'. *Analytische Psychologie,* 22(1).

(2004) *Das Lied des Grünen Löwen: Musik als Spiegel der Seele.* Stuttgart, Germany: Walter Verlag.

Reale, B. (1998) *Le macchie di Leonardo: Analisi, immaginazion, racconto.* Bergamo, Italy: Moretti e Vitali.

Ribbi, A. (1990) *Die Dämonen des Hieronimus Boech: Versuch einer Deutung.* Küsnacht, Switzerland: Stiftung für Junsche Psychologie.

(1999) *Die Suche nach der Eigenen Wurzeln: Die Beteutung von Gnosis, Hemetik and Alchemie für C.G. Jung und Marie-Louise von Franz und deren Einfluss anf das moderne Verständnis dieser Disziplin.* New York, Paris and Vienna: Peter Land Verlag.

Riedel, I. (1983) *Farben: In Religion, Gesellschaft, Kunst und Psychotherapie.* Stuttgart, Germany: Kreuz.

(1985) *Marc Chagall's Grüner Christus.* Olten, Switzerland: Walter Verlag.

(1992) *Maltherapie: Eine Einführung auf der Basis der Analytischen Psychologie von C.G. Jung.* Stuttgart, Germany: Kreuz.

(1999) 'Destruction and creative interplay in artistic and therapeutic processes', in M.A. Mattoon (ed.) *Destruction and Creation: Personal and Cultural Transformations. Proceedings of the Fourteenth International Congress for Analytical Psychology.* Einsiedeln, Switzerland: Daimon Verlag.

Riedel, I. (2000) 'Louise Bourgeois: die Kunst einer neunzigjährigen', in H.M. Emrich and I. Riedel (2001) *Formen: Kreis, Kreuz, Dreieck, Quadrat, Spirale.* Stuttgart, Germany: Kreuz.

—— (ed.) (2003) *Im Farbenkreis der Emotionen. Festschrift für Verena Kast zum 60. Geburstag.* Würzburg, Germany: Königshausen and Neumann.

Romano, A. (2002) *Musica e psiche.* Turin, Italy: Bollati Boringhieri.

Rosen, D.H. (1996) *The Tao of Jung: The Way Integrity.* New York: Viking Penguin.

Rougeulle, J. (1987) 'Jung et Hermann Hesse: Convergences et divergences'. *Cahiers Jungiens de Psychanalyse,* 53.

Rowland, S. (1999) *C.G. Jung and the Literary Theory: The Challenge from Fiction.* London: Macmillan.

Russak, N. (2003) 'Animals in art, animals in life', in *Proceedings of the Fifteenth International Congress for Analytical Psychology, Cambridge 2001.* Einsiedeln, Switzerland: Daimon Verlag.

Ryce-Menuhin, J. (1992) 'The performing musician as analyst: a shift in depth interpretation'. *Journal of Analytical Psychology*, 37(1): 49–60.

Salza, F. (1987) *La Tentatione estetica: Jung, l'arte, e la letteratura*. Rome: Borla.

Salzmann, M. (1988) 'Le complexe-mère chez un homme: essais de théorisation à partir de l'oeuvre et de la vie d'A. Giacometti'. *Cahiers Jungiens de Psychanalyse*, 59.

Samuels, A. (1985) *Jung and the Post-Jungians*. London: Routledge.

Schaverien, J. (1991) *The Revealing Image: Analytical Art Psychotherapy in Theory and Practice*. London and New York: Routledge.

—— (1995) *Desire and the Female Therapist: Engendered Gazes in Psychotherapy and Art Therapy*. London and New York: Routledge.

—— (ed.) (1997) *Art Psychotherapy and Psychosis*. London and New York: Routledge.

—— (1998) 'Art within the analytic relationship', in M.A. Mattoon (ed.) *Destruction and Creation: Personal and Cultural Transformations. Proceedings of the Fourteenth International Congress for Analytical Psychology*. Einsideln, Switzerland: Daimon Verlag.

Schenk, R. (1992) *The Soul of Beauty: A Psychological Investigation of Appearance*. Lewisburg, PA: Bucknell University Press.

Schwartz, A. (1975) 'L'uomo dalle braccie alzate'. *Rivista di Psicologia Analitica*, 6(2).

Schwartz-Salant, N. and Stein, M. (eds) (1986) *The Body in Analysis*. Wilmette, IL: Chiron.

Sells, B. (ed.) (2000) *Working with Images*. Woodstock, CT: Spring.

Serrano, M. (1997) *C.G. Jung and Hermann Hesse: A Record of Two Friendships*. Einsiedeln, Switzerland: Daimon Verlag.

Singer, J. (2000) *Blake, Jung, and the Collective Unconscious: The Conflict between Reason and Imagination*. York Beach, ME: Nicolas-Hays.

Skar, P. (1997) 'Music and analysis', in M.A. Mattoon (ed.) *Open Questions in Analytical Psychology. Proceedings of the Thirteenth International Congress for Analytical Psychology*. Einsiedeln, Switzerland: Daimon Verlag.

Spitzer, S. (2003) 'Embodied implicit memory', in *Proceedings of the Fifteenth International Congress for Analytical Psychology, Cambridge 2001*. Einsideln, Switzerland: Daimon Verlag.

Stevens, A. (1991) *Withymead Center, a Jungian Community for Healing Arts*. Boston, MA: Sigo Press.

Stroppa, C. (2003) 'L'acrobata nel vuoto', in *Figure della devozione*. Bergamo, Italy: Moretti e Vitali.

Taylor, C. and Finley, P. (1997) *Images of the Journey in Dante's Divine Comedy*. New Haven, CT: Yale University Press.

Trevi, M. (1986) *Interpretatio duplex*. Rome: Borla.

Ulanov, A. (1987) *Picturing God*. Cambridge: Cowley.

Ulanov, A. and Ulanov, B. (1999) *The Healing Imagination: The Meeting of Psyche and Soul*. Einsiedeln, Switzerland: Daimon Verlag.

Vitolo, A. (1975) 'A proposito di inconscio e letteratura'. *Rivista di Psicologia*

Analitica, 6(2).

von Franz, M.-L. (1998) *C.G. Jung: His Myth in our Time*. Toronto: Inner City.

Ward, K. (2000) 'Music and the archetypal ground of the psyche' (review of Alain Danielou's *Music and the Power of Sound: The Influence of Tuning and Interval on Consciousness*; Laurence Bernan's *The Musical Image: A Theory of Content*; Helen L. Bonny and Louis M. Savary's *Music and your Mind: Listening with a New Consciousness*; Linda C. Cutting's *Memory Slip: A Memoir of Music and Healing*). *San Francisco Jung Institute Library Journal*, 19(1).

Wilmer, H. (2000) *Quest for Silence*. Einsiedeln, Switzerland: Daimon Verlag.

Wyly, J. (1987) 'Jung and Picasso'. *Quadrant*, 20(2).

(1991) '"The sculptor's studio": Picasso's images of transference and transformation', in M.A. Mattoon (ed.) *Personal and Archetypal Dynamics in the Analytical Relationship. Proceedings of the Eleventh International Congress for Analytical Psychology*. Einsiedeln, Switzerland: Daimon Verlag.

(1993) 'Minotauromachia', in M.A. Mattoon (ed.) *The Transcendent Function: Individual and Collective Aspects. Proceedings of the Twelfth International Congress for Analytical Psychology*. Einsiedeln, Switzerland: Daimon Verlag.

(1997) 'Picasso's mirror', in M.A. Mattoon (ed.) *Open Questions in Analytical Psychology. Proceedings of the Thirteenth International Congress for Analytical Psychology*. Einsiedeln, Switzerland: Daimon Verlag.

Young-Eisendrath, P. (1997) *Gender and Desire: Uncursing Pandora*. College Station, TX: Texas A&M University.

Zabriskie, B. (2000) 'Orpheus and Eurydice: a creative agony'. *Journal of Analytical Psychology*, 45(3): 427 447.

Zoja, L. (1995) *Growth and Guilt: Psychology and the Limits of Development*. London: Routledge.

心靈工坊
PsyGarden

榮格大師‧心靈煉金

啟程，踏上屬於自己的英雄之旅
外在風景的迷離，內在視野的印記
回眸之間，哲學與心理學迎面碰撞
一次自我與心靈的深層交鋒

◆瑪麗-路慧絲‧馮‧法蘭茲　Marie-Louise von Franz

解讀童話
【從榮格觀點探索童話世界】
譯者：徐碧貞　定價：380元
本書為童話心理解讀最具權威性的代表人物馮‧法蘭茲的經典之作，以榮格學派「原型」概念解讀格林童話〈三根羽毛〉的故事，展現童話解讀寬廣而富療癒性的意涵。

童話中的陰影與邪惡
【從榮格觀點探索童話世界】
譯者：徐碧貞　定價：540元
本書聚焦在人類黑暗面的觀察，用22個童話搭配臨床案例，輔以民族學、神話學、字源學及意象與象徵的擴大比較，還原這些黑暗故事背後隱含的深意。

童話中的女性
【從榮格觀點探索童話世界】
譯者：黃璧惠　定價：440元
女人的心靈發展有許多重要歷程，這在世界各地的童話中都有跡可循，卻鮮少有人討論。作者以睿智的洞察，解析映照在童話與女人一生之間，彼此呼應的真相。

公主變成貓
【從榮格觀點探索童話世界】
譯者：吳菲菲　定價：290元
不孕的皇后吃下金蘋果隨即喜事報到，不料受詛咒皇后所生的公主將在十七歲時變成貓……馮‧法蘭茲將以博學與直白幽默，解說這個羅馬尼亞故事。

永恆少年
【從榮格觀點探討拒絕長大】
譯者：徐碧貞　定價：580元
《小王子》（The Little Prince）的故事膾炙人口，作者安東尼‧聖修伯里的一生卻謎霧重重，馮‧法蘭茲從他的作品與畫作中，看見了不尋常的「永恆少年」議題。

榮格心理治療
譯者：易之新　定價：380元
榮格心理實務最重要的著作！馮‧法蘭茲就像榮格精神上的女兒，她的作品同樣博學深思，旁徵博引，卻無比柔軟，引人著迷，讓我們自然走進深度心理學的複雜世界。

◆安妮拉‧亞菲　Aniela Jaffé

榮格的最後歲月
【心靈煉金之旅】
譯者：王一梁、李毓
定價：460元
本書更展現了榮格對世人的關懷與執著探索生命的精神，讓人恍然體會榮格心理學是歷經苦痛、掙扎所堅毅粹煉的思想結晶。

幽靈‧死亡‧夢境
【榮格取向的鬼文本分析】
譯者：王一梁、李毓、王浩威
定價：480元
亞菲著重在人們發生靈異經驗時的年齡、性別、意識、生命狀態等，透過超心理學和榮格理論，企圖找出各種超自然故事的規律性或偶然性，及其與人類集體無意識的關聯。

◆唐納・卡爾謝　Donald Kalsched

創傷的內在世界
【生命中難以承受的重，心靈如何回應】
譯者：彭玲嫻、康琇喬、連芯、魏宏晉
審閱：洪素珍　定價：600 元
卡爾謝翻轉心理界對創傷治療的觀點，主張造成解離、逃避的機制其實具有保護作用。他深信，榮格對受創心靈的內在世界的深刻見解，對當代心理分析格外重要。

創傷與靈魂
【深入內在神聖空間，啟動轉化歷程】
譯者：連芯、徐碧貞、楊菁薷
定價：880 元
卡爾謝提出的靈魂對創傷修復概念，不但融合了榮格強調內在的原型及神祕論，亦應用溫尼考特的母嬰關係，作者認為人心創傷必受到內外世界影響，而靈魂會於特殊時刻現身擁抱受創傷者。

◆莫瑞・史丹　Murray Stein

男人・英雄・智者
【男性自性追尋的五個階段】
譯者：王浩威　校閱：徐碧貞
定價：380 元
本書作者莫瑞・史丹將男人一生的心理發展歷程分為五分個階段，細緻動人的描寫，為身處父權崩解中的當代男性，提出如何立足、自處的重要啟示。

榮格心理分析的四大基石
【個體化、治療關係、夢與積極想像】
譯者：王浩威　校閱：徐碧貞
定價：380 元
是什麼讓榮格派的方法有其特殊性？作者以簡明文字說明四個基礎，分別是個體化歷程；治療關係，特別是移情和反移情的獨特觀點；夢的無意識訊息，以及積極想像帶來的轉化。

靈性之旅
【追尋失落的靈魂】
譯者：吳菲菲　定價：400 元
本書試圖為靈性需求找到合於當代情境的載具。作者認為，回歸宗教傳統或擁抱物質科學可能都行不通，而榮格心理學是新的可能性——「關注自性」，走上個體化歷程。

中年之旅
【自性的轉機】
譯者：魏宏晉
策劃、審閱：王浩威
定價：480 元
本書靈活運用兩部希臘神話故事來闡述中年之旅的三個轉化階段：分離、過渡、再整合。根據榮格的觀點，中年轉化是一趟追尋完整性的鍊金之旅。

英雄之旅
【個體化原則概論】
譯者：黃璧惠、魏宏晉等
審閱：黃璧惠　定價：480 元
個體化提供了一種可以理解並解釋個人與集體心靈改變的途徑，更建議了一種提昇並發展人類意識達到最大潛能的方法。

轉化之旅
【自性的追尋】
譯者：陳世勳、伍如婷等
策畫、審閱：王浩威
定價：480 元
榮格認為最有意義的轉化就發生在中年階段，這也是「自性」追尋的開端。個體意識可望全面開展的成熟能量，指引出一個人活出最深層渴望的自己。

PsychoAlchemy 035

榮格心理學指南：理論、實踐與當代應用
The Handbook of Jungian Psychology:
Theory, Practice and Applications

帕巴多博洛斯（Renos K. Papadopoulos）——主編　魏宏晉——譯

出版者—心靈工坊文化事業股份有限公司
發行人—王浩威　總編輯—徐嘉俊
執行編輯—趙士尊　特約編輯—鄭秀娟　封面設計—羅文岑
內頁排版—龍虎電腦排版股份有限公司
通訊地址—10684 台北市大安區信義路四段 53 巷 8 號 2 樓
郵政劃撥—19546215　戶名—心靈工坊文化事業股份有限公司
電話—02）2702-9186　傳真—02）2702-9286
Email—service@psygarden.com.tw　網址—www.psygarden.com.tw

製版・印刷—彩峰造藝股份有限公司
總經銷—大和書報圖書股份有限公司
電話—02）8990-2588　傳真—02）2290-1658
通訊地址—248 新北市新莊區五工五路二號
初版一刷—2022 年 9 月　初版二刷—2024 年 7 月
ISBN—978-986-357- 251-0　定價—990 元

國家圖書館出版品預行編目資料

榮格心理學指南：理論、實踐與當代應用 / 帕巴多博洛斯 (Renos K. Papadopoulos)
主編 ; 魏宏晉譯 . -- 初版 . -- 臺北市 : 心靈工坊文化事業股份有限公司 , 2022.09
　　面 ;　　公分
譯自 : The handbook of Jungian psychology : theory, practice and applications
ISBN 978-986-357-251-0（平裝）

1.CST: 榮格 (Jung, C. G.(Carl Gustav), 1875-1961)
2.CST: 學術思想　3.CST: 心理學

170.189　　　　　　　　　　　　　　　　　　　　　　　　　111014366

書系編號—PA 035　　　　　書名—榮格心理學指南：理論、實踐與當代應用

姓名＿＿＿＿＿＿＿＿　是否已加入書香家族？□是 □現在加入

電話 (O)　　　　　　　(H)　　　　　　　手機

E-mail　　　　　生日　　年　　月　　日

地址 □□□

服務機構　　　　　　職稱

您的性別—□₁.女 □₂.男 □₃.其他

婚姻狀況—□₁.未婚 □₂.已婚 □₃.離婚 □₄.不婚 □₅.同志 □₆.喪偶 □₇.分居

請問您如何得知這本書？
□₁.書店 □₂.報章雜誌 □₃.廣播電視 □₄.親友推介 □₅.心靈工坊書訊
□₆.廣告DM □₇.心靈工坊網站 □₈.其他網路媒體 □₉.其他

您購買本書的方式？
□₁.書店 □₂.劃撥郵購 □₃.團體訂購 □₄.網路訂購 □₅.其他

您對本書的意見？
□ 封面設計　₁.須再改進 ₂.尚可 ₃.滿意 ₄.非常滿意
□ 版面編排　₁.須再改進 ₂.尚可 ₃.滿意 ₄.非常滿意
□ 內容　　　₁.須再改進 ₂.尚可 ₃.滿意 ₄.非常滿意
□ 文筆／翻譯 ₁.須再改進 ₂.尚可 ₃.滿意 ₄.非常滿意
□ 價格　　　₁.須再改進 ₂.尚可 ₃.滿意 ₄.非常滿意

您對我們有何建議？

廣　告　回　信
台北郵政登記證
台北廣字第1143號
免　貼　郵　票

10684台北市信義路四段53巷8號2樓
讀者服務組　收

免　　貼　　郵　　票

（對折線）

加入心靈工坊書香家族會員
共享知識的盛宴，成長的喜悅

請寄回這張回函卡（免貼郵票），
您就成爲心靈工坊的書香家族會員，您將可以——

⊙隨時收到新書出版和活動訊息
⊙獲得各項回饋和優惠方案